C000163627

Kohlhammer

Kohlhammer Edition Marketing

Begründet von: **Prof. Dr. Richard Köhler**
Universität zu Köln

Prof. Dr. Dr. h.c. mult. Heribert Meffert
Universität Münster

Herausgegeben von: **Prof. Dr. Hermann Diller**
Universität Erlangen-Nürnberg

Prof. Dr. Richard Köhler
Universität zu Köln

Hartwig Steffenhagen

Marketing

Eine Einführung

5., vollständig überarbeitete Auflage

Verlag W. Kohlhammer

5., vollständig überarbeitete Auflage 2004

Umschlag: Gestaltungskonzept Peter Horlacher
Gesamtherstellung:
W. Kohlhammer Druckerei GmbH + Co. Stuttgart
Printed in Germany

ISBN 3-17-018168-8

Vorwort der Herausgeber

Mit dem vorliegenden Werk wird die „Kohlhammer Edition Marketing" fortgesetzt – eine Buchreihe, die in 24 Einzelbänden die wichtigsten Teilgebiete des Marketing behandelt. Jeder Band soll in kompakter Form (und in sich abgeschlossen) eine Übersicht zu den Problemstellungen seines Themenbereiches geben und wissenschaftliche sowie praktische Lösungsbeiträge aufzeigen.

Als Ganzes bietet die Edition eine Gesamtdarstellung der zentralen Führungsaufgaben des Marketing-Management. Ebenso wird auf die Bedeutung und Verantwortung des Marketing im sozialen Bezugsrahmen eingegangen.

Als Autoren dieser Reihe konnten namhafte Fachvertreter an den Hochschulen und, zu einigen ausgewählten Themen, Marketing-Praktiker in verantwortlicher Position gewonnen werden. Sie gewährleisten eine problemorientierte und anwendungsbezogene Veranschaulichung des Stoffes. Angesprochen sind mit der Kohlhammer Edition Marketing zum einen die Studierenden an den Hochschulen. Ihnen werden die wesentlichen Stoffinhalte des Faches möglichst vollständig – aber pro Teilgebiet in übersichtlich komprimierter Weise – dargeboten.

Zum anderen wendet sich die Reihe auch an Institutionen, die sich der Aus- bzw. Weiterbildung von Praktikern auf dem Spezialgebiet des Marketing widmen, und nicht zuletzt unmittelbar an Führungskräfte des Marketing. Der Aufbau und die inhaltliche Gestaltung der Edition ermöglichen es ihnen, einen raschen Überblick über die Anwendbarkeit neuerer Ergebnisse aus der Forschung sowie über Praxisbeispiele aus anderen Branchen zu gewinnen.

Was das äußere Format und die inhaltliche Ausführlichkeit betrifft, so ist mit der Kohlhammer Edition Marketing bewusst ein Mittelweg zwischen Taschenbuchausgaben und sehr ins einzelne gehenden Monographien beschritten worden. Bei aller vom Zweck her gebotenen Begrenzung des Umfanges erlaubt das gewählte Format ein übersichtliches und durch manche didaktische Hilfen ergänztes Darstellungsbild.

Über die Titel und Autoren der Gesamtreihe informiert ein Programmüberblick am Ende dieses Bandes. Hier sollen nur die fünf Schwerpunktgebiete genannt werden: Grundlagen des Marketing (Einführungsband, Strategisches Marketing, Marketing-Planung, Marketing-Organisation und Marketing-Kontrolle) – Informationen für Marketing-Entscheidungen (Marktforschung, Markt- und Absatzprognosen, Konsumentenverhalten, Marktsegmentierung, Marketing-Informationssysteme, Entscheidungsunterstützung für Marketing-Manager) – Instrumente des Marketing-Mix (Produktpolitik, Distributionsmanagement, Preispolitik, Kommunikationspolitik, Strategie und Technik der Werbung, Verkaufsmanagement) – Institutionelle Bereiche des Marketing (Handelsmarketing, Investitionsgütermarketing, Dienstleistungs-Marketing, Marketing für öffentliche Betriebe, Internationales Marketing-Management) – Umwelt und Marketing (Rechtliche Grundlagen des Marketing, Social Marketing).

Der vorliegende Band „Marketing – Eine Einführung" von Steffenhagen liegt jetzt schon in 5. Auflage vor und hat sich damit als inhaltlich besonders originäres und didaktisch vorbildlich klares und anschauliches Standardwerk der Marketingliteratur hervorragend bewährt. Er zeichnet sich insbesondere dadurch aus, dass er – trotz der zunehmenden Stofffülle in der Marketing-Disziplin – infolge seines allgemeinen konzeptionellen Ansatzes gleichermaßen kompakt in das Business to Consumer-Marketing wie auch in das Business to Business-Marketing einführt, sei es mit Blick auf Sachgüter- oder Dienstleistungsmärkte. Dies gelingt dem Verfasser auf der Grundlage einer austauschtheoretischen Perspektive bei der Erklärung des Zusammentreffens von Anbietern und Nachfragern in Märkten (Kapitel 1).

Nach einer Erläuterung des modernen, dualen Marketingverständnisses in Kapitel 2 (Marketing als erweiterte Absatzfunktion im Unternehmen sowie Marketing als marktorientierte Unternehmensführung) wendet sich der Verfasser mit dem gewählten entscheidungsorientierten Aufbau in Kapitel 3 zunächst den Marketing-Zielen eines Unternehmens zu. Hier wird die Vielfalt der in der Realität antreffbaren Ziele von Industrie- und Handelsunternehmen aufgezeigt und verständlich gemacht. In Kapitel 4 liefert Steffenhagen einen kompakten, geschickt geordneten Überblick über Marketing-Strategien, wobei – aus dem Blickwinkel des Marketing als marktorientierte Unternehmensführung – auch das moderne ressourcenbezogene Denken bei der Schaffung und Bewahrung von Wettbewerbsvorteilen einfließt.

Bezugnehmend auf den austauschtheoretischen Bezugsrahmen präsentiert Kapitel 5 eine neuartige Konzeption und Aufgliederung des Marketing-Instrumentariums. Auf diese Weise werden die Handlungsspielräume eines Unternehmens in dessen Märkten generalisierend (d.h. gleichermaßen für Konsumgüter, Industriegüter und Dienstleistungen) aufgezeigt und erläutert. Den möglichen Wirkungen solchen absatzpolitischen Handelns widmet sich Kapitel 6, in welchem mit der Einführung des Wirkungshypothesenkonzepts der Marketingtheorie sowie der Möglichkeiten der empirischen Wirkungsforschung das schwierige Problem einer Abschätzung von Konsequenzen absatzpolitischer Aktivitäten eines Unternehmens freigelegt wird.

Auf dieser Grundlage zeigt Steffenhagen in Kapitel 7 verschiedene Ansätze einer unternehmerischen Entscheidungsfindung im Marketing auf. Nach einem Überblick über prinzipiell in der Marketinglehre antreffbare, entscheidungsunterstützende Hilfestellungen werden vorrangig modellgestützte Preisentscheidungen und Entscheidungen über die Geldeinsatzhöhe zur Absatzförderung (z.B. Werbeetat) behandelt. Hier trainiert der Autor die Leserinnen und Leser in theoretischem, konsequent ökonomischem Denken – und er verdeutlicht, dass eine nicht immer perfekt anwendbare Theorie dennoch einen entscheidungsunterstützenden Nutzen beinhaltet.

Abschließend werden in Kapitel 8 alle absatzmarktbezogenen Konzepte des Buches nun – unter Änderung der Blickrichtung – auf das beschaffungsmarktgerichtete Verhalten eines Unternehmens übertragen. Der austauschtheoretische Ansatz erlaubt dieses konsequente Vorgehen. Somit erweist sich das vorliegende Buch auch als ein Türöffner zum Beschaffungsmarketing.

Die 5. Auflage ist trotz der Vielzahl behandelter Aspekte und Stoffgebiete erfreulich kompakt geblieben. Es vermittelt den Studierenden einen breiten Einblick in die Grundlagen des Faches. Die vielen Anschauungsbeispiele aus der Praxis sichern das Verständnis der jeweils behandelten Begriffe, Fragestellungen und Konzepte. Dem Praktiker bietet das Buch wichtige Anregungen für ein konzeptionell klar durchdrungenes Marketing.

Nürnberg und Köln, im Dezember 2003   **Hermann Diller**
                                                       Richard Köhler

Vorwort zur 5. Auflage

Das vorliegende Buch wendet sich an die mit der Marketinglehre nicht vertrauten Anfänger in Studium und Praxis. Es will die Leserin bzw. den Leser zum einen in die einschlägige Fachsprache einführen. Zum anderen soll veranschaulicht werden, womit sich die Marketinglehre grundsätzlich befasst und aus welcher Art von Aussagen bzw. Beiträgen diese Disziplin besteht. Somit wird versucht, ein Stück Marketinglehre mit Erläuterungen zu diesem Lehrfach so zu verbinden, dass eine Orientierung über die verschiedenen Teilgebiete des Faches erleichtert wird. Zugleich sollen die Leserinnen und Leser erkennen können, was auf sie zukommt, wenn sie tiefer in die Marketinglehre einsteigen.

Wer dieses Buch zur Hand nimmt, darf deshalb nicht erwarten, sich anhand dieser Quelle ein umfassendes Wissen über die vorhandenen Erkenntnisse, Ratschläge, Systematisierungen, Methoden, Theorien oder Modelle der Marketinglehre zu verschaffen. Um den Umfang dieses Buches zu begrenzen, erfolgte nämlich eine bewusste Stoffauswahl. Im Mittelpunkt steht das kommerzielle Marketing von Unternehmen in Absatz- und Beschaffungsmärkten. Das Buch will deutlich werden lassen, was in Märkten geschieht und wie sich Unternehmen im Rahmen ihres Marketing in solchen Märkten bewegen. Nicht behandelt werden unternehmensinterne Organisationsprobleme, spezielle Methoden der Informationsgewinnung über Märkte oder Einzelschritte im Rahmen der Entwicklung von Marketing-Plänen im Unternehmen. Die Leserin bzw. der Leser soll ja angeregt werden, Spezialquellen zu diesen und vielen anderen detaillierten Marketing-Entscheidungsaufgaben zu nutzen, um den eigenen Ausbildungsstand auf das für ein Examen oder die praktische Tätigkeit erforderliche Niveau zu bringen. Die Literaturhinweise am Ende jedes Kapitels – mit einem Schwerpunkt auf deutschsprachigen Arbeiten – sollen diesen Schritt erleichtern.

Das Buch ist als Begleitlektüre zu Lehrveranstaltungen im betriebswirtschaftlichen Grundstudium oder zum individuellen Selbststudium gedacht. Ich selbst verwende es als Lehrtext zur Aachener Lehrveranstaltung „Grundzüge der Absatz- und Beschaffungswirtschaft", welche gekoppelt mit „Grundzüge der Produktionswirtschaft" im hiesigen Studienplan für Erstsemester im Studiengang Betriebswirtschaftslehre sowie auch für andere Studiengänge vorgesehen ist. An Vorkenntnissen wird nichts vorausgesetzt, was Studienanfängerinnen bzw. -anfänger nicht aufgrund ihrer Hochschulreife mitbrächten.

Die vorliegende 5. Auflage ist eine redaktionell überarbeitete Fassung des Vorgängertextes. Die Verbesserungsvorschläge verdanke ich engagierten Studierenden, aber auch meinen Mitarbeiterinnen und Mitarbeitern. Frau cand. rer. pol. Nora Eckel half mir bei der Aktualisierung der Literaturhinweise. Allen gilt mein herzlicher Dank, insbesondere aber wieder einmal meiner Frau, die mich an so vielen Wochenenden seit Erscheinen der vierten Auflage in Ruhe meinem Beruf nachgehen ließ.

Aachen, im November 2003   **Hartwig Steffenhagen**

Inhaltsverzeichnis

Verzeichnis der Übersichten

1 Der Markt als Arena des Anbieter- und Nachfragerverhaltens

1.1 Austauschvorgänge in Märkten

Wird in der Umgangssprache der Ausdruck Markt verwendet, so denkt man unmittelbar an eine Veranstaltung zum Verkauf spezieller Produkte (z.B. den örtlichen Wochenmarkt, einen Flohmarkt) oder an den Ort, an dem diese Veranstaltungen üblicherweise abgewickelt werden. In der Fachsprache hat sich allerdings eine andere Interpretation des Wortes Markt eingebürgert. Unter einem **Markt** wird allgemein das Zusammentreffen von Anbietern und Nachfragern von Wirtschaftsobjekten verstanden. Oder anders formuliert: Ein Markt ist die Gesamtheit von Akteuren, die zusammenkommen, um durch Austausch Vorteile zu erzielen. Die dabei getauschten Wirtschaftsobjekte sind Sachgüter, Geld, Informationen, Rechte oder Dienstleistungen.

Für den Marktbegriff spielt es keine Rolle, ob dieses Zusammentreffen an einem oder mehreren Orten stattfindet bzw. persönlicher Natur ist oder auf brieflichem, telefonischem, elektronischem oder massenmedialem Wege zustande kommt. Ist das Zusammentreffen von Anbietern und Nachfragern in Form von Veranstaltungen zeitlich und örtlich konzentriert (z.B. bei Börsenveranstaltungen, Auktionen, öffentlichen Ausschreibungen oder beim Wochenmarkt), so ist das Marktgeschehen „hoch organisiert". Dies ist jedoch für die meisten Gütermärkte eher die Ausnahme als die Regel.

Über ihre Beschaffung sind Unternehmen im Beschaffungsmarkt mit einer vorgelagerten Wirtschaftsstufe, über ihren Absatz sind sie im Absatzmarkt mit einer nachgelagerten Wirtschaftsstufe verbunden. Zur Veranschaulichung dieses Sachverhalts dient Übersicht 1-1. Es ist zu erkennen, dass verschiedene Wirtschaftsstufen – von der Urgewinnung bis zum Konsum – durch Märkte miteinander gekoppelt sind.

Beispiele:

- In Übersicht 1-1 wird – vereinfacht – die Kopplung von Märkten am Beispiel des **Videobandmarktes** dargestellt, welcher sich hier als eine Hintereinanderschaltung dreier Teilmärkte entpuppt. Auf der ersten dargestellten Wirtschaftsstufe sind sog. Video-Rohwickel das abgesetzte und beschaffte Sachgut. Auf der zweiten Stufe bilden Video-Leerkassetten, auf der letzten Stufe bespielte Video-Kassetten die jeweiligen Marktobjekte.

Übersicht 1-1: Marktgekoppelte Wirtschaftsstufen

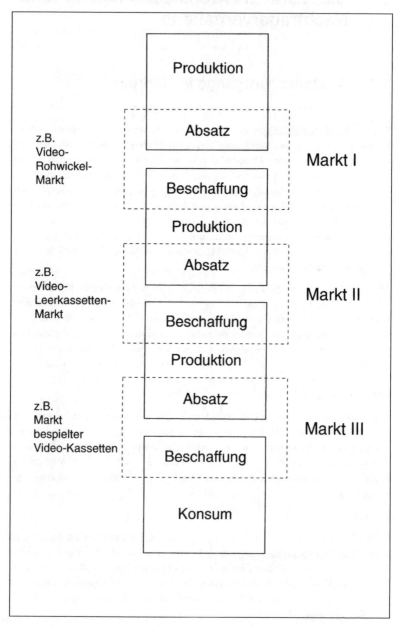

- In der **Textilwirtschaft** beginnt der Wertschöpfungsprozess mit der Gewinnung von Naturfasern bzw. der Herstellung von Chemiefasern. Daran schließt sich die Stufe der Spinnstoffaufbereitung, daran die Stufe der Spinnstoffverarbeitung an (z.B. die Garnherstellung, Vliesherstellung). Danach erfolgt die Gespinstverarbeitung (die Herstellung von Gewebe oder Maschenware) sowie die anschließende Textilveredelung, wie z.B. das Bedrucken, Färben und Ausrüsten. Derartige Textilwaren werden in der Stufe der Konfektion zu Kleidungsstücken verarbeitet. Über den Groß- und Einzelhandel gelangen diese an den Konsumenten.

Wenn Manager über die Märkte „ihres Unternehmens" sprechen, meinen sie regelmäßig die Absatzmärkte, in denen das Unternehmen mit seinen Leistungen Austauschangebote macht.

In einem **Austausch** (Verkauf, Vermietung, Verpachtung) erfolgen zwei gegenläufige Übertragungen von Verfügungsrechten (gelegentlich auch von Verfügungspflichten), und die daran Beteiligten – im einfachsten Fall sind das ein Anbieter und ein Nachfrager – sind bis zum Vollzug des Austauschs bemüht, eine Einigung (= „Übereinkunft") über die Bedingungen der wechselseitigen Übertragung zu erzielen. Der mit jedem Austausch verbundene Prozess des Anbahnens, Verhandelns, Abwickelns und Kontrollierens wird als **Transaktionsprozess** bezeichnet. Der Austausch von Wirtschaftsobjekten heißt deshalb auch **Markttransaktion**.

Jeder Austausch ist – getreu der Wortbedeutung – eine wechselseitige Angelegenheit. Beide Seiten leisten etwas in der Erwartung, dafür eine Gegenleistung zu erhalten:

– Der Anbieter eines Sachgutes („Verkäufer") überlässt dem Nachfrager z.B. ein bestimmtes Produkt in der Erwartung, dafür eine Vergütung (z.B. in Form einer Geldzahlung) zu erhalten.
– Der Nachfrager des Sachgutes („Käufer") überlässt dem Anbieter z.B. einen Teil seines Geldvermögens in der Erwartung, dafür ein bestimmtes Produkt zu erhalten.

Die **Leistung eines Anbieters** ist unter Umständen ein komplettes **Leistungsbündel**, welches sich aus den Bestandteilen Sachgütern, Dienstleistungen, Informationen und Rechten zusammensetzen mag.

Beispiel:

- Im industriellen **Anlagenbau** veräußert der Hersteller als Ergebnis seiner Engineering-Leistung eine sog. schlüsselfertige Anlage und bietet gleichzeitig die erforderlichen Betriebsinstruktionen; hinzu tritt u.U. eine Lizenzvergabe, die den Abnehmer der Anlage berechtigt, spezielle Herstellverfahren auf der Anlage zu praktizieren.

Wird in einem derartigen Leistungsbündel allein das Sachgut betrachtet, so stellt dieses aus dem Blickwinkel des Herstellers eine spezifische, **technische Problemlösung** dar, welche sich u.U. von jener seiner Konkurrenten in gewissen Merkmalen unterscheidet. Aus dem Blickwinkel des Nachfragers stellt das angebotene Sachgut jedoch weniger die darin verkörperte „Technik" dar (etwa verwendete Materialien, Konstruktion oder Rezeptur), sondern für ihn ist das angebotene Produkt ein **bedürfnisbefriedigendes Eigenschaftsbündel**.

Beispiel:

- Aus dem Blickwinkel der Herstellung ist ein **Abfahrt-Ski** eine spezifische, technische Problemlösung. In der Herstellung werden Schichten unterschiedlicher Materialien in einer Presse unter Druck und bei Temperaturen um 130 °C verklebt. Unter der Ober- und über der Lauffläche befinden sich die wichtigsten Komponenten: Ober- und Untergurt. Diese tragenden Elemente des Ski bestehen meistens aus glasfaserverstärkten Kunststoffen, Aluminium oder Titanal, einer sehr leichten und festen Alu-Legierung mit guten Dämpfungseigenschaften und hoher Torsionssteifigkeit. In billigeren Modellen kommt u.a. auch Stahlblech zum Einsatz. Zwischen den Gurten sorgt der annähernd sichelförmige Kern für die Dicken- und damit auch für die Steifigkeitsverteilung des Bretts. Denn je dicker ein Bauteil, umso biege- und verwindungssteifer ist es. Als Kernmaterial kommen hauptsächlich Holz und Schaum (Polyurethan/PUR) in Frage.

  Aus dem Blickwinkel des Käufers ist ein Abfahrt-Ski ein Hilfsmittel, um im Gebirge mit Spaß seine Freizeit, eventuell zusammen mit netten Leuten, zu verbringen. Er soll laufruhig gleiten und auch schnell sein; drehfreudig soll er sein, d.h. mit wenig Kraft soll er einen Schwung auslösen helfen, aber im steileren Gelände beim Aufkanten auch nicht wegschmieren. Bei schnelleren Schussfahrten weiß es der Skifahrer zu schätzen, wenn „das Brett nicht flattert", d.h. spurgetreu geradeaus läuft. Der Käufer kauft ein solches Eigenschaftsbündel; wie es der Hersteller vermocht hat, dieses Eigenschaftsbündel herzustellen, ist ihm weitgehend gleichgültig.

Auch die **Gegenleistung des Nachfragers** ist u.U. ein **Leistungsbündel**.

Beispiel:

- Beim Kauf eines neuen **PKW** erfüllt der Käufer seine Gegenleistungsverpflichtung zum Teil durch die Inzahlunggabe seines gebrauchten Wagens nebst einem Satz gut erhaltener Winterreifen, darüber hinaus durch eine Geldzahlung. Ferner informiert er den Verkäufer über einen fachgerecht reparierten, früheren Fahrzeugschaden infolge eines Auffahrunfalls.

Die Austauschpartner erwarten aus einer Übertragung von Verfügungsrechten bzw. -pflichten jeder für sich einen **Nutzen**, erwarten aber auch für sich gewisse

Übersicht 1-2: Grundmodell des Austauschs im Markt

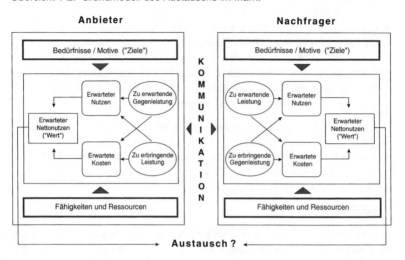

Kosten in Höhe zu erbringender Opfer: Der Anbieter opfert sein Verfügungsrecht an einem Produkt oder an seiner Zeit, die z.B. für das Erbringen einer Dienstleistung erforderlich wird. Der Nachfrager opfert sein Verfügungsrecht z.B. an verfügbaren Geldmitteln oder anderweitigen Besitztümern (etwa beim Naturaltausch). Die in Übersicht 1-2 eingetragenen horizontalen Pfeilverbindungen zwischen zu erwartenden (Gegen-)Leistungen und daraus entstehendem Nutzen sowie zwischen zu erbringenden (Gegen-)Leistungen und daraus entstehenden Kosten bedürfen deshalb keiner weiteren Erläuterung.

Willigt der Nachfrager (Anbieter) in zu erbringende Gegenleistungen (Leistungen) ein, wirkt sich dieses beim Anbieter (Nachfrager) nicht allein als „zufließender" Nutzen, sondern u.U. auch in bei ihm ersparten bzw. niedrigen Kosten des betrachteten Austauschs aus, nämlich immer dann, wenn diese Gegenleistung (Leistung) unmittelbar als Kostenübernahme durch den Austauschpartner verstanden werden kann.

Beispiele:

● Zwischen einem Hersteller **elektronischer Regelungsanlagen** und seinem Kunden, einem Hersteller von Rollbändern für den innerbetrieblichen Transport, wird die gemeinsame Entwicklung eines neuen Regelungssystems vereinbart. Der Kunde erklärt sich bereit, die auf seiner Seite anfallenden Personalkosten ohne Anspruch auf Erstattung zu tragen. Dieses vom Nachfrager übernommene Opfer führt beim Anbieter zu vergleichsweise niedrigen Kosten dieses Geschäfts.

- Um eine Tankstellenkette zum Führen von **Tiefkühlprodukten** im Rahmen der Lebensmittel-Shops dieser Tankstellen zu bewegen, bietet ein TKK-Hersteller an, die Kosten der aufzustellenden Truhen und deren fachgerechte Überwachung durch den eigenen Außendienst zu übernehmen. Dieses vom Anbieter getragene Opfer hilft, beim Tankstellenbetreiber nur geringe Kosten für diesen neuen Sortimentsbereich entstehen zu lassen.

In Übersicht 1-2 wird darüber hinaus angedeutet, dass sich der vom Nachfrager (Anbieter) mittels eines Austauschs erwartete Nutzen nicht nur aus der zu erwartenden Leistung (Gegenleistung), sondern auch aus der zu erbringenden Gegenleistung (Leistung) ergeben kann. Dieser zunächst überraschend anmutende Zusammenhang wird mittels zweier Beispiele plausibel.

Beispiele:

- Beim Abschluss einer **Versicherung** willigt der Versicherungsnehmer (Nachfrager) in ein Lastschriftverfahren ein. Damit räumt er dem Versicherer (Anbieter) das Recht ein, zum Zeitpunkt der Fälligkeit der Versicherungsprämie auf sein Bankkonto zuzugreifen. Diese Gegenleistung des Versicherungskunden bedeutet für diesen nicht nur einen Verlust an Autonomie, sondern auch einen gewissen Nutzen: Er braucht fortan nicht länger an gewisse Fälligkeitstermine zu denken und entsprechende Zahlungsvorgänge auszulösen (= Bequemlichkeitsnutzen).
- Ein Unternehmen (Nachfrager) beauftragt einen **Unternehmensberater** (Anbieter) mit der Entwicklung einer Problemlösungshilfe für gewisse Vertriebsabläufe. Diese zu erbringende Leistung bedeutet für den Berater nicht nur ein Opfer an Zeit, sondern stellt für ihn auch eine Chance dar, mit der Bewältigung dieses Projekts zwangsläufig etwas dazuzulernen (= Nutzen).

Als Saldo aus erwartetem Nutzen und erwarteten Kosten – unter der Annahme, beide Größen ließen sich mental verrechnen – entsteht für jeden Beteiligten ein erwarteter **Nettonutzen** (= Wert). Zu einem Austausch kommt es zwischen Anbieter und Nachfrager nur dann, wenn für beide der jeweils erwartete Nettonutzen aus dem Austausch positiv ist.

Die Abbildung deutet darüber hinaus an, dass die auf beiden Seiten erfolgenden Bewertungen sich unter dem Einfluss jeweiliger **Bedürfnisse/Motive** sowie **Fähigkeiten und Ressourcen** vollziehen.

Beispiel:

- Beim Kauf eines **Personal Computers** sowie geeigneter **Software** durch eine Privatperson spielen individuelle Komfortbedürfnisse bezüglich Speicherplatz,

Schnelligkeit, Kontrast des Monitors u.a.m. eine Rolle. Je nach verfügbarer Zeit und persönlicher Fähigkeit, ein Betriebssystem zu installieren, wird eine „nackte Hardware" oder eine „ready for use"-Lösung bevorzugt. Der Preis des PC wird vor dem Hintergrund der persönlichen Kaufkraft bewertet.

Die Begriffe und Zusammenhänge der Übersicht 1-2 seien nun am Beispiel des privaten Nachfragers verallgemeinert erläutert. Als **Bedürfnis** einer Person wird die Empfindung eines Mangelzustands bezüglich eines Desiderats, d.h. etwas aus Sicht des Menschen Wünschenswerten, verstanden. Ein **Motiv** ist der Wunsch (= das Ziel), den empfundenen Mangelzustand zu beheben. Wird der Mangelzustand behoben, entsteht **Nutzen**. Da ein Bedürfnis und ein damit verbundenes Motiv inhaltlich dieselbe Basis aufweisen (z.B. Ernährung, Mobilität, Sorgenfreiheit, Komfort, soziale Anerkennung), werden „Bedürfnis" und „Motiv" oft als Synonyme gebraucht.

Mit dem Terminus **Fähigkeiten** wird auf das jedem Menschen innewohnende intellektuelle und körperliche Leistungsvermögen abgestellt. Als **Ressourcen** eines Menschen können das Geldvermögen bzw. die Kaufkraft, aber auch die der Person bereits zur Verfügung stehende Ausstattung mit langlebigen Gütern aller Art (z.B. Möbel, Haushaltsgeräte, Haus mit Garten) sowie die ihr zur Verfügung stehende Zeit gelten.

Bedürfnisse/Motive sowie Fähigkeiten und Ressourcen beeinflussen sowohl den erwarteten Nutzen als auch die erwarteten Kosten eines Austauschs.

Beispiel:

- Bei einem privaten **Video-Recorder**-Kauf bestimmen Bedürfnisse wie z.B. einfache Programmierbarkeit, lange Lebensdauer und hohe Wiedergabequalität den erwarteten Nutzen des Konsumenten. Dessen Sparmotiv (= Preisinteresse) beeinflusst seine Kaufpreisbewertung (erwartete Kosten). Als Fähigkeiten und Ressourcen sind in diesem Fall etwa das technische Verständnis anzusehen, welches es dem Konsumenten erlaubt, die vielen Features mit ihrem Bequemlichkeitsnutzen, Erlebnisnutzen etc. auch wirklich auszuschöpfen. Zeitknappheit des Konsumenten beeinflusst dagegen die wahrgenommene Mühe der Inbetriebnahme, das verfügbare Einkommen des Konsumenten beeinflusst dessen Bewertung des Kaufpreises. Beides sind subjektiv erwartete Kosten beim Kauf eines Video-Recorders.

Ob für einen Nachfrager aus dem Angebot eines Lieferanten Nutzen entsteht, ist vor diesem Hintergrund nicht für alle Nachfrager gleichartig zu bejahen. Ein Wartungsangebot für ein langlebiges Gebrauchsgut findet z.B. bei jenen Nachfragern keine besondere Wertschätzung, die in der Lage sind und auch die Zeit haben, die erforderlichen Arbeiten selbst fachgerecht vorzunehmen. In Industriegütermärkten ist ein solcher Umstand nicht selten.

Auch Unternehmen als Nachfrager (wie es in Industriegütermärkten der Fall ist) sind durch Bedürfnisse/Motive sowie durch Fähigkeiten und Ressourcen geprägt. Anstelle von „Bedürfnissen" bzw. „Motiven" wird dann jedoch von Beschaffungszielen gesprochen (wie z.b. Versorgungssicherheit, Belieferungszuverlässigkeit u.a.m.).

Auf der Anbieterseite gilt mit Wechsel der Perspektive analoges. Werden – wie in diesem Buch – ausschließlich Unternehmen (und nicht Privatpersonen) als Anbieter betrachtet, so werden die Bedürfnisse/Motive durch die Fülle der Unternehmensziele, wie z.b. das Gewinnstreben oder das Liquiditätsstreben, und daraus ableitbare weitere Ziele repräsentiert. Mit den Fähigkeiten wird das im Unternehmen vorhandene Know-how bzw. Wissen angesprochen, die Ressourcen sind alle finanziellen, materiellen und personellen Potentiale, über die das Unternehmen verfügt.

Diese Einflussgrößen bestimmen auch auf der Anbieterseite die empfundene Vorteilhaftigkeit eines bevorstehenden Austauschs.

Beispiel:

- Ein Großkunde eines **Industriegüter**herstellers wünscht eine nach eigener Spezifikation zu produzierende Sonderanfertigung durch den Anbieter und bietet an, die Ware zum Liefertermin ab Werk abzuholen. Er stellt dafür einen Kaufpreis von x € abzüglich 2% Skonto bei Bezahlung innerhalb von 14 Tagen nach Rechnungserhalt in Aussicht.

  Der Anbieter muss zunächst die zu erwartenden Kosten dieser Sonderanfertigung kalkulieren. Aufgrund qualifizierten Personals und flexibler Produktionsanlagen ist die Sonderanfertigung für das Unternehmen kein Problem, die „Maßschneiderei" stört jedoch in diesem Fall die für die Standardprodukte festgelegten Abläufe; das Unternehmen wird in seinem Streben nach möglichst kostengünstigen Abläufen beeinträchtigt. Der Kaufpreis von x € als vom Kunden zu entrichtende Gegenleistung stellt (Umsatz-)Nutzen dar. Auch gelingt es mittels dieses Auftrags endlich, bei diesem Großkunden erstmals „ins Geschäft zu kommen" und Besonderheiten seiner Geschäftsabläufe kennen zu lernen; auch darin liegt ein Nutzen. Die vom Kunden angebotene Selbstabholung als Bestandteil der Gegenleistung des Kunden wird jedoch vom Anbieter nicht als nutzenstiftend bewertet: Sie würde die ausgeklügelten Logistikabläufe unter Einbeziehung eigener Vertragsspeditionen stören. Auch die rasche Bezahlung der Rechnung wertet der Anbieter vor dem Hintergrund z.Zt. ausreichender Liquidität als Kosten: Immerhin entgehen ihm dafür 2% des Erlöses aus dem Auftrag.

Damit es zu einem Austausch zwischen einem Anbieter und Nachfrager kommen kann, bedarf es einer gewissen **Kommunikation** zwischen den Beteiligten (siehe Übersicht 1-2). Die Kommunikation bewirkt,

- dass die Beteiligten überhaupt von der Bereitschaft der jeweils anderen Seite erfahren, in einen Austausch zu treten, und
- dass die Art und der Umfang von Leistungen und Gegenleistungen passend derart gebündelt sind, so dass beide Seiten einen positiven Nettonutzen aus dem Austausch erwarten können, und
- dass die jeweils andere Seite auch wahrnimmt, welches Leistungsbündel bzw. Gegenleistungsbündel sie zu erwarten und welches Gegenleistungsbündel bzw. Leistungsbündel sie zu erbringen hat.

Kommunikation erfüllt somit mehrere Funktionen in Markttransaktionen. Der werbende Effekt der Kommunikation des Anbieters liegt vor allem darin, dass der Nachfrager die zu erwartende Leistung als existent und attraktiv, gleichzeitig die zu erbringende Gegenleistung lediglich als geringes Opfer wahrnimmt. Bei dieser Betrachtungsweise wird das Aktivwerden in der Kommunikation dem Anbieter zugeordnet. Aber auch Nachfrager, z.B. als industrielle Beschaffer, werden in Transaktionen werbend aktiv: Sie setzen alles daran, die eigene Gegenleistung (z.B. rasche Bezahlung, Informationsleistungen) positiv erscheinen zu lassen, während die Lieferantenleistung in Produkt- und Servicequalität gegenüber dem Anbieter als „nichts Besonderes" kommuniziert wird.

Trotz umfangreicher Kommunikation zwischen Anbieter und Nachfrager verbleibt bei einer Übereinkunft über einen Austausch auf beiden Seiten eine gewisse **Unsicherheit**, so dass der erwartete Nettonutzen nicht als eine mit Sicherheit anfallende Größe zu betrachten ist. Vor allem der Qualitätsunsicherheit des Nachfragers wurde in letzter Zeit in der Marketinglehre mit der Übernahme der informationsökonomischen Konzepte des sog. Inspektionsgut-, Erfahrungsgut- und Vertrauensgutkaufs Aufmerksamkeit gewidmet. Beim Kauf eines Inspektionsgutes ist dessen Qualität vor dem Kauf durch Inaugenscheinnahme festzustellen, während die Qualität eines Erfahrungsgutes erst beim Gebrauch vom Käufer festzustellen ist. Schließlich ist es mit vertretbaren Prüfkosten bei einem Vertrauensgut überhaupt nicht möglich, eine zugesicherte Qualität zu überprüfen.

Beispiele:

- Als **Inspektionsgüter** lassen sich z.B. Möbel oder eine Modelleisenbahn einordnen.
- Als **Erfahrungsgüter** gelten Restaurantleistungen, Schuhe, ein Abenteuerurlaub oder auch Sportgeräte wie z.B. Ski oder Tennisschläger.
- Als **Vertrauensgüter** werden eine Karosseriereparatur, Zahnarztleistungen oder Güter mit behaupteten Umweltleistungen (z.B. Produkte vom Biobauern oder chlorfrei gebleichtes Papier) eingestuft.

Um die Unsicherheit des Nachfragers zu reduzieren, beziehen Anbieter in ihr Leistungsbündel Bestandteile wie z.B. Garantien, Rückgabe- bzw. Umtauschrechte u.a.m. ein.

Aber auch auf Seiten des Anbieters verbleibt – trotz Kommunikation mit dem Nachfrager – eine Unsicherheit darüber, ob ihm der erwartete Nettonutzen zuteil wird. Manche Aufträge erweisen sich als kostenträchtiger als kalkuliert, und nicht alle Kunden bezahlen ihre Rechnung in voller Höhe. Deshalb erwarten Anbieter gelegentlich Sicherheitsleistungen des Nachfragers (z.B. Anzahlungen, eine Bankbürgschaft) oder bauen in ihre Preise sog. Preisgleitklauseln ein.

Infolge der wechselseitigen Unsicherheit wiederholen sowohl Anbieter als auch Nachfrager – sofern sinnvoll und möglich – einen Austausch absichtsvoll mit solchen Partnern, von denen sie in ihrer Erwartung nicht getäuscht wurden bzw. mit deren Leistungen bzw. Gegenleistungen sie zufrieden sind. Eine Folge derartiger Austauschvorgänge heißt (dauerhafte) **Geschäftsbeziehung**. Geschäftsbeziehungen sind in Märkten eher die Regel als die Ausnahme (wie etwa der Kauf auf einem Trödelmarkt).

1.2 Die Akteure in Austauschvorgängen: Marktbeteiligte

In Abschnitt 1.1 wurde sehr allgemein vom Anbieter eines Gutes und vom Nachfrager eines solchen Gutes gesprochen, und in Beispielen wurden als solche Akteure Unternehmen und Privatpersonen betrachtet. Im Folgenden seien die möglichen Marktbeteiligten (= Marktteilnehmer) genauer beschrieben und klassifiziert. Dabei werden eingebürgerte Fachausdrücke zur Kennzeichnung unterschiedlicher Kategorien von Marktbeteiligten verwendet. Zur Veranschaulichung diene zunächst ein

Beispiel:

- Im bereits in Übersicht 1-1 angesprochenen **Videobandmarkt** agieren bei Abstraktion von der Mehrstufigkeit des Marktes Bandhersteller, Videogerätehersteller und Duplizierer („Bespieler") als Hersteller der in Übersicht 1-3 jeweils genannten Waren (Rohwickel, Leerkassetten, bespielte Kassetten). Die dort erwähnten Absatzmittler fragen diese Waren nach, bieten sie aber ihrerseits wiederum den Verwendern an, welche als Nachfrager vom Handel bedient werden.

Allgemein kann es sich auf der Anbieterseite eines Marktes zum einen um Unternehmen handeln, die Sachgüter und/oder Dienstleistungen erstellen. Dazu zählen Handwerks- und Industrieunternehmen sowie Dienstleistungsunternehmen wie z.B. ein Hotel, eine chemische Reinigung oder ein Spediteur. Sie gehören auf **ihrem** Markt jeweils zur Kategorie der **Hersteller** oder **Produzenten**.

Übersicht 1-3: Beschreibungsmodell des Videobandmarktes

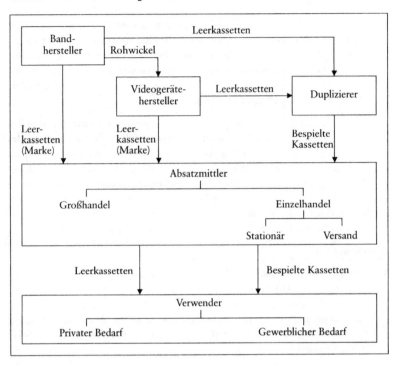

Zum anderen existieren auf der Anbieterseite Unternehmen, die Güter verkaufen, ohne sie selbst hergestellt oder vor dem Verkauf einer nennenswerten physischen Umwandlung bzw. Weiterveredlung unterzogen zu haben. Diese Kategorie von Marktbeteiligten wird als **Absatzmittler** bezeichnet. Innerhalb dieser Kategorie kann nach unterschiedlichen Absatzmittlerstufen (Handelsstufen) zwischen dem **Großhandel** und dem **Einzelhandel** unterschieden werden. Diese Unterscheidung hat nichts mit der **Betriebsgröße** solcher Marktteilnehmer zu tun. Vielmehr ist für die Einordnung eines Händlers als Groß- oder Einzelhändler die Frage bedeutsam, an wen er in welcher Partiengröße seine Ware verkauft: Der Einzelhändler verkauft „en detail" an Verwender; der Großhändler dagegen verkauft „en gros" an Wiederverkäufer (Einzelhändler) oder an Großverbraucher. Eine verbindliche Definition für diese Kategorisierung gibt es allerdings nicht.

Beispiele:

● Im Pharmamarkt repräsentieren **Apotheken** die Einzelhandelsstufe. Apotheken beziehen ihre Ware nicht von der pharmazeutischen Industrie, sondern von regionalen Pharmagroßhändlern, die nicht an Privatleute (Verwender) verkaufen.

- Im Lebensmittelmarkt existieren sog. **Cash-und-Carry**-Anbieter, die streng genommen lediglich Gewerbetreibende (z.B. Gastwirte) und Facheinzelhändler gegen Barzahlung und Selbstabholung der Ware beliefern. Insofern sind solche Anbieter als Großhändler einzustufen. Gelingt es allerdings privaten Konsumenten, sich eine Einkaufsberechtigung „zu besorgen", so fungiert derselbe Händler praktisch auch als Einzelhändler.

Neben der Kategorisierung von Handelsunternehmen nach ihrer prinzipiellen Kundschaft stellt die handelsrechtliche Einbindung des Absatzmittlers in das Marktgeschehen ein zweites bedeutsames Einteilungskriterium dar. Händler, die die Ware im eigenen Namen und für eigene Rechnung verkaufen, heißen **Eigenhändler**. Dagegen verkaufen sog. **Kommissionäre** (synonym: Kommissionshändler, Kommissionsagenturen) die Ware im eigenen Namen, aber für fremde Rechnung, d.h. für die Rechnung ihres Lieferanten. Sie werden von diesem mittels einer meist umsatzabhängigen Kommission für ihre Tätigkeit vergütet.

Beispiele:

- **Automobilhändler** sind im Allgemeinen Eigenhändler. Die DaimlerChrysler AG allerdings unterhält werkseigene Niederlassungen, in denen Angestellte des Unternehmens die Verkaufsaufgabe wahrnehmen.
- **Kosmetikhersteller** oder **Kaffeeröstbetriebe** vertreiben ihre Ware über Kommissionshändler. Zwischen dem Hersteller und seinen Absatzmittlern besteht ein sog. Depotvertrag.

Der Handel, der hier bisher der Anbieterseite zugerechnet wurde, ist aus der Sicht eines Herstellers natürlich auch als Nachfrager der Herstellerprodukte einzustufen. Auf der Nachfragerseite eines Marktes können demnach als Marktteilnehmer auftreten:

- Händler (Wiederverkäufer),
- Weiterverarbeiter,
- öffentliche Haushalte,
- selbstständige Gewerbetreibende/Freiberufler und
- private Haushalte/Privatpersonen.

Für die Marktbeteiligten auf der Nachfragerseite hat sich im gewachsenen Begriffs- und Sprachverständnis eine Vielzahl von Bezeichnungen wie z.B. **Abnehmer, Kunden, Käufer, Konsumenten** oder **Verwender** eingebürgert. Es mag die Frage entstehen, ob diese Ausdrücke in ihrem Bedeutungsgehalt unterschiedlich zu interpretieren sind oder ob sie im Sprachgebrauch Synonyme darstellen. So wird in einigen Quellen z.B. als (Ein-)Käufer derjenige bezeichnet, der den Kaufakt tätigt, während die Instanz oder Person, die das Gut ge- oder verbraucht, Verwender genannt wird. Die Käuferrolle und die Verwenderrolle müssen somit nicht immer bei ein und derselben Person liegen.

Beispiel:

● Bei Kinderprodukten fungiert im Allgemeinen ein Elternteil als Käufer, das Kind hingegen ist als Verwender anzusehen.

Im Folgenden seien diese feinen Unterscheidungen jedoch nicht zugrunde gelegt. Die Termini „Nachfrager", „Käufer", „Kunden", „Konsumenten" und „Abnehmer" werden hier im Bewusstsein der damit verbundenen Unschärfe synonym verwendet. Unterschieden wird jedoch zwischen **Absatzmittlern** einerseits und den übrigen Nachfragern andererseits, die als **Verwender** bezeichnet werden. Der Ausdruck „Verwender" soll lediglich deutlich machen, dass von dieser Nachfragerkategorie das Gut zum Ge- oder Verbrauch, nicht dagegen als Handelsgut nachgefragt wird.

Dabei kann zwischen **privaten** und **professionellen** (berufsmäßigen) Verwendern getrennt werden; bei Letzteren geht es um Organisationen (z.B. Unternehmen, Behörden) oder um Einzelpersonen, die Güter im Rahmen ihrer (freien) Berufstätigkeit nachfragen. Übersicht 1-4 gibt zur Sprachregelung eine Zusammenfassung.

Neben Anbietern und Nachfragern eines Gutes lassen sich in einem Markt auch weitere „Akteure" ausmachen, die mit ihrer Aktivität Einfluss auf das Marktgeschehen nehmen. Eine dritte Kategorie von Marktteilnehmern bilden die sog. **Service-Anbieter**, die durch einen Dienstleistungsvertrag entweder mit der Anbieterseite oder der Nachfragerseite verbunden sind und mit ihrer Dienstleistung die Anbahnung oder Abwicklung von **Markttransaktionen im jeweils betrachteten Markt unterstützen**. Hierzu zählen z.B. Handelsvertreter, Makler, Messegesellschaften, Spediteure, Entsorgungsunternehmen, Werbeagenturen, Marktforschungsinstitute sowie die öffentlichen und privaten Medien, die im Auftrag der Anbieterseite Werbeinformationen „transportieren".

Übersicht 1-4: Kategorien von Nachfragern im Markt (aus der Herstellerperspektive)

Absatzmittler	● Großhändler — Eigenhändler ● Einzelhändler als — Kommissionshändler	Professionelle Nachfrager
Professionelle Verwender	● Weiterverarbeiter (Industrie, Handwerk) ● Öffentliche Haushalte (Behörden) ● Selbstständige Gewerbetreibende/Freiberufler	
Private Verwender	● Private Haushalte/Privatpersonen	Private Nachfrager

Beispiele:

- **Tankstellennetze** von Mineralölgesellschaften sind Handelsvertretungen. Sie sind mit der Mineralölgesellschaft über einen sog. Agenturvertrag verbunden und werden über eine Provision für ihre Geschäftstätigkeit vergütet.

- Im Markt für verschreibungspflichtige Pharmazeutika sind **Ärzte** unter die Kategorie der Service-Anbieter einzureihen, da sie im Auftrag der Patienten, den Verwendern der Pharmazeutika, als Dienstleistende tätig werden. Mit ihrem Verschreibungsverhalten entscheiden die Ärzte letztlich über Erfolg oder Misserfolg eines Präparats im Markt. Ärzte zählen gemäß obiger Definition weder zu den Absatzmittlern noch zu der Kategorie der Verwender.

- Für die unterschiedlichsten Gebrauchsgütermärkte bieten seit einiger Zeit sog. **Preisagenturen** ihre Dienste an. Sie führen Preisvergleiche durch mit dem Ziel, Konsumenten die günstigsten Angebote nennen zu können. Das Internet bietet dafür eine geeignete Kommunikationsplattform.

Schließlich sind als vierte Kategorie von Marktteilnehmern **Beeinflusser** zu nennen. Sie unterscheiden sich von Service-Anbietern dadurch, dass sie keine vertraglich vereinbarte Aufgabe im Markt für die eine oder andere Marktseite übernehmen. Vielmehr handelt es sich um solche Institutionen, die allein durch ihren **Beitrag zur öffentlichen Meinungsbildung** das Marktgeschehen beeinflussen. Dazu gehört etwa die redaktionelle Arbeit öffentlicher oder privater Medien; für viele Märkte übernimmt auch die Stiftung Warentest die Rolle eines derartigen Beeinflussers. Ebenso ist an Veröffentlichungen wissenschaftlicher Institute über die Leistungsfähigkeit oder Umweltverträglichkeit von Gütern zu denken.

Übersicht 1-5 liefert auf der Grundlage der hier eingeführten Bezeichnungen ein allgemeines Beschreibungsmodell zu den Teilnehmern eines Marktes. Aus der Perspektive eines Herstellers werden dessen Konkurrenten, spezielle Absatzmittler, Service-Anbieter, Beeinflusser und Verwender als diejenigen Marktteilnehmer gekennzeichnet, die in der Realität am Marktgeschehen beteiligt sein können.

Die Pfeilverbindungen zeigen, dass zwischen Marktteilnehmern **Beziehungen** bestehen. Im Schaubild wird dabei an Güter-, Geld- und/oder Informationsströme gedacht, die wechselseitig fließen können. So kennzeichnet etwa ein beim Verwender beginnender hersteller- oder absatzmittlergerichteter Güterstrom den Rücklauf nicht benötigter oder defekter Güter (sog. Retouren). Ein vom Hersteller ausgehender verwender- oder absatzmittlergerichteter Geldstrom kann z.B. monetäre Kaufanreize (Geldzuwendungen) beinhalten. Weitere Verbindungen können leicht durch Plausibilitätsüberlegungen erklärt werden.

Neben den schon erläuterten (Sach-)Güterströmen (z.B. Lieferung der Ware, Retouren), Informationsbeziehungen (z.B. Auftragserteilung, Rechnungserteilung)

Übersicht 1-5: Marktbeteiligte in Absatzmärkten

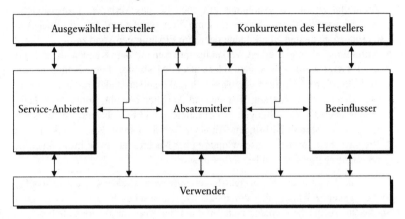

und Geldbeziehungen (z.B. Bezahlung des Kaufpreises) bestehen zwischen Marktteilnehmern eine Anzahl weiterer, noch interessanterer Beziehungen. Solche Beziehungen zwischen einzelnen Marktteilnehmern (**marktinterne** Beziehungen), aber auch Beziehungen zwischen Marktteilnehmern und ihrem Umfeld (**marktexterne** Beziehungen) werden im folgenden Abschnitt näher erläutert.

1.3 Beziehungen zwischen Marktbeteiligten

1.3.1 Kommunikationsbeziehungen

Ein Kauf- oder Mietabschluss entsteht nicht „von selbst". Das Zustandekommen eines Austauschs zwischen Anbieter und Nachfrager ist darauf zurückzuführen, dass sowohl der Anbieter als auch der Nachfrager Kommunikationsanstrengungen unternehmen, die auf einen Austausch abzielen. Es entstehen somit **Kommunikationsbeziehungen** im Markt.

Beispiele:

● Private Konsumenten als **Nachfrager** suchen Einkaufsstätten auf, reden mit Verkäufern und artikulieren ihre Anforderungen an Sachgüter oder Dienstleistungen, neuerdings auch im sog. Online-Chat. Sie sprechen aber auch mit Bekannten, Freunden oder Familienangehörigen, um Näheres über Angebote im Markt, über mögliche Einkaufsquellen oder Lieferanten zu erfahren. Privatkunden geben Suchanzeigen auf, um eine Wohnung, eine Immobilie oder eine Antiquität zu finden. Ähnliches gilt auch für das Verhalten professioneller Nachfrager. Nachfrager betreiben somit Kommunikation, um entweder Austauschgelegenheiten zu erkunden oder ihre Erwartungen kund zu tun.

● **Anbieter** werben in Medien, Verkäufer sprechen mit dem Kunden, die angebotenen Güter werden im Laden oder auf der Messe den Interessenten präsentiert, Preisvorteile werden herausgestellt und man verhandelt mit dem Kunden über den Leistungsumfang. Ferner sind Anbieter bemüht, konkrete Anhaltspunkte über die Vorstellungen, Anforderungen und Einschätzungen der Nachfrager in Erfahrung zu bringen. Anbieter betreiben somit Kommunikation im Rahmen ihrer Informationsgewinnung über Nachfrager sowie im Rahmen ihrer nachfragergerichteten Beeinflussungsversuche.

Der Inhalt der Anbieter-Nachfrager-Kommunikation ist einerseits durch das Bestreben gekennzeichnet, sich ein möglichst realistisches Bild von der anderen Marktseite zu machen. Andererseits umfasst der Kommunikationsinhalt gegenseitige **Beeinflussungsversuche**, die von der jeweiligen Marktseite im eigenen Interesse durchgeführt werden.

Beispiele:

● Die Beeinflussungsversuche der **Anbieter** zeigen sich z.B. in der Präsentation attraktiv gestalteter Produkte, in Hinweisen auf Services, die dem Kunden bei Kauf erbracht werden oder in Hinweisen auf den günstigen Preis angebotener Güter.

● Die Beeinflussungsversuche der **Nachfrager** zeigen sich in Preisverhandlungen, in der Forderung gewisser Qualitätsmerkmale an Produkten oder in Hinweisen auf die eigene Absicht, sich entweder positiv oder negativ über Produkte des Anbieters im Markt äußern zu wollen.

Neben der Kommunikation zwischen unterschiedlichen Marktseiten findet **Marktkommunikation** auch auf ein und derselben Marktseite statt.

Beispiele:

● Auf der **Nachfragerseite** sprechen Konsumenten mit Freunden, Bekannten oder Familienangehörigen über gewonnene Verwendungserfahrungen mit Sachgütern oder Dienstleistungen oder über Erfahrungen mit Einkaufsstätten bzw. Lieferanten. Ähnliches gilt für die Kommunikation zwischen professionellen Nachfragern, z.B. auf Messen, am Telefon oder bei Veranstaltungen von Branchenverbänden. Hier existieren nicht selten regelrechte Empfehlungsnetzwerke.

● Auf der **Anbieterseite** sind Gespräche zwischen Herstellern oder zwischen Händlern im Zusammenhang mit Verbandsangelegenheiten oder einer Branchen-Gemeinschaftswerbung keine Seltenheit. Gelegentlich ist der Presse zu entnehmen, dass auch andere, rechtlich bedenkliche Kommunikationsinhalte eine Rolle spielen. Dazu zählen insbesondere gegenseitige Informationen über die beabsichtigte Preispolitik.

1.3.2 Kooperationsbeziehungen

Wie den oben genannten Beispielen zu entnehmen ist, gehen weder die Anbieter noch die Nachfrager in ihrem Bemühen um Beeinflussung von Marktteilnehmern immer isoliert vor. Im Gegenteil: In vielen Fällen ist eine gewisse Gemeinschaftlichkeit im (austauschgerichteten) Verhalten einzelner Marktbeteiligter zu erkennen. Gemeinschaftliches Vorgehen auf der Anbieterseite findet als Kooperation oft äußerlich seinen Niederschlag z.b. in der Firmierung, in der Aufmachung eines Geschäftes oder in einer Gemeinschaftswerbung. Ähnliches gilt auch für die Nachfragerseite: Man denke etwa an Einkaufsgemeinschaften auf der Handelsebene bzw. an Sammelbestellungen privater Nachfrager.

Anreize zu einem kooperativen Verhalten liegen immer dann vor, wenn nach Überzeugung der Beteiligten durch ein abgestimmtes Verhalten der Erfolg ihrer wirtschaftlichen Tätigkeit verbessert werden kann. Der Mehr- oder Kooperationserfolg für Marktbeteiligte kann sich sowohl aus **horizontalen** als auch aus **vertikalen** Kooperationsbeziehungen ergeben. Beide Formen liegen entweder in Form eines stillschweigenden Verhaltens oder in Form ausdrücklicher vertraglicher Abmachungen vor.

Horizontale Kooperation als Zusammenarbeit rechtlich selbstständiger Unternehmen auf gleicher Stufe des Marktes tritt entweder zwischen Herstellerunternehmen, Absatzmittlerunternehmen oder Unternehmen auf der Verwenderstufe des Marktes auf. Bei der Kooperation zwischen Absatzmittlern ist wiederum zu trennen zwischen einer Zusammenarbeit dieser Institutionen **als Anbietern** gegenüber den Verwendern und einer Zusammenarbeit dieser Institutionen **als Nachfragern** gegenüber den Herstellern. Die Kooperation in der Rolle des Anbieters wird gelegentlich als **Marketing-Verbund**, die Kooperation in der Rolle des Nachfragers als **Einkaufsverbund** bezeichnet.

Beispiele:

- In vielen Branchen betreiben **Hersteller Gemeinschaftswerbung**, um das Image der Branche in der Öffentlichkeit oder bei ihren Kunden zu verbessern.
- Ein Marketing-Verbund liegt in der **Gemeinschaftswerbung** von **Einzelhändlern** für bestimmte Einkaufsstraßen einer Stadt vor. Auch die gemeinsame Vergütung von Parkgebühren an Kunden dieser Händler ist in diese Rubrik einzuordnen.

- Handelsunternehmen schließen sich oft zu **Einkaufsgemeinschaften** (z.B. Genossenschaften, Einkaufskontoren) zusammen; dies sind typische Fälle des Einkaufsverbunds.

Wird von **vertikaler Kooperation** innerhalb eines Marktes gesprochen, so meint man damit die Kooperationsbeziehung zwischen einem oder mehreren Herstellern und einem oder mehreren Absatzmittlern. Diese Art der Kooperation wird auch als **vertikales Marketing** bezeichnet. Als Kooperation von Anbietern auf unterschiedlichen Stufen des Marktes geht es hierbei um eine koordinierte Planung und Durchführung der Beeinflussungs- und Abwicklungsaktivitäten, die auf eine den kooperierenden Unternehmen gemeinsam wichtige, nachgelagerte Marktstufe (z.B. die privaten Verwender) gerichtet sind. Derartige Kooperationen erfolgen häufig in Form einer gemeinsamen Durchführung zeitlich begrenzter Verkaufsförderungsaktionen von Herstellern und Absatzmittlern. In diesem Zusammenhang sind aber auch dauerhafte Formen der Marketing-Zusammenarbeit zwischen einem Hersteller und (vertraglich angegliederten) Absatzmittlern zu nennen. Stichwörter wie **Vertragshändlerschaft** oder **Alleinvertriebssystem** deuten darauf hin, dass es unterschiedliche Formen einer vertraglich abgesicherten, dauerhaften Hersteller-Handels-Kooperation gibt.

1.3.3 Wettbewerbsbeziehungen

Das Verhalten von Anbietern derselben Marktstufe ist jedoch in der Regel nicht durch eine Zusammenarbeit im Hinblick auf einen Mehrerfolg, sondern durch ein völlig anderes Muster gekennzeichnet: Jeder Anbieter ist bestrebt, sich im Markt so zu verhalten, dass er selbst einen möglichst hohen wirtschaftlichen Erfolg auch zu Lasten anderer Anbieter erzielt. Diese Beziehung zwischen Marktbeteiligten wird als **Wettbewerbsbeziehung** bezeichnet. Zwei Personen oder Organisationen stehen miteinander im Wettbewerb, wenn sich einzelne Ziele beider Parteien entsprechen, jede Partei jedoch ihr Ziel nur erreichen kann, indem sie die andere Partei in ihrer Zielerreichung behindert. Wettbewerbs- bzw. Konkurrenzbeziehungen sind also durch einen Verteilungskonflikt um knappe Mittel aufgrund partieller Zielentsprechung der beteiligten Parteien gekennzeichnet.

Nimmt man auf eine bestimmte Marktstufe Bezug, so lässt sich der Wettbewerb zwischen Anbietern als **Angebotswettbewerb**, der Wettbewerb zwischen Nachfragern als **Nachfragewettbewerb** bezeichnen. Analog zum oben aufgeführten Angebotswettbewerb ist der Nachfragewettbewerb zu verstehen als das Bemühen jedes einzelnen Nachfragers, an dem „Kuchen" knapper Angebote einen möglichst hohen oder überhaupt einen Anteil zu haben. Das Streben von Nachfragern um individuell hohe Anteile an knappen Angeboten der Lieferanten wird besonders offenkundig, wenn Rohmaterialien nur in begrenzter Menge zur Verfügung stehen.

Beispiel:

- **Versteigerungen** (Auktionen), die neuerdings im Internet zunehmen, lassen deutlich den existierenden Nachfragewettbewerb erkennen.

Herrscht auf einem Markt ein starker Angebotswettbewerb, so spricht man von einem **Käufermarkt**. Herrscht dagegen ein starker Nachfragewettbewerb, so liegt ein **Verkäufermarkt** vor. Typisch für die Existenz eines Käufermarktes ist die Möglichkeit der Nachfrager, bei ihren Kaufentscheidungen beliebig zwischen verschiedenen Anbietern und aus einer ausreichenden Angebotsmenge wählen zu können. Die meisten Konsumgütermärkte in den westlichen Industrieländern sind durch dieses Phänomen geprägt. Typisch für die Existenz eines Verkäufermarktes ist dagegen, dass Anbieter bei ihren Angebotsentscheidungen beliebig zwischen zu bedienenden Nachfragern wählen können. In solchen Fällen befindet sich der Anbieter in der Rolle des Zuteilers. Solche Situationen sind in den westlichen Wirtschaftssystemen nur noch in wenigen, relativ neuen Spezialitätenmärkten gegeben.

Betrachtet man die oben angeführte Definition des Wettbewerbs, so ist mit diesem Begriff nicht nur eine **horizontale** Beziehung zwischen Marktbeteiligten, sondern auch eine **vertikale** Beziehung im Markt vereinbar. Vertikaler Wettbewerb zwischen einem Hersteller und seinen Absatzmittlern kommt in beider Bestreben zum Ausdruck, von dem bei der Vermarktung eines Produkts insgesamt (d.h. als fiktive Summe des beim Hersteller und seinen Absatzmittlern) entstehenden Gewinn einen möglichst großen Anteil für sich selbst zu realisieren. Dieser **Verteilungskonflikt** überlagert alle geschäftlichen Beziehungen zwischen Hersteller und Handel. Ausgetragen wird dieser Konflikt durch Verhandlungen über alle Leistungen und Gegenleistungen der Beteiligten im Zuge eines Austauschs (Preisverhandlungen, Konditionenverhandlungen). Der Ausgang dieser Verhandlungen hängt im Wesentlichen von der Machtstellung der Beteiligten ab. Dies führt zur Betrachtung von Machtbeziehungen in Märkten.

1.3.4 Machtbeziehungen

Macht kennzeichnet die Fähigkeit eines Marktbeteiligten, den freien Verhaltensraum eines anderen Marktbeteiligten einzuengen, d.h., er kann den anderen zu einem Verhalten veranlassen, das dieser sonst nicht ergreifen würde. Macht spiegelt folglich die Bereitschaft des Beeinflussten wider, fremde Verhaltenserwartungen zu akzeptieren und zur Grundlage des eigenen Verhaltens zu machen.

In Märkten spielen Machtbeziehungen insoweit eine bedeutsame Rolle, als jeder einzelne Marktbeteiligte auf jeder Marktstufe mehr oder weniger ausgeprägt versucht,

- Einfluss auf die Aktivitäten der **vor- und/oder nachgelagerten** Marktstufe (im Rahmen **vertikaler** Machtbeziehungen) oder
- Einfluss auf die Aktivitäten von Marktteilnehmern auf derselben Marktstufe (im Rahmen **horizontaler** Machtbeziehungen)

zu nehmen. Der dazu erforderliche Machterwerb kann auf verschiedenen Wegen erfolgen. Im Rahmen vertikaler Machtbeziehungen kann ein **Hersteller** z.B. Macht gegenüber dem Handel dadurch erwerben, dass er auf der Verwenderseite starke **Präferenzen** für seine Produkte aufbaut; in solchen Fällen ist der Handel nahezu genötigt, die Produkte dieses Herstellers zu führen und in entsprechender Menge einzukaufen. Ein **Händler** dagegen erwirbt z.B. Macht dadurch, dass er mit einer Vielzahl von Geschäften ein hohes **Nachfragepotential** hinter sich bringt. In solchen Fällen kann es sich der Hersteller nicht leisten, auf den Händler als Kunden zu verzichten. Macht hat also in der Hersteller-Händler-Beziehung immer derjenige, der **keinem wesentlichen Wettbewerb** auf seiner Marktstufe ausgesetzt ist.

Beispiele:

- Infolge konsequenter Markenführung, in deren Rahmen das Unternehmen **Ferrero** sich hohe Konsumentenpräferenzen in seinen Märkten aufgebaut hat (Marken: Mon Cheri, Rocher u.a.), verfügt es über eine gewisse Herstellermacht gegenüber dem Handel.
- Das Handelsunternehmen **Metro** gilt aus der Sicht vieler Hersteller infolge seines hohen Abnahmevolumens als nachfragemächtig.

Die Macht eines oder mehrerer Anbieter über einen oder mehrere Nachfrager wird als **Angebotsmacht** bezeichnet; umgekehrt wird die Macht eines oder mehrerer Nachfrager über einen oder mehrere Anbieter als **Nachfragemacht** bezeichnet. Existiert bei vertikalen Machtbeziehungen ein ausgeprägter Machtüberhang auf der einen oder anderen Marktstufe, so spricht man von Marketingführerschaft dieser Marktstufe oder eines betrachteten Marktbeteiligten.

Neben vertikalen Machtbeziehungen zwischen verschiedenen Marktstufen bestehen auch **horizontale** Machtbeziehungen auf jeweils einer Marktstufe. Gelingt es z.B. einem Anbieter, einen Wettbewerber in dessen Marktverhalten zu beeinflussen, so kann diesem Anbieter definitionsgemäß Macht über den Beeinflussten zugeschrieben werden. Existiert im Rahmen horizontaler Machtbeziehungen ein ausgeprägter Machtüberhang bei einem der Marktbeteiligten, so spricht man von **Marktführerschaft**. Im Allgemeinen wird dem Anbieter mit dem größten Marktanteil Marktführerschaft zugeschrieben. Dessen Wettbewerber orientieren sich insbesondere in ihrer Preispolitik gern an seinem Verhalten. Ein Marktführer wird deshalb oft von seinen Wettbewerbern als Preisführer angesehen, da er mit seinem Preisverhalten die Richtung des Marktpreisniveaus bestimmt. Die Marktführerschaft eines Anbieters ist somit an Verhaltenserwartungen gekoppelt, die andere Marktbeteiligte an ihn richten. Dies führt zur Betrachtung von Rollenbeziehungen in Märkten.

1.3.5 Rollenbeziehungen

Verhaltenserwartungen, die an jemanden in einer bestimmten Position (z.B. Position als Hersteller, Einzelhändler) gerichtet sind, werden im soziologischen Sprachgebrauch als **Rollenerwartungen** bezeichnet. Da zwischen den Marktbeteiligten durchaus solche – oft unausgesprochenen – Verhaltenserwartungen existieren, kann man von **Rollenbeziehungen** zwischen Marktbeteiligten sprechen.

Wie schon mit der Verhaltenserwartung Preisführerschaft im Zusammenhang mit der Position des Marktführers angedeutet wurde, bestehen häufig **horizontale** Rollenbeziehungen in Märkten. Als weiterer Erwartungsinhalt, der in horizontalen Rollenbeziehungen auf der Anbieterseite eines Marktes bedeutsam sein könnte, ist die Einführung neuartiger Techniken zu nennen. Oft warten die Hersteller einer Branche vor Übernahme einer neuen Technik ab, ob auch der Marktführer mit seinem eigenen Verhalten dazu ein Signal gibt.

Beispiel:

● Vor Einführung der Kontoauszugsdrucker und der Geldautomaten für die Selbstbedienung der Bankkunden warteten die Kreditinstitute zunächst ab, welches Signal hierzu die **Deutsche Bank** als Marktführer gab.

Ein solches Verhalten der Marktfolger birgt natürlich die Tendenz zur Konservierung bestehender Wettbewerbsverhältnisse, insbesondere des Machtüberhangs des Marktführers, in sich.

Noch ausgeprägter als horizontale Rollenbeziehungen sind in vielen Märkten **vertikale** Rollenbeziehungen. Dabei geht es um Verhaltenserwartungen, die Händler und Hersteller aneinander richten. So ist es üblich geworden, dem Handel die Rollenbestandteile Warenpräsentation, Sortimentszusammenstellung, Lagerhaltung, Preisauszeichnung und Kundenberatung zuzuordnen. In anderer Terminologie spricht man auch von **Funktionen des Handels**. Die Erwartung, dass die oben genannten Tätigkeiten vom Handel ausgeübt werden, kennzeichnet historisch gewachsene, an den Handel gerichtete Rollenerwartungen der Herstellerstufe. Dagegen wird vom Hersteller erwartet, dass dieser sich um die Produktinnovation, die werbende Bekanntmachung neuer Produkte und deren Produktion kümmert. Hierin liegen somit **zentrale Herstellerfunktionen**.

Derartige Rollenkennzeichnungen haben aus wissenschaftlicher Sicht allerdings lediglich einen die Realität **beschreibenden** Wert. Wird für einen bestimmten

Markt aufgelistet, welche Funktionen von welchem Marktbeteiligten übernommen werden, so gelten solche Funktionszuordnungen nur für diesen Markt zum Zeitpunkt der Bestandsaufnahme. Den Charakter einer **Norm**, den solche Erhebungen oft in öffentlichen Auseinandersetzungen zwischen Industrie und Handel annehmen, kann man ihnen keineswegs zubilligen. Vielmehr werden Funktionen im Markt gern von einer Institution zur anderen geschoben, weil jede Funktionsausübung mit Kosten verbunden ist, die man lieber beim jeweiligen Marktpartner anfallen sieht.

Beispiele:

- Eine grundlegende Verlagerung von Rollenbestandteilen vollzog sich im Zuge der **Selbstbedienungswelle** in den 50er und 60er Jahren des 20. Jahrhunderts. Hier schob die Anbieterseite (Hersteller und Handel) eine Teilfunktion, die Bedienung, auf den einkaufenden Verwender ab.
- Der Streitpunkt zwischen Industrie und Handel im Konsumgütermarketing, wer in der Einkaufsstätte für die Markierung der Ware mit den dort geltenden Preisen (sog. **Preisauszeichnung** oder **Auspreisung**) zuständig sei, weist ebenfalls auf die Dynamik von Rollenerwartungen hin.

Die Frage nach der Funktionserfüllung lebt neuerdings in der Auseinandersetzung zwischen der Hersteller- und Handelsstufe mit der Fragestellung nach der optimalen oder zumindest effizienten Funktionsaufteilung zwischen den Stufen auf. Die resultierende Aufteilung wird als **Wertschöpfungskette** bezeichnet. Mit dem Design der Wertschöpfungskette (Wer übernimmt welche Aufgabe?) werden folglich Rollenerwartungen präzisiert. Eine relativ stabile Aufgabenverteilung im Markt und eine diesbezügliche Übereinstimmung zwischen den Marktteilnehmern bedeutet, dass Klarheit über die wechselseitigen Erwartungen vorherrscht. Die positionsgerichtete Rollenerwartung stimmt also mit dem Rollenbewusstsein des Positionsinhabers überein. Eine mangelnde Übereinkunft in den Rollenbeziehungen ist eine typische Ursache für **Konflikte** zwischen der Hersteller- und Absatzmittlerstufe, wobei dieser Konflikt regelmäßig vom oben genannten Verteilungskonflikt überlagert wird.

1.4 Das Marktumfeld

Jegliches Geschehen in Märkten ist nicht nur durch die Beziehungen der Marktteilnehmer zueinander, sondern auch durch Einflüsse aus seinem Umfeld geprägt. Dabei ist Umfeld ein sehr globaler Begriff. Gemeint sind damit **Rahmenbedingungen**, unter denen das Marktgeschehen in einem Wirtschaftssystem abläuft.

Als derartige Rahmenbedingungen spielen vor allem natürliche, technische und rechtlich-politische Gegebenheiten eine Rolle.

Der Einfluss **natürlicher** Gegebenheiten auf das Marktgeschehen leuchtet unmittelbar ein, wenn man z.B. an klimatische oder geographische Besonderheiten eines Markts denkt. **Klimatische** Gegebenheiten erzwingen möglicherweise kurze Transportwege bzw. besondere Schutzvorrichtungen bei Transport und Lagerhaltung von Waren, die sonst einem raschen Verderb ausgesetzt wären. Auch **geographische** Besonderheiten können starken Einfluss auf die Transportwege bzw. Transportmöglichkeiten von Gütern ausüben. Diese Einflussgrößen finden ihren Niederschlag natürlich in den Bedingungen, zu denen Markttransaktionen zustande kommen.

Der Einfluss **technischer** Gegebenheiten auf das Marktgeschehen wird deutlich, wenn an die Möglichkeiten der technischen Produktauslegung, an die Verkehrstechnik oder die Kommunikationstechniken in einem Markt gedacht wird. Rascher **technischer Fortschritt** lässt Produkte schneller veralten, eröffnet flexiblen Anbietern Marktchancen und trägt auf der Nachfragerseite zu sich verändernden Anforderungen und Verhaltensweisen bei. Die **Verkehrs- und Kommunikationstechnik** lässt die Zeit zur Überbrückung geographischer Distanzen schrumpfen und ermöglicht somit Anbietern und Nachfragern, sich in einem breiteren Betätigungsfeld zu bewegen. Dadurch verändern sich z.B. Wettbewerbs-, Macht- und Kooperationsbeziehungen in Märkten ganz erheblich.

Einer besonderen Aufmerksamkeit der Marktbeteiligten bedarf schließlich die **rechtlich-politische** Umwelt, in der sich das Marktgeschehen abspielen kann. Die **staatliche Rechtsordnung** dient bekanntlich dazu, die in jeder Gesellschaft bestehenden Gegensätze und daraus resultierenden Konflikte zu verhüten, zu lösen oder zumindest zu kanalisieren. Die dazu wichtigsten Institute der Rechtsordnung sind Verträge, Gesetze und Verordnungen, die Rechtsprechung und die staatliche Verwaltung.

All diese Institute spielen auch eine Rolle, wenn es um rechtliche Fragen des Marktgeschehens geht. Neben **nationalen** Rechtsnormen wird das **internationale** Recht immer wichtiger. Für die Bundesrepublik Deutschland ist insbesondere das Recht der Europäischen Union bedeutsam. So werden z.B. neben dem bereits bestehenden EU-Kartellrecht zur Zeit Bemühungen zur Vereinheitlichung des Rechts gegen den unlauteren Wettbewerb im gemeinsamen Markt unternommen.

Im Mittelpunkt rechtlicher Rahmenbedingungen für das Marktgeschehen steht zweifellos das **Wettbewerbsrecht**. Das deutsche Wettbewerbsrecht besteht im Wesentlichen aus zwei Teilen, dem Gesetz gegen Wettbewerbsbeschränkungen (GWB) und dem Gesetz gegen den unlauteren Wettbewerb (UWG). Während das **GWB** einen Zwang zum freien Wettbewerb begründet und missbräuchliche Beschränkungen verbietet, schützt das **UWG** die Lauterkeit des Wettbewerbs, d.h., es greift ein, wenn von der Wettbewerbsfreiheit in unlauterer Weise Gebrauch gemacht wird. Es behandelt etwa irreführende Werbung oder solche Geschäftspraktiken, die als Verstöße gegen die guten Sitten interpretiert werden müssen.

Als Teile einer Gesamtordnung des Wettbewerbs verfolgen beide Gesetze gemeinschaftlich die Aufrechterhaltung eines funktions- und leistungsgerechten Wettbewerbs. Eine Gesamtordnung des wirtschaftlichen Wettbewerbs wird somit durch beide Gesetze gemeinsam erreicht und durch weitere Rechtsquellen mit wettbewerbsrechtlicher Konsequenz ergänzt. Übersicht 1-6 bietet einen Über-

Übersicht 1-6: Überblick über rechtliche Vorschriften mit Marketing-Relevanz (Quelle: Ahlert/Pollmüller 1978, S. 120)

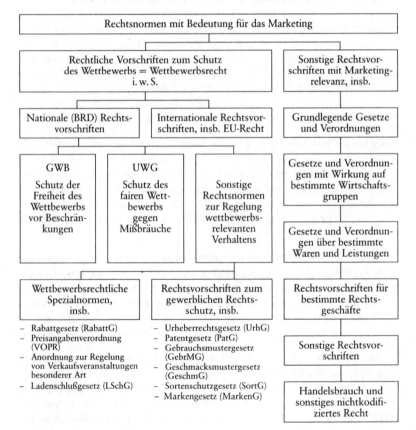

blick über den Gesamtkomplex rechtlicher Vorschriften, die zum Schutz des Wettbewerbs dienen sowie über rechtliche Vorschriften, die in anderer Weise das Marktgeschehen berühren.

Die Vielzahl der überblicksartig dargestellten Rechtsquellen und der darin verankerten Rechtsnormen beeinflusst das Marktgeschehen:

– Rechtsnormen **begrenzen** die absatzpolitischen Verhaltensweisen von Anbietern.
– Das Recht gewährt den Anbietern Schutzpositionen, die gewisse absatzpolitische Verhaltensweisen erst **ermöglichen**.

In einer groben Sicht lässt sich den in Übersicht 1-6 aufgeführten **wettbewerbsrechtlichen Spezialnormen** der Charakter einer Verhaltensbegrenzung, den **Rechtsvorschriften zum gewerblichen Rechtsschutz** dagegen der Charakter einer Schutzbildung zuordnen.

Innerhalb der Kategorie der **sonstigen Rechtsvorschriften mit Marketing-Relevanz** in Übersicht 1-6 zählen zu den grundlegenden Gesetzen und Verordnungen z.B. das Bürgerliche Gesetzbuch (BGB), das Handelsgesetzbuch (HGB) oder das Wirtschaftsstrafgesetz. Im Rahmen der Gesetze und Verordnungen mit Wirkung auf bestimmte Wirtschaftsgruppen sind z.B. die Gewerbeordnung, die Handwerksordnung oder das Gaststättengesetz und die Gaststättenverordnung zu nennen. Als Gesetze und Verordnungen über bestimmte Waren und Leistungen sind etwa das Gesetz über den Verkehr mit Lebensmitteln und Bedarfsgegenständen (LMBG), das Arzneimittelgesetz (AMG) oder das Futtermittelgesetz und Waffengesetz einzustufen. Die Rechtsvorschriften für bestimmte Rechtsgeschäfte umfassen solche Vorschriften wie die Verordnung für Preise bei öffentlichen Aufträgen (VPöA) oder das Abzahlungsgesetz.

Auf den Inhalt der hier in der Übersicht dargestellten Rechtsnormen zum Marktgeschehen soll an dieser Stelle nicht näher eingegangen werden. Die Auseinandersetzung mit rechtlichen Gesichtspunkten des Marketing ist als eine Spezialdisziplin der Rechtslehre aufzufassen; allerdings findet man in einer Reihe von Lehrbüchern zum Marketing zumindest eine (detailliertere als die hier vorgelegte) Übersicht über Rechtsvorschriften im Zusammenhang mit speziellen Marketing-Sachverhalten.

1.5 Marktabgrenzung und Marktsegmentierung

Ob spezielle Anbieter oder Nachfrager im Einzelfall als Marktbeteiligte zu betrachten sind, hängt von der gedanklichen Grenzziehung bei der Analyse des jeweiligen Marktes ab. Bei dieser **Marktabgrenzung** steht die Kennzeichnung eines jeweils relevanten Gesamtmarktes anhand eindeutiger Abgrenzungskriterien im Vordergrund. Eine weiterführende **Marktsegmentierung** dagegen betrifft die Identifizierung homogener Teilmärkte innerhalb des abgegrenzten Gesamtmarktes.

Beispiele:

- Hersteller von Mobiltelefonen (z.B. Handy-Hersteller) sind Marktbeteiligte im **Mobilfunkmarkt**. Zu diesem Markt lassen sich auch Mobilnetzbetreiber und Netztechnikhersteller zählen. Die beiden Letzteren bilden die Angebotsseite des – enger abgegrenzten – **Mobilnetzmarktes**. Dieser kann als Segment des Mobilfunkmarkts angesehen werden.
- Hersteller von **Tafelschokolade** operieren zweifellos im Tafelschokoladenmarkt. Gleichzeitig befinden sie sich aber auch im Markt für Schokoladenwaren, der neben massiver Tafelschokolade z.B. auch den Markt für gefüllte Tafelschokolade, den Pralinenmarkt, den Riegelmarkt umfasst. Der Markt für Tafelschokolade ist infolgedessen ein Segment des Marktes für Schokoladenwaren; dasselbe gilt bei dieser Betrachtung für den Pralinen- und den Riegelmarkt.

Die Beispiele beleuchten die im Einzelfall bestehenden Möglichkeiten einer **weiten** bzw. **engen Marktabgrenzung** mit der dabei gegebenen weiteren Unterteilung eines Marktes in **Teilmärkte** (= **Marktsegmente**). Einhergehend mit der möglichen weiten oder engen Marktabgrenzung ergeben sich gewisse Bezeichnnungen für weiter oder enger gefasste Ausschnitte der Güterwelt. Eine Bezeichnungshierarchie mit je Betrachtungsebene unterschiedlichen, gleichermaßen geläufigen Bezeichnungen bietet Übersicht 1-7.

Die in dieser Übersicht vorgenommene Stufung bzw. Abgrenzung eines jeweiligen „Ganzen" und seiner „Teile" stellt die in den Märkten bzw. Teilmärkten angebotenen und nachgefragten Austauschobjekte (hier vorrangig Sachgüter und Dienstleistungen) in den Mittelpunkt der Betrachtung. Deshalb wird im Titel der Übersicht von einer güterbezogenen Marktabgrenzung bzw. -betrachtung gesprochen. Das obige Beispiel zum Mobilnetzmarkt dagegen koppelt die Marktbetrachtung nicht an die auf diesem Markt ausgetauschten Marktobjekte, sondern an die Art der Anbieter, nämlich Festnetzbetreiber und Netztechnikhersteller. Deshalb lässt die bisherige Darstellung zweierlei erkennen:

1. Märkte lassen sich **weit oder eng** abgrenzen. In relativ weit abgegrenzten Märkten sind im Allgemeinen homogenere Teilmärkte als Segmente eines

Übersicht 1-7: Bezeichnungen in Verbindung mit weiter bzw. enger güterbezogener Marktabgrenzung

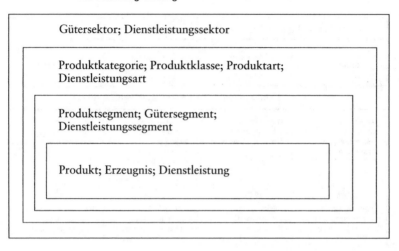

Gütersektor; Dienstleistungssektor

Produktkategorie; Produktklasse; Produktart; Dienstleistungsart

Produktsegment; Gütersegment; Dienstleistungssegment

Produkt; Erzeugnis; Dienstleistung

Marktes anzutreffen. Aus der – streng genommen – kontinuierlichen Abstufbarkeit zwischen enger und weiter Marktabgrenzung ist erkennbar, dass keine verbindliche Norm für die Abgrenzung von Märkten existieren kann. Stets ist die Abgrenzung vom Betrachtungszweck abhängig. Geht es etwa darum, einem Unternehmen – ausgehend von dessen bisherigem Arbeitsgebiet – mögliche weitere Betätigungsfelder aufzuzeigen, wäre eine zu enge Marktabgrenzung wenig förderlich. Soll dagegen aus der Sicht des Bundeskartellamts die Marktmacht eines Unternehmens in einem oder mehreren Märkten beurteilt werden, so wird diese Instanz tendenziell zu einer engeren Marktabgrenzung (bei der Abgrenzung des sog. relevanten Marktes) neigen.
2. Märkte und Marktsegmente lassen sich nach **unterschiedlichen Gesichtspunkten** (= Abgrenzungsmerkmalen) betrachten. In bisherigen Beispielen wurde auf die Austauschobjekte und die Anbieter im zu betrachtenden Markt Bezug genommen.

Austauschobjekte und Anbieter sind nicht die einzigen Gesichtspunkte, nach denen Märkte oder Marktsegmente eingegrenzt werden können. Wird den Überlegungen zum Austausch in Märkten gefolgt, liegt es logisch nahe, Märkte bzw. Marktsegmente abzugrenzen

– nach den zusammenfassend in einen Markt bzw. ein Marktsegment einbezogenen **Anbietern**
– nach den zusammenfassend in einen Markt bzw. ein Marktsegment einbezogenen **Nachfragern** und/oder

Übersicht 1-8: Unterschiedliche Konzeptionen der Marktabgrenzung bzw. -segmentierung (Quelle: in Anlehnung an Bauer 1989)

	Abstrahierend und gruppierend zusammengefaßt / aufgeteilt werden ...			
Anbieter	Angebote			Nachfrager
	jeweils als spezifische technische Problemlösungen	jeweils als bedürfnisbefriedigende Eigenschaftsbündel		
	... und dies führt zu Konzepten wie:			
Anbietersegmente Strategische Gruppen Betriebsformen, -typen Industriezweige Branchen ...	Güter-, Produktsegmente Güter-, Produktklassen Güter-, Produktmärkte ...	Bedarfssegmente Verwendungszwecksegmente Bedarfsklassen Bedarfskategorien ...		Nachfragersegmente Konsumententypen Kundengruppen Abnehmertypen Branchen ...
▲ **Anbieter**bezogene Marktabgrenzung bzw. -segmentierung	▲ **Güter**bezogen-technische Marktabgrenzung bzw. -segmentierung	▲ **Bedarfs**bezogen-funktionale Marktabgrenzung bzw. -segmentierung		▲ **Nachfrager**bezogene Marktabgrenzung bzw. -segmentierung

- nach den zusammenfassend in einen Markt bzw. ein Marktsegment einbezogenen **Austauschobjekten**.

Austauschobjekte lassen sich – wie in Abschnitt 1.1 dieses Buches erläutert – entweder verstehen als spezifische, technische Problemlösungen (aus Anbietersicht) oder als spezifische, bedürfnisbefriedigende Eigenschaftsbündel (aus Nachfragersicht). Diese Überlegungen werden in Übersicht 1-8 aufgegriffen, um die vier verschiedenen Möglichkeiten einer Markt- bzw. Marktsegmentabgrenzung aufzuzeigen. Der folgende Text arbeitet diese vier Möglichkeiten erläuternd ab, indem gemäß der Übersicht von rechts nach links vorgegangen wird.

Bei der **nachfragerbezogenen Marktabgrenzung** wird ein spezieller Markt unter Bezugnahme auf den Nachfragerausschnitt, der von Anbietern bedient wird, von anderen Märkten abgegrenzt. Bei der Betrachtung ausgewählter Nachfragerausschnitte spielt z.B. das konventionelle Denken in Wirtschaftssektoren, Branchen oder geographischen Räumen eine zentrale Rolle.

Beispiele:

- Neuerdings ist viel vom **Seniorenmarkt** die Rede.
- Die nachfragerbezogene Marktabgrenzung dominiert z.B. im Bankenmarketing, wenn zwischen einem **Privatkunden**- und einem **Geschäftskundenmarkt** getrennt wird.

- Häufig werden im Industriegütermarketing die nachfragenden **Branchen** als separate Märkte betrachtet: Als Markt ist für einen Hersteller von Produkten der Oberflächentechnik z.b. der **Fahrzeugbau** bedeutsam. Darin lassen sich als Teilmärkte der **Automobilbau** und der **Schienenfahrzeugbau** ausmachen. Bei Belieben ließe sich die Marktbetrachtung noch weiter verfeinern, indem z.b. innerhalb des Automobilbaus das PKW- und das Nutzfahrzeugsegment voneinander abgegrenzt werden.
- Im Verlagsmarketing wird zwischen dem **Lesermarkt** und dem **Anzeigenmarkt** (= Markt der Anzeigenkunden) getrennt.
- Schließlich findet sich die nachfragerbezogene Marktabgrenzung unter geographischen Aspekten in Bezeichnungen wie z.B. **Weltmarkt, Inlandsmarkt** und **Auslandsmarkt, Markt Brasilien** u.ä. wieder.

Eine nachfragerbezogene Abgrenzung von Märkten wie auch eine solche von Teilmärkten zieht gewisse Merkmale der Nachfrager heran, um die Grenzziehung zu begründen. Im Beispiel „Seniorenmarkt" ist es allein ein einziges Merkmal, nämlich „Alter der Nachfrager" (50 und darüber), welches der Marktabgrenzung dient; auch bei der geographischen Abgrenzung von Märkten oder Teilmärkten wird ein solches Vorgehen evident. Zur nachfragerbezogenen Marktabgrenzung bzw.- segmentierung mögen aber auch mehrere Merkmale gleichzeitig eine Rolle spielen, wie das folgende Beispiel verdeutlicht.

Beispiel:

- Übersicht 1-9 stellt das Ergebnis einer Untersuchung im amerikanischen **Zahncrememarkt** dar. Hier wurde versucht, anhand verschiedener Kriterien (wie z.B. der für die Verwender wichtigsten Nutzenerwartung beim Gebrauch von Zahncreme, gewisser demographischer Merkmale und besonderer Verhaltensweisen) abgrenzbare **Verwendersegmente** aufzuspüren. Für die vier verschiedenen Segmente wurden gemäß der Untersuchungsbefunde anschauliche Segmentbezeichnungen geschaffen (z.B. „Die Sensorischen", „Die Sozialen"). Die Mitglieder eines Segments sind sich bezüglich der angeführten Kriterien relativ ähnlich. So erwartet z.B. der überwiegende Teil der „Sozialen" in erster Linie weiße, strahlende Zähne. Im Segmentvergleich ist zwischen Segmentmitgliedern dagegen eine relative Unähnlichkeit festzustellen: Im Vergleich zu den „Sozialen" stehen für die „Sensorischen" der Geschmack und die Produktaufmachung als wichtigste Nutzenerwartung im Vordergrund.

Vor dem Hintergrund dieses Beispiels lässt sich der Begriff **Nachfragersegment** wie folgt verstehen: Nachfragersegmente sind Teilgruppen einer Gesamt-Nachfragerschaft in einem Markt. Diese Teilgruppen sind bezüglich kaufverhaltensrelevanter Merkmale (Segmentierungskriterien) in sich weitgehend homogen (ähnlich), untereinander, d.h. im Teilgruppenvergleich, jedoch weitgehend heterogen (unähnlich). Übersicht 1-10 liefert eine Batterie solcher Merkmale, die zur **Seg-**

Übersicht 1-9: Marktsegmentierung, dargestellt am amerikanischen Zahncreme-markt (Quelle: Meffert 1993, S. 252)

Segment / Kriterien	Die Sensorischen	Die Sozialen	Die Ängstlichen	Die Unabhängigen
Wichtige Nutzen-erwartung	Geschmack und Produkt-aufmachung	weiße, strah-lende Zähne	Verhütung von Zahnverfall	Preis
Demo-graphische Merkmale	Kinder	Teenager, junge Leute	große Familien	Männer
Besondere Verhaltens-weisen	lieben Zahn-pasta mit Pfefferminz-geschmack	Raucher	Intensiv-verwender	Intensiv-verwender
Bevorzugte Marken	Colgate, Stripe	MacLeans, Plus White, Ultra Brite	Crest	Sonderangebote
Persönlichkeits-merkmale	mit sich selbst Beschäftigte	sehr kontakt-freudig und aufgeschlossen	Hypochon-drisch veranlagt	selbständig, autonom
Einstellung zur Lebens-führung	hedonistisch	aktiv	konservativ	wertorientiert

mentierung privater Konsumenten heranzuziehen sind. Die Vielzahl möglicher **Segmentierungsmerkmale** wird in vier Kategorien gegliedert: Demographische, sozio-ökonomische, psychographische, d.h. die Psyche beschreibende Merkmale, sowie Verhaltensmerkmale. In der Zahncrememarktstudie (Übersicht 1-9) wurde bei der Segmentierung z.B. auf demographische, psychographische und auf Ver-haltensmerkmale abgestellt. Je nach herangezogenem Kriterienbündel ergeben sich spezifische Abgrenzungen von Teilgruppen innerhalb der Gesamtkäufer-schaft. Deshalb steht in jeder Segmentierungsstudie bei der Wahl heranzuziehen-der Segmentierungsmerkmale die jeweilige Zielsetzung im Vordergrund, d.h. es muss bedacht werden, zu welchem Zweck Käufersegmente ermittelt werden. Bei Segmentierungsstudien geht es ja nicht darum, irgendwelche Gruppierungen an-hand von Ähnlichkeiten der betrachteten Käufer aufzudecken. Vielmehr sollen Gruppierungen ermittelt werden, die in ihrer Homogenität bzw. Heterogenität das Verhalten in Austauschprozessen betreffen. Deshalb gelangen i.a. jene Merkmale der Nachfrager zu Anwendung, von denen deren Kaufverhalten beeinflusst wird.

Auch in Industriegütermärkten lassen sich Nachfragersegmente voneinander ab-grenzen.

Beispiel:

- Die industriellen Abnehmer von **Textilfarbstoffen** z. B. lassen sich nach der Art des Substrats, das sie verarbeiten (z. B. Polyester-Baumwollmischungen, reine Wolle, Polyester-Wollmischungen usw.) segmentieren sowie nach den technischen Verfahren, mit deren Hilfe Textilien gefärbt oder bedruckt werden (z. B. Direktdruckverfahren, Transferdruckverfahren, Thermosolverfahren usw.).

Analog zur Übersicht 1-10 bietet Übersicht 1-11 eine Auflistung von Merkmalen, die jeweils zur **Segmentierung industrieller Abnehmer** herangezogen werden mögen.

Aus der Herstellerperspektive kann sowohl die Verwenderstufe als auch die Absatzmittlerstufe als die Nachfrageseite eines Marktes interpretiert werden. Folgerichtig lässt sich das Konzept der Nachfragersegmente aus Herstellersicht auch auf den Handel projizieren.

Übersicht 1-10: Segmentierungsmerkmale für Konsumgüter-Märkte

Demographische Merkmale
- Alter
- Geschlecht
- Familienstand
- Wohnort
- ...

Sozio-ökonomische Merkmale
- Haushaltsgröße
- Einkommen, Kaufkraft
- Soziale Schicht (Schulbildung; Beruf)
- Besitzmerkmale
- ...

Psychographische Merkmale
- Persönlichkeitsmerkmale
- Kenntnisse
- Interessen (Motive)
- Einstellungen /Präferenzen
- Verhaltensbereitschaften
- ...

Verhaltensmerkmale
- Kaufmengen/Kaufhäufigkeit
- Verwendungsverhalten
- Einkaufsstättenwahl
- Kommunikationsverhalten
- ...

Beispiel:

● Aus dem Blickwinkel eines **Süßwaren**herstellers bilden auf der Handelsebene Süßwarenfachgeschäfte, Cafés und Konditoreien, der Lebensmittelhandel mit seinen unterschiedlichen Vertriebslinien (kleine SB-Geschäfte, Verbrauchermärkte, SB-Warenhäuser etc.), ferner auch Tankstellen, Kioske und andere Handelsbetriebsformen die im Markt antreffbaren Handelssegmente.

Übersicht 1-12 bietet analog zu Übersicht 1-11 einen Katalog möglicher **Segmentierungsmerkmale für die Handelsstufe** in Märkten.

Mit der **nachfragerbezogenen Marktabgrenzung bzw. -segmentierung** wird lediglich einer von vier möglichen Ansatzpunkten aufgegriffen. Als ein zweiter Ansatz bietet sich die **bedarfsbezogen-funktionale Marktabgrenzung bzw. -segmentierung** an (vgl. Übersicht 1-8). Bei dieser erfolgt eine Zusammenfassung von Angeboten als spezifischen bedürfnisbefriedigenden Eigenschaftsbündeln.

Beispiele:

● Die bedarfsbezogene Marktbetrachtung dominiert, wenn vom **Körperpflegemarkt, Unterhaltungsmarkt, Freizeitmarkt** oder **Pflanzenschutzmarkt** gesprochen wird.

Bei dieser Art der Marktbetrachtung wird nicht die Art des angebotenen (oder nachgefragten) Gutes, sondern dessen Funktion für den Verwender in den Vordergrund gerückt. Deshalb spricht man auch – insbesondere im angelsächsischen Sprachgebrauch – von funktionaler Marktabgrenzung. Die Beispiele belegen, dass bei bedarfsbezogen-funktionaler Marktabgrenzung nicht nach der Art physisch angebotener Austauschobjekte gefragt wird. Welche Anbieter in derart abgegrenzten Märkten miteinander in Konkurrenz stehen, kann ausschließlich aus dem Blickwinkel der Nachfrager als den Bedarfsträgern beurteilt werden.

Beispiel:

● Aus Sicht einer Privatperson stehen im **Telekommunikationsmarkt** ein Telefonanruf, ein Telefax, eine E-Mail aber auch eine Postkarte möglicherweise in enger Substitutionskonkurrenz.

Ist ein Markt als Gesamtmarkt bedarfsbezogen-funktional abgegrenzt, lassen sich unter Beibehaltung dieses Kriteriums **bedarfsbezogene Segmente** erkennen.

Beispiele:

● Im **Pflanzenschutzmarkt** kann zwischen den Segmenten „Schutz gegen Insektenbefall" (Insektizide), „Schutz vor Unkräutern und Wildgräsern" (Herbizide) sowie „Schutz vor Pilzbefall" (Fungizide) getrennt werden.
● Im Markt verschreibungspflichtiger **Gesundheitsmittel** sind die Segmente Schmerzmittel, Grippemittel, Herz- und Kreislaufmittel usw. zu unterscheiden.

Übersicht 1-11: Segmentierungsmerkmale für Industriegüter-Märkte

---

Firmendemographische Merkmale industrieller Abnehmer

- Unternehmensgröße
- Branche
- Standort (Region)
- ...

Ökonomische Merkmale industrieller Abnehmer

- Finanzkraft
- Bestandsdaten (Anlagen- bzw. Gerätebestand)
- ...

Psychographische Merkmale industrieller Abnehmer

- Kenntnisse
- Interessen (Ziele)
- Einstellungen/Präferenzen
- Verhaltensbereitschaften
- ...

Verhaltensmerkmale industrieller Abnehmer

- Kaufverhalten
- Produktionsverfahren
- Produktverwendungsverhalten
- ...

Übersicht 1-12: Merkmale für die Segmentierung von Absatzmittlern

---

Firmendemographische Merkmale der Absatzmittler

- Größe der Verkaufsstellen
- Branchenzugehörigkeit
- Regionale Präsenz
- ...

Ökonomische Merkmale der Absatzmittler

- Finanzkraft
- Geschäftsvolumen
- Ausstattung
- ...

Psychographische Merkmale der Absatzmittler

- Unternehmensziele
- Sortimentspräferenzen
- Kooperationsbereitschaft
- ...

Verhaltensmerkmale der Absatzmittler

- Bezugswege
- Organisation der Einkaufsabwicklung
- Bisherige Marktbearbeitung
- ...

Drittens weist Übersicht 1-8 auf eine Art der Marktabgrenzung bzw. -segmentierung hin, bei welcher – wie anhand des Tafelschokoladenmarkts als Eingangsbeispiel zum vorliegenden Abschnitt 1.5 verdeutlicht – die **güterbezogen-technische Sichtweise** im Vordergrund steht. In einem Markt werden dabei solche Austauschobjekte gedanklich zusammengefasst, deren Herstellung nach derselben Technologie erfolgt.

Beispiele:

● Die güterbezogen-technische Marktabgrenzung dominiert, wenn vom Markt für **Walzstahl**, vom **CD-Markt** oder vom **Margarinemarkt** gesprochen wird. Weitere Beispiele sind Bezeichnungen wie **Markt der Mikroelektronik, Tiefkühlkostmarkt** oder **Markt für Stahlrohre**.

Folgerichtig lassen sich in Märkten unter dem güterbezogen-technischen Gesichtspunkt auch Marktsegmente identifizieren.

Beispiel:

● Der **Stahlrohrmarkt** zerfällt z.B. in die beiden Segmente nahtlose Stahlrohre und geschweißte Stahlrohre.

Übersicht 1-13: Der „Herrenkosmetikmarkt" als Beispiel für eine güterbezogene und bedarfsbezogene Marktsegmentierung

Funktion / Substanz	Gesichts-pflege	Bart-pflege	Haar-pflege	Körper-pflege	
Seife	Gesichtsseife	Rasierseife		Körperseife Handseife Badeseife	„Seifen-markt"
Schaum		Rasier-schaum	Haar-shampoo	Bade- und Duschzusätze	
Alkohol-wasser	Gesichts-wasser	Rasier-wasser	Haarwasser		
Creme	Hautcreme	Rasier-creme	Frisiercreme	Hautcreme	
Spray		Rasier-spray	Haarspray	Deo-Spray	
		„Bart-pflege-markt"			

54

Die allein güterbezogene Marktabgrenzung verengt den Blick des Anbieters auf solche Konkurrenten, die sich prinzipiell in derselben Angebotstechnologie bewegen. Ferner bleiben mögliche Betätigungsgebiete des Unternehmens hinter dem unternehmerischen Horizont verborgen. Dieser „Marketing-Kurzsichtigkeit" wird mittels der nachfragerbezogenen und der funktionalen Marktbetrachtung entgegengewirkt. Zum Beispiel lenkt die funktionale Sichtweise den Blick auf existierende Substitutionskonkurrenz, die mittels anderer Technologien den gleichen Kundenbedarf befriedigt wie das eigene Unternehmen.

Die bislang behandelten Konzeptionen der Marktabgrenzung bzw. -segmentierung werden gelegentlich auch miteinander kombiniert. Ein Beispiel dafür bietet Übersicht 1-13, in welcher der Herrenkosmetikmarkt zum einen güterbezogentechnisch (nach der Substanz der Produkte), zum anderen bedarfsbezogen (nach Einsatzgebieten bzw. Verwendungszwecken) aufgegliedert wird.

Schließlich lassen sich Märkte bzw. Marktsegmente dadurch abgrenzen, dass lediglich gewisse **Anbieter** als marktkonstituierend betrachtet werden, wie bereits anhand des Mobilnetzmarktes als Eingangsbeispiel zum vorliegenden Abschnitt 1.5 aufgezeigt wurde. In einem solchen Fall ergibt sich die Weite oder Enge der Marktabgrenzung durch eine unterschiedlich weit gezogene Zusammenfassung untereinander ähnlicher Anbieter.

Beispiel:

- Mit Blick auf das Internet hat sich die Bezeichnung **Markt der Online-Anbieter** etabliert.

Nach dem Kriterium „Gibt es in Bezug auf gewisse Merkmale innerhalb eines Marktes unterschiedliche Anbieter?" können in Märkten schließlich auch **Anbietersegmente** identifiziert werden.

Beispiel:

- Im **Apothekenmarkt** wird zwischen den Segmenten „wohnlagenorientierte Apotheke", „passantenorientierte Apotheke" und „arztorientierte Apotheke" getrennt. Offenkundig dient der Standort als Segmentierungsmerkmal.

Übersicht 1-14 bietet ein Beispiel zur Abgrenzung von Anbietersegmenten im Lebensversicherungsmarkt. Anbietersegmente werden in der neueren Literatur auch als **Strategische Gruppen** bezeichnet. Als Mitglieder einer strategischen Gruppe werden i.a. solche Anbieter eines Marktes betrachtet, welche über ähnliche Fähigkeiten und Ressourcen verfügen und nach ähnlichen Prinzipien im Markt agieren.

Übersicht 1-14: Anbietersegmente im Lebensversicherungsmarkt (Quelle: Hannoversche Leben)

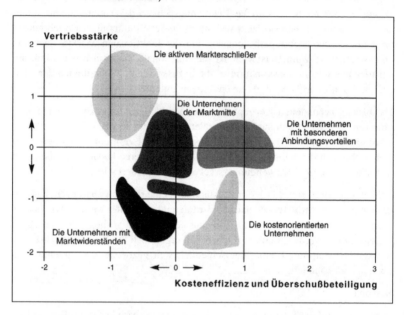

Ein Unternehmen, welches die von ihm zu bearbeitenden Märkte oder Marktsegmente eindeutig eingrenzen will, tut gut daran, sich aller vier der hier aufgezeigten Ansatzpunkte einer Marktabgrenzung bzw.- segmentierung zu bedienen. Erst damit wird vollständig herausgearbeitet, in welchem Nachfrage- und Angebotsumfeld es sich tätig fühlt oder tätig zu werden beabsichtigt.

Abschließend seien zwei Bemerkungen zum **Begriff der (nachfragerbezogenen) Marktsegmentierung** gemacht:

1. Segmente in der Gesamtkäuferschaft existieren auch dann, wenn sich Anbieter darüber noch keine Gedanken gemacht haben. Wenn also in der Literatur von Marktsegmentierung gesprochen wird, dann ist damit der Versuch gemeint, existierende Gruppierungen aufzudecken, deren Grenzen durch Ähnlichkeitsbeziehungen, z.B. zwischen Käufern, gegeben sind. „Marktsegmentierung" bezeichnet folglich den Versuch, vorhandene Gruppierungen anhand einer geeigneten Untersuchung zu ermitteln.
2. Unglücklicherweise wird in der Marketing-Literatur „Marktsegmentierung" auch mit einer anderen Bedeutung verwendet, was häufig zu Missverständnissen Anlass gibt. Unter Marktsegmentierung wird neben der Ermittlung von

Marktsegmenten auch die Art der Bearbeitung von Marktsegmenten durch den Anbieter verstanden, nämlich eine segmentweise differenzierende Ansprache der Nachfrager im Markt. Während im Rahmen der ersten Bedeutung eine Marktforschungsaufgabe gekennzeichnet wird, ist mit der zweiten Bedeutung das unternehmerische Verhalten gegenüber Marktbeteiligten, insbesondere gegenüber den Nachfragern, angesprochen. In Kapitel 4 dieses Buches wird unter dem Stichwort „Marketing-Strategie" ausführlich darauf eingegangen.

Literaturhinweise zu Kapitel 1:

Zu **Marktbeteiligten**:
Nieschlag, R./Dichtl, E./Hörschgen, H., Marketing, 19. Auflage, Berlin, Heidelberg, New York u. a. 2002
Müller-Hagedorn, L., Der Handel, Stuttgart, Berlin, Köln 1998

Zu **Rechtsvorschriften**:
Ahlert, D./Schröder, H., Rechtliche Grundlagen des Marketing, 2. Aufl., Stuttgart, Berlin, Köln 1996

Zur **Marktabgrenzung** und zu **Marktsegmenten**:
Bauer, H. H., Marktabgrenzung, Berlin 1989
Böhler, H., Methoden und Modelle der Marktsegmentierung, Stuttgart 1977
Freter, H., Marktsegmentierung, Stuttgart, Berlin, Köln 1983

Zum **Austausch im Markt**:
Plinke, W., Grundlagen des Marktprozesses, in: Kleinaltenkamp, M., Plinke, W. (Hrsg.), Technischer Vertrieb. Grundlagen des Business-to-Business Marketing, 2. Aufl., Berlin, Heidelberg, New York u. a. 2000, S. 3–100

Im Text zitierte Quellen:
Ahlert, D./Pollmüller, D., Die Rechtsordnung als institutioneller Rahmen des Marketing, in: Koinecke, J. (Hrsg.), Handbuch Marketing, Band 1, Gernsbach 1978, S. 117–128
Bauer, H.H., a.a.O., S. 32
Meffert, H., Marketing, Einführung in die Absatzpolitik, 7. Aufl., Wiesbaden 1993

2 Marketing und das Aufgabenfeld der Marketinglehre

2.1 Marketingbegriffe

Das Wort **Marketing** ist seit vielen Jahren in Wissenschaft und Praxis zu einem festen Bestandteil der betriebswirtschaftlichen Fachsprache geworden. Allerdings ist nicht zu verkennen, dass diesem Terminus in Wissenschaft und Praxis eine Vielfalt unterschiedlicher Bedeutungen zugeordnet wird. Ferner ist der Bedeutungsgehalt dieses Fachworts durch saloppe, modische Wortschöpfungen zunehmend verwässert worden, indem das Wort „Marketing" an alle möglichen anderen Wörter mit Bindestrich angehängt wurde (z.B. Direkt-Marketing, Database-Marketing, Dialog-Marketing, Event-Marketing, Turbo-Marketing, Öko-Marketing u.a.m.), ohne dass damit immer klar definierte Begriffe oder wirklich neuartige Konzepte entstanden.

Sieht man davon ab, dass gelegentlich allein der Austausch zwischen Transaktionspartnern (vgl. Abschnitt 1.1 dieses Buches) bereits als Marketing bezeichnet wird – dem sei hier nicht gefolgt – sind mit Bezug zum erwerbswirtschaftlichen Handeln von Unternehmen im Markt im Wesentlichen zwei verschiedene Interpretationen der Bedeutung von „Marketing" zu erkennen: „Marketing" als erweitertes Verständnis der Absatzfunktion eines Unternehmens einerseits und „Marketing" als marktorientierte Unternehmensführung andererseits.

2.1.1 Marketing als erweitertes Verständnis der Absatzfunktion eines Unternehmens

Unter **Absatz**(wirtschaft) wird in betriebswirtschaftlichen Texten zumeist die „Vermarktung" von Leistungen, d.h. die entgeltliche Verwertung geschaffener Sachgüter, Dienstleistungen, Informationen oder Rechte im Absatzmarkt verstanden. Ausgeklammert aus dem traditionellen Absatzbegriff bleiben jedoch marktbezogene Aufgaben wie die Informationsgewinnung als Grundlage einer nachfragegerechten Leistungserstellung, die qualitative Auslegung der anzubietenden Leistungen und insbesondere die grundlegende Wahl der Absatzmärkte als Betätigungsfelder eines Unternehmens. Diese wichtigen Teilaufgaben einer absatzmarktgerichteten Politik wurden mit der Übernahme des angloamerikanischen

Terminus Marketing in ein erweitertes Verständnis der Absatzfunktion eines Unternehmens einbezogen. Die so verstandene **Unternehmensfunktion** wird seit langem als **Marketing**(funktion) bezeichnet. Viele Bestandteile der (älteren) Absatzlehre spielen deshalb auch in der (neueren) Marketinglehre noch eine bedeutsame Rolle, werden aber zugleich um zusätzliche Bestandteile ergänzt.

Bei diesem Verständnis ist mit dem Marketing eines Unternehmens eine Reihe unterschiedlicher Aufgaben verbunden:

- Die Informationsgewinnung über Absatzmärkte;
- die Festlegung jener Absatzmärkte, in denen das Unternehmen als Anbieter vertreten sein will;
- die Konzipierung, Realisation und Kommunikation jener Leistung-Gegenleistung-Zuschnitte, mittels derer in den Absatzmärkten die Nachfrager zu Transaktionen bzw. Geschäftsbeziehungen mit dem Unternehmen veranlasst werden, so dass das anbietende Unternehmen seine Unternehmensziele erreicht.

All diese Vorgänge werden durch Entscheidungen im Unternehmen gesteuert. Die Informationsgewinnung über Absatzmärkte, in denen das Unternehmen bereits als Anbieter vertreten ist oder solche, in denen es noch nicht „arbeitet", ist Gegenstand von Informationsentscheidungen und -aktivitäten. Die marktbezogene Informationsgewinnung wird in der Literatur und Praxis als **Marktforschung** bezeichnet; sie ist Teil der Unternehmensfunktion Marketing.

Bei der Festlegung des Betätigungsfeldes eines Unternehmens wird entschieden, welchen Nachfragern im Umfeld welcher Wettbewerber mit welcher Art von Leistungen ein Angebot zur Bedürfnisbefriedigung gemacht werden soll. Da Unternehmen häufig auf mehreren Absatzmärkten und in mehreren Marktsegmenten als Betätigungsfeldern gleichzeitig aktiv sind, ist der relative Stellenwert, den einzelne Märkte bzw. Marktsegmente für das Unternehmen haben sollen, durch bewusste Festlegung zu präzisieren. Diese Entscheidungen sind Gegenstand von **Marketing-Strategien**. Solche Strategien zu entwickeln ist Bestandteil des Marketing als Unternehmensfunktion.

Schließlich bedarf es in Transaktionsprozessen auch gewisser Entscheidungen und Aktivitäten, welche sich mit dem Zuschnitt und der Kommunikation von Leistung-Gegenleistung-Bündeln befassen, mit denen das Unternehmen im Sinne seiner Ziele erfolgreich sein will (vgl. Abschnitt 1.1 dieses Buches). Der konkrete Zuschnitt solcher Bündel sowie dessen Kommunikation im Absatzmarkt wird als Einsatz der absatzmarktgerichteten **Marketing-Instrumente** des Unternehmens (synonym: Einsatz **absatzpolitischer Instrumente**) bezeichnet. Die Konzipierung und Gestaltung von Sachgütern oder Dienstleistungen, die Übernahme flankierender Services für den Nachfrager, die Bemessung der Preisforderung sowie die Gestaltung von Werbeaktivitäten seien exemplarisch als solche Instrumente genannt. Entscheidungen hierüber und entsprechendes, konkretes Handeln im Absatzmarkt sind als Teilfunktionen des Marketing einzuordnen.

Fasst man die Erläuterungen zu „Marketing als Unternehmensfunktion" zusammen, so ist Marketing wie folgt zu verstehen:

Marketing als eine absatzmarktbezogene Unternehmensfunktion betrifft die Informationsgewinnung über Absatzmärkte, die Festlegung der Betätigungsfelder des Unternehmens in den auszuwählenden Märkten und die Beeinflussung von Marktbeteiligten im Rahmen kommerzieller Transaktionen bzw. Geschäftsbeziehungen.

Marketing als Unternehmensfunktion (d.h. als Bündel oben genannter Teilfunktionen) ist somit ein Aufgabenbereich, um den sich Aufgabenträger im Unternehmen kümmern müssen. Andernfalls „funktioniert" das Unternehmen – zumindest auf Dauer – nicht zufrieden stellend. Diese funktionale Deutung des Marketing darf nicht mit einer organisatorischen Deutung verwechselt werden, etwa indem Marketing als eine durch Arbeitsteilung bewusst abgegrenzte **Organisationseinheit** (Abteilung, Ressort) eines Unternehmens verstanden wird. Diese Verwechslung hat vor allem in der Praxis zu großen Missverständnissen darüber geführt, „was Marketing sei" bzw. „was Marketing sein soll".

Bei dieser Verwechslung wird übersehen, dass an denjenigen Teilfunktionen, die hier dem Marketing als einer Unternehmensfunktion zugeordnet werden, sehr viele Aufgabenträger in sehr unterschiedlichen Abteilungen, Ressorts oder Gremien innerhalb einer wie auch immer strukturierten Aufbauorganisation der Unternehmung mitwirken.

Beispiele:

- In der **Konstruktionsabteilung** eines Maschinenbauunternehmens sind die Konstrukteure mit ihren Entscheidungen zur Produktgestaltung in die Konzipierung einer Leistung des Unternehmens für die Nachfrager einbezogen.
- Die **Kundendienstabteilungen** (z.B. bei Haushaltsgeräteherstellern) gewinnen nicht nur eine Fülle von Marktinformationen für das Unternehmen, sondern die Mitarbeiter beeinflussen auch die Nachfrager durch ihre Beratung und Kundenunterstützung.
- In den **Verkaufs- oder Vertriebsabteilungen** der Stahlindustrie werden alle oben erläuterten Teilfunktionen des Marketing mehr oder weniger wahrgenommen.
- **Vorstandsmitglieder**, die einen Goodwill-Besuch bei einem Großkunden durchführen, betreiben – aus einer funktionalen Sicht – Marketing, da sie eine Geschäftsbeziehung zu fördern versuchen.

All die unterschiedlichen Instanzen, die am Marketing eines Unternehmens beteiligt sind, in einer Organisationseinheit zusammenzuziehen, wäre in den meisten Fällen wenig zweckmäßig, da eine viel zu große Einheit entstünde. Wer in einem Unternehmen – einschließlich des Pförtners – trägt nicht irgendwie dazu bei, dass Nachfrager in Märkten dieses Unternehmens beeinflusst werden? Ferner würde dabei übersehen, dass Menschen innerhalb einer Organisation häufig in mehrere Funktionen eingespannt sind, aber nur einer strukturellen Einheit zugeordnet werden können. Jeder Versuch, das Marketing als Unternehmensfunktion erschöpfend nur einer Organisationseinheit zuzuordnen, muss deshalb regelmäßig fehlschlagen. In Marketing-Abteilungen oder -Ressorts der Praxis kann Marketing als Funktion der Unternehmung daher auch nur partiell verankert sein.

Mit der oben angeführten Definition zu „Marketing als Unternehmensfunktion" wird mit dem Marketing-Begriff auf ein Bündel von Aufgaben abgestellt. Wie diese Aufgaben im Unternehmen gemeistert werden, bleibt in obiger Definition offen. In vielen Marketing-Definitionen wird in dieser Hinsicht weiter gegangen: Es wird dort mit einer Definition zugleich postuliert, das Verhalten der Aufgabenträger sei z.B. durch (systematische) **Analyse, Planung, Koordination und Kontrolle** geprägt, wenn sich jemand um solche Aufgaben kümmert. Das Analysieren, Planen, Koordinieren und Kontrollieren sind nach einhelliger Auffassung der Management-Literatur jedoch allgemeine Funktionen des **Management** in einem Unternehmen; es handelt sich bei diesen vier Aufgaben nicht um etwas marketing-typisches. Definitionen, in welchen diese vier Aufgaben zur Begriffsklärung von „Marketing" herangezogen werden, sind somit Definitionen des Begriffs **Marketing-Management**. Der begrifflichen Klarheit wegen erscheint es zweckmäßig zu sein, Marketing und Marketing-Management definitorisch nicht gleichzusetzen, sondern deutlich auseinander zu halten: Marketing ist gemäß der weiter oben angeführten, funktionalen Definition nicht allein mit marktbezogenen Managementaufgaben, sondern auch mit den ebenso wichtigen Realisationsaufgaben verbunden. Werden Letztere in einem Unternehmen dadurch übergangen, dass dort Marketing „lediglich" als Marketing-Management verstanden wird, so findet Marketing in diesem Unternehmen streng genommen nicht statt.

2.1.2 Marketing als marktorientierte Unternehmensführung

Schon seit Übernahme des Marketingbegriffs in den europäischen Sprachraum wird neben der funktionalen Deutung auch eine zweite Interpretation bereitgehalten. Diese verbindet mit „Marketing" eine gewisse Art von **Unternehmensphilosophie**, eine grundsätzliche **Denkhaltung**, eine **Maxime**, die das Handeln aller Aufgabenträger in einem Unternehmen leiten sollte: Gemeint ist die (Absatz-)Marktorientierung aller Unternehmensentscheidungen und entsprechender Aktivitäten. Diese Interpretation wird im Allgemeinen mit „Marketing als marktorientierte Unternehmensführung" umschrieben.

Der Unterschied zur Interpretation von Marketing als Unternehmensfunktion liegt in einem wichtigen Punkt: Es geht um eine **Absatzmarktorientierung aller Unternehmensfunktionen**, also auch der Beschaffung, der Forschung und Entwicklung, der Produktion, der Logistik, der Finanzierung usw. Diese Forderung wurzelt in der austauschtheoretisch begründbaren Einsicht, dass alle Fähigkeiten, Ressourcen und Prozesse eines Unternehmens einen Beitrag zur Schaffung von Kundennutzen leisten können und sogar müssen: Nur von erfolgreichem Austausch im Markt kann ein Unternehmen langfristig leben. Ein Unternehmen ist deshalb so zu managen, dass es in seinen Märkten wettbewerbsfähig ist und bleibt. Marketing als marktorientierte Unternehmensführung bedeutet folglich – salopp formuliert – „Management der Wettbewerbsfähigkeit eines Unternehmens".

Da die eigenen Chancen zu erfolgreichem Austausch von der Ausrichtung der eigenen Leistung-Gegenleistung-Bündel auf potentielle Kunden, aber auch auf jene der Konkurrenten abhängen, erscheint die sog. **Kundenorientierung** und die sog. **Wettbewerbsorientierung** eines Unternehmens als eine unabdingbare Überlebensvoraussetzung; denn nur mit diesen Perspektiven lassen sich **Wettbewerbsvorteile** eines Unternehmens erkennen, aufbauen, ausbauen und bewahren.

Ein Unternehmen ist bzw. handelt **kundenorientiert**, wenn es sich z. B. bemüht,

– die eigene Arbeit als Nutzen für die Kunden zu begreifen,
– zu verstehen, worin weitere Nutzensteigerungen für die Kunden liegen könnten,
– den Kunden die Kontaktaufnahme für einen Austausch leicht zu machen,
– Leistungsversprechen verlässlich einzuhalten und
– dauerhafte Kundenzufriedenheit anzustreben.

Ein Unternehmen ist bzw. handelt **wettbewerbsorientiert**, wenn es z. B.

– bemüht ist, Ziele, Strukturen und Verhaltensweisen seiner Wettbewerber kennen zu lernen,
– sich seiner Wettbewerbsvorteile bewusst ist,
– Wettbewerber ernst nimmt,
– auf Wettbewerber – sofern erforderlich – rasch und individuell reagiert und
– sich somit Respekt der Wettbewerber erarbeitet.

Wettbewerbsvorteile eines Unternehmens mögen in einem ausgewählten Markt entweder darin liegen, dass es über kurzfristig von der Konkurrenz nicht einholbare Fähigkeiten und Ressourcen verfügt oder darin, dass das Unternehmen sich bezüglich des gebotenen Kundennutzens einen Goodwill-Vorsprung gegenüber der Konkurrenz erarbeitet hat (z.B. Vertrauen auslösendes Image, zufriedene Abnehmer). Die marktorientierte Unternehmensführung ist deshalb auf das **Bewahren der Wettbewerbsfähigkeit** eines Unternehmens ausgerichtet. Dies bedarf einer wettbewerbsvorteilsorientierten Analyse und Planung aller Geschäftsprozesse im Unternehmen sowie einer Koordination mit Blick auf zu schaffenden Kundennutzen. Auch hierin liegt eine (strategische) Aufgabe des Marketing-Management im Unternehmen. Insofern wird gelegentlich von Marketing als einer **Querschnittsaufgabe im Unternehmen** bzw. von erforderlichem Schnittstellen-Management gesprochen.

Dieser Gedanke reicht sogar bis zur Führung der Mitarbeiter als Einflussnahme auf deren Aufgabenerfüllung. Damit ist nicht allein das „Einschwören" der Mitarbeiter auf jedermanns Beitrag zum Kundennutzen gemeint (z.B. mittels freundlichen und reagiblen Verhaltens der Mitarbeiter im Kundenkontakt), sondern auch ein intern kundenorientiertes Denken bei den innerbetrieblichen Abläufen entlang der Wertschöpfungs-Prozesskette. Ausgehend vom Kundenauftrag – so ist zu vermuten – wird bei einer Praktizierung interner Kunden-Lieferanten-Beziehungen am ehesten auf die Zufriedenheit des externen Kunden hingearbeitet. Letzteres wird häufig dann behindert, wenn anstelle gemäß eines so verstandenen **internen Marketing** nach partikularistischen Ressortegoismen gehandelt wird.

2.2 Die Marketinglehre als Teildisziplin der Betriebswirtschaftslehre

2.2.1 Aufgaben der Marketinglehre

Unter der Bezeichnung Marketing hat sich in den Wirtschaftswissenschaften ein Lehrfach entwickelt, das von den einzelnen Hochschullehrern mit individueller Schwerpunktbildung in unterschiedlicher Breite gelehrt wird. Ein Vergleich der verschiedenen Lehrprogramme deckt jedoch auch große Gemeinsamkeiten auf. Alle Aussagen, die zu diesem Fachgebiet hervorgebracht und zu einem großen Teil auch in Veröffentlichungen dokumentiert wurden, werden im Folgenden zusammenfassend als die **Marketinglehre** interpretiert. Als eine spezielle Betriebswirtschaftslehre hat sie die ältere betriebswirtschaftliche Absatzlehre verdrängt.

Wie die Betriebswirtschaftslehre generell enthält auch die Marketinglehre im Rahmen ihrer Theorie explikative, deskriptive, explanatorische und normative Aussagen zum Verständnis des Geschehens in Märkten bzw. zur Unterstützung von Marketing-Entscheidungen.

Explikative Aussagen einer Theorie folgen aus dem Streben nach Ordnung, Klarheit und Genauigkeit, welches jede Wissenschaft ausmacht. Deshalb sind die Sachverhalte, mit denen sich die Marketinglehre befasst, zunächst einmal klar zu definieren. **Definitionen** sind erforderlich, um die Bedeutung einer verwendeten Bezeichnung (eines Wortes, eines Ausdrucks, eines Terminus) klarzustellen. Die (zu vereinbarende, zu definierende) Bedeutung einer Bezeichnung ist der **Begriff**, nämlich das, woran man denkt, wenn man eine spezielle Bezeichnung hört oder selbst verwendet. Die gewählte **Bezeichnung** ist das sprachliche Etikett für einen Begriff.

Beispiele:

- „Ein **Markt** ist das Zusammentreffen von Anbietern und Nachfragern von Wirtschaftsgütern".
- „**Macht** ist die Fähigkeit eines Marktteilnehmers, den freien Verhaltensraum eines anderen Marktteilnehmers einzuengen".
- „**Nachfragersegmente** sind Teilgruppen einer Gesamt-Nachfragerschaft, die bezüglich kaufverhaltensrelevanter Merkmale in sich weitgehend homogen, untereinander jedoch weitgehend heterogen sind".

Da mit vielen Wörtern der Umgangssprache automatisch gewisse Bedeutungen mitschwingen, steht die Fachsprache einer wissenschaftlichen Disziplin vor einem Problem: Prinzipiell müsste bei jeder bedeutsamen Bezeichnung definiert werden, was damit gemeint ist; denn der „natürliche" Bedeutungsgehalt von Wörtern ist nicht „selbstverständlich" und variiert oft erheblich von Mensch zu Mensch. Dies ist auch der Grund dafür, dass in der Fachsprache zur sprachlichen Kennzeichnung von Begriffen in Fremdwörter ausgewichen wird, da sie nicht mit etablierten Bedeutungen vorbelastet sind.

Die Erscheinung, dass in einer Fachsprache nicht zwingend mit der „natürlichen" Bedeutung von Bezeichnungen gearbeitet wird, oder dass sogar die Bedeutung von Bezeichnungen nur unscharf angegeben wird, erschwert dem Anfänger den Eintritt in eine Disziplin. Darüber hinaus ist manche Verwirrung darauf zurückzuführen, dass (nicht nur in der Marketinglehre)

- von demselben Autor für denselben Begriff unterschiedliche Bezeichnungen, Termini, Vokabeln (als Synonyme) verwendet,
- von demselben Autor mit einer Bezeichnung an unterschiedlichen Stellen eines Beitrags unterschiedliche Begriffe angerissen,
- von unterschiedlichen Autoren für denselben Begriff unterschiedliche Bezeichnungen verwendet oder
- von unterschiedlichen Autoren mit derselben Bezeichnung unterschiedliche Begriffe angesprochen werden.

Die Marketinglehre macht es dem Anfänger nicht gerade leicht: Er muss zunächst eine Vielzahl von Vokabeln lernen.

Zu den explikativen Bestandteilen der Marketinglehre gehören auch **Klassifikationen** (= **Systematisierungen**). Sie dienen einer übersichtlichen Ordnungsbildung bei der gedanklichen Erfassung und Unterscheidung gewisser Sachverhalte.

Beispiele:

- Die Kommunikationsbeziehungen in Märkten lassen sich nach deren **Initiatoren** (Anbieter oder Nachfrager) und nach deren **Zweck** (z. B. Beeinflussung oder „Erkundung der anderen Seite") klassifizieren.

- Die Kooperationsbeziehungen in Märkten sind gemäß ihrer **Marktstufenrichtung** in die **vertikale** Kooperation (Kooperation zwischen unterschiedlichen Marktstufen) und die **horizontale** Kooperation (Kooperation auf derselben Marktstufe) zu gliedern.

Der Stellenwert von Klassifikationen ist nicht gering einzuschätzen: Solche Ordnungsschemata ermöglichen eine Gesamtschau und erleichtern die Orientierung.

Die Marketinglehre umfasst neben explikativen auch deskriptive Aussagen. **Deskriptionen** sind Beschreibungen der wahrgenommenen Realität. Mit Beschreibungen wird den in Marktangelegenheiten Unkundigen ein illustrierender Einblick in das Geschehen vermittelt; es handelt sich um wirtschaftskundliche Faktenvermittlung.

Beispiel:

- „Zum sog. Direct Response Television (DRTV) zählen DRTV-Spots, Info-Mercials und das klassische Tele-Shopping. Alle drei Formen bedienen sich des Fernsehens als Medium für die Angebotspräsentation. Während der Sendung wird eine Telefonnummer zur Entgegennahme der Bestellung eingeblendet. DRTV-Spots präsentieren 30 bis 60 Sekunden ein einziges Produkt, meist Produkte, deren Nutzwert bekannt oder leicht zu erklären ist. DRTV-Spots sind eine Mischung aus konventionellem Werbespot und Mini-Infomercial und werden in der Regel als Werbesonderform in Voll- oder Spartenprogrammen innerhalb der Werbeblöcke geschaltet. Infomercial ist eine Wortschöpfung aus Information und Commercial. Die Palette der beworbenen Produkte ist relativ schmal, den höchsten Anteil haben Verlage und Tonträgerproduzenten." (Müller-Hagedorn 1998, S. 45 f.)

Beschreibungen lassen wissenschaftliche Aussagen lebendig erscheinen; nicht selten wird die pure Beschreibung als „Praxisorientierung" einer Disziplin (miss-)verstanden.

Im Rahmen von Beschreibungen werden oft viele Details weggelassen. Man konzentriert sich somit auf wesentliche Kennzeichnungen oder Zusammenhänge. Dieser Vorgang des Weglassens für unwesentlich gehaltener Einzelheiten heißt **Abstraktion**.

Beispiel:

- In Übersicht 1-3 zum **Videobandmarkt** werden die zwischen Marktteilnehmern bestehenden Sachgüterbeziehungen beschrieben. Abstraktion liegt vor, da die Vielzahl der Anbieter und Nachfrager auf wenige „Kästen" verdichtet und mit pauschalen Bezeichnungen versehen wurden. Von den vielfältigen sachlichen und zeitlichen Beziehungen zwischen den Marktteilnehmern wird ebenfalls abstrahiert. Nur die üblicherweise fließenden Sachgüterströme sind erfasst, von zurückfließender Ware (Retouren) wird ebenfalls abgesehen.

Da in der Übersicht stark abstrahiert wurde, kann die Grafik als ein **Beschreibungsmodell** interpretiert werden. In den Wirtschaftswissenschaften wird immer dann von einem Modell gesprochen, wenn komplexe Sachverhalte der Realität im Zuge der Abstraktion vereinfacht und überschaubar gemacht werden.

Explanatorische Aussagen einer Theorie beinhalten kausale Erklärungen. Sie werden in „Wenn, dann ..."-Sätzen (sog. **Hypothesen**) bzw. in Ursache-Wirkung-Aussagen gekleidet.

Beispiel:

- „Wenn der Preis einer Ware – bei deren unveränderter Qualität – anstatt in Höhe von x € auf y € angesetzt wird, dann fällt der erwartete Nettonutzen und die Austauschbereitschaft der Kaufinteressierten höher aus, als es bei x € der Fall wäre."

Explanatorische Aussagen helfen, das Geschehen in Märkten bzw. die Mechanismen des aufeinander bezogenen Verhaltens der Marktbeteiligten zu verstehen. Sie sind zugleich die Grundlage jeglicher Erwartungsbildung eines Akteurs, der eine Veränderung seines bisherigen Marktverhaltens erwägt. Die Theorie des privaten bzw. des professionellen Käuferverhaltens, aber auch die – bislang noch wenig ausgeformte – Theorie des Wettbewerberverhaltens ist auf die Entwicklung explanatorischer Aussagen ausgerichtet.

Normative Aussagen der Marketinglehre bilden eine unmittelbare Entscheidungsunterstützung zu Marketingproblemen eines Unternehmens. Solche Aussagen beinhalten eine Wertung.

Beispiel:

- „Die Ausdehnung einer bereits im Markt bekannten Marke auf weitere, bislang von der Marke mit Produkten nicht abgedeckte Gütersegmente ist für das Unternehmen empfehlenswert. Sie erlaubt es dem Unternehmen, mit relativ niedrigen Werbe- und Vertriebskosten in solche Gütersegmente einzudringen. Allerdings ist mit der Markenausdehnung auch die Gefahr der Imageverwässerung verbunden."

Normative Aussagen nehmen auf Wertmaßstäbe (= Beurteilungskriterien, Ziele) Bezug. Typisch für die moderne, praktisch-normative Marketinglehre ist die Generierung von Aussagen, welche dem Marketing-Entscheider im Unternehmen die Konsequenzen gewisser Handlungsmöglichkeiten aufzeigen – beurteilt an üblichen Unternehmenszielen.

Die Marketinglehre setzt es sich im Allgemeinen nicht allein zur Aufgabe, theoretische Aussagensysteme hervorzubringen. Sie versteht es auch als ihre Aufgabe, zur Unterstützung von Marketing-Entscheidungen **Methoden** als Arbeitshilfen bereitzustellen. Das existierende Methodenarsenal ist auf sehr unterschiedliche Zwecke gerichtet. Methoden der Datengewinnung (Messmethoden, Erhebungsmethoden) zeigen auf, auf welche Art und Weise erforderliche Daten generiert werden können. Methoden der Datenauswertung (Analysemethoden) helfen, vorhandene Daten übersichtlich und erkenntnisorientiert zu verarbeiten; häufig sollen sie es ermöglichen, Zusammenhänge zwischen Sachverhalten aufzudecken. Auf diese Weise wird aus puren Daten Wissen. Schließlich kann auch der systematische Ablauf gewisser Denkschritte zur Bewältigung einer Entscheidungsaufgabe als Methode verstanden werden. Solche Entscheidungsmethoden verhelfen dazu, Konzepte für das Handeln im Markt zu erarbeiten. In Kapitel 7 wird auf solche Entscheidungsmethoden näher eingegangen.

2.2.2 Teilgebiete bzw. Spezialisierungen der Marketinglehre

Die Marketinglehre deckt in ihrer Gesamtheit ein breites Spektrum an Erkenntniszielen und Erfahrungsgegenständen ab. Die Breite des Marketing als Unternehmensfunktion sowie die Interpretation von Marketing als marktorientierte Unternehmensführung lassen diese Breite selbst denjenigen ahnen, dem die Disziplin noch fremd ist. Infolge ihrer Breite hat sich die Marketinglehre in Teilgebiete als Spezialisierungen ausgefächert. Die Ausrichtung auf Typen anbietender Unternehmen hat zu einer Aufgliederung in z.B. eine Marketinglehre für Industrie-, Handels- und Handwerksunternehmen geführt. Dementsprechend wird z.B. auch von **Herstellermarketing** und **Handelsmarketing** gesprochen. Das Schwergewicht des einschlägigen Schrifttums liegt dabei zweifellos auf der Marketinglehre für Industrieunternehmen – auch wenn dies von vielen dazu beitragenden Autoren nicht ausdrücklich erwähnt wird.

Knüpft man mit der Betrachtung von Spezialisierungsrichtungen an Typen spezieller Austauschobjekte an, so gelangt man zur **Marketinglehre für Sachgüter** oder für **Dienstleistungen**. Bei den Sachgütern wird häufig nach weiteren Kriterien untergliedert. Gliedert man nach der Art der Nachfrager solcher Güter, so ergibt sich die bekannte Abgrenzung zwischen **Konsumgütermarketing** und **Industriegütermarketing**. Werden sowohl auf der Anbieter- als auch auf der

Nachfragerseite Unternehmen betrachtet, so spricht man vom **Business-to-Business-Marketing**.

Das Betätigungsfeld der Marketinglehre ist offensichtlich breit gespannt. Es umfasst die unterschiedlichsten Anbieter-, Güter- und/oder Nachfragerkategorien. Dies ist auch der Grund, warum dieses Fachgebiet inhaltlich-stofflich zunehmend ausufert und auch für den Eingeweihten in seiner Gesamtheit immer weniger überschaubar oder beherrschbar wird. Um so wichtiger ist es, zumindest die dieses Fach prägenden Gemeinsamkeiten zu kennen. Gemeinsamkeiten liegen zu einem Teil in der Terminologie, zu einem anderen Teil in der Art, wie sich die Marketinglehre mit den das Marketing berührenden Sachverhalten auseinander setzt. In beide „Phänomene" will das vorliegende Buch einführen und dem Leser dabei gleichzeitig grundlegende Teile der Marketinglehre vermitteln.

Literaturhinweise zu Kapitel 2:

Lehrbücher zum **Marketing** allgemein:

Berndt, R., Marketing, Band 1: 3. Aufl., Berlin 1996, Band 2: 3. Aufl., Berlin 1995, Band 3: 2. Aufl., Berlin, Heidelberg, New York u. a. 1995

Böcker, F., Marketing, 7. Aufl., Stuttgart 2003

Bruhn, M., Marketing, 6. Aufl., Wiesbaden 2002

Fritz, W./von der Oelsnitz, D., Marketing, 3. Aufl., Stuttgart, Berlin, Köln 2001

Gierl, H., Marketing, Stuttgart, Berlin, Köln 1995

Homburg, C./Krohmer, H., Marketingmanagement. Strategien, Instrumente, Umsetzung, Unternehmensführung, Wiesbaden 2003

Koppelmann, U., Marketing, 7. Aufl., Düsseldorf 2002

Kotler, P./Bliemel, F., Marketing-Management. Analyse, Planung, Umsetzung und Steuerung, 10. Aufl., Stuttgart 2001

Meffert, H., Marketing. Grundlagen marktorientierter Unternehmensführung, 9. Aufl., Wiesbaden 2000

Meyer, P. W. (Hrsg.), Integrierte Marketingfunktionen, 3. Auflage, Stuttgart, Berlin, Köln 1992

Nieschlag, R./Dichtl, E./Hörschgen, H., Marketing, 19. Auflage, Berlin, Heidelberg, New York u. a. 2002

Scheuch, R., Marketing, 5. Aufl., München 1996

Tietz, B. et al. (Hrsg.), Handwörterbuch des Marketing, 2. Aufl., Stuttgart 1995

Tietz, B., Marketing, 3. Aufl., Tübingen-Düsseldorf 1993

Lehrbücher zur **Marktforschung**:

Berekoven, L./Eckert, W./Ellenrieder, P., Marktforschung. Methodische Grundlagen und praktische Anwendungen, 9. Aufl., Wiesbaden 2001

Böhler, H., Marktforschung, 3. Aufl., Stuttgart 2004

Gaul, W./Baier, D., Marktforschung und Marketing Management, 2. Aufl., München, Wien 1994

Green, P. E./Tull, D. S., Research for marketing decisions, 5. Aufl., Englewood Cliffs 1988

Hammann, P./Erichson, B., Marktforschung, 4. Aufl., Stuttgart, New York 2000

Herrmann, A./Homburg, C. (Hrsg.), Marktforschung, 2. Aufl., Wiesbaden 2000

Hüttner, M., Grundzüge der Marktforschung, 7. Aufl., München, Wien 2002

Meffert, H., Marketingforschung und Käuferverhalten, 2. Aufl., Wiesbaden 1992

Rogge, H. J., Marktforschung. Elemente und Methoden betrieblicher Informationsgewinnung, 2. Aufl., München, Wien 1992

Lehrbücher zum **Industriegütermarketing**:

Backhaus, K., Industriegütermarketing, 7. Aufl., München 2003

Engelhardt, W. H./Günther, B., Investitionsgüter-Marketing. Anlagen, Einzelaggregate, Teile, Roh- und Einsatzstoffe, Energieträger, Stuttgart, Berlin, Köln 1981

Kleinaltenkamp, M./Plinke, W., Technischer Vertrieb, 2. Auflage, Berlin, Heidelberg, New York u. a. 2000

Scheuch, R., Investitionsgüter-Marketing, Opladen 1975

Strothmann, K.-H., Investitionsgütermarketing, München 1979

Lehrbücher zum **Handelsmarketing**:

Algermissen, J., Das Marketing der Handelsbetriebe, Würzburg, Wien 1981

Barth, K., Betriebswirtschaftslehre des Handels, 5. Aufl., Wiesbaden 2002

Hansen, U., Absatz- und Beschaffungsmarketing des Einzelhandels, 2. Aufl., Göttingen 1990

Müller-Hagedorn, L., Der Handel, Stuttgart, Berlin, Köln 1998

Müller-Hagedorn, L., Handelsmarketing, 3. Aufl., Stuttgart, Berlin, Köln 2002

Oehme, W., Handels-Marketing, 3. Aufl., München 2001

Tietz, B., Der Handelsbetrieb, 2. Aufl., München 1993

Lehrbücher zum **Dienstleistungsmarketing**:

Falk, B., Dienstleistungsmarketing, Landsberg a. L. 1980

Meffert, H./Bruhn, M., Dienstleistungsmarketing, 4. Aufl., Wiesbaden 2003

Scheuch, R., Dienstleistungsmarketing, 2. Aufl., München 2002

Lehrbücher zum **nicht-kommerziellen Marketing**:

Bruhn, M./Tilmes, J., Social Marketing, 2. Aufl., Stuttgart, Berlin, Köln 1994

Hasitschka, W./Hruschka, H., Nonprofit Marketing, München 1982

Kotler, P., Marketing für Nonprofit Organisationen, Stuttgart 1978

Neben den hier aufgeführten deutschsprachigen Büchern hält die amerikanische Literatur ein weit reichhaltigeres Lektüreangebot bereit. Der Leser wird auf diese Quellen zwangsläufig aufmerksam, wenn er die Literaturangaben der deutschsprachigen Werke studiert.

Fachzeitschriften zum **Marketing**:

absatzwirtschaft, Zeitschrift für Marketing,

Industrial Marketing Management,

International Journal of Research in Marketing,

Journal of Marketing,

Marketing Journal,
Marketing Science,
Marketing, Zeitschrift für Forschung und Praxis,
Thexis.

Fachzeitschriften zur **Marktforschung**:
Jahrbuch der Absatz- und Verbrauchsforschung,
Journal of Marketing Research,
International Journal of Market Research,
planung & analyse.

Im Text zitierte Quelle:
Müller-Hagedorn, L., Der Handel, Stuttgart Berlin Köln 1998

3 Marketing-Ziele der Unternehmen

In Kapitel 1 dieses Buches wurde aus der Vogelperspektive das Zusammenspiel von Marktbeteiligten innerhalb abgegrenzter Märkte beschrieben und durchleuchtet. Dies war erforderlich, um die in Märkten bestehenden Zusammenhänge deutlich herauszuarbeiten.

In diesem und den folgenden Kapiteln wird die Perspektive eines Anbieters auf der Hersteller- oder Handelsstufe gewählt. Damit wird es dem Leser möglich, betriebswirtschaftliche **Überlegungen zum Marktbearbeitungsverhalten eines Unternehmens** in Transaktionsprozessen nachzuvollziehen.

Bei der Auseinandersetzung mit dem aktiven Verhalten eines Unternehmens gewinnt zunächst die Frage nach den das Unternehmensverhalten steuernden Leitlinien an Bedeutung. Im Vordergrund stehen also die **Ziele**, von denen das Verhalten eines Unternehmens geleitet wird.

3.1 Marketing-Ziele als Teilmenge der Unternehmensziele

Marketing-Ziele sind – wie jede andere Art von Zielen – die von einer Person oder einer Institution verfolgten **Vorzugszustände**, die als Triebfedern (Imperative) das Verhalten dieser Person oder Institution in Transaktionsprozessen steuern. Ganz allgemein zeigen Ziele auf, **was** durch ein bestimmtes Verhalten **erreicht werden soll**. Mit Zielen (synonym: Zielsetzungen) werden folglich die beeinflussbaren erwünschten **Ergebnisse** des eigenen Handelns umrissen.

Im konkreten Einzelfall gehört zu einer marktbezogenen **Zielpräzisierung** eines Unternehmens neben der **inhaltlichen Interpretation** eines Ziels auch die Vorstellung eines bestimmten **Ausmaßes**, mit dem eine Zielgröße zu einem bestimmten **Zeitpunkt** mit bestimmten **Marktobjekten** bei ausgewählten **Käufersegmenten** erreicht werden soll.

Somit ergeben sich fünf **Dimensionen eines Marketing-Ziels:**

1. Die **Zielart** (Zielgröße, Zielvariable) kennzeichnet den Inhalt des wünschenswerten Ergebnisses bzw. Vorzugszustands. Übersicht 3-1 enthält eine Auflistung von Zielarten, die aus betriebswirtschaftlicher Perspektive eine ent-

scheidende Rolle spielen. Ihr Stellenwert für einzelne Unternehmen kann je nach Situation unterschiedlich sein.

2. Der **Objektbezug** (z.B. der Bezug zu einem bestimmten Produkt, zu einer bestimmten Produktgruppe) macht deutlich, mit welchem Ausschnitt der von einem Unternehmen angebotenen Marktobjekte ein bestimmtes Ergebnis erreicht werden soll.

3. Der **Käufersegmentbezug** legt fest, in welchem Marktausschnitt auf der Nachfragerseite eines Marktes ein absatzwirtschaftliches Ziel verwirklicht werden soll.

4. Das **Ausmaß** (Niveau) eines Ziels macht deutlich, **wie viel** bei einer speziellen Zielart erreicht werden soll. Mit der Formulierung eines Zielausmaßes legt eine Person ihr Anspruchsniveau bezüglich der mengen- oder wertmäßigen Ausprägung ausgewählter Zielvariablen fest.

Das Zielausmaß kann in einer Zielpräzisierung entweder mit einem bestimmten Zahlenwert fixiert werden (z.B. Umsatzsteigerung um 5%), oder aber auch in einer Extremalvorschrift bestehen (z.B. Umsatzmaximierung). Der erste Fall stellt ein **begrenztes** Zielausmaß dar, der zweite kennzeichnet ein **unbegrenztes** Zielausmaß.

Übersicht 3-1: Unterschiedliche betriebswirtschaftliche Zielarten

Einkommen
Gewinn
Angemessene Verzinsung des Eigenkapitals
Kostenwirtschaftlichkeit (Kostensenkung)
(Voll-)Kostendeckung
Umsatzsteigerung
Marktanteil
Wachstum
Überleben
Sicherheit
Liquidität
Kapital- bzw. Substanzerhaltung
Anpassungsfähigkeit (Flexibilität)
Wettbewerbsfähigkeit
Macht
Unabhängigkeit (Autonomie)
Prestige
Öffentliches Interesse
Versorgung der Bevölkerung mit bestimmten Leistungen
Gemeinwirtschaftlichkeit

5. Der **Zeitbezug** (synonym: Periodenbezug) verdeutlicht, zu welchem Zeitpunkt bzw. innerhalb welchen Zeitraums ein bestimmtes Ergebnis erzielt werden soll. Der Zeitbezug kann etwa durch Angabe von Monaten, Quartalen oder Jahren präzisiert werden.

Erst eine vollständige Zielpräzisierung in allen fünf Zieldimensionen stellt ein **eindeutiges Ziel** dar, das eine Stoßrichtung für das Verhalten eines Unternehmens auf dem Absatzmarkt klar umschreibt. Häufig fehlt in Marketing-Plänen der Praxis eine in diesem Sinne vollständige Präzisierung der Ziele. Oft erschöpft sich die Angabe von Zielvorstellungen in der Nennung von Zielarten. Bei einem solchen „Ziel" werden ein konkretes, angestrebtes Zielausmaß, ein Zeitbezug, ein Objektbezug und ein Käufersegmentbezug völlig außer acht gelassen.

Es fehlt nicht an Versuchen, aus der breiten Palette der Zielarten eines Unternehmens (siehe Übersicht 3-1) funktionsbezogene Teilmengen herauszugreifen und diese den betrachteten **Funktionsbereichen** zuzuordnen. So wird in der Betriebswirtschaftslehre z. B. von **produktions-, finanz-, absatz-** oder **personal**wirtschaftlichen Zielen gesprochen. Die Zuordnung von Zielen erfolgt dabei unter dem Gesichtspunkt ihrer Beeinflussbarkeit durch funktionsspezifische Handlungen.

Beispiele:

- In der **Produktion** steht das Ziel „Senkung der Herstellkosten" im Mittelpunkt. Beeinflussbar ist dieses Ziel durch eine geeignete Losgrößenpolitik oder eine zweckentsprechende Maschinenbelegung.
- In der **Finanzierung** spielt das Ziel „Vertrauenswürdigkeit auf dem Kapitalmarkt" eine große Rolle. Es ist beeinflussbar durch finanzwirtschaftliche Handlungen wie z. B. die geeignete Dosierung des Verschuldungsgrads. Auch die Zielgröße „Liquidität" scheint durch finanzwirtschaftliche Maßnahmen beeinflussbar: Dabei spielt offenbar die Steuerung der Ein- und Ausgaben bzw. die Aufnahme von Fremdkapital in Form verschiedener Finanzierungsarten eine Rolle.
- Aus **personal**wirtschaftlicher Sicht ist das Ziel „Zufriedenheit der Mitarbeiter mit dem Arbeitsplatz" nicht zu vernachlässigen. Beeinflussbar ist dieses Ziel durch personalwirtschaftliche bzw. organisatorische Maßnahmen wie etwa die Gestaltung der Entlohnungssysteme oder die Verteilung von Entscheidungskompetenzen.

Die in den Beispielen genannten Ziele sind jedoch nicht nur durch Handlungen innerhalb der genannten Funktionsbereiche beeinflussbar. So ergibt sich eine Senkung der Herstellkosten auch aus einer geeigneten Verpackungsgestaltung als Marketing-Maßnahme. Die Vertrauenswürdigkeit auf dem Kapitalmarkt ist durch eine geeignete Kommunikationspolitik gegenüber Kunden und Lieferanten beeinflussbar. Die Liquidität des Unternehmens ist durch die den Kunden eingeräumten Zahlungsbedingungen (als Marketing-Maßnahme) beeinflussbar. Die Zufriedenheit mit dem Arbeitsplatz hängt aus der Sicht eines Mitarbeiters möglicherweise auch von der Qualität der vom Unternehmen angebotenen Produkte ab.

Es ist anzunehmen, dass unter dem Gesichtspunkt der Beeinflussbarkeit die meisten Ziele jeweils mehreren Funktionsbereichen eines Unternehmens zugewiesen werden können. Trotz der erkennbaren Zuordnungsproblematik seien im Folgenden aus der Sicht eines Hersteller- oder Absatzmittlerunternehmens wesentliche Zielarten (im Folgenden verkürzt als „Ziele" bezeichnet) erläutert, deren Beeinflussbarkeit **dominant** mit absatzmarktgerichteten Anstrengungen des Unternehmens in Verbindung gebracht werden kann. Ziele, deren Beeinflussbarkeit durch absatzmarktgerichtetes Verhalten des Unternehmens offenkundig ist, werden hier als **Marketing-Ziele** bezeichnet.

3.2 Marketing-Ziele aus der Herstellerperspektive

3.2.1 Das Gewinnstreben als Ausgangspunkt

Da praktisch alle Entscheidungen in einem Unternehmen einerseits am ökonomischen Prinzip, andererseits am erwerbswirtschaftlichen Prinzip zu orientieren sind, überrascht es nicht, dass das **Gewinnstreben** die alle anderen Ziele überragende Leitlinie für das marktgerichtete Verhalten eines Anbieters darstellt. Allerdings sind mit dem Begriff des Gewinnstrebens eine ganze Reihe unterschiedlicher Deutungen vereinbar. Eine erste Unterscheidung ergibt sich, wenn zwischen dem Streben nach absolutem Gewinn und dem Streben nach relativem Gewinn getrennt wird.

Als **absoluter** (Perioden-)Gewinn bei einem Produkt wird in der Regel die Differenz zwischen Umsatz und Kosten bei diesem Produkt in einer Periode angesehen. Während der Umsatz als der Erlös aus abgesetzten Mengen betrieblicher Leistungen eindeutig definiert ist, gibt die Vieldeutigkeit des betriebswirtschaftlichen Kostenbegriffs Anlass zu unterschiedlichen Gewinndefinitionen.

Kosten sind ganz allgemein der mit der Leistungserstellung und Vermarktung von Produkten verbundene Werteverzehr im Unternehmen. Aus der speziellen Sicht des Marketing stehen bei der Zielsetzung, die Kostenhöhe in Verbindung mit einem bestimmten Produkt entweder auf einen vorgegebenen Wert zu bringen oder in einer Planperiode gegenüber der Vorperiode zu senken, neben **Her-**

stellungskosten vor allem diejenigen Kostenbestandteile im Vordergrund der Überlegungen, die durch absatzwirtschaftliches Verhalten unmittelbar beeinflusst werden können. Als typische, unmittelbare **Marketing-Kosten** (synonym: **Absatzkosten, Vertriebskosten**) stehen sowohl **fixe Kosten** (z.B. kurzfristig unveränderliche Personalkosten im Vertrieb) als auch **variable Kosten** (z.B. mit der Absatzmenge variierende Versandkosten, Provisionen oder Kundendienstkosten) im Blickfeld.

Wird – wie in vielen Fällen der Praxis – der wertmäßige Kostenbegriff zugrundegelegt, so ergibt sich der **kalkulatorische Gewinn** als die für absatzwirtschaftliche Fragestellungen relevante Erfolgsgröße. Da in den Gewinn als Zielgröße alle Kostenbestandteile einfließen, im Einzelfall jedoch nicht immer alle Kostenbestandteile (z.B. Fixkosten) entscheidungsrelevant sind, fehlt es nicht an Versuchen, Erfolgszielgrößen zu definieren, die mit dem Gewinnstreben vereinbar sind, jedoch größere Relevanz für spezielle Entscheidungsprobleme aufweisen. Eine solche Zielgröße ist der **Deckungsbeitrag**. Er unterscheidet sich vom Gewinnbegriff durch den Ansatz von Teilkosten anstelle der Vollkosten. Hebt man bei der Teilkostenbetrachtung auf die Trennbarkeit von Fixkosten und variablen Kosten ab, so lässt sich der (Perioden-)Deckungsbeitrag bei einem Produkt als Differenz zwischen produktbezogenem Umsatz und produktbezogenen variablen Kosten in der Periode definieren. Aus dem Deckungsbeitrag gilt es, sowohl kurzfristig nicht abbaubare Fixkosten abzudecken als auch nach Möglichkeit Gewinn zu erzielen.

Bezieht man die Erfolgsgröße Deckungsbeitrag auf die Mengeneinheiten der abgesetzten Güter, so ergibt sich der sog. Stückdeckungsbeitrag. Bezieht man den **Stückdeckungsbeitrag** auf den Stückerlös (d.h. den Nettopreis des Produkts), so ergibt sich die sog. **Deckungsbeitragsrate**. Sie ergibt sich auch, wenn der Perioden-Deckungsbeitrag eines Produkts auf den Umsatz des Produkts bezogen wird.

Mit der Deckungsbeitragsrate ist eine Zielgröße angesprochen, in der ein relatives Erfolgsstreben zum Ausdruck gebracht wird. Das **relative** Gewinnstreben findet seinen Niederschlag in Zielen, bei denen der Gewinn zu einer anderen Maßgröße in Beziehung gesetzt wird. Typische Repräsentanten des relativen Gewinnstrebens sind die Umsatz- und Kapitalrentabilität. Die **Umsatzrentabilität** ergibt sich aus dem prozentuierten Quotienten von Gewinn und Umsatz. Die **Kapitalrentabilität** folgt aus dem prozentuierten Quotienten aus Gewinn und eingesetztem Kapital und setzt damit eine Erfolgsgröße und eine Maßgröße des Kräfteeinsatzes eines Unternehmens zueinander in Beziehung.

Da das Marktverhalten eines Unternehmens nicht nur unter kurzfristigen Aspekten beurteilt werden darf, spielen in Marketing-Entscheidungen auch Ziele eine Rolle, die einer mehrperiodigen Betrachtung entsprechen. Eine einfache, gewinnbezogene Zielgröße dieser Art ist der **kumulierte Gewinn**, d.h. der über mehrere

Perioden aufaddierte Erfolg. Zinst man die Gewinne mehrerer zukünftiger Perioden auf die Gegenwart ab, so ergibt sich der Gewinn-**Barwert**. Der erwartete kumulierte Gewinn bzw. der erwartete Gewinnbarwert sind geeignete Vorteilhaftigkeitsmaße bei langfristigen Vorhaben im Markt.

3.2.2 Marketing-Ziele als erwünschte Verhaltensweisen der Verwender

3.2.2.1 Äußeres Verhalten der Verwender als Ansatzpunkt zu Zielformulierungen

Mit dem Umsatz als marktgerichtetes Ziel eines Unternehmens wurde oben eine Zielgröße genannt, die aus zwei Komponenten besteht: Absatzmenge und Erlös pro Mengeneinheit. Übersicht 3-2 macht deutlich, dass sich auch die **Absatzmenge** (synonym: das **Absatzvolumen**) bei einem ausgewählten Produkt (hier z.B. eine Herstellermarke) definitorisch zerlegen lässt. Alle entstehenden Teilgrößen sind als unterschiedliche **Maßgrößen aggregierten Kaufverhaltens** der Konsumenten oder Absatzmittler zu interpretieren.

Liest man Übersicht 3-2 von unten nach oben, wird erkennbar, dass aus der Verschmelzung einzelner Dimensionen individuellen Kaufverhaltens und durch Ag-

Übersicht 3-2: Maßgrößen aggregierten Kaufverhaltens als Marketing-Ziele

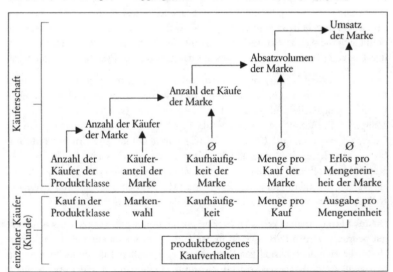

76

gregation über alle Käufer Maßgrößen des aggregierten Kaufverhaltens entstehen. So ergibt sich z. B. aus der Anzahl der **Käufer einer Produktklasse** und dem Käuferanteil der Marke die **Anzahl der Käufer dieser Marke**. Dabei entspricht der Käuferanteil dem Prozentsatz von Käufern, die eine bestimmte Herstellermarke innerhalb der entsprechenden Produktklasse wählen. Multipliziert man die Anzahl der Käufer mit der durchschnittlichen **Kaufhäufigkeit** der Marke innerhalb der betrachteten Periode, so ergibt sich die **Anzahl der Käufe** dieser Marke in einem vorab abzugrenzenden Zeitabschnitt. Aus der Anzahl der Käufe und der durchschnittlichen **Menge pro Kauf** resultiert schließlich die periodenbezogene **Absatzmenge** dieser Herstellermarke, aus der wiederum – durch Multiplikation mit dem durchschnittlichen **Erlös pro Mengeneinheit** – der in diesem Zeitabschnitt vom betrachteten Hersteller erzielte **Umsatz** mit dieser Marke (z. B. der sog. Endverbraucher-Umsatz im Konsumgütergeschäft) resultiert.

Alle in der Übersicht enthaltenen Maßgrößen aggregierten Kaufverhaltens können als Ziele für das marktgerichtete Verhalten des Herstellers angesehen werden. Aus den hier aufgeführten Zielen lassen sich durch Einbeziehung anderer Marken der Produktklasse weitere Marketing-Ziele ableiten. Setzt man das Absatzvolumen, welches ein Hersteller bei einem Produkt in einer Periode erreicht, in Beziehung zum mengenmäßigen **Marktvolumen** (Gesamtnachfrage) dieser Produktklasse, so ergibt sich der **mengenmäßige Marktanteil** dieses Anbieters; er wird stets als Prozentsatz ausgedrückt. Wird dagegen vom (wertmäßig definierten) Umsatz des Anbieters und vom wertmäßigen Marktvolumen ausgegangen, so ergibt sich der **wertmäßige Marktanteil** des Anbieters im betrachteten Markt.

Liest man Übersicht 3-2 von oben nach unten, so wird das Umsatzziel in definitorische Komponenten zerlegt ("heruntergebrochen"). Auf diese Weise wird sichtbar, über welche Zielstationen als Zwischenziele das Umsatzziel erreicht werden kann. Eine Umsatzerhöhung lässt sich z. B. (bei konstantem Erlös pro Mengeneinheit) über eine Steigerung des Absatzvolumens oder (bei konstantem Absatzvolumen) über eine Erlöserhöhung pro Mengeneinheit erreichen. Analoge Aussagen lassen sich für weiter unten in der Zielhierarchie stehende Ziele ableiten. Die Zerlegung globaler Erfolgsziele, wie die des Gewinn- und Umsatzstrebens, in definitorische Komponenten ist für die Praxis der Marketing-Planung sehr hilfreich: Sie bringt den oder die für die Erreichung eines globalen Oberziels Verantwortlichen auf Ideen, an welchen Verhaltensweisen der Abnehmer "zu arbeiten" ist, um ein gegebenes Oberziel realisierbar werden zu lassen.

Beispiel:

- Vom Manager eines **Lebensmittel**-Markenartikels wird seitens übergeordneter Instanzen eine fünfprozentige Umsatzsteigerung im nächsten Geschäftsjahr erwartet. Er glaubt, dieses Ziel über eine mengenmäßige Marktanteilssteigerung erreichen zu müssen, da das Marktvolumen dieser Produktklasse voraussichtlich nicht wachsen wird. Dieses Ziel wiederum kann jedoch über zwei unterschiedliche Zwischenziele erreicht werden: Entweder dadurch, dass neue Käufer aus dem Kreis der bisherigen Nachfrager der betreffenden Produktklasse gewonnen werden; das würde bedeuten, dass solche Verwender zu einem Wechsel ihres bislang verwendeten Produkts (Marke) angeregt werden müssten. Oder es wäre möglich, den Marktanteil dadurch zu steigern, dass bisherige Käufer der betrachteten Marke ihre jährliche Kaufmenge dieses Produkts erhöhen. Das wiederum ließe sich durch Anregungen zur Steigerung der Verwendungsintensität der Käufer dieser Marke bewerkstelligen, z.B. durch Rezeptvorschläge, Hinweise auf gewisse Verwendungsanlässe usw. Übersicht 3-3 legt die hier erläuterte Zielhierarchie frei.

Auch die Berücksichtigung des Zeitaspekts führt zu weiteren Zielgrößen, die insbesondere im Konsumgütermarketing für den Hersteller bei der Einführung eines neuen Produkts große Bedeutung haben. Im Rahmen der Zielgröße „Anzahl der Käufer der Marke" lässt sich unter Bezugnahme auf das zeitliche Kaufmuster der Nachfrager zwischen der Anzahl der **Erstkäufer** und der Anzahl der **Wiederkäufer** differenzieren. Bei zweckmäßiger Relativierung ergibt sich der Erstkäufer- und Wiederkäufer**anteil**.

Bisher wurde vor allem das Kaufverhalten von Nachfragern zum Ausgangspunkt der Kennzeichnung von Marketing-Zielen gemacht. Das Beispiel zu Übersicht 3-3 weist jedoch darauf hin, dass auch das **Verwendungsverhalten** der Nachfrager einen Ausgangspunkt für Marketing-Zielformulierungen darstellen kann.

Übersicht 3-3: Mögliche Unterziele zum Umsatzstreben

Beispiele:

- In den letzten Jahren war eines der Ziele einer bekannten Kreditkartenorganisation, die Besitzer der **Kreditkarte** zu einer häufigeren Nutzung der Karte zu bewegen.

- Eine Werbekampagne für ein **Knabbergebäck** zielt darauf ab, gerade diesen Artikel auf den Tisch zu bringen, wenn Gäste eingeladen sind.

- Die Beipackzettel zu **Arzneimitteln** sollen den Verwender zur zweckmäßigen und gefahrlosen Dosierung des Präparats veranlassen.

- Der Markenname „**Nimm zwei**" **(Bonbons),** die schon nahezu vergessene „**Krawattenmuffel-Kampagne**" (hier wurde Männern ein häufigeres Wechseln ihres äußeren Erscheinungsbildes empfohlen) sowie die „**Schreib mal wieder**"**-Kampagne** der ehemaligen Deutschen Bundespost sowie deren „**Ruf doch mal an**"**-Kampagne** sind weitere Belege für die von den Anbietern angestrebten Änderungen des Verwendungsverhaltens in solchen Märkten.

Ein aus Anbietersicht wünschenswertes Verwendungsverhalten äußert sich somit in der Verwendungs**intensität** der Verwender oder in der Wahrnehmung bestimmter Verwendungs**anlässe** durch den Verwender. Auch ein wünschenswertes Entsorgungsverhalten der Verwender ist hier einzureihen. Somit bieten sich unterschiedliche Ansatzpunkte für eine Zielformulierung, die aus Anbietersicht an wünschenswertes Verwendungsverhalten anknüpft.

Ebenso beinhaltet das **Kommunikationsverhalten** privater oder professioneller Nachfrager mehrere Aspekte, die zur Zielformulierung herangezogen werden können.

Beispiele:

- Hersteller installieren bei bestimmten Kunden gelegentlich nahezu kostenlos Anlagen, Maschinen oder Geräte. Sie wollen damit bezwecken, dass diese **Kunden ihre positive Erfahrung** und die so gewonnenen Eindrücke an andere Interessenten **weiterleiten** (sog. Referenzanlagen, Referenzkunden).

- Verschiedene Anbieter versuchen im Rahmen der **Mitgliedschaftswerbung,** mit Hilfe ihres bisherigen Kundenstamms neue Kunden zu finden. So werden Abonnenten einer Zeitung oder Zeitschrift gegen eine Prämie dazu bewegt, neue Interessenten für ein Abonnement zu gewinnen. Ebenso operieren kommerzielle Vereine bei der Gewinnung neuer Kunden (z.B. ADAC).

- Die Aufforderungen „Fordern Sie unseren Prospekt an", „Besuchen Sie uns auf der Messe" oder die Aufforderung an den Käufer, etwaige Beschwerden sofort zu melden, zielen offenbar darauf ab, die **Kommunikation** des Kunden mit dem Hersteller zu intensivieren bzw. zu kanalisieren.

Man erkennt anhand der Beispiele, dass mit dem Begriff Kommunikationsverhalten zwei verschiedene Verhaltensrichtungen abgedeckt werden. Das (aktive) Informations**such**verhalten und das (aktive) Informations**abgabe**verhalten (synonym: **Beeinflussungsverhalten**) des Verwenders. Beide Aspekte mögen in Marketing-Plänen bei der Zielformulierung von Bedeutung sein. Das Kauf-, Verwendungs- und Kommunikationsverhalten sind in der Sprache der Verhaltenswissenschaften „beobachtbares" oder „äußeres" Verhalten (overt behavior). Entsprechend den bisherigen Ausführungen bietet das **äußere** (beobachtbare) Verwenderverhalten Ansatzpunkte zur Zielformulierung im Marketing. Neben äußeren werden aber auch **innere** Verhaltensweisen auf der Verwenderstufe zur Zielpräzisierung im Marketing herangezogen.

3.2.2.2 Inneres Verhalten der Verwender als Ansatzpunkt zu Zielformulierungen

Der gedankliche Zugang zum Stellenwert innerer Verhaltensweisen der Nachfrager als möglichen Zielen eines Herstellers wird erleichtert, wenn man der Frage nachgeht, über welche **psychischen Vorstufen** Kauf-, Verwendungs- oder Kommunikationsverhalten der Nachfrager zustande kommt. Stellt sich heraus, dass derartige Vorstufen vom Anbieter beeinflussbar sind, können sie den Charakter eines Ziels aus der Herstellerperspektive für sich beanspruchen. Als derartige zielrelevante Vorstufen äußeren Verhaltens sind nach verhaltenswissenschaftlicher Auffassung die Kenntnisse, Interessen, Einstellungen, Präferenzen und Verhaltensbereitschaften eines Menschen anzusehen, die durch die Leistungen eines Anbieters sowie durch dessen Kommunikationsaktivitäten beeinflussbar sind. In Übersicht 3-4 sind diese psychischen Größen als Elemente der menschlichen Psyche in ihrer wechselseitigen Beziehung angeordnet.

Übersicht 3-4: Wichtige psychische Größen und deren Beziehungen untereinander

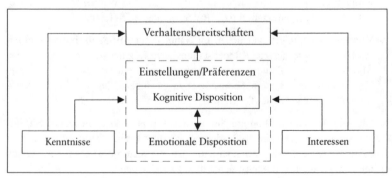

Die Grundlage eines vom Verstand bzw. durch Nachdenken (= kognitiv) gesteuerten Kaufverhaltens ist stets die **Kenntnis** bzw. **Bekanntheit** der fraglichen Produktklasse und der in dieser Produktklasse angesiedelten speziellen Produkte, Marken und/oder Lieferanten. Produktkenntnis, Markenkenntnis (synonym: Markenbekanntheit) und/oder Lieferantenkenntnis sind als wichtige Vorstufen des Zustandekommens von Kaufakten zwangsläufig interessante Zielarten für das Herstellermarketing. Neben derartigen **Objektkenntnissen** bemühen sich Hersteller aber auch um die Etablierung oder Veränderung von **Eigenschaftskenntnissen** (synonym: Attributwahrnehmungen, Merkmalseindrücken) beim Verwender. Dabei geht es um die gedankliche Zuordnung wahrgenommener Eigenschaften zu Produkten oder Lieferanten durch den Verwender.

Beispiel:

- Der Hersteller eines **Sonnenschutzmittels** mag z.B. bemüht sein, dass Käufer in diesem Markt das Produkt als hautfreundlich, wasserbeständig, angenehm riechend, nicht zu teuer usw. wahrnehmen.

Auf der Grundlage der Kenntnis einer Produktklasse bzw. einzelner Produkte kann sich – je nach Motivstruktur des Nachfragers – ein produktbezogener **Verwendungs-** bzw. **Besitzwunsch** ergeben. Solche Wünsche sind als objektgerichtete **Interessen** eines Menschen einzuordnen. Das Vorhandensein derartiger Wünsche bzw. Interessen in der Käuferschaft ist verständlicherweise für einen Hersteller von großer Bedeutung und somit ein verwenderbezogenes Marketing-Ziel.

Ob es aufgrund eines produkt**klassen**bezogenen Verwendungs- oder Besitzwunsches auch zum Kauf eines speziellen Produkts bzw. zur Wahl eines speziellen Lieferanten kommt, hängt allerdings von weiteren psychischen Größen ab. **Wertende Einschätzungen** bzw. **Einstellungen** übernehmen eine bedeutsame steuernde Funktion im Kaufverhaltensprozess. Die Einstellung eines Nachfragers zu den einzelnen Produkten bzw. Lieferanten einer Produktklasse ist eine wertende innere Haltung des Nachfragers. Sie beruht häufig auf den objektbezogenen Eigenschaftskenntnissen einer Person sowie andererseits auf Wertungen solcher Eigenschaften (eigenschaftsgerichteten Interessen; synonym: Anforderungen, Ansprüchen, Kaufmotiven). Bei derart kognitiv gefärbtem Hintergrund einer wertenden Einschätzung tritt die **verstandesbetonte Facette** einer Einstellung, d.h. die kognitive Disposition des Nachfragens, deutlich hervor.

Einstellungen können aber auch **gefühlsbetont** ausfallen; in solchen Fällen dominiert die Emotion als Hintergrund einer wertenden Einschätzung, was sich in Empfindungen wie „ist mir sympathisch" oder „ist angenehm" niederschlägt. In Übersicht 3-4 werden die beiden Einstellungsfacetten als „Dispositionen" bezeichnet; dies unterstreicht den Charakter der inneren Haltung eines Menschen, die für den Einstellungsbegriff typisch ist.

Wertungen eines Produkts oder Lieferanten durch einen Konsumenten bzw. industriellen Abnehmer sind auch mit dem Begriff des **Image** verbunden. Gemeint ist damit das Vorstellungsbild, das eine Person von einem Objekt oder einem Unternehmen hat. Image und Einstellung wird in der Fachliteratur zunehmend synonym verstanden, obwohl der Einstellungsbegriff der inhaltlich klarere ist. Typisch für den Imagebegriff ist die Bezugnahme auf eine Vielzahl von Merkmalen wertender oder nicht-wertender Natur, aus denen sich das jeweilige Vorstellungsbild zusammensetzen mag. Übersicht 3-5 enthält in diesem Sinne die Images unterschiedlicher Anbieter im Markt der mittleren Datentechnologie (MDT-Anbieter).

Neben den Kenntnissen, Interessen und Einstellungen eines Nachfragers spielen darüber hinaus auch Präferenzen und Verhaltensbereitschaften als Vorstufen äußeren Verhaltens eine bedeutende Rolle. **Präferenzen** einer Person sind innere Rangordnungen der Einschätzungen von Objekten bzw. Anbietern, d.h. sie geben den Grad der subjektiven Vorziehenswürdigkeit wieder. Sie ergeben sich aus der Sortierung einzelner Objekte durch den Nachfrager nach der Höhe und dem Vorzeichen (positiv oder negativ) seiner Einstellung bezüglich des Objekts.

Eine **Verhaltensbereitschaft** ist die innere Geneigtheit eines Menschen, eine spezielle Verhaltensweise zu wählen. Der Begriff ist aus dem Konzept der „Einstellung zu einer Verhaltensweise" hervorgegangen, d.h. aus der wertenden Einschätzung eines gewissen Verhaltens, welches ergriffen aber auch unterlassen werden kann. Das Kaufen oder Nichtkaufen, das Verwenden oder Nichtverwenden eines Objekts könnten solche Verhaltensweisen sein. Eine Kaufverhaltensbereitschaft gegenüber einer Ware unterscheidet sich von der Einstellung des Konsumenten zu dieser Ware durch die gedankliche Vorwegnahme von Einflussgrößen, die nicht schon in seiner Einstellung verarbeitet wurden. Solche Antizipationen können sich auf zukünftige Ereignisse und/oder Interessen der Person beziehen, die nicht in die Einstellung zum Objekt eingeflossen sind (z.B. die Tatsache, dass die eigene Kaufkraft bis auf weiteres den Kauf eines sehr geschätzten Produkts nicht zulassen wird). Die Pfeile in Übersicht 3-4 verdeutlichen diesen Zusammenhang.

Beispiel:

- Einem Studenten gefällt eine neue Lederjacke sehr gut (Einstellung zum Objekt), die er kürzlich im Schaufenster sah (Objektkenntnis). Diese würde er gerne besitzen (Besitzwunsch). Da er aber weiß, dass sein altersschwaches Auto voraussichtlich nicht den nächsten Winter überstehen dürfte (Ereigniserwartung) und er für die Ersatzbeschaffung Geld sparen möchte (separates Interesse), spürt er keine innere Neigung (Verhaltensbereitschaft), sich in der nächsten Zeit die Jacke zu kaufen.

Übersicht 3-5: Images verschiedener (anonymisierter) Anbieter im Markt der Mittleren Datentechnologie (MDT-Anbieter) (Quelle: Spiegel-Verlag [Hrsg.] 1980, S. 17)

	ALPHA	BETA	GAMMA	DELTA	CHI
	Durchschnittswerte[1]				
(International) führend in Forschung und Entwicklung	2,4	3,5	2,7	2,2	1,4
Dominierende Marktstellung, keine wirkliche Konkurrenz	3,0	4,0	3,4	3,0	1,8
Finanzkräftiges Unternehmen	2,2	2,7	2,7	1,6	1,4
Bietet Finanzierungsformen, die es bei geringer Kapitalbindung zulassen, dem techn. Fortschritt zu folgen	2,8	3,7	2,1	2,4	2,5
Erstklassige Referenzen	1,9	2,5	2,1	2,4	1,4
Gute Angebotsausarbeitung	1,8	2,1	1,8	1,6	1,8
Ausführliches Informationsangebot für den Interessenten	1,7	2,1	1,6	1,6	1,7
Bietet selbst anwendungstechnische Beratung an, geht auf unsere Probleme ein	1,6	2,5	1,7	1,7	2,0
Vorhandene Software und Organisationsform kann weiterhin beibehalten werden	2,4	2,3	2,8	3,2	1,8
Bewährte Produkte mit guten Eigenschaften	1,9	2,7	1,9	1,9	1,7
Einheitliches Fabrikat bei allen Büromaschinen bleibt gewährleistet	3,2	3,0	3,6	3,9	2,9
Gute Schulung des Personals	2,2	2,9	2,1	2,0	1,8
Einfache Benutzung der Maschinen, höhere Produktivität	2,1	3,0	1,7	2,0	1,9
Qualifizierte Mitarbeiter im Außendienst	2,2	2,3	2,2	2,1	1,6
Günstige Lieferanten	2,3	2,4	2,1	1,8	2,8
Guter technischer Kundendienst und Service	1,7	1,8	1,6	1,6	1,6
Günstige Preisgestaltung	2,4	2,4	2,1	1,8	2,7
Keine laufende Preissteigerung	2,6	2,9	2,1	2,9	2,8
Entgegenkommend und kulant bei Reklamationen	2,4	2,3	1,8	1,9	2,7

[1] Errechnet aus einer fünfstufigen Skala (1 = trifft vollkommen zu, 5 = trifft gar nicht zu)

Nach einem Kauf bzw. der Verwendung eines Produkts stellt sich beim Käufer **Zufriedenheit** ein – oder nicht. Auch die Kundenzufriedenheit ist eine wertende Haltung einer Person, d.h. sie lässt sich theoretisch wie eine Einstellung verstehen. Das Besondere der Zufrieden- oder Unzufriedenheit liegt jedoch darin, dass die Grundlage der Bewertung eines Produkts oder eines Lieferanten nicht aus kommunikativ erworbenen Eindrücken sondern aus persönlichen Erfahrungen besteht. Auch die Zufriedenheit bzw. Unzufriedenheit eines Menschen mag – je nach Lage des Falles – entweder vom Verstand dominiert sein (da registriert wird, dass eigene Erwartungen an Leistungsmerkmale nicht erfüllt wurden) oder von Gefühlen (= Emotionen) geprägt sein (z.B. Ärger). Von der Zufriedenheit eines Kunden wird schließlich seine **Marken-** bzw. **Lieferantentreue** beeinflusst.

Der spezifische **Stellenwert** der hier knapp erläuterten Elemente der menschlichen Psyche hinsichtlich ihrer unterschiedlichen Steuerungskraft äußeren Verhaltens von Konsumenten ist bislang weder theoretisch noch empirisch geklärt. Dies wird zweifellos dadurch erschwert, dass je nach Produktklasse, Persönlichkeit des Käufers und/oder situativen Gegebenheiten (wie z.B. Zeitdruck) einzelne Elemente in unterschiedlichem Maße das Verhalten zu steuern in der Lage sind. Allerdings besteht in der Marketinglehre Einigkeit darüber, **dass** diese inneren Verhaltensweisen einen zentralen Einfluss auf Ausprägungen des Kauf-, Verwendungs- oder Kommunikationsverhaltens der Nachfrager nehmen. Folgerichtig werden auch innere Verhaltensvariablen der Nachfrager in Marketing-Plänen von Herstellerunternehmen als Zielarten aufgeführt.

Da aus der Herstellerperspektive nicht nur Verwender, sondern auch **Absatzmittler** als Nachfrager zu sehen sind, stellen naturgemäß auch äußere und innere Verhaltensweisen dieser Marktbeteiligten relevante Ziele beim Hersteller dar. Über-

Übersicht 3-6: Verhaltensweisen von Nachfragern im Markt (aus der Herstellerperspektive)

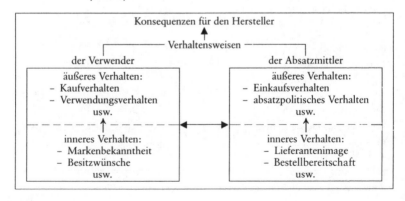

sicht 3-6 fasst diese Überlegung mit den bisherigen Ausführungen zu möglichen Zielen bezüglich der Verwenderstufe zusammen. Die absatzmittlergerichteten Zielarten eines Herstellers werden im folgenden Abschnitt näher erläutert.

3.2.3 Marketing-Ziele als erwünschte Verhaltensweisen der Händler

Bei der gedanklichen Ableitung von Marketing-Zielen bezüglich des Absatzmittlerverhaltens kann der in Abschnitt 3.2.2 eingeschlagene Weg beibehalten werden. Als Ausgangspunkte für Zielpräzisierungen eines Herstellers werden zunächst Maße aggregierten Kaufverhaltens der Absatzmittler und anschließend weitere äußere sowie innere Verhaltensweisen dieser Marktteilnehmer betrachtet.

Bezieht man die in Übersicht 3-2 aufgeführten **Kenngrößen aggregierten Kaufverhaltens** auf die Absatzmittlerstufe, so ergibt sich an der Spitze der Ziel-Pyramide anstelle des Umsatzes mit Verwendern der Umsatz des Herstellers mit dem Groß- und/oder Einzelhandel. Übersetzt man ferner Ausdrücke wie „Kauf", „Anzahl der Käufer", „Kaufhäufigkeit", „durchschnittliche Menge pro Kauf" „Markenwahl" und „Absatzvolumen" in die handelsbezogene Terminologie, stellen „Bestellung", „Anzahl der bestellenden Geschäfte", „Bestellhäufigkeit", „durchschnittliche Bestellmenge", „Lieferantenwahl" und „Auftragseingang" mögliche, auf die Handelspartner bezogene Zielarten des Herstellers dar.

Neben diesen Ausprägungen des Beschaffungsverhaltens der Absatzmittler lassen sich auf dieser Marktstufe Verhaltensweisen als Ziele ausmachen, die unter dem Sammelbegriff **Marketing-Verhalten** (absatzpolitisches Verhalten) der Absatzmittler subsumiert werden können.

Im Konsumgütermarketing ist es zunächst das Ziel eines Herstellers, im Sortiment eines Groß- und/oder Einzelhändlers mit den eigenen Produkten vertreten zu sein. Der Händler soll demnach zu einer Listung (Aufnahme in den Ordersatz bzw. das Sortiment der Handelsorganisation) bewegt werden und das Produkt des Herstellers in seinem Sortiment führen. Eine diesbezügliche Kenngröße ist der sog. **Distributionsgrad**. Die Bezeichnung „Distributionsgrad" (synonym: Distribution) kennzeichnet den Prozentsatz von Absatzmittlern, die ein Herstellerprodukt im Sortiment führen. Dabei wird die Anzahl der das Produkt führenden Absatzmittler in Relation zur Gesamtanzahl der möglichen Absatzmittler gesetzt, die überhaupt in Betracht kommen, das Produkt zu führen. Das Ziel **Warenpräsenz** knüpft darüber hinaus an die Anzahl der Händler an, die nicht nur ein Produkt im Sortiment führen, sondern es auch vorrätig halten („**Distribution vorrätig**").

Zu den Zielen eines Herstellers gehört es ferner, dass eigene Produkte durch **Warenpräsentation** und **Werbeanstöße des Händlers** gefördert und in das Bewusstsein regionaler Kundenschichten gerückt werden und/oder vom **preispoliti-schen Verhalten** des Händlers nicht benachteiligt werden. Gerade das Preisver-halten des Händlers gibt immer wieder Anlass zu Auseinandersetzungen zwi-schen Hersteller und Absatzmittlerstufe, da sich jeder Hersteller eine zum angezielten Markenimage passende Preispolitik der Händler wünscht. Analog zum Ziel Distributionsgrad ist es möglich, entsprechende Ziele zur wünschens-werten Regalplatzierung, Werbeaktivität, persönlichen Verkaufsaktivität oder an-deren absatzpolitischen Maßnahmen der Absatzmittler zu konstruieren.

In Analogie zu Abschnitt 3.2.2 sind in Übersicht 3-6 neben Zielen, die an das äu-ßere Verhalten der Absatzmittler anknüpfen, auch solche Ziele angeführt, die am **inneren Verhalten** von Absatzmittlern orientiert sind. Die Kenntnisse, Einstel-lungen, Images, Präferenzen, Interessen und Verhaltensbereitschaften der Absatz-mittler steuern ihr Verhalten im Markt. Neben den Produkt- bzw. Markenbezug dieser Größen (z.B. Einstellung zu einer Herstellermarke) tritt allerdings auch der Lieferantenbezug (z.B. Einstellung zum Lieferanten).

Prinzipiell lassen sich die zu diesen Zielen in Abschnitt 3.2.2 gegebenen Erläute-rungen mit einigen Modifikationen auf Absatzmittler übertragen:

– Die **Einstellung** eines Absatzmittlers zu einem **Herstellerprodukt** wird – ver-glichen mit der Einstellung eines Verwenders gegenüber dem gleichen Produkt – auf andere Eigenschaftsinteressen als Beurteilungskriterien zurückzuführen sein: Der Händler bewertet Marktobjekte in erster Linie unter Gesichtspunkten wie Stapelbarkeit, Handelsspanne, Art und Handhabbarkeit der Umverpa-ckung sowie Verfügbarkeit in gewissen Mengeneinheiten (z.B. 12er- oder 6er-Karton). Auch die Einstellung gegenüber dem **Lieferanten** ist von anderen Merkmalen geprägt, als es beim Verwender der Fall ist. Der Händler bewertet den Lieferanten z.B. anhand von Merkmalen wie Lieferzuverlässigkeit, Ein-satz von Machtmitteln oder Unterstützungsversprechen.

– Diejenigen Zielarten, die bei der Betrachtung eines Verwenders an dessen **In-teressen** anknüpfen, finden bezüglich eines Absatzmittlers ihr Pendant in den absatzpolitischen **Zielvorstellungen** des Absatzmittlers. Somit liefern die Marketing-Ziele eines Händlers Ansatzpunkte für die Zielplanung eines Her-stellers.

Beispiel:

● Kaufbereitschaften bzw. absatzpolitische Verhaltensbereitschaften der Absatz-mittler finden üblicherweise ihren Niederschlag in Verkaufs- und Einkaufsplä-nen der Absatzmittler. Der mögliche Inhalt solcher Pläne beim Absatzmittler kann folglich Gegenstand einer Zielplanung des Herstellers sein. So kann die schriftliche Fixierung einer Sonderaktion im Plan einer Handelsorganisation Marketing-Ziel eines Herstellers sein.

3.3 Marketing-Ziele aus der Handels-perspektive

Die dominierende, an das erwerbswirtschaftliche und ökonomische Prinzip anknüpfende Erfolgsgröße ist auch im Handel der **Gewinn**. In dem für den Handel typischen Aufbau einer Erfolgsbetrachtung ergibt sich der Handelsgewinn (Gewinn aus Handelstätigkeit) aus der folgenden Definition:

Umsatz (inkl. MWSt)
– Wareneinsatz
$$\overline{}$$
= (Waren-)Rohertrag (inkl. MWSt)
– Betriebskosten
$$\overline{}$$
= Handelsgewinn

Der **Wareneinsatz** kennzeichnet den Warenausgang zu Einstandswerten: Im Einstandswert sind die Einkaufswerte der bezogenen Ware sowie Warenbezugskosten (z.B. Frachten, Transportversicherungen, Zölle) enthalten. Der Rohertrag wird gelegentlich auch als **Bruttogewinn** bezeichnet. Er lässt sich auf einzelne Artikel, Artikelgruppen, Warengruppen oder das gesamte Unternehmen beziehen. Setzt man vom **Rohertrag** lediglich die der Betrachtungseinheit zurechenbaren variablen Betriebskosten ab, so entsteht die Erfolgsgröße **Deckungsbeitrag**. Als typische variable Betriebskosten sind etwa Lagerkosten oder Manipulationskosten des Warenumschlags anzusehen.

Neben **absoluten** gewinnbezogenen Zielen haben sich für die Zielplanung im Handel auch **relative** Zielgrößen eingebürgert. Der prozentuierte Quotient aus Rohertrag inklusive Mehrwertsteuer und Umsatz heißt **Erreichte Kalkulation** (synonym: Kalkulation II). Bezieht man den um die Mehrwertsteuer bereinigten Rohertrag auf den Umsatz, so drückt der daraus ableitbare Prozentsatz die **Handelsspanne** aus. Da in einer Erfolgsbetrachtung auch der erforderliche Kräfteeinsatz gesehen werden sollte, wird im Handel der sog. **Lagerumschlag** als Ziel beachtet. Er ist als Quotient aus Umsatz und durchschnittlichem Lagerbestand einer Periode definiert.

Zu den für einen Handelsbetrieb relevanten Zielen zählen natürlich auch solche, die das **Einkaufsverhalten** der Kunden einer Einkaufsstätte kennzeichnen. Da aus der Handelsperspektive das Verhalten der Kunden in deren gesamtem Einkaufsvorgang interessiert, rückt zunächst die **Einkaufsstättenwahl** der Konsumenten in den Vordergrund der Marketing-Ziele eines Händlers. Daraus resultieren Ziele wie z.B. die durchschnittliche **Besucheranzahl** im Geschäft (die sog. Kundenfrequenz pro Tag oder Woche) oder die **Besuchshäufigkeit** der Kunden innerhalb eines definierten Zeitraums.

Knüpft man an das Kaufverhalten der Kunden eines Einzelhändlers an, so interessiert den Händler weniger das Kaufgeschehen bei einzelnen Artikeln; vielmehr ist es das Ziel des Händlers, hohe **Einkaufsbeträge** pro Kunde zu erreichen.

Im Rahmen des beobachtbaren Verhaltens ist schließlich insbesondere das **Kommunikationsverhalten** der Händlerkunden als relevanter Zielinhalt zu nennen.

Beispiele:

● Die Aufforderung eines Einzelhändlers an seine Kunden, „am Wochenende doch einmal einen Schaufensterbummel zu machen" oder „sich unverbindlich beraten zu lassen", weist auf Zielgrößen bezüglich des Informations**such**verhaltens der Nachfrager hin.

● Die Floskel „Empfehlen Sie uns weiter" ist ein Indiz für das Interesse des Händlers, der Kunde möge über Erfahrungen bezüglich Bedienung, Preiswürdigkeit oder Auswahl mit Bekannten und Freunden sprechen. Dieses Interesse des Händlers ist als eine Zielgröße zu interpretieren, die an das Informations**abgabe**verhalten der Nachfrager anknüpft.

In Zielprogrammen eines Einzelhändlers tauchen neben Zielen, die das äußere Verhalten der Nachfrager betreffen, auch Zielarten auf, die sich auf innere Verhaltensweisen der Kunden beziehen. Dazu gehören Ziele wie „Einkaufsstättenbekanntheit", „Einkaufsstättenimage", „Einkaufsstättenpräferenz" oder „Besuchsbereitschaft". Der Unterschied zwischen den an das innere Konsumentenverhalten anknüpfenden Zielen eines Händlers und entsprechenden Zielen aus der Herstellerperspektive liegt lediglich in dem Einkaufsstättenbezug anstelle des Produktbezugs. Aus diesem Grunde erübrigen sich auch weiterführende Erläuterungen, da die grundsätzlichen Erklärungen hierzu bereits in Abschnitt 3.2.2 gegeben wurden.

Zusammenfassend und abstrahierend gilt somit generell für den Inhalt von Marketing-Zielen: Es handelt sich dabei um für einen Anbieter wünschenswerte Zustände (Ergebnisse), die

– das Zustandekommen zukünftiger Transaktionen oder einer Geschäftsbeziehung mit dem betrachteten Anbieter begünstigen (z.B. Markenpräferenzen in der Käuferschaft) bzw. beinhalten (z.B. Absatzvolumen, Umsatz) und/oder
– die Konsequenzen zukünftig zustandekommender Transaktionen oder der Geschäftsbeziehung für den Anbieter aufzeigen (z.B. Gewinn bei einem Produkt oder mit einem Großkunden).

3.4 Die Auseinandersetzung der Marketinglehre mit Marketing-Zielen

Aus dem vorliegenden Kapitel wird ersichtlich, dass die Marketinglehre zum Sachverhalt „Marketing-Ziele" zunächst eine Fülle definitorischer Aussagen bereithält. Es wird dabei nicht nur klargestellt, was Marketing-Ziele sind, sondern die verschiedenen Zielarten werden auch begrifflich eingegrenzt. Daneben erfolgt häufig eine **Systematisierung,** die auch in der Gliederung des Kapitels 3 zum Ausdruck kommt.

Eine klare Definition verlangt die Angabe einer Messvorschrift (**Operationalisierung**), mit deren Hilfe überprüft werden kann, ob ein Ziel erreicht wurde oder nicht. Deshalb beschäftigt sich die Marketinglehre auch intensiv mit der Frage, wie im Rahmen einer Situationsanalyse die bisherige Zielerreichung bezüglich unterschiedlicher Zielgrößen festgestellt werden kann. Eine solche Situationsanalyse ist entweder als Ausgangspunkt einer Zielentscheidung (**Zielplanung**) oder als Kontrollschritt (**Zielkontrolle**) zu verstehen. Will z.B. ein Anbieter für einen abgegrenzten Markt seinen Marktanteil feststellen, so bedarf er der Kenntnis des Marktvolumens als Gesamtnachfrage in diesem Markt. Diese Größe kann auf unterschiedlichen Wegen ermittelt werden. Die Marktforschungslehre hält dazu verschiedene methodische Vorschläge bereit, die an dieser Stelle nicht erläutert werden sollen. Weit problembehafteter ist die Messung psychographischer Größen, die – wie aufgezeigt – in Marketing-Zielplanungen aufgegriffen werden. Befragungstechniken bieten hierzu ein reichhaltiges Arsenal an Möglichkeiten an, die ebenfalls in der Marktforschungslehre intensiv behandelt werden.

Schließlich befasst sich die Marketinglehre auch **entscheidungsunterstützend** mit Fragen der Zielplanung. Dabei wird aufgezeigt, anhand welcher Ausgangsdaten eine Zielplanung zu erfolgen hat und welche Zusammenhänge dabei zu beachten sind. So wird etwa darauf hingewiesen, dass bei der Planung von Ober- und Unterzielen in einer Zielhierarchie an bestehende **Zielbeziehungen** zu denken ist, wie sie etwa mit den Übersichten 3-2, 3-3 und 3-4 angedeutet wurden. Ferner wird erörtert, auf welchen Wegen in einem Unternehmen als arbeitsteiliger Organisation Zielpläne zustande kommen können oder sollten (z.B. „von unten nach oben" oder „von oben nach unten"). Schließlich wird ausdrücklich darauf hingewiesen, dass Zielentscheidungen nicht ohne Beachtung eines zu erfolgenden Kräfteeinsatzes des Anbieters im Markt getroffen werden können. Dies wird dem Leser verständlich, wenn er im nächsten Kapitel die Zielplanung als einen Weg der Präzisierung von Marketing-Strategien kennen lernt.

Literaturhinweise zu Kapitel 3:

Es fällt schwer, zum Stichwort „Marketing-Ziele" eine oder mehrere Monographien zu nennen. Jedes **Marketing-Lehrbuch** enthält dazu kürzer oder länger gefasste Passagen. Ferner werden Marketing-Ziele als Verwender-Verhaltensweisen in der **Literatur zum Käuferverhalten** dargestellt. Ausführlicher mit **(Marketing-)Zielen** befassen sich:

Becker, J., Marketingkonzeption, 7. Aufl., München 2002

Berthel, J., Zielorientierte Unternehmenssteuerung. Die Formulierung operationaler Zielsysteme, Stuttgart 1973

Heinen, E., Grundlagen betriebswirtschaftlicher Entscheidungen. Das Zielsystem der Unternehmung, 3. Aufl., Wiesbaden 1976

Kaplan, R.S./Norton, D.P., Balanced Scorecard, Stuttgart 1997

Kupsch, P., Unternehmungsziele, Stuttgart 1979

Zur **kaufverhaltenstheoretischen Fundierung** von Marketing-Zielvariablen:

Kroeber-Riel, W./Weinberg, P., Konsumentenverhalten, 8. Aufl., München 2003

Steffenhagen, H., Wirkungen der Werbung. Konzepte – Erklärungen – Befunde, 2. Aufl., Aachen 2000

Im Text zitierte Quelle:

Spiegel-Verlag (Hrsg.), Imagewirkung im Entscheidungsprozess, Hamburg 1980

4 Marketing-Strategien der Unternehmen

Die Tatsache, dass sich ein Unternehmen in bestimmten Märkten bewegt und dabei Ziele verfolgt, ist nicht etwa das Ergebnis einer schicksalhaften Fügung. Vielmehr ist die Präsenz eines Unternehmens in seinen Märkten das Ergebnis unternehmerischer Entscheidungen. Solche Entscheidungen werden in Literatur und Praxis unter dem Stichwort „Marketing-Strategie" diskutiert.

Im geläufigen Sprachgebrauch werden mit der Bezeichnung „Marketing-Strategie" sehr unterschiedliche Vorstellungsinhalte verbunden. Auch fällt die Abgrenzung zur „Unternehmensstrategie" nicht leicht; häufig gehen marketing- und unternehmensstrategische Konzepte ineinander über. Zur Orientierung wird im vorliegenden Kapitel versucht, einen Einblick in die Bedeutung von „Marketing-Strategie" sowie in verschiedene Typen von Marketing-Strategien zu vermitteln.

4.1 Marketing-Strategien als Entscheidungen über die beabsichtigte Marktpräsenz

Ein Vergleich der vielfältigen Auffassungen zum Strategiebegriff – nicht nur mit Bezug zum Marketing – lässt erkennen, dass eine Strategie offenkundig mit dem Setzen von Prioritäten verbunden ist: „The essence of strategy is choosing what not to do" (Porter 1996). Oder: „Companies that try to be everything to everybody usually end up being nothing to anyone" (Kaplan/Norton 1996).

Beispiele:

- Im **Handel** hat der mittelgroße Laden, der von allem etwas anzubieten versucht, wenig Überlebenschancen. Seine Konkurrenten an den „Enden des Marktes" nehmen das Geschäft weg: die Spezialisten mit Beratungskompetenz am „oberen" und die Discountanbieter am „unteren" Ende.
- Nach anfänglich breiter Betätigung in diversen Märkten wurde das Unternehmen **Kärcher** erst erfolgreich, als es sich voll auf die Hochdruckreinigung konzentrierte.

Mit Blick auf das Verhalten eines Unternehmens eröffnen sich allerdings mehrere mögliche Richtungen, in denen ein Prioritätensetzen denkbar ist und auch praktiziert wird. Übersicht 4-1 vereinigt „unter einem Dach" drei wichtige Gedanken

Übersicht 4-1: Die zentralen Inhalte des Marketing-Strategie-Begriffs

zur Priorisierung des Auftritts eines Unternehmens im Absatzmarkt. Die dargestellten drei Säulen einer Marketing-Strategie lassen sich bei weniger bildhaftem
Denken auch als **Dimensionen einer Marketing-Strategie** auffassen.

Die beiden äußeren Säulen in der Darstellung der Übersicht 4-1 betreffen die gewollte Priorisierung zu bedienender Märkte bzw. Marktsegmente – je nach gewählter Perspektive bei der Abgrenzung von Märkten bzw. Marktsegmenten (vgl.
Abschnitt 1.5 dieses Buches). Die mittlere Säule in der Darstellung lenkt die Aufmerksamkeit auf das Konzept der Wettbewerbsvorteile eines Unternehmens, aufgrund derer sich das Unternehmen im Wettbewerb profiliert und deshalb durchzu-
setzen vermag.

4.1.1 Die Priorisierung zu bedienender Märkte bzw. Marktsegmente

Des leichteren Verständnisses wegen sei zunächst die Säule näher erläutert, mit
der die Entscheidung über **Produktschwerpunkte** angesprochen wird. Gemäß
der Fragestellung „Welche Produkte wollen wir vorrangig verkaufen?" gilt es, im
Unternehmen eine zentrale Entscheidung zu treffen:

- Die Entscheidung, in welchen **Gütermärkten bzw. -segmenten** oder **Bedarfskategorien bzw. -segmenten** ein Unternehmen mit seinem Angebot im
Laufe der planbaren Zukunft mehr oder weniger forciert vertreten sein will.

Hiermit wird an das in Abschnitt 1.5 dieses Buches erläuterte, duale Verständnis des Angebots eines Unternehmens angeknüpft: Ein „Angebot" (= Produkt, Leistungsbündel) mag entweder bei **güterbezogen**-technischer Marktbetrachtung als eine technische Problemlösung oder bei **bedarfsbezogen**-funktionaler Marktbetrachtung als ein bedürfnisbefriedigendes Eigenschaftsbündel verstanden werden. Wird das Angebot eines Unternehmens aus dem ersten Blickwinkel interpretiert, betrifft die oben umschriebene strategische Entscheidung die **Priorisierung zu bearbeitender Gütermärkte bzw. -segmente** (vgl. Übersicht 1-8 in Kapitel 1 dieses Buches). Wird der zweite Blickwinkel gewählt, betrifft die oben dargelegte strategische Entscheidung die **Priorisierung zu bearbeitender Bedarfskategorien bzw. -segmente**.

Beispiele:

● Als industrieller Hersteller ist die **Flender GmbH** zum einen (international) im Getriebemarkt tätig: Das Unternehmen bietet z.B. Stirnrad- und Kegelstirnradgetriebe, Planeten-, Schnecken- sowie Zahnradgetriebe an. Zum anderen ist das Unternehmen im Motorenmarkt vertreten: Radialkolbenmotoren, Stirnradgetriebemotoren sowie Kegelrad- und Schneckengetriebemotoren gehören zu seinem Angebotsprogramm. Auch im Kupplungsmarkt (z.B. elastische Kupplungen, Ganzstahl-, Zahn- und Hydrokupplungen) liegt eines der Arbeitsgebiete dieses Unternehmens.

● Als Handelsunternehmung begann **Ikea** im deutschen Markt seine Geschäftstätigkeit insbesondere in den Gütermärkten Möbel, Haushaltsartikel, Bodenbeläge und Lampen. Im Laufe der Zeit wurde die Geschäftätigkeit allerdings auch auf weitere Betätigungsfelder ausgedehnt.

● Das Pharmaunternehmen **Grünenthal** konzentriert sich auf die Märkte Schmerzmittel, Antibiotika und Entzündungsbekämpfung.

● Der Süßwaren-Markenhersteller **Lindt + Sprüngli** bearbeitet priorisierend die drei Teilmärkte der sog. Monopralinen (Packungen mit nur einer Pralinensorte, z.B. Fioretto), Alkoholpralinen (Schokoladepralinen gefüllt mit hochprozentigen Alkoholzubereitungen) und klassische Pralinenmischungen (mit mindestens fünf verschiedenen Sorten je Packung).

Mittels der hier beschriebenen Entscheidung erfolgt eine Eingrenzung derjenigen Arbeitsgebiete, Betätigungsfelder oder Zielmärkte eines Unternehmens, in denen es als Anbieter auftreten und gegebenenfalls mit anderen Anbietern konkurrieren will. Häufig wird diese Entscheidung bei der Gründung eines Unternehmens als dessen Unternehmenszweck, Sachziel oder Aufgabe ausdrücklich hervorgehoben. Im Laufe der Entwicklung wird diese sog. **Unternehmensmission** jedoch häufig erweitert bzw. verlagert. Je größer Unternehmen sind, desto vielfältiger präsentiert sich in der Regel auch deren Bündel produktbezogener Marktengagements.

Die in der Vergangenheit verfolgte Priorisierung ausgewählter Märkte oder Marktsegmente eines Unternehmens spiegelt sich naturgemäß in dessen **Angebotssortiment** (synonym: Produktprogramm, Angebotspalette, Leistungsprogramm) wider. In der Industrieterminologie spricht man in dieser Beziehung von den Produktlinien, Produktbereichen oder Produktgruppen, deren Aufzählung die unterschiedlichen Marktengagements des Unternehmens zu verdeutlichen hilft. In der Handelsterminologie finden in diesem Zusammenhang Ausdrücke wie Warenbereiche, Warengruppen oder Artikelgruppen Verwendung.

Als Folge der getroffenen strategischen Entscheidung zeigt die zu einem ausgewählten Zeitpunkt bestehende **Programm-** oder **Sortimentsbreite**, dass dieses Unternehmen in mehr oder weniger verschiedenen Gütermärkten bzw. Bedarfskategorien operiert. Die Programmbreite ist somit über die Vielzahl unterscheidbarer Güter- oder Bedarfssegmente definiert, für die ein Unternehmen Angebote bereithält. Die Breite der Angebotspalette eines Unternehmens (oder eines seiner Teilbereiche wie einer Sparte, eines Unternehmensbereichs o. ä.) lässt darauf schließen, wie stark fokussierend, d.h. wie selektiv die beabsichtigte Marktpräsenz angelegt ist. Schmale Sortimente deuten auf ein hohes Maß an Priorisierung bei der getroffenen Marktwahl des Unternehmens oder eines Unternehmensbereiches hin. Breite Sortimente zeigen dagegen, dass sich die Entscheider ein geringes Maß an Selektivität auferlegten.

Mit der Entscheidung über die Priorisierung produktbezogen definierter Märkte bzw. Marktsegmente (1. Dimension einer Marketing-Strategie) ist naturgemäß auch eine Entscheidung über die **prioritäre Ausrichtung auf gewisse Nachfrager(segmente)** verbunden. Somit ist die Entscheidung über Produktschwerpunkte im Allgemeinen mit einer weiteren Dimension einer Marketing-Strategie eng gekoppelt: Der Entscheidung über **Abnehmerschwerpunkte**. Gemäß der Fragestellung: „Welche Abnehmer wollen wir vorrangig bearbeiten?" (vgl. Übersicht 4-1) gilt es, im Unternehmen eine zentrale Entscheidung zu treffen:

- Die Entscheidung, in welchen **Nachfragerklassen bzw. -segmenten** ein Unternehmen mit seinem Angebot im Laufe der planbaren Zukunft mehr oder weniger forciert vertreten sein will.

Auch mit dieser Entscheidung werden – jetzt unter Betonung der Nachfragerseite in Märkten – die Arbeitsgebiete bzw. Zielmärkte eines Unternehmen umschrieben. Insbesondere die vielfältigen Möglichkeiten, in Märkten Nachfragersegmente zu identifizieren und schwerpunktmäßig herauszugreifen, bieten genügend Raum für strategische Entscheidungen. Im geläufigen Marketing-Vokabular wird in diesem Zusammenhang auch von **Zielgruppenwahl** gesprochen.

Beispiele:

- Die ursprüngliche **Ikea**-Strategie war durch folgende Zielgruppen gekennzeichnet: Es sollten sich junge Leute jeden Alters angesprochen fühlen, die hohe Mobilität, einen hohen Anspruch an das Preis-Leistungsverhältnis bei Einrichtungsgegenständen (wirtschaftliches Denken) sowie Bereitschaft und Freude am Selbermachen aufweisen.
- Manche **Reisebüros** verstehen sich als Absatzmittler im Reisegeschäft speziell für junge Leute. Sie bieten deshalb besonders preisgünstige Reisetickets, Rucksacktouren oder Pauschalreisen in Reisegebiete an, die für dieses Nachfragersegment besonders attraktiv sind.
- Das **Luftfahrtunternehmen SAS** wurde (wieder) erfolgreich, als es sich konsequent auf Geschäftsreisende als Zielgruppe konzentrierte: „SAS ist die Luftlinie der Geschäftsleute" – so lautete die strategische Leitlinie (Ende der 80er-Jahre).
- Hersteller von **Herrenkonfektion** (und entsprechende Händler), die sich auf korpulentere Kunden spezialisieren, betreiben eine Strategie in dem hier verstandenen Sinn.
- Viele **Industriegüterhersteller** konzentrieren ihre Marktbearbeitung weltweit auf Großkunden; eine solche Strategie wird auch von einigen Banken verfolgt.

Die in der Vergangenheit verfolgte Priorisierung ausgewählter Nachfragerklassen oder -segmente eines Unternehmens zeigt sich in dessen Kundenstruktur bzw. dessen Abnehmerkreis. Mit einer Aufzählung der bedienten Kundengruppen kann das diesbezügliche Engagement eines Unternehmens transparent gemacht werden.

Man erkennt: Die hier als 2. Dimension einer Marketing-Strategie behandelte Priorisierung begegnet dem abstrahierenden Betrachter der Marktrealität in vielerlei Verkleidungen. Weltweit tätige Unternehmen z.B. stehen im Rahmen ihrer angestrebten Marktpräsenz vor der Frage, in welchen Regionen bzw. Ländern der Erde sie schwerpunktmäßig vorgehen sollen. In diesem Fall geht es um geographische Nachfragersegmente eines Weltmarktes. Mit einer Marketing-Strategie werden dann häufig **Schwerpunktländer** bestimmt.

Da die 1. und 2. Dimension einer Marketing-Strategie in enger logischer Verbindung zu sehen sind – gleichwohl handelt es sich um zwei verschiedene Entscheidungsdimensionen –, ist es zweckmäßig, sich beide Dimensionen im konkreten Entscheidungsfall im Verbund mittels einer **Strategie-Matrix** vor Augen zu führen. In Übersicht 4-2 erfolgt dies am Beispiel eines Herstellers im Lederchemikalienmarkt.

Beispiel:

- Der **Lederchemikalienmarkt** lässt sich grob in die fünf verschiedenen Produktgruppen Gerbstoffe, Fettungsmittel, Bindemittel, Farbstoffe und Zuricht-

Übersicht 4-2: Produktgruppen und Abnehmersegmente im Lederchemikalienmarkt

Abnehmersegmente Produktgruppen	Verarbeiter von			
	Polster- und technischen Ledern	Schuhsohlen- und -oberledern	Oberbekleidungs- und Täschnerledern	Gesamt
Gerbstoffe				
Fettungsmittel				
Bindemittel				
Farbstoffe				
Zurichtmittel (Finishprodukte)				
Gesamt				

mittel einteilen. Die Bezeichnungen lassen eine funktionale Marktbetrachtung
erkennen. Als aber auch technologisch unterscheidbare Produktgruppen eines
einschlägigen Anbieters machen sie dessen Sortiment aus. An Abnehmersegmenten können nach dem Einsatzzweck bzw. Branchenkriterium Verarbeiter
von Polster- und technischen Ledern, Schuhsohlen und -oberledern sowie
Oberbekleidungs- und Täschnerledern unterschieden werden.

Jeder Anbieter in diesem Markt steht vor der Frage, auf welche Produktgruppen (Zeilen in der Matrix) und auf welche Abnehmersegmente (Spalten in der
Matrix) bzw. auf welche Kombinationen von Zeilen und Spalten (d.h. auf welche Zellen der Matrix) er seine Marktbearbeitung fokussieren soll. Alle Zellen
der Matrix mit gleicher Intensität zu bearbeiten, verbieten im Allgemeinen die
knappen Ressourcen eines Unternehmens(bereichs).

Die beabsichtigte Fokussierung ausgewählter Märkte und Marktsegmente bedarf
innerhalb des Unternehmens einer unmissverständlichen Klarstellung. Häufig anzutreffende **weiche Formulierungen** wie „Verstärkung unserer Aktivitäten im
Markt X" oder „Intensivierung unseres Y-Geschäfts" lassen die für die Steuerung
im Unternehmen erforderliche Klarheit vermissen. Daraus ergeben sich die bekannten Umsetzungsprobleme bei der Verfolgung von Marketing-Strategien. Um
solche Probleme einzudämmen, bedienen sich viele Entscheider der Möglichkeit,
das strategisch Gewollte – wie in der Unternehmensplanung generell üblich – „in

der Welt der Zahlen" zu **präzisieren**. So lässt sich der Stellenwert, den gewisse Märkte oder Marktsegmente für ein Unternehmen einnehmen sollen, z. B. durch zukunftsbezogene Plan-Absatzanteile oder Plan-Umsatzanteile kennzeichnen. Auch Marktanteilsziele, differenziert geplant nach Märkten und Marktsegmenten, helfen zu verdeutlichen, wie stark das Unternehmen in speziellen Märkten oder Marktsegmenten unter Berücksichtigung der Wettbewerber vertreten sein will.

Beispiele:

- Einem **Warenhausunternehmen** eröffnet sich die Möglichkeit, seine Strategie mit zukunftsgerichteten Angaben über wünschenswerte Umsatzanteile der Sortimentsbereiche Textilien, Hartwaren und Lebensmittel zu kennzeichnen. Solche Aussagen lassen sich weiter detaillieren, indem auf einzelne Waren- bzw. Artikelgruppen als Betrachtungseinheiten abgestellt wird.
- „Die Unternehmensleitung muss den Unternehmensbereichen die langfristigen Wachstumslinien vorgeben. Dies erfolgt bei uns dadurch, dass wir auf eine Frist von fünf und zehn Jahren Vorgaben über die Umsatzanteile machen, die die einzelnen Bereiche in diesem Zeitraum erreichen sollen. Damit diese Leitlinien auch operationalisierbar werden, entwickeln wir natürlich auch Aussagen, welche absoluten Umsatz- und Ertragsziele auf mittlere Frist dem Konzern als Ganzes gesetzt werden sollen. Mit dieser Aussage beschränken wir uns allerdings auf einen Fünfjahres-Zeitraum" (Auszug aus einem Interview mit dem Vorstandsvorsitzenden eines Industrieunternehmens).
- Die **Bayer AG** plante 1998, den Umsatzanteil des Asiengeschäfts von 16 Prozent auf 25 bis 30 Prozent auszuweiten. Um das zu erreichen, hielt Bayer trotz der damaligen Asien-Krise an den Asien-Investitionen fest. Insgesamt wollte das Chemieunternehmen dort in den kommenden 5 bis 10 Jahren ein Investitionsvolumen von 4 Mrd. DM realisieren (veröffentlichtes Interview mit dem Vorstandsvorsitzenden, Februar 1998).
- Das **Printen- und Schokoladeunternehmen H. Lambertz** erklärte 1990 das Ziel, den Anteil der sog. Ganzjahresartikel auf ein Drittel des Geschäfts zu treiben. Sechs Jahre später war dieses Ziel bereits übertroffen. Inzwischen ist es gelungen, den Anteil des Ganzjahresgeschäfts am Umsatz auf gut 40 Prozent auszubauen (Lebensmittelzeitung vom 20.2.1998).

Die Beispiele belegen, dass die in der Literatur häufig anzutreffende Hierarchisierung „Erst Ziele setzen, dann Strategien entwickeln" nicht die volle Breite des in der Realität Praktizierten kennzeichnet. Vielmehr helfen offenkundig gewisse Zielsetzungen, Strategien zu präzisieren (= zu operationalisieren), nachdem grobe strategische Vorhaben entwickelt wurden: In den Beispielen werden Strategien als bewusste Priorisierungen angepeilter Märkte durch Zielsetzungen reflektiert. Es gibt allerdings auch Ziele, auf welche wiederum die Strategien ausgerichtet sind; die Priorisierung gewisser Märkte oder Marktsegmente erfolgt ja mit der Absicht, die Rentabilität des Unternehmens zu verbessern oder zu sichern, das gesamte Unternehmen wachsen zu lassen u.a.m. Wenn das logische Verhältnis zwischen „Zielen" und „Strategien" angesprochen wird, gilt es somit, zwischen hierarchisch gestuften Zielen, d.h. Oberzielen und Unterzielen, gedanklich zu trennen.

Die Beispiele belegen auch, dass nicht allein Zielsetzungen, sondern auch **Entscheidungen über den Ressourceneinsatz** (= „Kräfteeinsatz") zur **Präzisierung** einer gewollten Priorisierung zu bearbeitender Märkte und Marktsegmente nützlich sind: Jede Bindung von Ressourcen zur Forcierung der Marktbearbeitung (Einsatz von Geldmitteln, von Personalkapazitäten usw.) stellt eine Investition in Märkte oder Marktsegmente dar. Ähnliches gilt für die Nutzung der Produktionskapazitäten eines industriellen Herstellers, den Zeiteinsatz eines Unternehmensberaters oder die Aufteilung von Verkaufsflächen auf Sortimentsbereiche und Warengruppen im Handel. Die Forcierung der Bearbeitung ausgewählter Märkte findet somit letztlich auch in Entscheidungen über relative Zuweisungen knapper Ressourcen auf die Märkte und Marktsegmente eines Unternehmens (= marktgerichtete Allokationsentscheidungen) ihren Niederschlag.

Aus dieser Perspektive wird auch der beliebte Terminus **Portfolioplanung** im Zusammenhang mit Strategien verständlich, welcher aus der Theorie der Kapitalanlage stammt. Bei der marktgerichteten Investitionsentscheidung steht der Entscheider vor einer ähnlichen Aufgabe wie ein Investor bei der Kapitalanlage: Es gilt, bei einer Investition in diverse Kapitalanlagenformen (hier: Märkte und Marktsegmente) verfügbare Geldbeträge (hier: Ressourcen) unter Rentabilitäts- und Liquiditätsaspekten zu binden und auch Risikoüberlegungen nicht zu vernachlässigen.

Beispiel:

- Die Möglichkeit, mittels präziser, auf den Zeitablauf der planbaren Zukunft zu beziehender Zielsetzungen und Investitionsentscheidungen eine Marketing-Strategie zu artikulieren, kann am schon erläuterten **Lederchemikalien**beispiel veranschaulicht werden.
Anhand der Übersicht 4-2 hat der Anbieter die Möglichkeit, bei zeilenweiser Betrachtung die **geplante Marktpräsenz in Abnehmersegmenten** durch Angabe eines jeweiligen Plan-Zielausmaßes für einzelne Produktgruppen zu artikulieren. Dazu können Zielgrößen wie Absatzmenge, Umsatz oder Marktanteil dienen. Eine Aneinanderreihung derartiger Tableaus für unterschiedliche Planperioden (z.B. Halbjahre, Geschäftsjahre) zeigt dann die beabsichtigten Veränderungen und spiegelt das strategisch Gewollte wider. Bei Betrachtung der Schlusszeile („Gesamt") erkennt man schließlich – in geringerer Detailliertheit – den (aggregierten) **Stellenwert der unterschiedlichen Abnehmersegmente**

für das hier betrachtete Gesamtgeschäft „Lederchemikalien". Natürlich kann die zahlenmäßige Struktur dieser Zeile von jeder anderen Zeile erheblich abweichen. Bei spaltenweiser Betrachtung besteht die analoge Möglichkeit, je Abnehmersegment Plan-Ziele nach Produktgruppen zu artikulieren. Die Schlussspalte („Gesamt") zeigt – in geringerer Detailliertheit – den (aggregierten) **Stellenwert der unterschiedlichen Gütersegmente** für das Gesamtgeschäft „Lederchemikalien".

An die Stelle geplanter Zielgrößen mögen im Tableau auch quantifizierte **Investitionsvorhaben** – etwa für die kommenden fünf Jahre – treten. Dabei ist es möglich, kommentierend zu erläutern, dass die Investitionsmittel zum Aufbau von Leistungspotentialen (z.B. Außendienstkapazität, Produktionsanlagen, Produktentwicklungsprojekte, Logistiksysteme u.a.m.) oder auch zur Verstärkung der werbenden Kommunikation beitragen sollen. Eine Strategie-Matrix erweist sich somit als der geeignete Denkrahmen für die marketingstrategische **Portfolioplanung**.

Gleichgültig, ob unscharf oder präzise artikuliert: Das marktgerichtet-strategische Denken eröffnet Optionen bezüglich unterschiedlicher **Strategietypen** in der Priorisierung zu bedienender Märkte und Marktsegmente. Der Handlungsspielraum, welcher sich einem Unternehmen in dieser Dimension strategischer Entscheidungen eröffnet, besteht in der Möglichkeit, mehr oder weniger stark ausgeprägte Schwerpunkte zu setzen: Unternehmen mit deutlichen Schwerpunkten in ihrer produktbezogenen (d.h. entweder güterbezogen-technischen bzw. bedarfsbezogen-funktionalen) oder nachfragerbezogenen Marktwahl konkurrieren ausschließlich in wenigen Märkten bzw. Marktsegmenten als Spezialisten. Dieser Strategietyp wird als **selektive Marktabdeckung** bezeichnet. Das Gegenstück dazu ist die beabsichtigte Omnipräsenz: In einem solchen Fall versucht der Anbieter, auf vielen Märkten bzw. in vielen Segmenten gleichermaßen vertreten zu sein; es kann dann von **breiter Marktabdeckung** gesprochen werden.

Die einmal entschiedene Priorisierung bleibt für ein Unternehmen selten im Laufe der Zeit festgeschrieben. Einzelne Märkte oder Marktsegmente verlieren im Zeitablauf als Betätigungsfelder an Attraktivität, während andere Betätigungsmöglichkeiten auftauchen und zu einer Verlagerung des Geschäftsvolumens anreizen. Da die Marktpräsenz eines Unternehmens unter langfristigen Erfolgsgesichtspunkten somit gegebenenfalls verändert werden muss, sind Marketing-Strategien auch durch planvolle Bewegungsrichtungen bei **Akzentverlagerungen** geprägt.

Beispiele:

- Statt sich auf dem stagnierenden **Kameramarkt** allein auf einen ruinösen Verdrängungswettbewerb zu konzentrieren, entwickelten Firmen wie Canon und

Minolta ergänzende Aktivitäten z. B. im Kopiergerätemarkt. Gestützt auf große Erfahrungen in der Optik bietet ferner Olympus heutzutage neben Kameras auch neuartige Endoskope zur Untersuchung der inneren Organe an.

- Der italienische **Benetton-Konzern**, weltweit bisher vor allem als Hersteller von Bekleidung bekannt, setzt verstärkt auf das Reisegeschäft. Der erste Schritt in dieses Geschäft war vor wenigen Jahren die Übernahme des größten europäischen Betreibers von Autobahnraststätten. Zudem hat Benetton eine Kapitalmehrheit an der römischen Flughafengesellschaft erworben. Mit Hilfe einer Partnergesellschaft im Konzern ist Benetton schließlich auch am Betrieb von Bahnhöfen beteiligt. Von der neugegründeten Konzerntochter Grandi Stazioni werden im Auftrag der Staatsbahngesellschaft 11 italienische Bahnstationen betrieben. Das Vorbild dafür ist vor allem der neue Leipziger Bahnhof mit seinen Verkaufspassagen.

- **Tankstellen** forcieren in zunehmendem Maße das Lebensmittelgeschäft, um sich als leicht erreichbarer und rund um die Uhr geöffneter „Convenience-Anbieter" zu präsentieren.

Die Beispiele zeigen, dass sich viele Unternehmen im Laufe der Zeit entschließen, in für sie neue Gütermärkte „einzusteigen". Sichtbares Ergebnis dieser Entscheidung ist die **Programm- bzw. Sortimentserweiterung**. Beim Hersteller werden in solchen Fällen Investitionen in Personal-Know-how und neue Produktionsanlagen erforderlich, oder er kauft ein einschlägiges, bereits im Zielmarkt etabliertes Unternehmen (= **Akquisition**). Eine Handelsunternehmung hat für aufzunehmende Sortimentsteile zusätzliche Personalkapazität sowie Lager- und Verkaufsfläche zu schaffen.

Aber auch der umgekehrte Weg, ein **Rückzug** aus Märkten, ist häufig genug zu beobachten. Die Folge ist eine **Programm- bzw. Sortimentsbereinigung**. In solchen Fällen werden beim Hersteller entweder Teile des Unternehmens stillgelegt oder veräußert.

Beispiele:

- Im März 1996 gab die **Bayer AG** bekannt, dass sie sich aus dem Süßstoffmarkt sowie dem Markt der Haut- und Körperpflege zurückzieht. In diesem Zusammenhang wurden bekannte Marken wie etwa Natreen, Delial, Quenty und Satina verkauft.

- Um sich aus dem Bereich der Industriechemikalien zurückzuziehen, gab **Schering** das sog. Treibmittelgeschäft an Bayer ab.

Ein Handelsunternehmen ist im Gegensatz zu einem Industrieunternehmen bei einem Rückzug aus einem Marktsegment recht flexibel: Es nimmt bei einer Warengruppe keine weiteren Nachbestellungen vor und widmet das Verkaufspersonal sowie die Verkaufsfläche verstärkt anderen Warengruppen.

Was für strategische Akzentverlagerungen in der Produktdimension einer Markt(segment)-Priorisierung gilt, lässt sich auch auf die Nachfragerdimension einer Marketing-Strategie projizieren.

Beispiele:

- Vor Jahren entschlossen sich viele **Großbanken** zu einer Ausweitung des sog. Kleinkundengeschäfts. Dabei ging es um eine verstärkte Gewinnung von Privatpersonen als Bankkunden.
- Viele mittelständische Unternehmen des **Maschinenbaus** betreiben schon seit langem eine Forcierung ihres Exports. Mit dieser Stoßrichtung wird ein stärkerer Auslandsanteil am Geschäftsvolumen angestrebt.

Die Erweiterung des Zielgruppenbündels muss nicht, kann aber mit einer Sortimentserweiterung einhergehen. Dieser Gedanke wird mit einer Erweiterung der Strategie-Matrix veranschaulicht (siehe Übersicht 4-3). In dieser wird zwischen bisher schon bedienten Produkt- bzw. Abnehmersegmenten und für das Unternehmen neuen Produkt- bzw. Abnehmersegmenten explizit getrennt. Spezielle Stoßrichtungen können mittels einer solchen Matrix leicht voneinander unterschieden werden.

Beispiel:

- Dass es auch heute noch möglich ist, z.B. mit vorhandenen Produkten in bislang nicht bearbeitete Abnehmersegmente vorzustoßen, belegt folgender Fall: Der bekannte Dämmstoff **Styrodur** der **BASF** soll in Zukunft verstärkt im Eisenbahn-Streckenbau eingesetzt werden. Unter dem Gleisschotter versteckt, hält der Wärmedämmstoff den Frost ab und schützt so den Gleiskörper vor

Übersicht 4-3: Das Ansoff-Schema als Marketing-Strategie-Matrix

		Schwerpunkte in bisherigen Abnehmersegmenten					Neue Abnehmersegmente			Gesamtbetrachtung
		S_1	S_2	S_3	...	Gesamt	...	...	Gesamt	
Schwerpunkte in bisherigen Produktsegmenten	P_1									
	P_2									
	P_3									
	...									
	...									
Neue Produkt-Segmente	...									
	...									
	...									
Gesamtbetrachtung										

Schäden. Das ist billiger und umweltschonender, als den gesamten Untergrund gegen Frostschutzschichten aus Kiessand auszutauschen. Interessant ist das Angebot vor allem für Osteuropa, Skandinavien und die Alpen.

In Übersicht 4-4 werden die vier denkbaren strategischen Stoßrichtungen als Strategietypen mit einer jeweiligen Bezeichnung versehen. Die Bezeichnungen für die vier **Wachstumsstrategien** wurden von der Literaturvorlage (Ansoff 1966) übernommen, obwohl sie für die Felder (2) und (3) nicht sehr treffgenau zu sein scheinen: Schließlich geht es in beiden Fällen um den Eintritt in für das Unternehmen neuartige Märkte bzw. Marktsegmente – zum einen bei güterbezogener, zum anderen bei nachfragerbezogener Markt(segment)betrachtung. Deshalb scheint für die Strategietypen der Felder (2) und (3) die Bezeichnung „Markterschließung" treffender zu sein; da der Diversifikationsbegriff mittlerweile – infolge saloppen Sprachgebrauchs – ebenfalls an Bezeichnungsschärfe verloren hat, mag die Bezeichnung Markterschließung auch für Feld (4) gelten.

Mit den vier Bewegungsrichtungen wird jeweils ein bestimmtes **zeitliches Verhaltensmuster** angesprochen. Ergänzend kann zur Charakterisierung von Strategietypen, die eine Priorisierung zu bearbeitender Märkte betreffen, auch daran angeknüpft werden, wie bei der Priorisierung die in den Märkten anzutreffende **Konkurrenz** berücksichtigt wird. Bei der Akzentuierung von Arbeitsgebieten eines Unternehmens kann z.B. die **Konfrontation** mit der Konkurrenz gesucht werden: In diesem Fall entscheidet man sich für genau dieselben Schwerpunkte, die auch wichtige Wettbewerber im Rahmen ihrer Strategie gewählt haben. Ande-

Übersicht 4-4: Marktstrategische Stoßrichtungen bei gleichzeitiger Betrachtung angebots- und nachfragerbezogener Marktbearbeitung (in Anlehnung an Ansoff 1966)

Käufersegmente Produkte; Produktgruppen	vom Unternehmen bislang bearbeitet	vom Unternehmen bislang nicht bearbeitet
vom Unternehmen bislang geführt	(1) „Marktdurchdringung"	(2) „Marktentwicklung" (Erschließung für das Unternehmen neuartiger Käufersegmente)
vom Unternehmen bislang nicht geführt	(3) „Produktentwicklung" (Erschließung für das Unternehmen neuartiger Gütersegmente)	(4) „Diversifikation"

renfalls kann vom **Ausweichen** als Strategietyp gesprochen werden. Hierbei wird versucht, sich in Marktsegmenten zu betätigen, die nicht schon deutlich von Wettbewerbern besetzt sind.

Werden zur Kennzeichnung von Strategietypen bezüglich der Priorisierung zu bedienender Märkte nicht nur entweder das verfolgte zeitliche Verhaltensmuster isoliert (wie mit den Strategietypen der Übersicht 4-4) oder der Konkurrenzbezug im eigenen Verhaltensmuster isoliert betont, lassen sich wie in Übersicht 4-5 alle bislang erwähnten Strategietypen in eine Gesamtschau bringen. Gleichzeitig werden Strategietypen erkennbar, in denen beide Klassifikationskriterien gemeinsam die Typisierung ausmachen; es handelt sich um sog. Markteintrittsstrategien (auch „Markteintrittstiming-Strategien" genannt): Ein Anbieter („Folger"), der bewusst beim Eintritt in einen neuen Markt dem Wettbewerber („Pionier") den Vortritt lässt, verfolgt die **Strategie des verzögerten Markteintritts.** Der Pionieranbieter übernimmt dagegen die **Marktöffnung.** Neuere Arbeiten zur Strategiebewertung zeigen, dass es keinesfalls generell vorteilhaft ist, den Pionier zu spielen. Vielmehr bietet die Strategie des verzögerten Markteintritts (Folgerstrategie) die Möglichkeit, aus Fehlern des Pioniers zu lernen und ein schon „aufbereitetes" Käuferpotential mit relativ geringen Anstrengungen für sich zu gewinnen.

Beispiel:

● Im Markt der **Autoreparaturlacke** war das Unternehmen **Glasurit** zum Zeitpunkt der Einführung wasserlöslicher Lacke Marktführer in Deutschland, be-

Übersicht 4-5: Bezeichnungen für Marketing-Strategietypen unter Bezugnahme auf die angebots- bzw. nachfragerbezogene Marktbearbeitung

Zeitbezug im Verhaltensmuster / Konkurrenzbezug im Verhaltensmuster	nicht erkennbar	ausdrücklich betont
nicht erkennbar	● Selektive versus breite Marktabdeckung	● Marktdurchdringung ● Markterschließung ● Diversifikation ● Rückzug
ausdrücklich betont	● Konfrontation versus Ausweichen	● Marktöffnung versus verzögerter Markteintritt

zogen auf die konventionelle Lacktechnologie. Obwohl das Unternehmen ICI in der Wasserlacktechnologie die Pionierrolle übernahm, setzte Glasurit noch ein Jahr lang seine Tests dieser Technologie fort, ohne im Markt aktiv zu werden. ICI ist es dem Vernehmen nach seinerzeit nicht gelungen, als Pionier nennenswerte Marktanteile zu gewinnen. Die Kunden warteten erst das „Startsignal" des Marktführers ab.

4.1.2 Die Priorisierung einzuschaltender Händler(segmente)

Die mit Priorität betriebene Bearbeitung gewisser Nachfragersegmente (= Entscheidung über Abnehmerschwerpunkte) betrifft aus der Herstellerperspektive auch die Handelsstufe im Markt. Jeder Hersteller, der sich grundsätzlich gewisser Absatzmittler, insbesondere des Groß- und/oder Einzelhandels als Vertriebspartnern bedienen will, hat sich dabei für die einzubindenden Absatzmittlersegmente zu entscheiden. Die damit erfolgende Auswahl wird in Theorie und Praxis als **Wahl der Absatzkanäle** (synonym: **Absatzwegewahl**, **Wahl der Vertriebswege**) bezeichnet.

Beispiele:

- **CD-ROM-Hersteller** müssen entscheiden, ob ihre Produkte über Computershops, über den Bürofachhandel, über Warenhäuser, über den Elektronik-Fachhandel oder andere Handelssegmente vertrieben werden sollen. Auch eine spezielle Kombination mit Bedacht gewählter Absatzkanäle dieser Art mag als zweckmäßige Strategie erscheinen.
- **Speiseeis-Hersteller** werden bemüht sein, ihre „Impuls-Produkte" über möglichst viele Absatzkanäle an die Konsumenten heranzutragen. In Betracht kommen Vertriebswege wie der Lebensmittelhandel, Kioske, Gaststätten, Cafés und Konditoreien, Kinos, Tankstellen u. v. a.
- **Automobilersatzteile** werden von markenunabhängigen Kfz-Teileherstellern über den Kfz-Teile- und Zubehör-Großhandel an Warenhäuser, an Tankstellen, an den Kfz-Teile- und Zubehör-Einzelhandel, an Spezialwerkstätten, an Freie Kfz-Werkstätten und an OEM-Vertragshändler (OEM = Original Equipment Manufacturer) und deren Werkstätten vertrieben. Von hier gelangen die Produkte an die Autobesitzer.

Übersicht 4-6 gibt zum diesbezüglichen Selektionsproblem einen detaillierenden Überblick. Die jeweilige Absatzkanalstruktur für die Produkte eines Herstellers ergibt sich als Folge vertikaler und horizontaler Auswahlentscheidungen zwischen unterschiedlichen Handelssegmenten bzw. einzelnen Handelsunternehmen.

Mit der **vertikalen Selektion** trifft der Hersteller eine Auswahl zwischen den Nachfragerstufen im Markt. Hierbei wird entschieden, ob die Güter Großhänd-

Übersicht 4-6: Absatzmittlerselektion als Bestandteil einer Marketing-Strategie (in Anlehnung an Ahlert 1981, S. 50)

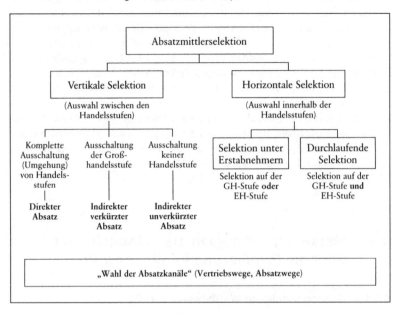

lern, Einzelhändlern oder direkt den Verwendern angeboten werden sollen. Mit dieser Entscheidung wird die Länge des Absatzkanals festgelegt. Bei der **horizontalen Selektion** bestimmt der Hersteller dagegen innerhalb der einzelnen Nachfragerstufen seine Abnehmerzielgruppen. Diese Entscheidung erscheint auf den ersten Blick nur für die Stufe der Erstabnehmer (z.B. Großhändler) durchsetzbar zu sein. Es besteht aber dennoch die Möglichkeit einer durchlaufenden Selektion, d.h. einer Auswahl unter den Kunden der Erstabnehmer. In diesem Fall bedarf es eines Systems von Vorschriften und Verpflichtungen für die einbezogenen Absatzmittler, welche deren Zielgruppenwahl und somit deren strategischen Spielraum einschränken.

Vor diesem Hintergrund haben sich zur Kennzeichnung spezieller **Strategietypen** die Bezeichnungen „Universalvertrieb", „Selektivvertrieb" und „Exklusivvertrieb" eingebürgert:

– Von **Universalvertrieb** wird gesprochen, wenn die Strategie der **breiten Marktabdeckung** auf den Handelsstufen verfolgt wird. Der Hersteller sieht von einer einengenden handelsgerichteten Zielgruppenwahl ab und strebt eine möglichst breite Distribution an.

- **Selektivvertrieb** liegt vor, wenn vom Hersteller eine **selektive Marktabdeckung** auf den Handelsstufen angestrebt wird. Es werden nach qualitativen Gesichtspunkten spezielle Handelssegmente ausgewählt, die als Anbieter der Herstellerprodukte fungieren sollen. Als Segmentierungskriterien spielen dabei die Geschäftsgrößen, das Vorhandensein von Kundendiensteinrichtungen bzw. die Übernahme sonstiger Services eine große Rolle. Es ergibt sich bei dieser Strategie eine geringe Absatzkanalbreite. Selektionsentscheidungen dieser Art sind natürlich hinsichtlich ihrer wettbewerbsrechtlichen Zulässigkeit sorgfältig zu prüfen.

- Der **Exklusivvertrieb** ist als Sonderfall des Selektivvertriebs zu verstehen, bei dem zur qualitativen Segmentauswahl eine quantitative Handelspartnerauswahl innerhalb einzelner Segmente hinzutritt. Dabei erhält z.B. innerhalb einer geographischen Region ein Händler das Alleinvertriebsrecht.

4.2 Marketing-Strategien als Entscheidungen über die Profilierung im Wettbewerb

4.2.1 Quellen möglicher Wettbewerbsvorteile

Die mittlere Säule in Übersicht 4-1 deutet darauf hin, dass zu einer Marketing-Strategie eines Unternehmens oder eines seiner Bereiche mehr als lediglich die absichtsvoll priorisierende Bearbeitung gewisser Märkte oder Marktsegmente gehört. Eine Marketing-Strategie legt auch fest, welche Art von **Wettbewerbsvorteilen** ein Unternehmen aufbauen und ausbauen will, um darauf gestützt seine Existenz und Überlebensfähigkeit zu gründen bzw. abzusichern. Unternehmen schöpfen Wettbewerbsvorteile grundsätzlich aus zwei verschiedenen Quellen: Aus selbst geschaffenen bzw. erworbenen Fähigkeiten und Ressourcen und/oder aus dem selbst erarbeiteten Goodwill im Kundenurteil (vgl. Übersicht 4-7). Für einen erreichten bzw. erreichbaren Goodwill im Kundenurteil zwingend erforderlich sind besondere **Fähigkeiten und Ressourcen** des Unternehmens, die bei Wettbewerbern schwächer ausgeprägt sind und von diesen auch nicht ohne weiteres eingeholt werden können. Übersicht 4-8 bietet hierzu eine exemplarische Auswahl an solchen Faktoren. Ein **Goodwill im Kundenurteil** (= „akquisitorisches Potential") liegt vor, wenn dem Unternehmen im Markt seitens der Nachfrager – seien es aktuelle oder potentielle Kunden – im Vergleich zu Konkurrenten gewisse nutzenstiftende Leistungskriterien überdurchschnittlich positiv zugeordnet werden, welche für die Präferenz der Nachfrager ausschlaggebend sind. In Übersicht 4-8 werden auch hierzu Faktoren beispielartig aufgelistet.

Übersicht 4-7: Quellen möglicher Wettbewerbsvorteile (1)

Wettbewerbsvorteile/-nachteile liegen in

▼   ▼

| Stärken/Schwächen in **Fähigkeiten/Ressourcen** | Stärken/Schwächen im **Kundenurteil** |

Das Unternehmen verfügt (nicht) über interne **Fähigkeiten/Ressourcen,** die es zum erfolgreichen Konkurrieren **befähigen.**

Dem Unternehmen werden vom Kunden (nicht) gewisse **Leistungskriterien** überdurchschnittlich positiv zugeordnet, die für seine Lieferantenpräferenz **wichtig** sind.

Übersicht 4-8: Quellen möglicher Wettbewerbsvorteile (2)

| Möglicherweise relevante **Fähigkeiten/Ressourcen:** | Möglicherweise relevante Faktoren für das **Kundenurteil:** |

- Verfahrens-Know-how bezüglich des Arbeitsgebiets
- Patente, Lizenzen
- Hohe Marktkenntnis
- Gute Kontakte zu Kooperationspartnern
- Art der Organisation/ Koordinationsvermögen
- ...

- Problemgerechte Produktleistung für dieses Anwendungsgebiet
- Kurze Lieferzeiten
- Umfassende Beratung
- Günstige Preise
- Hohe Reputation („guter Ruf") bzw. Markenwert
- Jederzeitige Belieferungssicherheit
- ...

107

Sowohl in dem einen wie auch dem anderen „Quellbereich" mögen somit **strategische Erfolgsfaktoren** („Strategische Aktiva") als besondere **Kompetenzen** des Unternehmens liegen. Sowohl erworbener Goodwill im Kundenurteil als auch spezifische Fähigkeiten und Ressourcen befähigen ein Unternehmen dazu, in dessen bisherigen Märkten erfolgreich zu agieren, aber auch dazu, mit Aussicht auf Erfolg in für das Unternehmen neue Märkte einzutreten. Solche Kompetenzen gilt es, durch unternehmerisches Handeln aufzubauen, auszubauen und zu bewahren.

4.2.2 Die Priorisierung anzubietender Leistung-Gegenleistung-Zuschnitte

Will sich ein Unternehmen **Goodwill im Kundenurteil** schaffen, bedarf es eines sorgfältigen Zuschnitts des für die anzustrebenden Transaktionen bzw. Geschäftsbeziehungen zu bietenden Bündels eigener Leistungen und des zu fordernden Bündels an Gegenleistungen der Kunden. Der Zuschnitt muss offensichtlich so gewählt werden, dass den angepeilten Nachfragern ein hoher Nettonutzen – im Konkurrenzvergleich sogar ein überlegener Nettonutzen – entsteht. Dabei gilt es, die Bedürfnisse der Nachfrager, aber auch deren Fähigkeiten und Ressourcen, zutreffend einzuschätzen (vgl. das Grundmodell des Austauschs im Markt, Übersicht 1-2).

Unternehmen haben sich somit intensiv mit den Bedürfnissen, Fähigkeiten und Ressourcen ihrer Nachfrager auseinander zu setzen, wenn mittels des angebotenen Leistung-Gegenleistung-Zuschnitts ein Wettbewerbsvorteil geschaffen werden soll. Im Rahmen dieser Auseinandersetzung muss herausgefunden werden, was den angepeilten Nachfragern bei deren Lieferanten-, Marken- und/oder Einkaufsstättenwahl nutzenstiftend wichtig ist; dabei kommen in unterschiedlichen Marktsegmenten sehr unterschiedliche Merkmale in Betracht.

Beispiele:

- Bei der Wahl einer **Fluggesellschaft** richten sich Geschäftsreisende etwa nach der
  - hohen zeitlichen Dichte der Verbindungen,
  - Pünktlichkeit der Flüge,
  - Bequemlichkeit vor, während und nach dem Flug,
  - Freundlichkeit des Boden- und Flugpersonals,
  - Sauberkeit der Maschinen.

- Bei einem **Sonnenschutzmittel** spielen folgende Bedürfnisse für den Verwender eine Rolle:

- Schutz vor Sonnenbrand,
- Erleichterung des Bräunungsprozesses,
- Pflege der Haut,
- angenehmer Geruch,
- bequeme Anwendung (z.B. leichtes Auftragen),
- niedriger Preis.

● Bei einem **Lastkraftwagen** mögen folgende Bedürfnisse wichtig sein:
- Niedriger Anschaffungspreis,
- geringer Kraftstoffverbrauch,
- ausreichende Motorstärke,
- sichere Straßenlage,
- hoher Fahrerhauskomfort,
- große Verkehrssicherheit,
- wenig Fahrgeräusche,
- großzügige Garantieleistungen.

● Kunden eines **Warenhauses** haben Bedürfnisse wie z.B.:
- Übersichtlichkeit des Warenangebots,
- große Auswahl,
- Sauberkeit der Verkaufsräume,
- fachkundige Beratung,
- Freundlichkeit des Personals,
- günstige Preise.

Man kann die genannten Kundenbedürfnisse auch als **Motive**, **Anforderungen**, **Ansprüche**, **Nutzenerwartungen** oder als **Kaufkriterien** interpretieren, an denen potentielle Käufer ihre Wahl ausrichten. Neben produktbezogenen Qualitätsbedürfnissen spielen für die Kaufentscheidung dabei auch Anforderungen eine Rolle, die sich auf das Geschäftsgebaren des Anbieters generell beziehen, wie z.B. Termintreue eines Lieferanten, Kulanz bei Reklamationen, anwendungstechnische Unterstützung oder der generelle Kontaktstil des Anbieters. Dies gilt insbesondere in Industriegütermärkten, in denen mit der Wahl eines Angebots die Entscheidung für einen Lieferanten wesentlich bewusster getroffen wird, als dies etwa im Konsumgüter-Marketing der Fall ist. Dort geht es dem privaten Verwender – insbesondere im Sachgütergeschäft – eher um die Produktleistung.

Jeder Anbieter steht in seinen Arbeitsgebieten vor der Entscheidung, welche Bedürfnisausschnitte der Abnehmer von ihm bevorzugt bedient werden sollen. Aufgrund der Wettbewerbssituation im Markt muss über Prioritäten nachgedacht werden: Jeder Anbieter sollte den von ihm ins Auge gefassten Nachfragern einen Grund geben, bei ihm und nicht bei Wettbewerbern zu kaufen. Deshalb bietet es sich an, auf bestimmte Bedürfnisse bzw. Nutzenerwartungen betont einzugehen, um sich darin zu profilieren. Eine solche Entscheidung wird in Literatur und Praxis als **Positionierung** bezeichnet.

Beispiele:

- Die Marke **NIVEA** ist in den letzten Jahren mit den Nutzenversprechen „Behutsame Pflege", „Wohltuende Feuchtigkeit", „Sanfter Schutz" und „Zärtliche Milde" vermarktet worden.
- Der Erfolg des Handelsunternehmens **Aldi** ist zweifellos auf das Nutzenversprechen „Gute Qualität zu niedrigen Preisen", d.h. „Hoher Nutzen für's Geld" zurückzuführen.
- Der Telekommunikationsanbieter **e-plus** positioniert sich mit „Hervorragende Sprachqualität zum günstigen Preis".
- Das **Biskin-Bratfett** verspricht seinen Verwendern „Ideal zum Braten", „Höchste Qualität", „100% pflanzlich, geschmacksneutral" und „Bestes Bratergebnis".

Ein Angebot zu positionieren bedeutet folglich zu entscheiden,

- welche Art von Kundennutzen den angepeilten Abnehmern angeboten werden soll, bzw.
- wie ein Produkt aus Sicht der Verwender erlebt werden soll.

Mit der Positionierung wird sich ein Anbieter von Industriegütern naturgemäß innerhalb jener Nutzensphären bewegen, welche für die Lieferantenwahl beim professionellen Einkauf maßgebend sein mögen. Im Konsumgüter-Marketing bieten sich neben utilitaristischen Kaufmotivationen der privaten Nachfrager (z.B. Funktionalität eines Produkts, Sicherheitsüberlegungen) nicht selten auch hedonistische Bedürfnisse (wie Spaß, Freude, Vergnügen, Entrückungserlebnisse) zur Positionierung von Produkten bzw. Marken an. Eine „Erlebnisnutzenpositionierung" z.B. zielt dann ab auf „Träume, die die Leute mit dem Produkt verbinden sollen".

Im Rahmen von Positionierungsentscheidungen lassen sich in Bezug auf das Ausmaß und die Art der Priorisierung gewissen Kundennutzens, aber auch bezüglich eines speziellen zeitlichen Verhaltensmusters und/oder eines speziellen Konkurrenzbezugs im Verhaltensmuster vielfältige **Strategietypen** als Optionen einer zu verfolgenden Positionierung unterscheiden.

Betont man bei der Unterscheidung solcher Strategietypen das **Ausmaß an Priorisierung** gewissen Kundennutzens, führt dies z.B. zur Trennung zwischen **konzentrierter Positionierung** als einer sehr „zugespitzten" Positionierung (auf nur ein einziges Nutzenmerkmal wird abgehoben) und **Universalpositionierung**. Hiermit ist der Versuch gemeint, sich als „Alleskönner" zu empfehlen, d.h. in vielen nutzenstiftenden Eigenschaften als gleichermaßen stark aufzutreten. Letzteres ist wenig wirksam, wenn Wettbewerber mit konzentrierter Positionierung arbeiten: Der Universalist gilt häufig dem Spezialisten als unterlegen. Allerdings ist der Erfolg einer Strategie im Einzelfall stets nur vor dem Hintergrund der Bedürfnisstrukturen auf der Nachfragerseite zu diskutieren.

Glaubt man nicht an die Durchschlagskraft der breit angelegten Universalpositionierung, so liegt die Möglichkeit nahe, als Anbieter in einem abgegrenzten Markt mit mehreren Angebotsvarianten (z.B. Marken, Geschäftstypen) konzentrierte Positionierung zu betreiben. Diese **Multi-Marken-Strategie** erlaubt es gegenüber der **Solo-Marken-Strategie**, die gefächerten Bedürfnisse der Nachfrager breit abzudecken, ohne den Universalistenanspruch mit der einzelnen Marke verbinden zu müssen.

Beispiele:

- Im Margarinemarkt ist die **Union Deutsche Lebensmittelwerke GmbH** mit den Marken Rama, Sanella, Flora soft, Du darfst, Becel u.a. vertreten. Dabei wird versucht, die Marken in ihrer Positionierung voneinander abzuheben. Dasselbe gilt für die beiden Speiseöle desselben Unternehmens, Livio und Biskin.
- Einkaufsstätten der **Rewe-Gruppe** firmieren als Supermärkte unter HL, Rewe und Minimal. Die Discountschiene wird unter dem Namen Penny bedient. Im SB-Warenhaussektor heißen die Outlets Toom, Jumbo, Eins A und Globus. Auf diese Weise können die Leistungsprofile dieser verschiedenen „Vertriebsschienen" auf unterschiedliche Bündel von Kundenbedürfnissen ausgerichtet werden.
- Im Markt für Haushaltskleber wurde mit der Marke **UHU** über lange Zeit zweifellos die Universalpositionierung im Rahmen einer Solo-Marken-Strategie verfolgt. Die Marke wurde als „Alleskleber" positioniert. Später ging man allerdings unter der Dachmarke UHU auch zur konzentrierten Positionierung mit einer Multi-Marken-Strategie über. So wurde z.B. bei einzelnen „Untermarken" besondere Klebehärte, rasches Antrocknen oder Einsatzmöglichkeit in Verbindung mit speziellen Materialien hervorgehoben. Somit wurde nicht nur die Positionierung, sondern auch die Sortimentsbreite bei der Marke UHU verändert; denn die Erweiterung spezieller Nutzenversprechen machte den Übergang auf neue Produkttechnologien (z.B. Angebot als Klebestift, andere Rezeptur) erforderlich.

Bei der Betonung der **Art der Bedürfnisausschnitte**, die für die Positionierung gewählt werden, lassen sich z.B. Positionierungen, die auf den **Gebrauchsnutzen** abstellen, von solchen Strategien trennen, in denen der (hedonistische) **Erlebnisnutzen** oder etwa der **Geltungsnutzen** betont wird.

Beispiele:

- Die „Spar-Glühbirne" von **Philips** wird mit dem Anspruch der Langlebigkeit und Sparsamkeit ausgelobt. Hier steht allein der Gebrauchsnutzen im Vordergrund.

- Sowohl im **Zigarettenmarkt** als auch im Markt vieler **alkoholischer Getränke** lassen sich deutliche erlebnisnutzenbetonende Positionierungen ausmachen. Hier werden den Verwendern Entrückungserlebnisse angeboten, oder es wird ihnen die Zugehörigkeit zu gewissen sozialen Umfeldern versprochen.

Dient ein gewisses **zeitliches Verhaltensmuster** zur Kennzeichnung von Positionierungsstrategien, so gelangt man zu Formen der **Umpositionierung**. Dabei kann es sich z.B. um einen Nutzenanbau handeln. In diesem Fall wird das angebotsspezifische Nutzenversprechen auf zusätzliche Nutzendimensionen – sei es im Bereich des Gebrauchs- oder des Erlebnisnutzens – ausgeweitet. Auch die gegenläufige Bewegung ist denkbar, jedoch seltener zu beobachten.

Beispiele:

- Den meisten **Vollwaschmitteln** wurde in den letzten Jahren das Attribut der Umweltfreundlichkeit hinzugefügt („biologisch abbaubar").

- Die Automarke **Opel** ist im Laufe der Zeit mit den Merkmalen „Dynamik" und „Fortschrittliche Technik" ausgestattet worden. In den 80er-Jahren erfolgte der Anbau des Nutzenmerkmals „umweltfreundlich" („Alle Modelle mit 3-Wege-Kat"; Song: „What a wonderful world").

Übersicht 4-9: Bezeichnungen für Marketing-Strategietypen unter Bezugnahme auf Positionierungsentscheidungen

Zeitbezug im Verhaltensmuster / Konkurrenzbezug im Verhaltensmuster	nicht erkennbar	ausdrücklich betont
nicht erkennbar	• Konzentrierte versus Universalpositionierung • Multi-Marken- versus Solo-Marken-Strategie • Gebrauchsnutzen- versus Erlebnisnutzen-Positionierung	Formen der Umpositionierung: • Nutzenanbau versus -abmagerung als Strategien • Markenaktualisierung (Relaunch)
ausdrücklich betont	• Imitations-versus Abhebungsstrategie	• Imitierende oder abhebende Umpositionierung

Übersicht 4-10: Zusammenhang zwischen Positionierung und Marketing-Mix

Positionierung

= die Entscheidung über
die Art bzw. das Bündel
des anzubietenden
Kundennutzens
für die angepeilten
Abnehmer.

Marketing-Mix

= die Entscheidung
über den aufeinander
abgestimmten Einsatz der
Marketing-Instrumente
und deren relativen Stellenwert bei der Bearbeitung
der angepeilten Abnehmer.

Wird dem Bedürfnis der Nachfrager nach einem modernen, zeitgemäßen, jungen Angebot entsprochen, so erleben Produkte häufig eine Verjüngung. Eine solche Umpositionierung kann als **Aktualisierung** verstanden werden. Insbesondere im Sprachgebrauch der Praxis werden Vorgänge der Umpositionierung als **Relaunch** bezeichnet.

Schließlich lassen sich Typen von Positionierungsstrategien auch unter gedankli-cher **Bezugnahme auf die Positionierung von Konkurrenzangeboten** abgren-zen. So wird von einer **Imitation** gesprochen, wenn sich ein Anbieter mit seinem Angebot an die Positionierung eines Konkurrenten anhängt. Dieses Vorgehen wird auch als **Me-too-Strategie** bezeichnet. Das Gegenstück ist die **Abhebung**: In diesem Fall sucht der Anbieter nach einem eigenständigen Angebotsprofil. Die verschiedenen Strategietypen bei Positionierungsentscheidungen sind zusam-menfassend in Übersicht 4-9 dargestellt.

Die Profilierung im Wettbewerb mittels Schaffung eigenen Goodwill's im Kun-denurteil bedarf nicht nur eines Positionierungskonzepts, sondern auch eines auf dessen Umsetzung gerichteten Handelns im Markt. Die Umsetzung erfolgt mit-tels des **positionierungskonformen Einsatzes der absatzmarktgerichteten Marketing-Instrumente** (= absatzpolitischen Instrumente) durch den Anbieter (vgl. Kapitel 5 dieses Buches). Positionierung und Handeln im Markt sind dabei wechselseitig aufeinander bezogen: Die geplante Positionierung verleiht der Art und Dosierung einzusetzender Instrumente (Marketing-Mix) eine Zielrichtung;

der eingesetzte Marketing-Mix setzt die verfolgte Positionierung mittels konkreter Leistung-Gegenleistung-Zuschnitte und deren Kommunikation im Markt um (siehe Übersicht 4-10).

Die strategische Profilierung im Wettbewerb weist somit nicht nur eine Ziel- sondern auch eine deutliche Handlungsorientierung auf. Auch unter Bezugnahme auf das (positionierungskonforme) Handeln im Markt lassen sich unterschiedliche **Strategietypen** ausmachen. Die Art der Priorisierung gewisser Instrumente und Aktivitäten im Marketing-Mix führt z.b. zur Unterscheidung zwischen **qualitäts-, service-, preis-** und **werbedominanten Strategien**. Je nachdem, in welche Richtung das Schwergewicht der Beeinflussungsanstrengungen entfällt, ergibt sich der jeweilige Strategietyp.

Beispiele:

- In vielen **Chemiemärkten** spielt auf der Verwenderseite das Bedürfnis nach Beratung und anwendungstechnischer Unterstützung eine große Rolle. Aus diesem Grunde werden seitens einiger Anbieter viele Geldmittel eingesetzt, um den entsprechenden Service bieten zu können. Hier wird **servicedominant** gearbeitet. In anderen Chemiemärkten geht es den Verwendern allerdings überwiegend um günstige Preise, da Produkte sich hier in ihrer Technologie und somit Leistungsfähigkeit kaum unterscheiden (z.B. Lösemittel, Weichmacher, Schwefelsäure) und flankierende Services nicht benötigt werden. In solchen Fällen wird **preisdominant** vorzugehen sein, wenn dauerhafte Marktpräsenz beabsichtigt ist.
- Mit Blick auf die hohen Werbeinvestitionen im **Süßwarenmarkt** lässt sich bei vielen Anbietern auf der Herstellerstufe ein **werbedominantes** Marketing registrieren.

Aus dem Blickwinkel eines Herstellers, der den Handel in seinen Vertrieb einschaltet, stellt sich eine weitere Fragestellung bezüglich des Schwergewichts seiner Beeinflussungsanstrengungen im Markt: Sollen seine Kräfte vorrangig auf die Bearbeitung der Verwenderstufe („Pull-Strategie") oder vorrangig auf die Bearbeitung der Handelsstufe („Push-Strategie") konzentriert werden? Die **Pull-Strategie** soll die Absatzmittler veranlassen, die Produkte des Herstellers im Sortiment zu führen, um dem „Nachfragesog" der Verwender gerecht zu werden. Die **Push-Strategie** dagegen besteht darin, den Händlern Anreize zu bieten, die Produkte des Herstellers nicht nur zu führen, sondern auch aktiv zu vermarkten.

Werden im Marketing-Mix eines Anbieters das Leistungsniveau (z.B. Produktqualität, Servicequalität) und das vom Lieferanten erwartete Niveau an Gegenleistungen des Kunden (z.B. Preishöhe) gemeinsam betrachtet, lassen sich mit Übersicht 4-11 vereinfachend vier verschiedene Strategietypen voneinander abgrenzen. Drei davon sind im Rahmen der Übersicht selbsterklärend. Mit **Outpa-**

Übersicht 4-11: Alternative Anbieter-Positionierungen

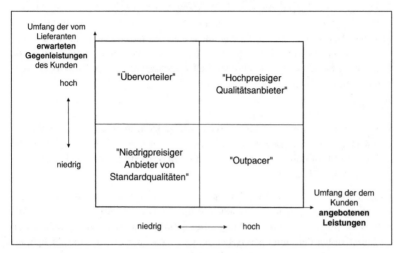

cing wird hier der Umstand bezeichnet, dass es dem Anbieter gelingt, trotz niedriger Preisforderung dennoch ein überragendes Leistungsniveau zu bieten (und damit Wettbewerber zu „überholen").

Wird bei der instrumentell orientierten Typenbildung von Marketing-Strategien der **Zeitbezug im Verhaltensmuster** ausdrücklich betont, so führt dies z. B. zur Unterscheidung zwischen **Trading up** und **Trading down** als Marketing-Strategien. Ausgehend von einem flachen Angebot (z. B. magerer Qualitätsnutzen, geringe Auswahl, wenig Service und niedriger Preis) wird beim Trading up im Laufe der Zeit das Angebot angehoben. Die gegenläufige Bewegung gilt für das Trading down. Diese Bezeichnungen wurden insbesondere im Zusammenhang mit Handelsstrategien eingeführt, um den häufig zu beobachtenden Ablauf einer Bewegungsrichtung im Angebotsverhalten von Einzelhandelsunternehmen zu kennzeichnen.

Beispiel:

● Das Einrichtungshaus **Ikea** hat in den vergangenen Jahren kontinuierliches Trading up betrieben. Neben die relativ einfach ausgestatteten Einrichtungsgegenstände traten im Sortiment zunehmend anspruchsvolle Polstermöbel, edle Lampen, teure Keramik u. a. m.

Auch das **Verhältnis zum Marketing-Mix der Konkurrenz** kann zur Kennzeichnung einer gewählten, eigenen Marketing-Mix-Strategie herangezogen werden. So wird einerseits von **aggressivem Marketing** („Angriffsstrategien"), andererseits von **defensivem Marketing** („Verteidigungsstrategien") gesprochen. Bei aggressivem Marketing wird ein Wettbewerber bewusst mit niedrigen Preisen unterboten, oder es wird von anderen Formen der Kundenabwerbung Gebrauch gemacht. Bei Verteidigungsanstrengungen dagegen bietet man dem Kunden besondere Services, maßgeschneiderte Problemlösungen oder kundenbindende Preise bzw. Konditionen, die ihm den Lieferantenwechsel als unattraktiv erscheinen lassen.

Beispiel:

- Dem Mietwagen-Unternehmen **Sixt** wurde in den frühen Jahren seines Wachstums aggressives Marketing nachgesagt, wobei neben gelungener Werbung die Preispolitik offenbar eine wichtige Rolle im Marketing-Mix spielte („Mercedes zum Golf-Preis").

Gleichzeitig den Zeit- und Konkurrenzbezug im instrumentellen Verhaltensmuster betonen die beiden gegensätzlichen Strategietypen des aktiven und des reaktiven Marketing. Beim **aktiven Marketing** entfaltet der Anbieter ein hohes Maß an Initiative bei der laufenden Neustrukturierung seiner Instrumente. Er operiert als Schrittmacher im Markt. **Reaktives Marketing** dagegen liegt vor, wenn ein Anbieter stets Initiativen von Wettbewerbern abwartet, um dann zögernd zu folgen. Übersicht 4-12 fasst die dargestellten marketing-mix-orientierten Strategietypen in einer Gesamtschau zusammen.

Gewisse Strategietypen lassen sich schließlich herausarbeiten, wenn man die geplante **Priorisierung zu bedienender Märkte bzw. Marktsegmente** (vgl. Abschnitt 4.1.1 dieses Buches) **mit Positionierungs- bzw. Marketing-Mix-Überle-**

Übersicht 4-12: Bezeichnungen für Marketing-Strategietypen unter Bezugnahme auf Ausprägungen und Veränderungen des Marketing-Mix eines Anbieters

Zeitbezug im Verhaltensmuster / Konkurrenzbezug im Verhaltensmuster	nicht erkennbar	ausdrücklich betont
nicht erkennbar	• Qualitätsdominante Strategie • Servicedominante Strategie • Preisdominante Strategie • Werbedominante Strategie	• Trading up versus Trading down
ausdrücklich betont	• Aggressives versus defensives Marketing	• Aktives Marketing versus Reaktives Marketing

Übersicht 4-13: Grundstrategien in der Marktbearbeitung (in Anlehnung an Porter 1992, S. 62 f.)

		Konzentration auf speziellen **Kundennutzen**	
		niedriger Preis ("Preisdominante Strategie")	**hohe Leistung** ("Leistungsdominante Strategie")
Markt-abdeckung	**breit** ("Gewollte Omnipräsenz")	"Preis-Mengen-Strategie" (Preisabhebung vom Wettbewerb: "Billiger")	"Präferenz-Strategie" (Leistungsabhebung vom Wettbewerb: "Besser")
	selektiv ("Nischen-strategie")	"Preisdominante Strategie mit Segmentschwerpunkt(en)"	"Präferenz-Strategie mit Segmentschwerpunkt(en)"

gungen kombiniert. Ein solcher Schritt wird in Übersicht 4-13 vollzogen. Dort werden – stark vereinfachend – zwei verschiedenen Ausprägungen der beabsichtigten Marktabdeckung (breit versus selektiv) zwei unterscheidbare Ausprägungen der beabsichtigten Profilierung im Wettbewerb (preisdominant versus leistungsdominant) gegenübergestellt. Bei der Interpretation von „Marktabdeckung" mag man entweder an eine güterbezogene oder an eine nachfragerbezogene Marktbetrachtung denken. Die leistungsdominante Strategie kann auf utilitaristische Nutzenelemente (z.B. technisch-wirtschaftliche Angebotsvorteile) oder aber auf hedonistische Nutzenelemente (z.B. Erlebnisnutzen, Prestigenutzen) abzielen. Aus dieser gegenüberstellenden Kombination ergeben sich vier verschiedene Strategietypen.

Beispiele:

● Im Lebensmitteleinzelhandel verfolgt das Unternehmen **Aldi** offenbar eine Preis-Mengen-Strategie.

● Veranstalter sog. **Studentenreisen** bieten preisgünstige Reisen für diese Zielgruppe an. Häufig konzentrieren sie sich im Zuge ihrer preisdominanten Strategie auf dieses Segment (Schwerpunktbildung). Andere Reiseveranstalter bieten ganz anderen Zielgruppen (z.B. kaufkräftigen, älteren Menschen mit vielfältigen kulturellen Interessen) ebenfalls Spezialreisen (z.B. sog. Studienreisen) an; hierbei wird – wiederum schwerpunktmäßig – eine leistungsdominante Strategie verfolgt. Die einschlägigen Leistungen korrespondieren dann mit dem Bedürfnis der angepeilten Zielgruppe nach kultureller Bildung; in dieser Hinsicht erfolgt eine Präferenzbildung durch den Reiseveranstalter.

- Mit der Marke **Persil** wird seitens des Unternehmens **Henkel** offenbar keinerlei Einschränkung hinsichtlich der angestrebten Marktabdeckung verbunden. Allerdings wird der Markt leistungs-, nicht preisdominant bearbeitet. Bei dieser Marke steht somit die Präferenz-Strategie als Strategietyp im Vordergrund.
- Das sehr erfolgreiche Unternehmen **Stihl** mied in seinem Motorsägengeschäft offenkundig stets das Niedrigpreissegment. Es versucht, seine starke Marktstellung durch herausragende Leistung zu halten bzw. auszubauen.
- **Lindt + Sprüngli** konzentriert sich in seinen Arbeitsgebieten auf das „obere" Wert- und Preissegment. Es verfolgt eine Präferenz-Strategie mit Segmentschwerpunkten.

Übersicht 4-13 wurde – wie vermerkt – in Anlehnung an eine ähnliche Darstellung von Porter entwickelt. Allerdings verwendet Porter anstelle der Bezeichnung „Präferenz-Strategie" den Ausdruck „Differenzierung". Letzteres vermag im Rahmen der etablierten Marketing-Terminologie, mit der Porter offenbar nicht vertraut war oder die er bewusst negierte, zu Missverständnissen Anlass geben; denn auch der Terminus **differenzierte Marktbearbeitung** ist ein in der Marketing-Fachsprache schon lange (glücklicherweise eindeutig) verwendeter Ausdruck zur Kennzeichnung eines Strategietyps. Er bezieht sich auf die Kombination von Portfolioüberlegungen und Marketing-Mix-Überlegungen: Von differenzierter Marktbearbeitung wird gesprochen, wenn bei der geplanten Bearbeitung mehrerer Güter- oder Nachfragersegmente bewusst ein jeweils unterschiedlich ausgelegter Marketing-Mix auf die verschiedenen Segmente gerichtet wird.

Beispiele:

- Mit den beiden Produkten „**Asbach Uralt**" und „**Asbach Privatbrand**" versucht der betreffende Spirituosenhersteller einerseits das Segment Lebensmittelhandel, andererseits das Segment Gastronomie zu bedienen – in unterschiedlichen Flaschentypen und zu unterschiedlichen Preisen.
- Der Verlag **Gruner & Jahr** führte 1990, speziell auf die Verhältnisse in den neuen Bundesländern zugeschnitten, eine Variante der Zeitschrift „Eltern" ein. Inhalt, Aufmachung und Preis unterschieden sich von dem in den alten Bundesländern angebotenen Objekt.

Das Gegenstück ist die **standardisierte Marktbearbeitung**. Standardisierung liegt vor, wenn mehrere bearbeitete Segmente mit demselben Marketing-Mix angesprochen werden.

Die Wahl zwischen den Extremen der kompletten Differenzierung und Standardisierung spielt nicht nur im Rahmen der oben erwähnten Multi-Marken-Strategie, sondern insbesondere im internationalen Marketing eine große Rolle, da die Nachfragerbedürfnisse in ausgewählten Produktklassen von Land zu Land stark schwanken können. Es liegt auf der Hand, dass bei der Wahl der jeweiligen Strategie Standardisierungsvor- und -nachteile sorgfältig abgewogen werden müssen.

4.2.3 Die Priorisierung des Auf- und Ausbaus erfolgversprechender Fähigkeiten und Ressourcen

Wettbewerbsvorteile beruhen – wie einleitend zu Abschnitt 4.2 bemerkt – nicht nur in geschaffenem Goodwill bei aktuellen oder potentiellen Kunden, sondern auch in unternehmenstypischen Fähigkeiten und Ressourcen. Solche Fähigkeiten und Ressourcen erlauben es, kundennutzenstiftende Leistungen hervorzubringen bzw. die diesbezügliche Leistungsfähigkeit im Konkurrenzumfeld abzusichern.

Der **Begriff der Fähigkeiten** beinhaltet die Befähigung zur Gestaltung und Realisierung von Geschäftsprozessen, Abläufen bzw. Vorgängen im Unternehmen. Fähigkeiten eines Unternehmens betreffen dessen **Prozesskompetenz**. Hierzu zählen etwa

– hoch-qualitative und kostengünstige Fertigungsverfahren,
– Fähigkeiten in der Neuproduktentwicklung (Innovationsfähigkeit),
– Verfahren der Qualitätssicherung in allen Geschäftsprozessen (z.B. Auftragsbearbeitung, Reklamationen, Warenauslieferung),
– Organisationsbedingte Führungsfähigkeiten (z.B. Koordinationsvermögen, Kontrollvermögen, Entscheidungsschnelligkeit),
– Fähigkeit zur offenen, dialogischen Kommunikation im Unternehmen – horizontal wie vertikal,
– Kundensensitivität als die Fähigkeit, Kundenerwartungen zu erkennen und in Serviceprozesse umzusetzen,
– Beherrschung intelligenter Datenauswertungsverfahren (Lernfähigkeit),
– Fähigkeit, sich von etablierten Routinen zu lösen (Anpassungsfähigkeit, Flexibilität),
– Umsetzungsfähigkeit des strategisch als richtig Erkannten.

Beispiele:

● In Franchising-Systemen wie **McDonald's** kommt es auf die Fähigkeit an, in allen Outlets eine gleich hohe Qualität der Kern- und Serviceleistungen zu sichern.
● Dem Unternehmen **Sony** gelang es, in vielen Märkten erfolgreich zu sein, weil es über eine hohe Kompetenz in der Miniaturisierung von Produkten verfügte.

Mit dem **Ressourcen**begriff seien im Unterschied zum Begriff der Fähigkeiten alle vom Unternehmen akkumulierten Bestände an potentiell produktiven Faktoren angesprochen. Sie stehen dem Unternehmen in einer gewissen sachlichen, räumlichen und/oder zeitlichen Strukturierung zur Verfügung. Dabei lassen sich

119

unternehmensinterne und -externe Ressourcen gedanklich trennen. Zu den **unternehmensinternen Ressourcen** gehören etwa

- finanzielle Reserven,
- etablierte Produktionsstandorte mit ihrer qualitativen und quantitativen Kapazität (d.h. mit leistungsfähigen Fertigungsanlagen),
- das Netz distributionslogistischer Stützpunkte (d.h. die räumliche Verteilung einer Anzahl von Zentrallägern, Umschlagplätzen, Auslieferungsdepots u.ä.),
- das Personal auf allen Hierarchieebenen, in seiner qualitativen und quantitativen Kapazität (die Qualifikation des Personals betrifft in diesem Zusammenhang nicht nur fachliche Aspekte, sondern insbesondere die Motivation, das Wir-Gefühl, die Qualitätsbesessenheit bzw. ein gewisser Fanatismus für „Qualität im Detail" aller Personen im Unternehmen),
- das konservierte, zugreifbare Wissen über Märkte und Technologien,
- der Kundenadressbestand.

Beispiele:

- Dem Autovermieter **Hertz** wird dessen Erfolg – zumindest in den USA – dem breiten und dichten Netz von Auslieferungs- und Sammelstellen, d.h. den vielen distributionspolitischen Stützpunkten, zugeschrieben.
- Für etablierte **Versandhandelsunternehmen**, aber auch für **Versicherungen** und regionale **Energieversorger** ist der Bestand an Kundenadressen eine der wertvollsten Ressourcen, welche es erlaubt, Wiederkäufe anzuregen oder in Zusatzgeschäftsfelder einzusteigen (sog. Cross-Selling-Chancen).
- Der **Marriott-Hotelkette**, die von Geschäftsleuten immer wieder beste Noten bekommt, wird nachgesagt, dass ihr Erfolg darauf beruht, dass alle Mitarbeiterinnen und Mitarbeiter ihre Aufgaben mit einem „fanatischen Auge für das Detail" wahrnähmen.

Als **unternehmensexterne Ressourcen** können Kooperationsnetzwerke gelten, die ein Unternehmen zur Verstärkung eigener Kompetenzen gebildet hat. Hier ist sowohl an horizontale Kooperationen zwischen Herstellern (z.B. Vertriebskooperationen) zu denken, als auch an vertikale Kooperationen zwischen Herstellern und Händlern (z.B. Vertragshändlersysteme) oder zwischen Herstellern bzw. Händlern und Serviceanbietern im Markt. Die sog. Strategischen Allianzen zwischen Unternehmen, die unterschiedliche Märkte bedienen (z.B. zwischen einem Luftverkehrsunternehmen und einem Autovermieter oder einem Kreditinstitut und einer Bausparkasse), werden mit der Absicht der Ressourcenverstärkung eingegangen.

Beispiele:

- **Werbeagenturen** sind nur dann auf internationaler Ebene wettbewerbsfähig, wenn sie ihren international agierenden Auftraggebern ein eigenes internationales Netz zur Seite stellen können. Ähnliches gilt für **Marktforschungsun-**

ternehmen, wenn länderübergreifende Marktstudien (z.B. Befragungen) durchzuführen sind. Kooperationen bieten hier einen häufig genutzten Lösungsweg.

Fähigkeiten und Ressourcen eines Unternehmens bieten folglich das **Potential**, im Wettbewerb einen unternehmensspezifischen Kundennutzen zu bieten. Die Kunden sind vorrangig am entstehenden Kundennutzen interessiert – weniger stark an den dafür maßgebenden Fähigkeiten und Ressourcen des Anbieters, die sie auch gar nicht immer erkennen können. Allerdings ist z.b. an dem im Business-to-Business-Marketing mittlerweile verbreiteten Qualitätsauditing eines Lieferanten durch den Kunden zu erkennen, dass Kunden durchaus Wert darauf legen mögen, sich ein Bild von den Fähigkeiten eines Lieferanten zu machen.

An der aufgeführten Palette an Fähigkeiten und Ressourcen wird erkennbar, dass die Wettbewerbsfähigkeit eines Unternehmens nicht allein durch das Marketing als Unternehmensfunktion sichergestellt werden kann. Vielmehr ist im Zusammenhang mit der strategischen Komponente der Fähigkeiten und Ressourcen das Marketing als marktorientierte Unternehmensführung gefordert. Marketing-Strategien sind dabei konzeptionell kaum noch von Unternehmensstrategien zu trennen.

Wettbewerbsvorteile – gleich, ob als Goodwill im Kundenurteil oder als spezifische Fähigkeiten und Ressourcen – unterliegen der Wettbewerbsdynamik. Übersicht 4-14 veranschaulicht dies mittels eines Kreislaufs. Ausgehend von den

Übersicht 4-14: Dynamik der möglichen Profilierung im Wettbewerb (in Anlehnung an Day 1998)

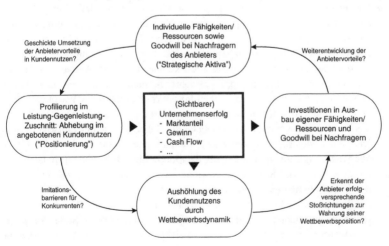

„Strategischen Aktiva" gelingt es dem Unternehmen zu einem gewissen Zeitpunkt, sich mit einer ausgewählten Positionierung im Kundenurteil zu profilieren. Dieser Erfolg lässt erfahrungsgemäß die Konkurrenten nicht ruhen: Es wird sowohl von etablierten Konkurrenten als auch von neu in den Markt bzw. das Marktsegment eintretenden Konkurrenten versucht, das erfolgreiche Profil zu imitieren oder zu untergraben. Dann bedarf es eines Ausbaus vorhandener Fähigkeiten und Ressourcen des betrachteten Unternehmens, um die eigene Wettbewerbsposition zu halten, sofern nicht Imitations- und/oder Markteintrittsbarrieren eine natürliche Verteidigungslinie bilden. Der bisherige Erfolg des Unternehmens müsste mit dessen ökonomischen Resultaten (wie Gewinnerzielung und Generierung von Cash Flow) dem Unternehmen immerhin die Möglichkeit bieten, die u.U. erforderlichen Investitionen in die Weiterentwicklung erreichter Wettbewerbsvorteile zu finanzieren.

Beispiele:

- Das Unternehmen **Icontrol Media,** welches in Deutschland zunächst eine Alleinstellung auf dem Gebiet der TV-Werbemitteldokumentation besaß, musste mangels weiterer Wettbewerbsfähigkeit seine Geschäfte einstellen. Der Konkurrent Nielsen S+P, ebenfalls ein Unternehmen der Werbestatistik, entwickelte ein Verfahren, bei welchem TV-Spots audiotechnisch erfasst wurden; dieses Verfahren war dem von Icontrol Media praktizierten, visuellen Erfassen von TV-Spots überlegen (Effizienzvorteil). Hier wurde offenkundig der von Icontrol Media gebotene Kundennutzen durch ein preiswerteres, substitutives Verfahren des Konkurrenten ohne Qualitätseinbuße „ausgehöhlt". Dem angegriffenen Unternehmen gelang es nicht, irgendeine Stoßrichtung zur Wahrung seiner Wettbewerbsposition zu identifizieren.
- Die Erfolgsstrategie des amerikanischen Unternehmens **Dell Computer** bestand darin, Personal Computer anstatt über den Handel im Direktvertrieb (Versand) zu vermarkten, gestützt auf Anzeigen in Fachzeitschriften und niedrige Computer-Preise. Schon bald sah sich Dell jedoch mit zahlreichen Wettbewerbern konfrontiert, die über den Preis konkurrierten. Als Antwort darauf betrieb Dell das sog. Trading up: Es gewährte besondere Garantien, richtete eine gebührenfreie Hotline ein, bot einen kostenlosen einjährigen Vor-Ort-Service an und begann mit der auftragsbezogenen Fertigung von PCs. Die Quelle seines Wettbewerbsvorsprungs war jedoch die Beherrschung des Direktvertriebs. Dell war in der Lage, die werktäglich eingehenden 7000 bis 8000 Anrufe zu überwachen und zu analysieren, um detaillierte Einsichten in die Probleme und Anforderungen der Kunden zu gewinnen. Diese Stärke wurde mit Investitionen in Forschung und Entwicklung gekoppelt.
  All dies reichte jedoch für die Bewahrung eines dauerhaften Wettbewerbsvorteils nicht aus, denn preisgünstige PCs wurden von Elektronik-Superstores und von Wettbewerbern wie Compaq und IBM angeboten, die Direktmarketing

einführten und schnellere Lieferungen, längere Garantiezeiten und neuartige Installationsdienste versprachen. In dieser Situation wurde Dell seiner Strategie untreu: Das Unternehmen begann, auch den indirekten Vertrieb über den Einzelhandel zu forcieren. Dies erwies sich als Fehlschlag, da alle Abläufe im Unternehmen darauf nur unzureichend ausgerichtet waren, und der direkte Kontakt zum Verwender als Quelle des Marktwissens verloren ging. Daraufhin wurde beschlossen, den Schwerpunkt wieder auf den Direktvertrieb zu legen. Das Unternehmen investierte in seine Produkte, in das Informationssystem und in seine Logistik, und konnte infolgedessen hochentwickelte Produkte zu wettbewerbsfähigen Preisen anbieten. Belohnt wurde dies durch deutliche Zuwächse in Umsatz und Gewinn (vgl. zu diesem Beispiel Day 1998, S. 68–71).

Offensichtlich kommt es in der auf die Bewahrung von Wettbewerbsvorteilen gerichteten Marketing-Strategie eines Unternehmens darauf an, jene Fähigkeiten und Ressourcen priorisierend auszubauen, die zur Generierung von Kunden-Goodwill innerhalb der schwerpunktmäßig bearbeiteten Märkte bzw. Marktsegmente erforderlich sind. Hieraus ergibt sich auch die Forderung, möglichst solche Kompetenzen aufzubauen, zu verteidigen oder auszubauen, die in einer Mehrzahl von Geschäftsfeldern (Märkten bzw. Marktsegmenten) gleichermaßen ein erfolgreiches Agieren gestatten. Diese werden als **Kernkompetenzen** bezeichnet. Unternehmen, welche über Kernkompetenzen verfügen, können ihr Geschäft deshalb nicht nur in den bereits fokussierten Märkten bzw. Marktsegmenten gut verteidigen, sondern auch in Märkte expandieren, in denen der Erfolg von denselben Kompetenzen abhängt, über welche das Unternehmen offenkundig verfügt.

4.3 Betrachtungsebenen und Zeitbezug bei Strategieentscheidungen

Im vorliegenden Kapitel wurde häufig von einem Unternehmen oder einem seiner Teile (Unternehmensbereiche) ausgegangen, wenn Marketing-Strategieentscheidungen inhaltlich geklärt werden sollten. Aus diesem Blickwinkel kann gefragt werden, ob sich Marketing-Strategien lediglich auf ein Gesamtunternehmen, auf Unternehmensbereiche als größere, relativ selbstständige Geschäftseinheiten oder auf feiner untergliederte Ausschnitte solcher Geschäftseinheiten wie z.B. auf Produktgruppen oder sogar auf einzelne Produkte beziehen können.

In Literatur und Praxis werden dazu unterschiedliche Haltungen eingenommen. Manche Wissenschaftler und Praktiker koppeln den Strategiebegriff an eine relativ hohe Betrachtungsebene bzw. Entscheidungshierarchieebene. Bei einer **hohen Betrachtungsebene** werden Entscheidungen z.B. unter einer umfassenden Betrachtung vieler Produktgruppen oder Produktlinien getroffen. Strategieentscheidungen werden somit begrifflich zu Top-Führungsaufgaben erklärt, da für einen derart großen Betrachtungsumfang lediglich hierarchisch hochstehende Führungskräfte (z.b. Geschäftsleitung, Ressortleitung) zu Entscheidungen im Unternehmen befugt sind. Andere Autoren koppeln den Strategiebegriff auch durchaus an eine relativ **niedrige Betrachtungsebene**. In einem solchen Fall wird z.b. selbst in Verbindung mit nur einem Einzelprodukt noch von einer Marketing-Strategie für dieses Produkt gesprochen. Bei dieser Sichtweise sind selbst weit untergeordnete Instanzen in der Entscheidungshierarchie eines Unternehmens mit Strategieentscheidungen befasst.

Es scheint zweckmäßig zu sein, den Strategiebegriff nicht ausschließlich an eine hohe Betrachtungsebene zu koppeln, sondern einem **Mehrebenengedanken** zu folgen. Dabei wird davon ausgegangen, dass Strategieentscheidungen auf unterschiedlich hohen Betrachtungs- und somit auch auf unterschiedlich hohen Entscheidungshierarchieebenen getroffen werden können und mit einem Übergang auf eine höhere Betrachtungsebene nicht „strategischer" werden. Es geht ja stets um dieselben Entscheidungsinhalte: Um Prioritäten in der beabsichtigten Marktpräsenz sowie um die Profilierung im Wettbewerb, also Entscheidungen, die durch Zielsetzungen und die Richtungen der Ressourcenallokation präzisiert werden. Mit dem Übergang auf höhere Betrachtungsebenen nimmt allerdings deren Komplexität und Bedeutung für das Gesamtunternehmen zu.

Ähnlich verhält es sich mit dem **Zeitbezug von Marketing-Strategien**. Häufig wird mit (Marketing-)Strategien das Merkmal der Langfristigkeit gekoppelt. Es ist jedoch nicht zu verkennen, dass Langfristigkeit ein unscharfer und höchst relativer Begriff ist. Ferner bleibt häufig unklar, ob mit der Langfristigkeit z.b. die Geltungsdauer einer Entscheidung oder deren Bezugszeitraum gemeint ist. Deshalb ist es sinnvoll, den Strategiebegriff nicht an eine irgendwie definierte Fristigkeit zu binden. Marketing-Strategien können vielmehr als Entscheidungen verstanden werden, die sich auf den Ablauf der planbaren Zukunft beziehen. Die Bezugszeit einer Marketing-Strategie kann sich genauso auf die kurze Sicht wie auch auf weiter in der Zukunft liegende Zeitabschnitte erstrecken; denn es wird ja häufig ein Entwicklungspfad geplant, in dem es streng genommen keine zeitlichen „Löcher" geben darf. Die kurzfristigen Strategieinhalte sind zwangsläufig in langfristige Entwicklungsbetrachtungen eingebettet. Der Planungshorizont sollte dabei so weit wie prognostisch möglich in die Zukunft vorgeschoben sein. Dies ist ein generelles Postulat vernünftigen Verhaltens.

4.4 Die Auseinandersetzung der Marketinglehre mit Marketing-Strategien

Die vorstehenden Abschnitte verdeutlichen, dass die Marketinglehre in ihrer Auseinandersetzung mit Marketingstrategien zu einem großen Teil zunächst **definitorisch** und **systematisierend** arbeitet. In aufgearbeiteten Fallstudiendokumentationen finden sich darüber hinaus viele **Beschreibungen** real gewählter Marketing-Strategien. Solche Beschreibungen sind gut geeignet, abstrakt definierte Strategietypen am Beispiel zu illustrieren und/oder den Praktiker anzuregen, über analoge Vorgehensweisen in seinem Markt nachzudenken.

Ein großer Teil der Marketinglehre ist jedoch darauf ausgerichtet, Strategieentscheidungen im praktischen Fall konkreter zu unterstützen. Die **entscheidungsunterstützenden** Beiträge richten sich dabei

- auf die Strukturierung einschlägiger Entscheidungsprozesse im Unternehmen, in deren Verlauf Strategien ersonnen und schließlich gewählt werden,
- auf Schritte der Informationsgewinnung, mit deren Hilfe strategierelevante Einsichten gewonnen werden können,
- auf Schritte der entscheidungsorientierten Informationsauswertung und -darstellung,
- auf Vorgehensweisen bei der Bewertung alternativer Strategien sowie auf unmittelbare Ratschläge zur Wahl spezieller Strategien.

Derartige Entscheidungshilfen werden seitens der Praxis von der Marketinglehre erwartet. Denn in vielen Unternehmen stehen die Verantwortlichen im Rahmen von Portfolioentscheidungen, Positionierungsentscheidungen oder Marketing-Mix-Entscheidungen vor Fragen folgender Art:

- Wie findet man heraus, wovon Nachfrager ihre Wahl eines Angebots (Markenwahl, Lieferantenwahl, Einkaufsstättenwahl) abhängig machen?
- Wie lassen sich Stärken und Schwächen der Wettbewerber, aber auch des eigenen Unternehmens erkennen?
- Wie sind langfristige Erfolgspotentiale in unterschiedlichen Märkten zu erkennen?

Neben darauf abzielenden Hilfen zur Informationsgewinnung bietet die Marketinglehre unterschiedliche Typen von Systematiken bzw. Methoden an, die sich mit der Informationsauswertung und Strategiebewertung befassen. Derartige Hilfestellungen werden in ihrem grundsätzlichen Charakter in Kapitel 6 und 7 angedeutet. Viele Spezialquellen widmen sich dem hier angesprochenen Problemkreis und verstehen sich als entscheidungsunterstützende Beiträge zur Strategieplanung.

Literaturhinweise zu Kapitel 4:

Speziell zu **Strategietypen**:
Becker, J., Marketingkonzeption, 7. Aufl., München 2002
Meyer, P.W./Mattmüller, R. (Hrsg.), Strategische Marketingoptionen, Stuttgart, Berlin, New York 1993
Meffert, H., Strategisches Marketing-Management, 2. Aufl., Wiesbaden 2004

Mit der **Strategieplanung** befassen sich:
Aaker, D.A., Strategic Market Management, 6. Aufl., New York 2001
Abell, D.F./Hammond, J.S., Strategic Market Planning, Englewood Cliffs 1979
Benkenstein, M., Strategisches Marketing. Ein wettbewerbsorientierter Ansatz, 2. Aufl., Stuttgart, Berlin, Köln 2002
Day, G.S., Wettbewerbsvorsprünge wahren. Schaffung und Aufrechterhaltung von Wettbewerbsvorteilen in dynamischen Wettbewerbsumgebungen, in: Day, G.S., Reibstein, D.J (Hrsg.), Wharton zur dynamischen Wettbewerbsstrategie, Düsseldorf, München 1998, S. 67–98
Grüning, R./Kühn, R., Methode der strategischen Planung, 2. Aufl., Bern 2002
Hinterhuber, H.H., Strategische Unternehmensführung, 2 Bände, 6. Aufl., Berlin, New York 1996
Meffert, H., Strategische Unternehmensführung und Marketing, Wiesbaden 1988
Müller, W., Planung von Marketing-Strategien, Frankfurt a. M., Berlin, New York u. a. 1986
Porter, M.E., Wettbewerbsvorteile, 6. Aufl., Frankfurt, New York 1999
Raffée, H./Wiedmann, K.-P. (Hrsg.), Strategisches Marketing, 2. Aufl., Stuttgart 1989
Robens, H., Modell- und methodengestützte Entscheidungshilfen zur Planung von Produkt-Portfoliostrategien, Frankfurt 1986
Rupp, M., Produkt-/Markt-Strategien, 3. Aufl., Zürich 1988

Zu **Positionierungsstrategien**:
Freter, H., Marktsegmentierung, Stuttgart, Berlin, Köln 1983
Mayer, R.U., Produktpositionierung, Köln 1984

Im Text zitierte Quellen:
Ahlert, D., Absatzkanalstrategien des Konsumgüterherstellers auf der Grundlage vertraglicher Vertriebssysteme mit dem Handel, in: Ahlert, D. (Hrsg.), Vertragliche Vertriebssysteme zwischen Industrie und Handel, Wiesbaden 1981
Ansoff, H.I., Managementstrategien, München 1966
Day, G.S., a.a.O.
Der Spiegel, Nr. 17/1984
Porter, M.E., What is Strategy?, in: Harvard Business Review, Nov./Dec. 1996, S. 70

5 Das absatzpolitische Instrumentarium der Unternehmen

5.1 Zum Konzept des absatzpolitischen Instrumentariums und des Marketing-Mix

Der Einsatz absatzpolitischer Instrumente (= absatzmarktgerichteter Marketing-Instrumente) wurde aus Überblicksgründen bereits in Kapitel 2 bei der Behandlung des Marketing als Unternehmensfunktion angesprochen, sowie auch in Kapitel 4, um dort den Gedanken der Profilierung im Wettbewerb mittels konkreten, nachfragergerichteten Beeinflussungshandelns zu verdeutlichen. Im vorliegenden Kapitel gilt es, den **Begriff** Absatzpolitisches Instrument bzw. (absatzgerichtetes) Marketing-Instrument näher zu klären, die Handlungsspielräume freizulegen, die sich beim Einsatz solcher Instrumente jedem Unternehmen eröffnen, sowie auch das Konzept des Marketing-Mix zu erläutern.

Den Terminus **Absatzpolitische Instrumente** führte E. Gutenberg (1955) in die Betriebswirtschaftslehre ein. Damit bezeichnete er die unterschiedlichen Mittel und Möglichkeiten eines Unternehmens, gestaltend („instrumentell") auf die Vorgänge in dessen Absatzmärkten einzuwirken. E. Gutenberg legte sich bei der begrifflichen Präzisierung dessen, was mit einem absatzpolitischen Instrument generell gemeint sei, allerdings wenig fest; vielmehr erläuterte er den Begriff durch Aufzählung und Beschreibung der von ihm unterschiedenen Instrumente, nämlich Absatzmethode, Produktgestaltung, Preispolitik und Werbung. Diese Aufgliederung wurde mit zunehmender Hinwendung zur angloamerikanischen Literatur in der deutschsprachigen Absatz- bzw. Marketinglehre aufgegeben bzw. durch Ergänzungen und geänderte Gruppierungen weiterentwickelt. Der Terminus Absatzpolitische Instrumente wurde dabei durch andere Bezeichnungen, insbesondere durch **Marketing-Instrumente**, abgelöst.

Überraschenderweise führt auch noch heutzutage die Lektüre angloamerikanischer und deutschsprachiger Lehrbücher, in denen das Konzept des Marketing-Instruments auftaucht, zu einem frappierenden Befund: Eine Umschreibung dessen, was mit „Marketing-Instrument" gemeint wird, ist nur andeutungsweise zu erkennen. Allerdings legt eine Inhaltsanalyse solcher Lehrbücher frei, dass den Autoren ein nahezu übereinstimmendes, implizites Begriffsverständnis zugrunde liegt: Marketing-Instrumente repräsentieren offenbar Formen des nachfragergerichteten Beeinflussungshandelns eines Anbieters mit dem Ziel, akquisitorische bzw. präferenzbildende Effekte auszulösen.

Konfrontiert man diese Sichtweise mit dem in diesem Lehrbuch dargelegten austauschtheoretischen Bezugsrahmen (siehe Abschnitt 1.1 dieses Buches), so lässt sich ohne Verlust an Allgemeinheit ein Marketing-Instrument folgendermaßen definieren:

Ein **Marketing-Instrument** repräsentiert eine Form des auf Marktbeteiligte gerichteten Beeinflussungshandelns zur Förderung von Austauschprozessen bzw. dauerhaften Geschäftsbeziehungen.

Ein Marketing-Instrument wird eingesetzt, um sowohl dem Nachfrager als auch dem Anbieter einen Austausch von Leistungen und Gegenleistungen attraktiv werden zu lassen. Die diesbezügliche Beeinflussung erfolgt durch das Angebot eines spezifischen Leistungszuschnitts, durch das Fordern eines spezifischen Gegenleistungszuschnitts sowie die darauf bezogene beeinflussende Kommunikation. Der spezifische Zuschnitt des in Art und Dosierung in einem gewissen Zeitraum gebündelt zum Einsatz gelangenden Instrumentariums eines Unternehmens wird als dessen **Marketing-Mix** bezeichnet.

Im Folgenden wird auf dieser austauschtheoretischen Begriffsgrundlage eine Konzeption des Marketing-Instrumentariums vorgelegt, die die Eigenschaft bietet, mit den enthaltenen, einzelnen Instrumenten auf eine Vielzahl unterschiedlicher Wirtschaftsstufen (Herstellerstufe, Handelsstufe), Wirtschaftssektoren (Konsumgüter, Industriegüter, Dienstleistungen) oder Geschäftstypen (Einmal-Transaktionen, dauerhafte Geschäftsbeziehungen) zu passen. Das heißt, es ist möglich, die kreative Vielfalt des Beeinflussungshandelns in der Marktrealität vollständig und verhältnismäßig überschneidungsfrei in den hier vorgelegten instrumentellen „Setzkasten" einzuordnen, ohne dass jeweils je nach Markttyp ein spezieller Marketing-Instrumentekatalog, etwa je einer für das Konsumgüter-, das Industriegüter- oder das Dienstleistungsmarketing, entwickelt werden müsste. Auf der Grundlage dieses Ansatzes zeigt sich überdies, dass sich – ohne Inhalt und Struktur der Instrumente zu verändern – das Marketing-Instrumentarium infolge der austauschtheoretischen Symmetrie nicht nur als ein absatzpolitisches Instrumentarium, sondern auch als ein beschaffungspolitisches Instrumentarium interpretieren lässt. Davon wird in Kapitel 8 dieses Buches Gebrauch gemacht.

Übersicht 5-1 bietet einen kompakten Überblick über das noch näher zu erläuternde **absatzpolitische Instrumentarium**. Die einbezogenen Instrumente werden in den folgenden Abschnitten einzeln behandelt, wobei allerdings die An-

Übersicht 5-1: Absatzpolitische Instrumente eines Anbieters

Art, Höhe und Zeitpunkt anzubietender **Leistungen des Anbieters**	Art, Höhe und Zeitpunkt erwarteter **Gegenleistungen des Nachfragers**
• Produkt(e) als gestaltete(s) Eigenschaftsbündel	• Entgeltleistung (Preisgestaltung)
• Ergänzende Dienstleistungen (Services)	• Ergänzende Dienstleistungen (Eigenleistungen)
• Einräumung von Rechten/ Übernahme von Pflichten	• Einräumung von Rechten/ Übernahme von Pflichten
• Weitere Leistungen	• Weitere Gegenleistungen

Beeinflussende Kommunikation

bieter- und Nachfragerrolle – je nach Blickwinkel – bei unterschiedlichen Marktbeteiligten liegen mag. Hersteller und Händler können die Anbieterseite, Händler und Verwender die Nachfragerseite verkörpern. Übersicht 5-2 legt vor diesem Hintergrund die zu beachtenden **Träger des absatzpolitischen Instrumenteeinsatzes** sowie dessen mögliche **Ausrichtung auf Marktbeteiligte** frei. Von der typischen Mehrstufigkeit moderner Handelsorganisationen sowie von der denkbaren Einbeziehung sog. Service-Anbieter oder Beeinflusser in den Kreis der Marktbeteiligten wird einfachheitshalber abgesehen.

Der in Übersicht 5-2 gekennzeichnete Fall (a) trifft etwa auf das sog. Direktmarketing bzw. den sog. Direktvertrieb im Konsum-, Industriegüter- oder Dienstleistungsmarketing zu. Während im Rahmen der Fälle (a), (b) oder auch (c) das Business-to-Business-Marketing vorliegen mag, repräsentiert Fall (b) stets das BtoB-Marketing, sei es in Konsum-, Industriegüter- oder Dienstleistungsmärkten. In Konsumgütermärkten mit indirektem Vertrieb des Herstellers bilden dieser und der Händler eine Anbietergemeinschaft gegenüber dem Konsumenten. Dieses bedeutet, dass erst durch das Beeinflussungshandeln beider Anbieter dem nachfragenden Konsumenten (Verwender) ein komplett eingesetztes Marketing-Instrumentarium entgegentritt. Fall (b) beinhaltet das handelsgerichtete Marketing eines Herstellers, gelegentlich auch als Trade Marketing bezeichnet. Fall (c) kennzeichnet das Handelsmarketing, entweder im Konsum- oder im Industriegütermarketing.

Übersicht 5-2: Mögliche Träger und Richtungen des absatzpolitischen Instrumentariums

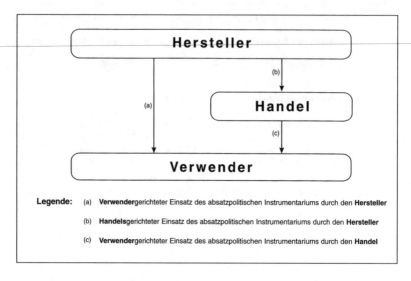

Legende: (a) **Verwender**gerichteter Einsatz des absatzpolitischen Instrumentariums durch den **Hersteller**

(b) **Handels**gerichteter Einsatz des absatzpolitischen Instrumentariums durch den **Hersteller**

(c) **Verwender**gerichteter Einsatz des absatzpolitischen Instrumentariums durch den **Handel**

Die einzelnen absatzpolitischen Instrumente seien unter Berücksichtigung der möglichen Konstellationen (a), (b) und (c) im Folgenden erläutert.

5.2 Zuschnitt anzubietender Leistungen des Anbieters

5.2.1 Produkt(e) als gestaltete(s) Eigenschaftsbündel

Als Kernleistung eines Anbieters ist das dem Nachfrager angebotene Produkt anzusehen; je nach Lage des Falles kann dieses ein Sachgut, eine Dienstleistung (z.B. ein Versicherungsprodukt), eine Information oder ein Recht sein, welches im Mittelpunkt des Tauschinteresses der Beteiligten steht. Ein Sachgut als Tauschobjekt wird hier als das (technisch) gestaltete Wirtschaftsobjekt, d.h. als das „fertige" technische Leistungsbündel, verstanden. Dieses ist gestalterischem Handeln, der **Produktgestaltung**, zugänglich. Bei Dienstleistungen tritt an die Stelle der Gestaltung eines „fertigen" Produktzuschnitts häufig die Gestaltung des Dienstleistungsprozesses, der in hohem Maße durch Interaktivität zwischen Anbieter und Kunde geprägt sein mag.

5.2.1.1 Produktsubstanzgestaltung

Insbesondere bei häufig gekauften, abgepackten Produkten für private Konsumenten ist zwischen Produktsubstanzgestaltung und Verpackungsgestaltung als konsumentengerichteten wie auch als handelsgerichteten Aktivitätsarten innerhalb des hier erörterten Instruments eines Herstellers zu trennen. Mit der **Produktsubstanzgestaltung** wird der Leistungskern des Anbieters in spezifischer Weise auf zu stiftenden Kundennutzen hin ausgerichtet.

Beispiel:

● Bei der Einarbeitung von **Pigmenten** in zu färbende Kunststoffe entsteht – sofern Reinpigmente in Pulverform verwendet werden – ein leidiges Staubproblem beim Kunststoffverarbeiter. Die Auslegung des Produkts als Farbpaste oder Kunststoffpräparation löst das Problem des Kunden.

Der Ausdruck „Substanzgestaltung" wird üblicherweise auf die Gestaltung von Sachgütern bezogen. Sachgüter aller Art (z.B. Lebensmittel, Gebrauchsgegenstände für den Haushalt, Maschinen für die Industrie) können offenbar besonders dann für die Nachfrager zum Kauf in Betracht kommen, wenn materielle Substanz, Arbeitsweise und/oder äußere Erscheinung attraktiv gestaltet sind. Dementsprechend ist als Gegenstand der Produktsubstanzgestaltung die innere und äußere Formung des Produkts durch technische Maßnahmen (physikalische und/oder chemische) sowie durch ästhetische Maßnahmen zu sehen.

Produktsubstanzgestaltung zu betreiben heißt folglich, eine Auswahl über die zu verarbeitenden **Materialarten,** die **konstruktive Auslegung,** die **Verarbeitungsweise,** die **Abmessungen** sowie die verwendete **Rezeptur** oder **chemische Formel** (z.B. bei Lebensmitteln, Arzneimitteln oder chemischen Lösemitteln) zu treffen. Mit den ästhetischen Merkmalen sind ferner Entscheidungen über **Form- und Farbgebung** angesprochen. Die genannten Ansatzpunkte sind als **Handlungsvariablen (= Entscheidungsvariablen)** der Produktsubstanzgestaltung zu interpretieren.

Beispiele:

● Bei **Lebensmitteln** wie etwa Tomatensaft, Fertigbackmischungen oder Joghurt spielt im Rahmen der Substanzgestaltung die jeweilige Rezeptur eine entscheidende Rolle.
● Bei einem maschinell angetriebenen **Rasenmäher** wird die Substanz des Produkts dadurch gestaltet, dass eine Menge unterschiedlicher Materialien gemäß einer speziellen Konstruktion in Verbindung mit einer speziellen Antriebstechnik (Benzin- oder Elektromotor) sowie einer speziellen Form- und Farbgebung miteinander verbunden werden.

Im Laufe der Zeit werden aus Gründen veränderten Problemlösungsbedarfs, des Modewandels oder anderer (z.B. innerbetrieblicher) Wandlungen häufig einzelne oder mehrere Elemente der Produktgestaltung verändert. Diesen Vorgang der Modifizierung der bestehenden Gestaltungsvariante bezeichnet man als **Produktvariation**. Liegen bei einem Produkt gleichzeitig unterschiedliche Gestaltungsvarianten vor, ist dies das Resultat einer **Produktdifferenzierung**.

In der absatzwirtschaftlichen Literatur zur Produkt(substanz)gestaltung findet man zumeist nur spärliche Hinweise auf die hier erörterten Aktionsparameter der Substanzgestaltung (Ausnahme: Koppelmann 1997). Dagegen findet man regelmäßig Ausführungen zur **Produktqualität**. Mit dem Begriff Produktqualität wird in der Regel jedoch auf die **wahrgenommene Leistungsfähigkeit** eines Produkts aus Sicht des Verwenders (subjektive Qualität) oder eines neutralen Qualitätsprüfers (objektive Qualität) abgestellt. Dabei wird die Leistungsfähigkeit eines Produkts entweder unter Rückgriff auf die **objektiv** (mit chemisch-physikalischen Messmethoden) **nachweisbaren** oder die vom Verwender **subjektiv wahrgenommenen Eigenschaften** des Produkts gekennzeichnet. Attribute wie z.B. Haltbarkeit, Sicherheit, Störanfälligkeit, Wertbeständigkeit, lange Lebensdauer, Unempfindlichkeit, leichte Zerlegbarkeit, Strapazierfähigkeit weisen in die Richtung des subjektiven Qualitätsverständnisses. Neben Qualitätsattributen, die den **Gebrauchsnutzen** (Grundnutzen) des Produkts betonen, spielen insbesondere zur Kennzeichnung subjektiver Qualität Attribute eine Rolle, die wie z.B. Eleganz, Formschönheit, Modernität oder Chic offenkundig auf einen **ästhetischen Nutzen** oder einen **Erlebnisnutzen**, **Geltungsnutzen** u.ä. für den Verwender abstellen. Übersicht 5-3 verdeutlicht den Unterschied zwischen Ansatzpunkten der Produktsubstanzgestaltung sowie der objektiven und subjektiven Produktqualität an zwei Beispielen.

Es ist offensichtlich, dass nach vorliegender Begriffsfassung die Produktqualität nicht als Marketing-Instrument einzuordnen ist. Wie aus Anbietersicht Kunden ein gestaltetes Eigenschaftsbündel wahrnehmen und welchen Nutzen sie subjektiv daraus ziehen sollen, ist als **Wirkung** des gestalteten Eigenschaftsbündels nicht Definitionsbestandteil eines Marketing-Instruments, vielmehr Gegenstand des Positionierungkonzepts des Anbieters (Positionierung als Zielsetzung des Anbieters bezüglich zu bietenden Kundennutzens). Die objektive Produktqualität dagegen ist das mittels des produktgestalterischen Handels generierte, technische Eigenschaftsbündel. Dieses wird dem Nachfrager in Aussicht gestellt bzw. präsentiert.

Es mag wegen des eher technischen Aspekts dabei die Frage aufkommen, ob die Gestaltung der Produktsubstanz überhaupt als **Marketing**-Aktivität einzuordnen ist. Bei einer funktionalen Interpretation des Marketing ist diese Frage jedoch eindeutig zu bejahen. Denn zweifellos wird mit Hilfe des Produkts als gestalte-

Übersicht 5-3: Zusammenhang zwischen Produktsubstanzgestaltung und Produktqualität

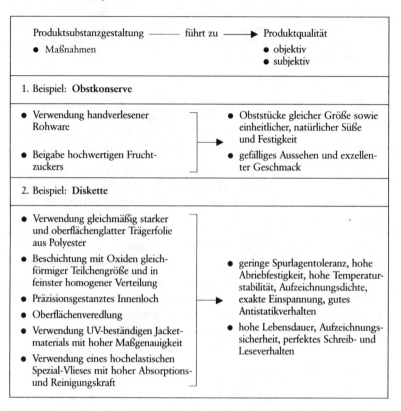

Produktsubstanzgestaltung ——— führt zu ——▶ Produktqualität
- Maßnahmen
                                                 - objektiv
                                                 - subjektiv

1. Beispiel: **Obstkonserve**

- Verwendung handverlesener Rohware
- Beigabe hochwertigen Fruchtzuckers

- Obststücke gleicher Größe sowie einheitlicher, natürlicher Süße und Festigkeit
- gefälliges Aussehen und exzellenter Geschmack

2. Beispiel: **Diskette**

- Verwendung gleichmäßig starker und oberflächenglatter Trägerfolie aus Polyester
- Beschichtung mit Oxiden gleichförmiger Teilchengröße und in feinster homogener Verteilung
- Präzisionsgestanztes Innenloch
- Oberflächenveredlung
- Verwendung UV-beständigen Jacketmaterials mit hoher Maßgenauigkeit
- Verwendung eines hochelastischen Spezial-Vlieses mit hoher Absorptions- und Reinigungskraft

- geringe Spurlagentoleranz, hohe Abriebfestigkeit, hohe Temperaturstabilität, Aufzeichnungsdichte, exakte Einspannung, gutes Antistatikverhalten
- hohe Lebensdauer, Aufzeichnungssicherheit, perfektes Schreib- und Leseverhalten

tem Eigenschaftsbündel das Verhalten von Nachfragern beeinflusst. Ungeachtet dessen kann die betriebliche Funktion „Produktsubstanzgestaltung" organisatorisch ganz oder in Teilen z.B. dem Forschungs- und Entwicklungsressort zugeordnet sein.

Die Substanz anzubietender Produkte zu gestalten ist im Sachgütermarketing die typische Rolle eines Herstellers, nicht dagegen eines Händlers. Eine konzeptionelle Mitwirkung oder sogar Federführung durch **Handelsunternehmen** ist jedoch – wie die Realität zeigt – nicht ungewöhnlich. Dies gilt z.B. für sogenannte **Handelsmarken**, d.h. Eigenmarken des Handels, die unter der Marketing-Führerschaft des Handels kreiert und gestaltet werden.

Greift der Groß- und Einzelhandel bei der sachlichen Zusammensetzung seines Sortiments auf vorhandene **Hersteller**produkte zurück, hat er keine Entscheidungen über die Produktgestaltung zu treffen. In diesem Fall muss er entscheiden, mit welchen Herstellerprodukten (-marken) der Sortimentsrahmen konkret ausgefüllt werden soll, der durch die von ihm gewählte Produktportfolio-Strategie (Sortimentspolitik) vorgegeben wird.

Beispiel:

● Ein **Elektrofachhändler** habe im Rahmen seiner Portfoliostrategie das Führen von Elektrorasierern mit unterschiedlichen Scherkopfausführungen festgelegt; zwei verschiedene Ausführungen sollen im Sortiment vertreten sein. Es bleibt zu entscheiden, welche Herstellermarken jeweils geführt werden sollen.

Die Entscheidung, ein spezielles Herstellerprodukt im Sortiment einer Warengruppe zu führen, wird **Produktlistung** genannt. Der Ausdruck bezeichnet im geläufigen Sprachgebrauch zwar lediglich die Aufnahme eines Produkts in das Bestellformular (den Ordersatz) einer Handelsorganisation, wird hier jedoch im Zuge einer Sinnerweiterung als Kurzbezeichnung für „Auswahl eines Produkts, das im Sortiment geführt werden soll" verwendet. Demgegenüber stellt die Streichung eines Herstellerprodukts aus dem Handelssortiment eine **Auslistung** dar.

Entschließt sich ein Hersteller, neben selbsterstellten Gütern auch fremdproduzierte Ware im Markt anzubieten, so ist die Produktlistung natürlich auch für ihn ein relevanter Entscheidungstatbestand. Da der Hersteller in solchen Fällen faktisch eine Absatzmittlerrolle übernimmt, kann die Produktlistung als typisches Marketing-Instrument von Handelsunternehmen bezeichnet werden.

5.2.1.2 (Ver-)Packungsgestaltung

Viele Produkte, die uns im täglichen Leben begegnen, sind ohne eine äußere **Umhüllung** oder **Verpackung** nicht vorstellbar.

Beispiele:

● Margarine im **Becher**, Bier in der **Flasche**, Motorenöl im **Kanister**, Zahncreme in der **Tube**, Tierfertigfutter in der **Dose**, Senf im **Glas**, Anstrichfarben im **Eimer**, Videocassetten im **Schuber**, Düngemittel oder Zement im Papier- oder Kunststoff**sack**, Industriechemikalien im **Fass**.

Behälter, die als Umhüllungen erforderlich sind, um nichtformfeste Produkte oder Schüttgut in einer standardisierten, spezifischen Mengeneinheit im Markt anbieten zu können, bezeichnet man als **notwendige Verpackungselemente** („Verkaufsverpackungen"). Ferner zählen zur Verpackung solche Behälter, die als Zweitumhüllung die eigentlich bereits verpackte Produktsubstanz noch einmal verpacken, um als zusätzlicher Schutz, Transporthilfe oder Plattform für Kommunikation zu dienen. Sie können als **zusätzliche Verpackungselemente** („Umverpackung") bezeichnet werden.

Beispiele:

- **Faltschachteln** für Lebensmittel, für Zahncremetuben, für Kosmetika oder Arzneimittel; **Kartons** für Haushaltsgeräte oder Getränke.

In vielen Fällen wird mit der Zweitumhüllung auch lediglich eine Bündelung mehrerer **Produkt**einheiten zu einer **Verkauf**seinheit geschaffen. Dies spielt immer dann eine Rolle, wenn dem Nachfrager mehr als nur eine Produkteinheit pro Kaufakt angeboten werden soll.

Beispiele:

- 6er-Kartons oder 12er- bzw. 20er-Kästen bei Getränken; Multi-Packs bei Lebensmitteln, Körperpflegemitteln oder Audiocassetten.

An dieser Stelle ist ein Hinweis auf den Ausdruck „**Packung**" angezeigt. Es erscheint zweckmäßig, damit lediglich auf die Mengendimension einer standardisierten **Produkt**- oder **Verkauf**seinheit Bezug zu nehmen. Dabei können einerseits Verkaufseinheit und Produkteinheit identisch sein, andererseits kann die Verkaufseinheit aber auch aus mehreren Produkteinheiten bestehen.

Beispiele:

- 250 g- oder 500 g-Packungen bei Kaffee; Klein- oder Großpackungen bei Körperpflegemitteln wie Haarshampoo, Sonnenschutzmitteln, Cremes; 10 kg- oder 20 kg-Säcke bei Rasendünger; Dosenbier-6er-Pack; Filzstiftpackungen mit unterschiedlicher Anzahl von Stiften je Packung.

Die Verpackungsgestaltung liegt sowohl in der Hand von Herstellern als auch in der Hand von Händlern:

1. Der **Hersteller** setzt dieses Instrument
   a) handelsgerichtet ein (z.B. ein Karton oder eine Schrumpffolie für den Transport mehrerer Produkt- oder Verkaufseinheiten)
   und
   b) verwendergerichtet ein (z.B. Kleineisenteile in Klarsicht-Kunststoffkästchen; Zahncreme nicht in der Tube, sondern im Dosierspender verpackt).
2. Der **Einzelhändler** setzt dieses Instrument verwendergerichtet ein (z.B. Geschenkverpackung des Buches oder einer Schachtel Pralinen).

Analog zur Gestaltung der Produktsubstanz sind im Rahmen der **Verpackungsgestaltung** Entscheidungen über die zu verarbeitenden **Materialien** (Packstoffe), die **konstruktive Auslegung**, die **Verarbeitungsweise**, die **Abmessungen** sowie die **Form- und Farbgebung** zu treffen. Zusätzlich spielen allerdings auch Entscheidungen über **kennzeichnende Elemente** (Texte, Bilder) eine große Rolle. Objektive oder subjektiv wahrnehmbare **Verpackungsqualitäten** äußern sich in Merkmalen wie z.B. Handlichkeit, Stapelfähigkeit, leichte Wiederverschließbarkeit, bequeme Dosierbarkeit, guter Schutz des Produkts, Displaystärke, Umweltverträglichkeit, gutes Aussehen.

Gelegentlich wird die Verpackung eines Produkts so gestaltet, dass sie ein wieder- bzw. weiterverwendbares Gut darstellt oder Elemente mit Unterhaltungswert enthält.

Beispiele:

- Ein Senfglas ist bewusst als Trinkgefäß, z.B. als Bierkrug, gestaltet.
- Die Kartonrückseite einer Verpackung ist als Ausschneidebilderbogen gestaltet.
- Das Bonbonpapier ist mit Kurzcomics oder Cartoons versehen.

Die Weiterverwendbarkeit stellt den **Zweitnutzen** der Verpackung dar. Er kann entsprechend der Wahrnehmung durch die angesprochenen Käufer zusätzlich präferenzbildende Wirkung ausüben.

5.2.1.3 Markierung, insbesondere Namensgebung

Mit dem Terminus Markierung wird hier die Kennzeichnung eines Produkts sowohl durch einen Namen als auch durch graphische Elemente (z.B. charakteristischer Schriftzug, Verwendung eines Symbols) verstanden. Die **Marke** ist folglich ein Identifizierungselement (insbesondere der Name), unter dem ein Produkt im Markt angeboten wird. Die damit in Verbindung gebrachten Zeichen bzw. Symbole heißen **Markensymbole** bzw. **Markenzeichen** oder **Logos**.

Beispiel:

- Bekannte Markensymbole sind etwa das Lacoste-Krokodil, das Malteser-Kreuz oder der Mercedes-Stern.

Mit „Marke" wird häufig aber auch das komplette markierte Produkt assoziiert. „Marke" und „Markenartikel" sind dann Synonyme. Die namentliche Markierung von Produkten hat sich im Laufe der Zeit auf Hersteller- und Handelsebene sowohl in Konsum- als auch in Industriegütermärkten zunehmend durchgesetzt. Abweichend von diesem generellen Langfristtrend haben sich seit Ende der 70er-Jahre allerdings sog. „No Name-Produkte" (Generics, weiße Marken) im Konsumgüterbereich etabliert. Diese werden lediglich unter ihrer Gattungsbezeichnung (z.B. „Reis", „Mehl", „Vollwaschmittel") angeboten.

Gelegentlich wird im Volksmund aus einem Namen, der für ein spezielles Produkt geschaffen wurde, eine durchgängige Gattungsbezeichnung; man denke an die Marken „Knirps" (Taschenschirm), „Tempo" (Papiertaschentuch), „Perlon" (Kunstfaser) oder „Plexiglas" (Acrylglas). Dieser Vorgang vollzieht sich zumeist in jenen Fällen, in denen das Produkt eine Marktneuheit darstellt und über einen langen Zeitraum einen hohen Marktanteil aufweist.

Bei der Namensgebung stehen Hersteller- und Handelsunternehmen, wie die Praxis zeigt, sehr unterschiedliche Optionen offen. Bei grober Unterteilung zeigen sich folgende Möglichkeiten:

1. Verwendung des originären oder abgekürzten Unternehmensnamens. Solche Namen heißen **Firmenmarken**.
   Beispiele:
   ● Knorr; Veith Pirelli; Mannesmann; BMW; HB; adidas.

2. Verwendung des geläufigen **Sprachvorrats**. Dabei werden Vornamen, Städtenamen, geographische Fachausdrücke oder Wortkombinationen als Marken eingesetzt.
   Beispiele:
   ● Carina; Cortina; Krombacher; Stern; Golf; Champion; Elite; Knirps; Höhensonne; Weisser Riese.

3. Verwendung einer **Wortschöpfung**.
   Beispiele :
   ● Dentagard; Compo; Sanella; VIM.

Da gute Namen Mangelware sind, werden diese häufig gleichzeitig für unterschiedliche Produkte eines Anbieters oder einer Anbieterkooperation verwendet. Die durch diesen einen Namen markierten Produkte gehören zu einer **Markenfamilie**. Der Name fungiert als **Dachmarke**.

Beispiele:

● Unter dem Namen **Cartier** werden z.B. Schmuckwaren, Zigaretten, Schreibgeräte und Parfums angeboten.
● Die üblichen **Körperpflege-Serien** verdeutlichen diesen Sachverhalt genauso wie die **Handelsmarkensortimente**, die von Einzelhandelsunternehmen quer durch verschiedene Warengruppen mit demselben Namen versehen werden.

Die hinter einer solchen Vorgehensweise stehende Absicht (das Marketing-Ziel) des Anbieters ist ein **Imagetransfer**. Die Namensgebung soll hier bewirken, dass Nachfrager mit den unterschiedlichen, unter demselben Namen angebotenen Produkten identische Assoziationen verknüpfen, d.h. das positive Image eines Produkts soll auf ein anderes Produkt desselben Namens übertragen werden.

5.2.2 Ergänzende Dienstleistungen (Services)

Nachfrager werden insbesondere im Sachgütermarketing oft dadurch beeinflusst, dass ihnen neben dem Sachwert als Kernleistung zusätzliche Dienstleistungen angeboten werden. Allerdings ist es gelegentlich schwierig, eine Kernleistung von einer **zusätzlichen** Dienstleistung zu unterscheiden. Der Grund dafür liegt in der immerhin begrenzt möglichen Konservierung von Dienstleistungen im gestalteten Produkt. Besonders schwierig wird die Abgrenzung, wenn die Kernleistung eine Dienstleistung ist.

Beispiele:

- Ein **Geschenkartikel**, den der Händler jedem Kunden als Geschenk verpackt, kann entweder als Kernleistung oder als Kernleistung (Geschenkartikel) plus Service (Geschenkverpackung) des Händlers interpretiert werden.
- Die Hausanlieferung von **Tiefkühlkost** durch entsprechende Heimdienstanbieter kann entweder als Kernleistung oder als Kernleistung (Tiefkühlkost) plus Service (Anlieferung) interpretiert werden.

Eine klare Trennung zwischen Kernleistung und ergänzender Dienstleistung (Service) setzt folglich stets zunächst eine Definition des Kernleistungsumfangs voraus. Erst dann kann überschneidungsfrei von **ergänzenden Serviceleistungen** gesprochen werden.

Unter ergänzenden Dienstleistungen als **Services** wird hier demgemäß die Erbringung und Gestaltung **zusätzlicher**, d.h. die Kernleistung begleitender **Dienstleistungen** verstanden, die den Nachfragern entweder vor oder nach dem Zustandekommen einer Transaktion erbracht werden. Sie spielen als Beeinflussungsinstrument sowohl bei der anbieterseitigen Anbahnung eines Kaufabschlusses als auch nach dem Kaufabschluss eine Rolle. Denn Serviceleistungen, die einem gewonnenen Kunden erbracht werden bzw. wurden, sind geeignet, spätere Transaktionen mit ihm oder mit anderen Nachfragern zu begünstigen.

Diese ergänzenden Services werden in der Marketinglehre auch mit dem Kundendienstbegriff erfasst. Im vorliegenden Buch wird jedoch bewusst nicht mit dem Ausdruck **Kundendienst** zur Bezeichnung eines Marketing-Instruments gearbeitet. Auf diese Weise werden unnötige Auseinandersetzungen mit den Fragen vermieden, ob Kundendienst etwas anderes sei als „Dienst am Kunden" oder ob man von Kundendienst nur dann sprechen dürfe, wenn ergänzende Dienstleistungen **nach** Zustandekommen einer Transaktion erbracht werden.

Gelegentlich wird zwischen **technischem** und **kaufmännischem** Service unterschieden. Versucht man, zwischen beiden Kategorien klar zu trennen, stößt man jedoch schnell auf Abgrenzungsschwierigkeiten. Deshalb wird hier auch auf diese Trennung verzichtet. Statt dessen wird nach Adressaten bzw. Trägern zwischen

verwendergerichteten Services eines Herstellers oder Händlers sowie **absatzmittlergerichteten** Services eines Herstellers getrennt.

In den Übersichten 5-4 und 5-5 sind solche Services beispielartig und keineswegs erschöpfend aufgelistet. Es liegt auf der Hand, dass die Services als Beeinflussungsaktivitäten im Marketing eines **Herstellers** oder **Absatzmittlers** im **Konsum-** oder **Industriegüter**marketing einen unterschiedlichen Stellenwert haben.

Die Interpretation einiger in den Übersichten genannten Leistungen als Services mag – im Vergleich zu anderen Lehrtexten zum Marketing – ungewöhnlich sein. Zu nennen sind dabei extra die Distributionsdienste (Lieferservices) und die Finanzdienstleistungen.

Distributionsdienste (Lieferservices) werden im Allgemeinen dem Marketing-Instrument Marketing-Logistik oder Physische Distribution zugeordnet. Es kann aber kein Zweifel darüber bestehen, dass die hiermit angesprochenen Leistungen eines Anbieters Dienstleistungen „in Reinkultur" sind. Auch der in der Praxis zu-

Übersicht 5-4: Beispiele zu verwendergerichteten Services eines Herstellers oder Händlers

---

- **Beratung / Schulung:**
  - Anwendungstechnische Beratung; Gebrauchsanleitung bzw. technische Dokumentation; Vorträge oder Kundenseminare; Ausarbeitung von Projektvorschlägen oder Kostenvoranschlägen.

- **Erleichterung der Inbetriebnahme:**
  - Übernahme von Zulassungsformalitäten, Zusammenbau von Aggregaten oder Teilen; Anschließung an Versorgungsleitungen; nachträgliche Maßänderung.

- **Wartung / Inspektion / Instandhaltung**

- **Erleichterung erforderlicher Entsorgung:**
  - Rücknahme von Verpackungsmaterial; Einrichtung von Abfallsammelstellen.

- **Erleichterung des Einkaufsvorgangs:**
  - Kaufabschlussmöglichkeit in lokalen Geschäftsstellen; Interessenten- oder Kundenbesuche; Öffnungszeiten; Einkaufsmöglichkeit über das Internet oder andere technische Hilfen; Zurverfügungstellung von Parkraum.

- **Finanzdienstleistungen:**
  - Einräumung von Zahlungszielen bzw. Absatzkrediten; Vermittlung von Finanzierungshilfen; bargeldlose Abwicklung der Zahlung.

- **Distributionsdienste (Lieferservices):**
  - Zustell- oder Abholdienste; Ersatzteiledienst.

Übersicht 5-5: Beispiele zu absatzmittlergerichteten Services eines Herstellers

---

- **Beratung / Schulung:**
  - Ausarbeitung von Präsentationsvorschlägen; Verkaufsschulung; produkttechnische Beratung.

- **Montage / Installation:**
  - Aufbau von Warenträgern im Laden; Installation von Vorführexemplaren.

- **Wartung / Inspektion / Instandhaltung:**
  - Prüfdienste; Wartung von Vorführexemplaren.

- **Erleichterung erforderlicher Entsorgung:**
  - Rücknahme von Verpackungsmaterial oder von Restware.

- **Erleichterung des Bestellvorgangs:**
  - Telefonischer Auftragsdienst „rund um die Uhr"; Auftragsannahme über elektronische Medien.

- **Finanzdienstleistungen:**
  - Einräumung von Zahlungszielen bzw. Absatzkrediten; Vermittlung von Finanzierungshilfen.

- **Distributionsdienste (Lieferservices):**
  - Zustell- oder Abholdienste; Ersatzteiledienst.

- **Übernahme sonstiger betriebswirtschaftlicher Funktionen:**
  - Inventurhilfe; Preisauszeichnung durch Reisende; Auffüllung des Warenbestands im Verkaufsregal.

---

nehmend verbreitete Ausdruck „Lieferservice" weist in diese Richtung. Aus diesem Grunde wird hier der gesamte Komplex der zeitlichen und räumlichen Distribution den ergänzenden Dienstleistungen als Services zugeordnet. Dies führt dazu, dass die Auslieferung verkaufter Güter zu einem zu vereinbarenden Termin und an einen bestimmten Ort (was sonst mit Lieferbedingungen erfasst wird) sowie die Zeiten der Betriebsbereitschaft des Anbieters (z.B. Ladenöffnungszeiten bzw. Zeiten telefonischer Erreichbarkeit) ausnahmslos unter ein und denselben Gattungsbegriff, nämlich „Service" fallen.

Die **Finanzdienstleistungen** werden üblicherweise der Konditionenpolitik oder dem Kontrahierungsmix zugeordnet. Gemäß der hier gewählten Definition von Service ist es jedoch konsequenterweise geboten, die Gewährung oder Vermittlung von Absatzkrediten bzw. die Einräumung von Zahlungszielen den Services zu subsumieren.

Ähnlich wie beim Marketing-Instrument Produktgestaltung auf den ambivalenten Begriff Produktqualität hingewiesen wurde, kann bei der Erörterung der Services zwischen **Servicegestaltung** und **Servicequalität** gedanklich getrennt werden. Servicegestaltung nimmt Bezug auf die Frage nach den erbrachten oder zu erbringenden Serviceleistungen in Art und jeweiliger Intensität. Sie stützt sich auf die Fähigkeiten und Ressourcen des Unternehmens (als „Servicepotentiale") und setzt diese in Serviceprozesse um. Der Begriff der Servicequalität nimmt dagegen auf das vom Kunden wahrnehmbare Ergebnis dieser Aktivitäten Bezug.

Beispiel:

● Zur Erstellung von Distributionsservices unterhält der Anbieter dezentrale Läger, sorgt für Sicherheitsbestände an Fertigprodukten und setzt leistungsfähige Transportmittel ein. Das für den Kunden wahrnehmbare Ergebnis ist dann die **Lieferbereitschaft**, die kurze oder lange **Lieferzeit** oder die **Lieferzuverlässigkeit**. Ganz offensichtlich stellen solche Qualitäten keine Aktivitäten dar, sondern sind deren Konsequenzen.

5.2.3 Einräumung von Rechten/Übernahme von Pflichten

In das Leistungsbündel eines Anbieters fließen häufig weitere Komponenten ein, die als separate Einräumung gewisser Rechte bzw. als eine Übernahme von Pflichten den Austausch für den Nachfrager attraktiv machen sollen. Wird dieses Instrument seitens eines Herstellers oder Händlers **verwendergerichtet** eingesetzt, geht es z.B. um Folgendes:

– Rückgaberecht des Käufers bezüglich nicht benötigter, verfehlt gekaufter oder defekter Ware – unter Erstattung des Kaufpreises;
– Qualitätsgarantien mit entsprechenden Konsequenzen;
– Gefahrentragung während des Auslieferungsvorgangs durch den Anbieter;
– Recht des Kunden auf Zahlung einer Vertragsstrafe durch den Anbieter bei nicht termingerechter Lieferung;
– Mitspracherecht des Kunden in Beiräten oder Aufsichtsräten des Anbieterunternehmens;
– Recht des Kunden, in die Kalkulationsgrundlagen des Lieferanten Einblick zu nehmen;
– Recht des Kunden auf nachträgliche Kaufpreisminderung bzw. Rückgabe, falls der Verkauf der Artikel innerhalb eines begrenzten Zeitraums oder Gebiets bei einem anderen Anbieter günstiger angeboten wird.

Die Beispiele verdeutlichen, dass es sich bei diesem Instrument um weit mehr als die in traditionellen Marketing-Instrumentekatalogen aufgeführten sog. Lieferungs- und Zahlungsbedingungen handeln kann. Im Rahmen der **handelsgerichteten** Einräumung von Rechten bzw. Übernahme von Pflichten durch einen Hersteller spielt darüber hinaus z.B. auch Folgendes eine Rolle:

– Teilhabe des Händlers an Schutzrechten des Herstellers (z. B. Nutzung von Namensrechten);
– Hersteller verpflichtet sich zu exklusiver Belieferung des Händlers innerhalb einer bestimmten Region;
– Hersteller verpflichtet sich, anderen Händlern das Hineinverkaufen in das Verkaufsgebiet eines Händlers zu untersagen und jene entsprechend vertraglich zu binden.

Die letzteren Beispiele lassen erkennen, dass mit diesem Marketing-Instrument insbesondere die sog. **Lieferantenbindungen** in vertraglichen Vertriebssystemen angesprochen werden, die in traditionellen Instrumentekatalogen explizit selten anzutreffen sind. Mit Hilfe solcher Bindungen gelingt es einem Hersteller, die Mitwirkung in dessen Vertriebssystem einem Händler als attraktiv erscheinen zu lassen. Ohne solche Zusicherungen wäre für den Händler eine zufrieden stellende, dauerhafte Geschäftsbeziehung mit dem Hersteller undenkbar.

5.2.4 Weitere Leistungen

Weitere Leistungen eines Anbieters beinhalten Geld- und Sachzuwendungen sowie den Transfer von für den Nachfrager wertvollen Informationen.

Mit **Geld- und Sachzuwendungen** werden Vorgänge angesprochen, die – abgesehen von der einbeziehbaren Bestechung – in vielen Transaktionen gang und gäbe sind. Darunter sind prinzipiell all jene Aktivitäten zu subsumieren, die mit so geläufigen Ausdrücken wie „Zugabe", „Beigaben", „Vergünstigungen", „nützliche Abgaben", „Sonderspesen" oder „Incentives" belegt werden.

Interessanterweise findet man in nur wenigen Quellen zum Marketing einen Hinweis auf diese sehr handfeste Art der Nachfragerbeeinflussung. Das mag damit zusammenhängen, dass in Lehrbüchern „nicht sein kann, was nicht sein darf". Allerdings sind nicht alle Erscheinungsformen dieses Instruments unter rechtlichen Aspekten als bedenklich einzustufen. Viele Maßnahmen dieser Art kollidieren bestenfalls mit moralischen Vorstellungen, die jedoch im Geschäftsleben nicht immer im Vordergrund stehen.

Geld- und/oder Sachzuwendungen können sowohl Instrument eines Herstellers als auch eines Handelsunternehmens sein. Aus der Perspektive eines Herstellers sollen die zugehörigen Maßnahmen als **absatzmittler-** oder **verwendergerichtet** klassifiziert werden. Darüber hinaus lassen sich Zuwendungen danach unterscheiden, ob als Adressat eine **Organisation** (das kaufende Industrie- oder Handelsunternehmen) oder eine **Person** (z. B. der Einkäufer, Betriebsleiter, Verwender) gemeint ist und welche **Art von Verhalten** mit der Zuwendung „belohnt" werden soll.

So können

– **absatzmittlergerichtete** Zuwendungen des Herstellers an ein spezielles **Kauf- oder Marketing-Verhalten**,

– **verwendergerichtete** Zuwendungen des Herstellers oder Händlers insbesondere an ein spezielles **Kaufverhalten**

der Adressaten gekoppelt sein.

Übersicht 5-6 verdeutlicht Beispiele **absatzmittlergerichteter** Zuwendungen unter Berücksichtigung des Grades ihrer Kopplung an ein spezielles Kaufverhalten

Übersicht 5-6: Absatzmittlergerichtete Geld- oder Sachzuwendungen eines Herstellers

Zuwen-dungsanlass \ Adressat	Kunde als	
	Organisation	Person
Weitgehend **gekoppelt** an spezielles – Kaufverhalten – Marketing-Verhalten des Kunden	• Werbekostenzuschuss, Platzierungsvergütung • Listungsvergütung • kostenlose Testware	• Geld- oder Sachgeschenke für anbieterbegünstigendes Verhalten („Schmiergelder")
Weitgehend **abgekoppelt** von speziellem – Kaufverhalten – Marketing-Verhalten des Kunden	• kostenloses Displaymaterial	• Weihnachts- oder Jubiläumsgeschenke • Produktproben • Bewirtung

Übersicht 5-7: Verwendergerichtete Geld- oder Sachzuwendungen eines Herstellers oder Händlers

Zuwen-dungsanlaß \ Adressat	Kunde als	
	Organisation	Person
Weitgehend **gekoppelt** an spezielles – Kaufverhalten des Kunden	• Zugabe von Spezialwerkzeug oder Prüfgeräten • Übernahme der Wechselkosten eines Kunden (bei Lieferanten-Wechsel)	• Gutscheine • Tragetaschen • Zugabe von Spielfiguren/Sammelbildern
Weitgehend **abgekoppelt** von speziellem – Kaufverhalten des Kunden	• kostenlose Aufstellung von Geräten • Mustermaterial	• Produktproben • Ausgabe von Gewinnen bei Preisausschreiben • Weihnachtsgeschenke

(z. B. Vergabe eines Großauftrages) und ein spezielles Marketing-Verhalten (z. B. Aufnahme der Herstellermarke ins Sortiment, Beteiligung an einem Markttest, Sonderplatzierung des Produkts im Laden). Solche Zuwendungen werden im Sprachgebrauch der Praxis der handelsgerichteten **Konditionen**gewährung zugeordnet. Übersicht 5-7 enthält analoge Beispiele zu verwendergerichteten Zuwendungen.

Wie man erkennt, ergibt sich im hier behandelten Marketing-Instrument eine große Bandbreite von Maßnahmemöglichkeiten. Der Handlungsspielraum wird durch die **Wahl des Zuwendungsanlasses** bzw. Wahl der Deklarierung, ferner durch die **Höhe des Zuwendungswertes** sowie durch die **Wertdimension** (Geld- oder Sachwert) als Entscheidungsvariablen geprägt.

Beispiele:

- Insbesondere bei Neueinführungen von Konsumgütern spielt die Verteilung von **Produktproben** (auch: **Musterverteilung, Bemusterung, Sampling**) eine bedeutende Rolle. Probenverteilungen an Verwender können entweder über Einzelhändler in deren Geschäftsräumen oder über spezielle Verteilerorganisationen durchgeführt werden. Oft wird für den Zweck der Probenverteilung eine besondere Packung und Verpackung entwickelt. Produktproben werden gelegentlich anderen Produkten desselben Herstellers beigefügt.

- Der Hersteller der Nuss-Nougatcreme **Nutella** hat lange Zeit mit unterschiedlichen Beigaben gearbeitet. So wurden im Deckel der Verpackung Geduldspiele, Malschablonen, Rubbel-Bilder oder Mini-Comics untergebracht.

- **Autohändler** werden von ihrem Vertragslieferanten gelegentlich durch sog. Incentive-Reisen zu hoher Verkaufsleistung angespornt. Dies ist zumeist eingebettet in einen Verkaufswettbewerb, bei dem z. B. der Verkauf weniger populärer Modelle forciert oder das Leasing-Geschäft angekurbelt werden sollen.

Gelegentlich macht ein Hersteller gegenüber Händlern oder Verwendern sein Leistungsbündel dadurch attraktiver, dass er dem Nachfrager einmalig oder wiederkehrend gewisse **Informationen** weitergibt, wie z. B. Marktstrukturdaten, Informationen zur Technologieentwicklung, Trendperspektiven u.a.m. Im Unterschied zum Marketing-Instrument Beeinflussende Kommunikation (vgl. Abschnitt 5.4) soll bei einem solchen Tun nicht der transferierte Informationsinhalt, sondern lediglich der Transfer als solcher eine Aufnahme oder Fortführung einer Geschäftsbeziehung attraktiv erscheinen lassen.

5.3 Zuschnitt erwarteter Gegenleistungen des Nachfragers

5.3.1 Entgeltleistung (Preisgestaltung)

Als klassischen Bestandteil der Gegenleistungspolitik definiert ein Anbieter das vom Nachfrager im Falle einer Transaktion zu entrichtende Entgelt, den Preis.

Unter der **Preis**gestaltung des Anbieters wird hier die Bemessung desjenigen Gegenwerts verstanden, den der Käufer erbringen muss, um eine in Art und Menge bestimmte Leistung des Anbieters in einem festgelegten Zeitraum zu erwerben. Der zu leistende Gegenwert kann durch seine **Wertdimension** (Geldwert, Sachwert oder Dienstleistung) und durch seine **Höhe** präzisiert werden.

Obwohl die Zeit des Naturaltausches seit langem der Vergangenheit anzugehören scheint, tauchen gerade in neuerer Zeit wieder Relikte dieses Phänomens auf. Es ist zu beobachten, dass Anbieter bereit sind, die Gegenleistung des Käufers zumindest zu einem Teil oder sogar in voller Höhe in der **Sachwertdimension** und nicht in Geld zu bemessen und entgegenzunehmen. Diesen Vorgang findet man bei der **Inzahlungnahme** gebrauchter Gegenstände (z.B. Autos) oder auch bei sog. **Gegengeschäften** (auch **Kompensationsgeschäfte** genannt). Insbesondere in Transaktionen mit Ostblock- oder Entwicklungsländern werden Lieferungen nicht mit Devisen, sondern mit Sachgütern (z.B. Agrarprodukten, Textilien) bezahlt. Die westlichen Industrie- oder Handelsunternehmen können solche Geschäfte über Clearingstellen abwickeln oder selbst mit den erhaltenen Sachgütern handeln.

Beispiele:

- Vor einigen Jahren haben **amerikanische Fluglinien** in großem Stil Flugtickets bargeldlos gegen Anzeigenraum und Fernsehzeit getauscht.
- Die amerikanische **Shell-Oil** ist einmal auf insektentötenden Papierstreifen sitzengeblieben. Die Insektizid-Streifen wurden über einen Mittler gegen Rohzucker aus der Karibik eingetauscht.

Im Rahmen der Preisgestaltung geht es natürlich vorrangig um die **Höhe** des vom Käufer zu leistenden Gegenwertes. Ein Blick in die Realität zeigt, dass bei der Bemessung der Preishöhe oft ein zweistufiges Vorgehen gewählt wird:

1. Bestimmung (oder Aushandlung) eines **Grundpreises**
   Dieser Grundpreis bezieht sich auf eine vom Anbieter zu erbringende Standard-Kernleistung sowie auf ein übliches Ausmaß an Services. Er wird oft als Listenpreis in einer Preisliste festgehalten.

2. Bestimmung (oder Aushandlung) von **Preismodifikationen**

Sie führen als Zuschläge auf den Grundpreis oder Abschläge vom Grundpreis zum Nettopreis für das jeweilige Geschäft.

Zu den **Preisaufschlägen** gehören z.B. Mindermengenzuschläge, Zuschläge für Serviceleistungen, Verzugszinsen im Falle der Überschreitung eines (Standard-) Zahlungszieles. Zu den **Preisnachlässen** gehören z.B. Rabatte, Skontogewährung, Ermäßigung bei nicht in Anspruch genommenen Standard-Services des Anbieters.

Solche Preismodifikationen (auch **Konditionen** genannt) sind an das Vorliegen spezieller Umstände geknüpft; diese Besonderheiten können in Merkmalen des Kunden oder seines Auftrags, in speziellen transaktionsbezogenen Verhaltensweisen des Kunden oder in vom Kunden gewünschten Serviceleistungen des Anbieters begründet sein.

Beispiele:

- **Studentenrabatte** (in Kinos), **Hochschulrabatte** (bei Büromaterial), **Belegschaftsrabatte** (im Einzelhandel), **Rentnerrabatte** (bei der Deutschen Bahn) knüpfen an besondere Merkmale des Käufers an.
- **Mindermengenzuschläge** (in der Stahlindustrie oder chemischen Industrie) knüpfen an Besonderheiten des Auftrags des Kunden an.
- **Bezugspunktrabatte** bzw. **Skontogewährung** knüpfen an das spezielle Verhalten des Kunden bei der Abwicklung der mit einer Transaktion verbundenen Güter- bzw. Geldprozesse an. Sie werden auch als **Logistik-** bzw. **Zahlungskonditionen** bezeichnet.
- **Transportaufschläge** bei Auslieferung der Ware außerhalb des üblichen Auslieferungsgebiets des Anbieters knüpfen an vom Käufer gewünschte Serviceleistungen an.

Wie die Beispiele bereits andeuten, ist in der Praxis die Rabattgewährung besonders ausgefeilt. Bei der **Gestaltung eines Rabattsystems** hat der Anbieter zu entscheiden über

- die **Anlässe**, an deren Vorliegen ein spezieller Rabatt geknüpft wird (z.B. Barzahlungs-, Vorausbestellungs-, Mengenrabatt);
- die **Wertdimension**, in der ein Rabatt gewährt wird (Geldrabatt versus Naturalrabatt);
- den **Zeitpunkt**, zu dem der Kunde in den Genuss des Rabatts kommen soll (z.B. Gewährung bei jedem Auftrag oder Gewährung auf kumulierte Aufträge in Form einer (Jahres-) Rückvergütung);
- die **Höhe** des jeweiligen Rabatts.

Berücksichtigt man diese grundsätzlichen Steuergrößen bei der Rabattgestaltung, so lassen sich in der Realität antreffbare Rabattsysteme bzw. Rabattformen näher kennzeichnen. Besonders weit verbreitet sind abnahmemengenbezogene **Rabattstaffeln**. Dem Käufer wird ein von der Höhe des Auftrags (sortenreine Bestellmenge) abhängiger Preisnachlass (in % oder € pro Mengeneinheit) gewährt.

Ein Rabatt liegt auch vor, wenn dem Käufer gegen Vorlage eines **Coupons** oder gegen Einsendung von Bestandteilen der Produktverpackung eine Vergütung gewährt wird. Auch die sog. **Bonusprogramme** sind Ausprägungen eines Rabattsystems.

Beispiel:

- Durch einen **Audiokassetten**-Hersteller in Holland erfolgte im Rahmen einer Neuprodukteinführung eine 50prozentige Kaufpreis-Rückvergütung gegen Einsendung eines Testurteils des Käufers (auf vorbereitetem Vordruck), des Kassenbons und eines Teils der Verpackung.

Mit dem Marketing-Instrument Preis oder mit der Preisgestaltung wird in der Literatur gelegentlich auch die Art der Kommunikation des Anbieters über seine Preisforderung erfasst. Die Information des (potentiellen) Käufers über den vom Anbieter geforderten Preis mit Hilfe gesonderter Kommunikationsmittel (z.B. Aufkleber, Anhänger, Preisschilder) wird als **Preisauszeichnung** (auch: Auspreisung, Preismarkierung) bezeichnet. Da es bei diesem Vorgang der Kundenbeeinflussung weniger um die zu fordernde Preishöhe als vielmehr um deren kommunikative Übermittlung geht, ist diese Aktivität folgerichtig dem Marketing-Instrument Beeinflussende Kommunikation zuzuordnen.

Beispiel:

- Eine beliebte, jetzt nicht mehr uneingeschränkt erlaubte Taktik des Einzelhandels ist es, frühere, höhere Preise deutlich sichtbar durchzustreichen und ergänzend den neuen, niedrigeren Preis aufzuführen. Diese Taktik der durchgestrichenen Preise hat mit der Bemessung der Preisforderung nicht viel zu tun. Es handelt sich um die Art der **Kommunikation** des Preises auf den dazu eingesetzten **Kommunikationsmitteln**.

Ebenfalls **nicht** als Problem der Preisforderung ist die sog. **Preisbindung der zweiten Hand** bzw. die sog. **unverbindliche Preisempfehlung** einzuordnen. Während es sich bei der Preisempfehlung ebenso wie bei der Preisauszeichnung um eine Kommunikationsaktivität handelt, wird mit einer Preisbindung dem Abnehmer eine Verpflichtung auferlegt. Im Rahmen einer solchen Aktivität, die in der Bundesrepublik Deutschland nur noch in Ausnahmefällen erlaubt ist, wird die Belieferung eines Nachfragers davon abhängig gemacht, ob er schriftlich die Verpflichtung eingeht, die Ware nur zu einem bestimmten Preis weiterzuverkaufen.

Die Preisbindung ist demzufolge eine Abnehmerbindung, die der Anbieter im Rahmen einer Abnehmerselektion seinem Handelspartner auferlegt. Abnehmerbindungen werden im Abschnitt 5.3.3 näher behandelt.

5.3.2 Ergänzende Dienstleistungen (Eigenleistungen)

Bei der Behandlung austauschfördernder Instrumente wird in der Literatur gelegentlich die Tatsache übersehen, dass auch ein Nachfrager im Rahmen einer Transaktion oder Geschäftsbeziehung ergänzende Dienstleistungen gegenüber dem Anbieter in sein Leistungsbündel einbringt, bzw. dass dieses vom Anbieter zur Tauschbedingung gemacht wird. Hierzu zählen im **BtoB-Marketing** etwa Leistungen des Kunden in der gemeinsamen Produktentwicklung und in entsprechenden Markttests, die Selbstabholung der Ware beim Werk des Herstellers oder die Ablieferung von Müll beim Entsorger.

Ähnliches kann auch im **Konsumgütermarketing** eine Rolle spielen (z.B. Abholung eines Neuwagens ab Werk). In der Händler-Verwender-Beziehung wird im Fall der in vielen Märkten bzw. Marktsegmenten selbstverständlich gewordenen Selbstbedienung vom Anbieter stillschweigend davon ausgegangen, dass der Nachfrager diese Leistung in die Transaktion einbringt. Dass die Nachfragerseite bei Einführung der Selbstbedienung (z.B. an Tankstellen, beim Einchecken in Flughäfen, beim Ticketerwerb an Bahnhöfen, in Parkhäusern u.ä.) diese Gegenleistung als Transaktionsbedingung „geräuschlos" akzeptiert, ist wohl darauf zurückzuführen, dass der Nachfrager diese eigene Zusatzleistung subjektiv nicht als Kosten, sondern als Nutzen bewertet (siehe Übersicht 1-1 in Abschnitt 1.1).

5.3.3 Einräumung von Rechten/Übernahme von Pflichten

Die Einwilligung eines Kunden in den Eigentumsvorbehalt des Lieferanten, in ein Lastschriftverfahren zur Abbuchung eines Kaufpreises bzw. wiederkehrend fälliger Zahlungen, oder in die Nutzung persönlicher Daten durch den Lieferanten – all diese Vorgänge belegen die nachfragerseitige Einräumung gewisser Rechte zugunsten eines Anbieters. Die Verpflichtung, eine Bankbürgschaft zu stellen, ist dagegen ein Beispiel für die kundenseitige Übernahme einer separaten Pflicht im Rahmen einer Transaktion bzw. Geschäftsbeziehung. Solche Vorgänge sind – je nach Markt – nicht nur als **absatzmittler**gerichtete Gegenleistungserwartungen eines Herstellers, sondern auch als **verwender**gerichtete Forderungen seitens Herstellern und Händlern anzutreffen.

Darüber hinaus gehen Vereinbarungen, die in der Marktrealität lediglich zwischen Hersteller und Handel relevant sind. Zu denken ist an sog. **Abnehmerbin-**

dungen in vertraglichen Vertriebssystemen. Hier behält sich der Hersteller bzw. eine Systemzentrale (wie im Franchising) gegenüber dem Geschäftspartner gewisse Rechte vor (z. B. Kontrollrechte, Inspektionsrechte) bzw. erlegt ihm gewisse Pflichten auf.

Beispiele:

- Der Händler wird verpflichtet, die bezogene Ware nicht an Dritte (z. B. ins Ausland) weiterzuverkaufen.
- Der Händler wird verpflichtet, Kundendienstleistungen gegenüber den Verwendern zu übernehmen.
- Mit der vertikalen Preisbindung wird der Händler zu einem speziellen Wiederverkaufspreis verpflichtet.

Derartige Gegenleistungsverpflichtungen zu konzipieren und ins Kräftespiel von Angebot und Nachfrage zu bringen, ist genauso als ein absatzpolitisches Instrument eines Anbieters zu betrachten wie etwa die Preisforderung, die ja auch eine Gegenleistung des Nachfragers präzisiert.

Eigenartigerweise fehlt dieses Instrument in vielen traditionellen Systematisierungen absatzpolitischer Instrumente, obwohl der aus solchen Verpflichtungen resultierende Streit immer wieder im Blickfeld der Marketing-Praxis steht: Es geht um die von Absatzmittlern beklagte vermeintliche **Diskriminierung** durch Herstellerunternehmen. Ist nämlich ein Händler nicht bereit oder in der Lage, die jeweiligen Verpflichtungen zu erfüllen, so verweigert ein Hersteller diesem Händler die Belieferung. Ein solcher Vorgang ist natürlich unter rechtlichen Aspekten besonders prekär und muss im Einzelfall geprüft werden. Übersicht 5-8 enthält eine Gliederung der Abnehmerbindungen.

Die mit Abnehmerbindungen verfolgte Absicht des anbietenden Herstellers ist es, das Verhalten des Abnehmers in spezielle Richtungen zu lenken, um langfristig Absatzkontinuität zu erzielen. Es handelt sich einerseits um Absatzbindungen, andererseits um **Bindungen sonstiger Unternehmensfunktionen**. Zu Letzteren gehören Bindungen der Beschaffung des Abnehmers (z. B. Alleinbezugsbindung) oder Bindungen der Finanzierung des Abnehmers.

Besonders interessant erscheinen aus der Marketing-Perspektive die **Absatzbindungen**. Übersicht 5-8 verdeutlicht, dass solche Absatzbindungen einerseits auf den Absatz des belieferten Händlers an weitere Abnehmer und andererseits auf die absatzpolitischen Aktivitäten des Kunden bezogen sein können. Bei den Absatzbindungen, die sich auf den Absatz des belieferten Kunden an weitere Abnehmer beziehen, handelt es sich um **Vertriebsbindungen**. Dabei geht es um Selektionsklauseln für den Weitervertrieb, einschließlich sog. Quer-, Rück- oder Direktlieferungsverbote. Da der belieferte Kunde seinerseits aufgrund dieser Bin-

Übersicht 5-8: Typen von Abnehmerbindungen (in Anlehnung an Ahlert 1981, S. 69)

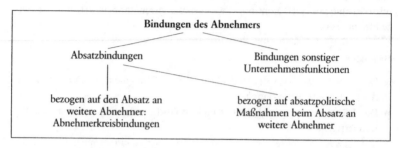

dungen nur an bestimmte Abnehmer weiterveräußern darf, erfährt seine **Marketing-Strategie** eine Einengung.

Bei den Bindungen, die sich auf das absatzpolitische Instrumentarium des belieferten Kunden erstrecken, handelt es sich z.B. um Verpflichtungen zur Durchführung von Werbemaßnahmen, zur speziellen Gestaltung der Verkaufsräume, zur Übernahme von Services, zur Sortimentsgestaltung oder – wie im Falle der vertikalen Preisbindung – um eine Verpflichtung zur spezifischen Preisgestaltung. Diese Bindungen grenzen also den Handlungsspielraum des Kunden bei dessen **Einsatz von Marketing-Instrumenten** ein.

Bindungen sind als Verpflichtungen des Abnehmers zu interpretieren, die von ihm einzuhalten sind, um als Transaktionspartner des Anbieters akzeptiert zu werden. Sie werden in der Regel vertraglich festgelegt (separat oder mit der Transaktion kombiniert). Deshalb rangieren diese Sachverhalte und Überlegungen auch unter dem Stichwort **Vertragliche Vertriebssysteme.** Diese stellen umfassende Vertragsbauwerke dar, in denen Herstellerpflichten und Herstellerrechte, aber insbesondere auch Händlerpflichten und Händlerrechte für den Geschäftsverkehr zwischen den Beteiligten festgehalten werden.

Typische Schlagwörter in diesem Zusammenhang sind z.B. **Vertragshändlersystem, Alleinvertriebssystem** oder **Franchisesystem.** Von Systemen wird gesprochen, weil es sich bei solchen Konstruktionen um Konglomerate von Anbietern im Markt handelt, die durch speziell ausgeprägte Abnehmerbindungen eines Systemführers miteinander kooperativ verbunden sind.

5.3.4 Weitere Gegenleistungen

Über die bereits behandelten Gegenleistungen des Nachfragers hinaus werden gelegentlich vom Nachfrager – z.T. infolge Einforderung durch den Anbieter – weitere Gegenleistungen erbracht, die exemplarisch angesprochen seien. Hierzu gehören etwa das **Erteilen von Referenzen**, die **Weitergabe interessanter Marktinformationen** oder der Information über die Zusammensetzung abgelieferten Mülls sowie ein gewisser Know-how-Transfer. Letzterer erleichtert es dem Anbieter, seine Leistungen auf die besonderen Umstände des Nachfragers zuzuschneiden.

5.4 Beeinflussende Kommunikation

Die Fülle der Möglichkeiten für den Anbieter, den Nachfrager vor, während oder nach einer Transaktion bzw. Geschäftsbeziehung kommunikativ zu beeinflussen, wird hier mit Beeinflussende Kommunikation bezeichnet. Sie macht zusammen mit der auf Informationsgewinnung über die Nachfrager ausgerichteten, erkundenden Kommunikation (z.B. im Rahmen von Befragungen in der Marktforschung) die **Marktkommunikation** des Anbieters aus.

5.4.1 Die Vielfalt der Handlungsmöglichkeiten

Eine fragmentarische, ungeordnete Aufzählung von Handlungsmöglichkeiten der beeinflussenden Kommunikation kann in folgender Liste gesehen werden:

- Persönliche Gespräche, Telefonate, E-Mails
- Anzeigen, Hörfunk- oder Fernsehspots
- Leuchtschriften an Häuserfassaden, in Flughäfen oder Bahnhöfen
- Verkehrsmittelbeschriftungen
- Briefe, Prospekte, Broschüren, Kataloge
- Produktpräsentationen in Schaufenstern, in Geschäftsräumen, bei Messen oder Ausstellungen
- Displaymaterial in Geschäften (z.B. Thekenaufsteller, Poster, Deckenhänger)
- Schaufensteraufkleber, Fensterumrahmungen
- Plakatierung an Litfasssäulen oder anderen Anschlagstellen
- Bandenplakatierung in Sportstadien
- Aufdrucke oder Gravuren auf Werbegeschenken
- Werbefilme, Web-Site im Internet

Das jeweils Typische dieser Kommunikationsaktivitäten liegt in der **Verwendung unterschiedlicher Kommunikationsträger und Kommunikationsmittel**. Allerdings ist es nicht immer einfach, zwischen Kommunikationsträgern und Kommunikationsmitteln zu unterscheiden.

Beispiele:

- Eine gute Unterscheidbarkeit zwischen Kommunikationsträgern und Kommunikationsmitteln ist bei der Anzeigenwerbung, Funk- und Fernsehwerbung, Verkehrsmittelwerbung oder Werbung an Sportlern gegeben. Kommunikationsträger sind dabei die Zeitschrift, der Hörfunk, das Fernsehen, die Anschlagstelle, der Bus, der Sportler. Kommunikationsmittel sind die Anzeige, der Spot, das Plakat, das Seitenscheibenplakat, das Trikot.
- Schwierig ist die Unterscheidung zwischen Kommunikationsträgern und Kommunikationsmitteln bei der Kommunikation mittels Tragetaschen, Werbegeschenken oder Verpackungen.

5.4.2 Kommunikationsformen

Die hier genannten Kommunikationsaktivitäten lassen sich ordnen, indem auf gewisse Erscheinungsformen der Kommunikation, im Folgenden **Kommunikationsformen** genannt, gedanklich zurückgegriffen wird. Kommunikationsformen stellen einzelne gedanklich isolierbare Dimensionen als Charakteristika jedes Kommunikationsvorgangs dar. In Übersicht 5-9 wird zur Unterscheidung an vier jeweils eigenständige Zweiteilungen angeknüpft.

Zu Merkmal (1):

Persönliche Kommunikation vollzieht sich im unmittelbaren zwischenmenschlichen Kontakt, also in der persönlichen Begegnung „von Angesicht zu Angesicht". Persönliche Kommunikation erfolgt immer live und bietet stets die Möglichkeit zur zweiseitigen Kommunikation. Sie ist z.B. typisch für die Kommunikationsaktivitäten von Verkäufern, Propagandisten, Beratern, Managern.

Übersicht 5-9: Abgrenzungsmöglichkeiten unterschiedlicher Kommunikationsformen

	(a)	(b)
(1)	persönliche Kommunikation ———	unpersönliche Kommunikation
(2)	zweiseitige Kommunikation ———	einseitige Kommunikation
(3)	Kommunikation mittels Form- und/oder Stoffzeichen (physische Kommunikation) ———	Kommunikation mittels Wort-, Schrift-, Bild- und/oder Tonzeichen
(4)	personen- und/oder organisationsspezifisch gerichtet ———	an ein anonymes Publikum gerichtet

Unpersönliche Kommunikation ist durch eine raumzeitliche Trennung der Beteiligten gekennzeichnet. Sie kann live und zweiseitig erfolgen (Telefon, Tele-Video), bedient sich jedoch in den meisten Fällen konservierter Botschaften (reproduzierbarer bzw. wiederholt nutzbarer Kommunikationsmittel) und ist dann einseitiger Natur.

Natürlich könnte man bei der Abgrenzung zwischen persönlicher und unpersönlicher Kommunikation auch ausschließlich an die Zweiseitigkeit und den live-Charakter anknüpfen. In diesem Fall würde auch das Telefongespräch des Telefonverkäufers zur persönlichen Kommunikation gerechnet werden müssen.

Zu Merkmal (2):

Zweiseitige Kommunikation ist durch sofortige Rückkopplungsmöglichkeit (Interaktion) der am Kommunikationsprozess Beteiligten (Kommunikator und Adressat) gekennzeichnet. Im älteren Sprachgebrauch wurde überhaupt nur die zweiseitige Kommunikation als Kommunikation bezeichnet. Der Kommunikationsbegriff wurde jedoch mittlerweile auch auf die einseitige Kommunikation ausgeweitet.

Einseitige Kommunikation kennt – während des Kommunikationsvorgangs – nur **einen** Kommunikator. Der Adressat hat keine Möglichkeit, über einen Rückkanal seinerseits dem Kommunikator Botschaften (z. B Antworten, Einwände, Fragen) zu übermitteln.

Zu Merkmal (3):

Physische Kommunikation findet durch die reine Präsenz gestalteter Gebilde (z. B. Produkte) oder Personen statt; es handelt sich also um Kommunikation mittels Form- und/oder Stoffzeichen. Die non-verbale Kommunikation eines Menschen oder die Zurschaustellung bzw. Vorführung von Exponaten in Schaufenstern, Geschäftsräumen (Warenpräsentation) oder auf Messeständen zählt zu dieser Form der Kommunikation.

Kommunikation mittels **Wort-, Schrift-, Bild- und/oder Tonzeichen** (gleichgültig ob bewegt oder unbewegt) macht wohl den größten Teil der Kommunikationsaktivitäten in Märkten aus. Gestaltete Druckstücke (z B. Anzeigen, Plakate, Prospekte, Kataloge, Briefe) zählen ebenso dazu wie Appelle via Rundfunk, Lautsprecherwagen, Telefon, Fernsehen, Lautsprecheranlagen im Einzelhandelsladen oder Internetauftritte. Der Kommunikator bedient sich dabei häufig separater konservierter Botschaften (Kommunikationsmittel), was die mögliche Reichweite seiner Kommunikationsaktivität vervielfacht.

Zu Merkmal (4):

Von **personen- und/oder organisationsspezifisch gerichteter Kommunikation** wird gesprochen, wenn eine Botschaft an namentlich bezeichnete oder speziell ausgewählte Organisationen bzw. Personen gelenkt wird. Dazu gehört der adressierte Brief oder der persönlich überreichte Prospekt. Der Kommunikator bedient sich dabei oft spezieller Transporteure (Kommunikationsträger, Kommunikationskanäle) wie z.b. der Deutschen Post, persönlicher Boten, einer Verteilerorganisation. Diese Kommunikationsform wird gelegentlich auch als **direkte Kommunikation** bzw. als Direktwerbung bezeichnet.

Fehlt die Spezifizierung des Adressaten, so liegt eine **an ein breit verstreutes, anonymes Publikum gerichtete Kommunikation** vor. Der Kommunikator richtet sich lediglich an eine mehr oder weniger abgrenzbare Personenmehrheit, deren Mitglieder für ihn namenlos sind. Auch hier bedient sich der Kommunikator spezieller Kommunikationsträger, die seine Botschaft bzw. seine Kommunikationsmittel quasi im „Huckepack-Verfahren" den Adressaten öffentlich nahe bringen: z.b. Informations- und Unterhaltungsmedien, das Internet, Geschäftsräume, Verkehrsmittel oder Ausstellungsräume. Diese Kommunikationsform wird gelegentlich auch als **indirekte Kommunikation** bezeichnet.

5.4.3 Kommunikationsinstrumente

Die hier erläuterten Kommunikationsformen werden im Bemühen, die Vielfalt beeinflussender Kommunikationsmaßnahmen ordnend zu erfassen, bei der Abgrenzung verschiedener **Kommunikationsinstrumente** herangezogen. Dabei kann ein Kommunikationsinstrument als gedankliche Bündelung untereinander ähnlicher Kommunikationsaktivitäten verstanden werden.

Bei einer groben Unterscheidung wird zunächst zwischen Persönlichem Verkauf und Werbung als Kommunikationsinstrumenten getrennt. Hierbei wird zur begrifflichen Abgrenzung der Instrumente an die Kommunikationsformen persönliche versus unpersönliche Kommunikation angeknüpft. Alle denkbaren Aktivitäten der persönlichen Kommunikation mit aktuellen oder potentiellen Kunden werden folglich dem **Persönlichen Verkauf** zugeordnet, während alle unpersönlichen, beeinflussenden Kommunikationsaktivitäten der **Werbung** als instrumentellem Sammelbegriff zuzurechnen sind.

Infolge der großen Vielfalt an Möglichkeiten, Werbung zu betreiben, ergibt sich aber das Bedürfnis, innerhalb der unpersönlichen Kommunikation eine weitere instrumentelle Untergliederung vorzunehmen. Zur Gliederung wird i.a. an die vom Werbungtreibenden bezahlten Kommunikationsträger und die von ihnen angebotenen Übermittlungsmöglichkeiten angeknüpft. Daraus resultiert z.B. die Aufgliederung in **Klassische Werbung, Außenwerbung, Direktwerbung, Elektronische Werbung, Point-of-Sale-Werbung, Sponsoring, Messewerbung, Werbeveranstaltungen (Eventwerbung)** u.a.m. Diese Instrumente sind entweder unmittelbar als neben dem Persönlichen Verkauf stehende Kommunikationsinstrumente oder, falls gedanklich zunächst obige Zweiteilung vollzogen wird, als **Werbeinstrumente** zu verstehen. Wie aus den beispielartig aufgeführten Instrumenten ersichtlich, können sehr unterschiedliche Kommunikationsträger bzw. Betreiber von Kommunikationsträgern die Übermittlungsleistung übernehmen: Trägerorgane der „klassischen" Massenmedien, Anbieter der Außenwerbemedien, Verteiler- bzw. Zustellerorganisationen, Betreiber moderner elektronischer Medien, Betreiber von Einkaufsstätten, „gesponserte" Institutionen oder Personen, Messegesellschaften, Eventveranstalter u. a. m.

Kommunikations- bzw. Werbeinstrumente werden im Absatzmarkt sowohl auf die Handels- als auch auf die Verwenderstufe gerichtet.

Beispiele:

- Zur **handelsgerichteten Kommunikation** eines Herstellers kann persönliche Kommunikation durch Reisende, Werbung in Fachzeitschriften und/oder der Versand von Briefen und Preislisten im Rahmen der Direktwerbung gehören; analog könnten auch Großhändler tätig werden.
- Zur **verwendergerichteten Kommunikation** eines Herstellers kann persönliche Kommunikation durch Reisende (im Konsumgütergeschäft auch door-to-door-selling oder Direktvertrieb genannt), massenmediale Werbung via Fernsehen und Zeitschriften und/oder der Prospektversand im Rahmen der Direktwerbung gehören. Analog kann die verwendergerichtete Kommunikation eines Einzelhändlers aus persönlicher Kommunikation des Verkaufspersonals, Anzeigenwerbung in Tageszeitungen und/oder der Direktwerbung durch Handzettel bestehen.

Die beeinflussende Kommunikation wird seitens der Anbieter in Märkten in ihrer Adressatenrichtung nicht selten auf weitere Marktbeteiligte (z.B. auf Serviceanbieter oder Beeinflusser in Märkten) und sogar auf Zielgruppen im Marktumfeld, z.B. auf die breite Öffentlichkeit ausgeweitet. Letzteres wird als **Öffentlichkeitsarbeit (Public Relations)** bezeichnet. Solche Aktivitäten bleiben von Marktbeteiligten nicht unbemerkt. Das absatzpolitische Handeln und der darüber hinausgehende, nicht absatzpolitische Teil der Public Relations sind deshalb nicht bzw. nur willkürlich voneinander zu trennen („Kommunikative Kuppelproduktion"). Deshalb mag auch solches Beeinflussungshandeln in das hier vorgeschlagene Instrumentarium einbezogen werden – oder nicht.

5.4.4 Handlungsvariablen beim Einsatz von Kommunikationsinstrumenten

Der geplante oder vollzogene Einsatz eines Kommunikations- bzw. Werbeinstruments berührt fünf verschiedene Handlungsvariablen (Entscheidungsvariablen), zu denen für den jeweiligen Auftritt konkrete Festlegungen erfolgen. Dieses sind

- die **Gestaltung von Kommunikationsmitteln,**
- die Nutzung, d.h. **Belegung von Kommunikationsträgern,**
- der auf die Adressaten auszuübende bzw. ausgeübte **Kommunikationsdruck,**
- die **zeitliche Zielung** (das sog. Timing) sowie
- das zu verausgabende **Budget** (= **Etat**).

Die **Gestaltung von Kommunikationsmitteln** umfasst je nach betrachtetem Instrument unterschiedliche Einzelaspekte:

- Im Rahmen der **Klassischen Werbung** geht es um die Werbemittelgestaltung, die sich im Format, in Größe bzw. Länge (Dauer), der Farbigkeit, der Verwendung graphischer, sprachlicher und/oder akustischer Stilelemente, dem Auftreten von Personen, der Darstellung von Situationen oder Handlungsabläufen oder dem Text- und Bildanteil des Werbemittels niederschlägt.
- Gestaltungselemente eines Gesprächs im Rahmen des **Persönlichen Verkaufs** sind der gewählte Gesprächsinhalt, die Reihenfolge von Argumenten oder die Unterstützung der verbalen Kommunikation durch Körpersprache.

Die **Platzierung von Kommunikationsmitteln** in zu belegenden **Kommunikationsträgern** eröffnet ebenfalls viele Spielräume für konkrete Kommunikationsmaßnahmen:

- Im Rahmen der **Klassischen Werbung** bestehen Auswahlmöglichkeiten hinsichtlich einzusetzender Mediagattungen, Mediasegmente, Mediagruppen oder Einzelmedien. Diese Begriffe sind als Hierarchie unterschiedlich breiter gedanklicher Zusammenfassungen ähnlicher Werbeträger zu verstehen. Ferner soll auch die Platzierung eines Werbemittels im Einzelmedium (z.B. hintere Umschlagseite, im Rezeptteil, im redaktionellen Teil) in diese Entscheidungsvariable einbezogen sein. Übersicht 5-10 verdeutlicht dies am Beispiel der Druckmedien.
- Analog ist im Rahmen des **Persönlichen Verkaufs** zwischen verschiedenen Repräsentantentypen (z.B. Handelsvertreter, Reisende, Propagandisten, Hostessen) und zwischen speziellen Einzelpersonen zu entscheiden.

Der **auszuübende Kommunikationsdruck** bezieht sich auf die Vielzahl und räumliche Dichte eingesetzter Kommunikationsmittel bzw. der Belegungen von Kommunikationsträgern innerhalb eines Zeitraumes und/oder einer Region:

- Im Rahmen der **Klassischen Werbung** wird der Werbedruck durch die Belegungshäufigkeit unterschiedlicher oder identischer Medien variiert.
- Im Rahmen des **Persönlichen Verkaufs** wird der Kommunikationsdruck durch die Besuchshäufigkeit gesteuert.

Die **zeitliche Zielung** befasst sich mit dem Zeitpunkt und der zeitlichen Verteilung aller Kommunikationsaktivitäten:

Übersicht 5-10: Handlungsspielräume bei der Platzierung von Werbemitteln in Werbemedien

Betrachtungsebene \ Bezeichnung	Klassische Werbung				
Mediagattung	Druckmedien	Funkmedien	Kinofilm als Medium		
Mediasegment (innerhalb einer Mediagattung)	Zeitungen	Zeitschriften	Anzeigen-blätter	Supplements	Adressbücher Telefonbücher
Mediagruppe	Aktuelle Illustrierte	Programmzeitschriften	Frauenzeitschriften ...		
Einzelmedium	Bunte	Neue Revue	Stern	Weltbild	
Platzierung im Einzelmedium	Umschlag-seiten	Deutschland-teil	Ausland-teil	Kultur-teil	TV-Beilage

– Im Rahmen der **Klassischen Werbung** geht es hierbei um die Verteilung von Werbeanstößen über das Jahr, über einen Monat, über eine Woche (Aktivität am Wochenanfang oder am Wochenende?) oder sogar über den Tag. Eine dermaßen detaillierte zeitliche Steuerung ist natürlich meist nicht bzw. nur begrenzt möglich, wie etwa bei der Belegung eines speziellen Werbeblocks in der Fernsehwerbung.

– Im Rahmen des **Persönlichen Verkaufs** eröffnen sich prinzipiell analoge Möglichkeiten. Allerdings lassen sich die Aktivitäten hier zeitlich detaillierter steuern. So können z.B. auf Messeständen exakte Uhrzeiten für Vorführungen, Anwesenheit bzw. Gesprächsbereitschaft einzelner Personen festgelegt werden.

Schließlich ist für die beeinflussende Kommunikation ein **Budget** (= Etat) vorzusehen, aus welchem alle zu ergreifenden Aktivitäten zu bezahlen sind. Bei grober Dreiteilung wird i.a. für die Werbung zwischen dem **Streuetat,** dem Budget zur Abdeckung von **Werbemittel-Produktionskosten** (etwa für das Produzieren eines TV-Spots, für das Herstellen von Anzeigen oder Plakaten) und dem Budget für **Kreationskosten** unterschieden (Aufwand für gestalterische Leistungen einer Agentur).

5.4.5 Grenzziehungsprobleme

Wie der bzw. dem aufmerksamen Leserin bzw. Leser aufgefallen sein mag, besteht offenbar die Schwierigkeit, beeinflussende Kommunikation als Marketing-Instrument von anderen Instrumenten überschneidungsfrei abzugrenzen.

Beispiel:

● Im Rahmen der Produktgestaltung übermittelt das Produkt als Kommunikationsträger dem Interessenten vielfältige Qualitätseindrücke. So signalisiert die Form eines Automobils dem potentiellen Autokäufer Eindrücke wie Sportlichkeit oder Wendigkeit. Das materialbedingte Gewicht eines Geräts signalisiert Haltbarkeit oder Solidität. Darüber hinaus wird die Verpackung in vielen Fällen als leistungsfähiges Kommunikationsmittel eingesetzt.

Insofern ist das gestaltete und/oder verpackte Produkt in seinem Design die Quelle sehr unterschiedlicher Signale (Reize, Stimuli), die vom potentiellen Käufer oder aktuellen Verwender über unterschiedliche Sinnesorgane aufgenommen und anschließend verarbeitet werden:

– Die Form- und Farbgebung spricht den **Sehsinn** an; es handelt sich um **visuelle** Reize.
– Die Ausstattung eines Produkts mit akustischen Elementen (z.B. akustisches Signal in einer Uhr) spricht den **Hörsinn** an; es handelt sich um **akustische** (synonym: auditive) Reize.
– Die Ausstattung eines Produkts mit Geruchsstoffen spricht den **Geruchssinn** an; es handelt sich um **olfaktorische** Reize.
– Die Verwendung spezieller Rohware bei Lebensmitteln oder Genussmitteln spricht den **Geschmackssinn** an; es handelt sich um **gustatorische** Reize.
– Die Verwendung spezieller Materialien, mit denen der Produktverwender in Berührung kommen kann, spricht den **Tastsinn** an; es handelt sich um **haptische** (synonym: **taktile**) Reize.

Im Bemühen um eine möglichst überschneidungsfreie Abgrenzung absatzpolitischer Instrumente stößt man an dieser Stelle offenbar auf eine erhebliche Barriere. Bei der Auseinandersetzung mit dieser Frage eröffnen sich der Marketinglehre zwei Wege:

1. Man sucht nach einer perfekten Lösung; eine solche Lösung kann nur in einer außerordentlich abstrakten Grenzziehung zwischen Marketing-Instrumenten liegen.
2. Man verzichtet auf Perfektionismus, bekennt sich zu einem nicht völlig bewältigten Begriffsproblem und nimmt Überschneidungen im Denkgebäude in Kauf.

Trotz des im vorliegenden Buch vorherrschenden Bemühens um klare Systematisierungen wird an dieser Stelle eine pragmatische Haltung eingenommen und der zweite Weg beschritten. Der Versuch, Marketing-Instrumente so voneinander abzugrenzen, dass sie sich nicht infolge ubiquitärer kommunikativer Bestandteile inhaltlich überschneiden, würde zu einer Gliederung führen, die kaum eine Akzeptanzchance hätte – weder in der Scientific Community noch in der Praxis. Von einem solchen Versuch wird deshalb Abstand genommen.

Eine weitere Grenzziehungsproblematik sei an dieser Stelle angesprochen. In der traditionellen Behandlung absatzpolitischer Instrumente wird im Allgemeinen ein Instrument dem Bereich der beeinflussenden Kommunikation zugeordnet, welches hier noch nicht erwähnt wurde: die sog. **Verkaufsförderung**.

Übersicht 5-11 vermittelt dem Leser einen Eindruck davon, welche Aktivitäten üblicherweise zum Instrument **Verkaufsförderung (Sales Promotion)** gezählt werden. In neueren Beiträgen zur Marketinglehre ist allerdings wiederholt auf die kaum begründbare einseitige Zuordnung der Verkaufsförderung zur Kommunikationsarbeit generell und ihre unzureichende Abgrenzung von anderen Instrumenten hingewiesen worden. Die Leserin bzw. der Leser wird dies mit Hilfe von Übersicht 5-11 selbst nachvollziehen können.

Stützt man sich auf die im vorliegenden Buch dargestellte Aufgliederung der Marketing-Instrumente – jeweils unter Beachtung der handelsgerichteten oder verwendergerichteten Einsetzbarkeit der Instrumente – so kann man bei einer Zuordnung real beobachtbarer Beeinflussungsaktivitäten von Herstellern oder Händlern zu deren absatzpolitischen Instrumenten leicht ohne ein Instrument Verkaufsförderung auskommen. Das, was in Literatur und Praxis zur Verkaufsförderung gezählt wird, entpuppt sich stets als eine spezielle Aktivität der auch in diesem Buch behandelten Marketing-Instrumente oder als Mix einzelner Aktivitäten aus unterschiedlichen Instrumenten – oder es geht über das Konzept der Marketing-Instrumente hinaus (z.B. innengerichtete personalpolitische Aktivitäten).

Wenn auch ein separates Marketing-Instrument Verkaufsförderung in einer Instrumente-Gliederung somit entbehrlich erscheint, so heißt dies nicht, dass verkaufsfördernde Aktivitäten für den Markterfolg eines Anbieters irrelevant wären; vielmehr kann man den Eindruck gewinnen, dass viele Anbieter ihr Überleben im Markt überwiegend den als Verkaufsförderung bezeichneten Services, Zuwendungen, Sonderpreisaktionen und Kommunikationsaktivitäten am Point-of-Sale verdanken.

Dementsprechend wird Verkaufsförderung in ihrer Existenz hier nicht negiert, sondern in Kombination mit dem Wort Aktion verwendet. Unter einer **Verkaufsförderungsaktion** wird ein **zeitlich begrenzter**, für diesen Zeitraum **speziell zu-**

Übersicht 5-11: Aktivitäten der Verkaufsförderung – beispielartige Auflistung
(Quelle: Meffert 1993, S. 491 f.)

1. Konsumentenorientierte Verkaufsförderung

– Kostenlose Proben (Angebot an den Verbraucher, das Produkt kostenlos zu probieren)
– Gutschein bzw. Coupon (Bescheinigung, die dem Besitzer einen bestimmten Kaufvorteil garantiert)
– Rückerstattungsangebote (Rücknahme des Produktes und/oder Erstattung des vollen oder teilweisen Preises bei Unzufriedenheit des Käufers)
– Preisreduktion und Sonderpreise (Senkung des „normalen" Preises um einen bestimmten Betrag)
– Prämien (Angebot einer Kaufvergünstigung für ein anderes, zusätzliches Produkt)
– Preisausschreiben (mögliche Teilnahme an Verlosungen, Spielen oder sonstigen Wettbewerben mit Aussicht auf Gewinn)
– Sammelmarken (eine Art Prämie in Abhängigkeit vom Wert der gekauften Produkte, die ab einer bestimmten Höhe in Geld oder gegen zur Wahl stehende Waren eingetauscht werden)
– Vorführungen (Verteilung von kostenlosen Proben im Einzelhandelsgeschäft und/oder Demonstration der Produktverwendung)

2. Handelsorientierte Verkaufsförderung

– Kaufnachlaß (zeitlich begrenztes Angebot für den Einkauf zu reduzierten Preisen)
– Umsatznachlaß (Vergütung für die Umschlagsgeschwindigkeit lagernder Produkte)
– Wiederkaufnachlaß (Reduzierung der Summe beim zweiten Einkauf, wenn vorher ein Abschluß aufgrund einer Förderungsmaßnahme erfolgte)
– Kostenlose Güter (zusätzliche Produkte werden ab einer bestimmten Einkaufsmenge anstelle von Preisnachlässen angeboten [Naturalrabatt])
– Merchandising (Entlohnung für nicht routinemäßige Präsentation und Verkaufsanstrengung für ein Produkt, z. B. Sonderplazierung)
– Kooperative Werbung (Gewährung eines Werbenachlasses pro Einkaufseinheit bzw. eines Werbekostenzuschusses seitens des Herstellers, für dessen Gegenwert der Händler lokale Werbung (z. B. Inserate) macht, oder Bereitstellung von Werbe- und Informationsmaterial)
– Werbung am Verkaufsort (Bereitstellen von Display-Material, Einsatz des Deko-Dienstes, Einsatz von Hostessen und Propagandistinnen, Veranstaltung von Sonderschauen)
– Händlerliste-Förderung (eine an Konsumenten gerichtete Werbebotschaft des Herstellers enthält zugleich die Namen und Adressen von Einzelhändlern, z. B. Herstelleranzeigen, Kundenzeitschrift)
– Schaffung materieller Anreize (durch Geld, Geschenke oder späteren Eigentumsübergang den Händler oder seine Verkäufer dazu veranlassen, ihre Verkaufsanstrengungen auf das Produkt des Herstellers zu konzentrieren)
– Verkaufswettbewerbe (Inaussichtstellen von Belohnungen für herausragende Verkaufsleistungen)
– Händlerschulung (Information, Beratung und Ausbildung für den Absatzmittler hinsichtlich unternehmens- und produktbezogener Probleme)

3. Verkaufspersonalorientierte Förderung

– Außendienst-Wettbewerbe (Anwendung eines leistungssteigernden Entlohnungssystems)
– Bonus (zusätzliche finanzielle Vergütung bei außergewöhnlichen Leistungen für jeden Außendienstmitarbeiter)
– Verkauftreffen (Erfahrungsaustausch, Information und Schulung des Außendienstes)
– Verkaufsunterlagen und Verkaufshandbücher (umfassendes und leicht übersetzbares Informations- und Argumentationsmaterial, das neben produktspezifischen Daten auch Hinweise auf die Verwendung von Produkten enthält)

160

sammengestellter Marketing-Mix eines Anbieters für ein oder mehrere Produkte verstanden. Dies deckt sich mit dem Sprachgebrauch der Praxis.

Beispiele:

- Für ein bekanntes Speiseöl wurde vom Hersteller wiederholt eine **Sonderpreisaktion für eine Sonderpackungsgröße** („aufgestockte Dose") durchgeführt. Begleitet wurde sie von handels- und verwendergerichteter Kommunikation (Klassische Werbung, Werbung in Fachblättern für den Handel, Displaymaterial für die Kommunikation am Point-of-Sale); es ist zu vermuten, dass auch noch von handelsgerichteten Zuwendungen und/oder Serviceleistungen Gebrauch gemacht wurde. Die genannten Komponenten waren jeweils integrale Bestandteile einer Verkaufsförderungsaktion.

- Von **Automobilherstellern** wurden wiederholt Verkaufsförderungsaktionen mit **Sondermodellen zum Sonderpreis** durchgeführt. Unterstützt wurden diese Aktionen natürlich durch diverse Kommunikationsaktivitäten, gelegentlich auch durch Preisausschreiben.

- In der **Gastronomie** werden Verkaufsförderungsaktionen mit speziellen Sortimenten („Wild-Woche", „Dänische Woche"), Speisekarten, Dekorationen, Präsenten für die Gäste und mit entsprechenden Werbemaßnahmen durchgeführt.

Verkaufsförderungsaktionen sind sowohl für den Hersteller als auch für den Handel ein Weg, dem Geschäft kurzfristige Impulse zu verleihen. Wie generell bei der Gestaltung des Marketing-Mix können mit diesem Aktionsverhalten Schwerpunkte in Bezug auf Produktgruppen oder auf Kundensegmente gesetzt werden.

Im Konsumgüterbereich werden Verkaufsförderungsaktionen zunehmend im Rahmen vertikaler Kooperationen zwischen Hersteller und ausgewählten Handelsorganisationen maßgeschneidert durchgeführt. Diese Form des vertikalen Marketing stellt die erforderliche Unterstützung von Verkaufsförderungsaktionen auf der Handelsebene sicher. Die maßgeschneiderte Durchführung von Verkaufsförderungsaktionen mit einzelnen Händlern ist somit auch ein Weg der Umsetzung einer selektiven und differenzierten Marktbearbeitungsstrategie.

5.5 Die Stellung des Vertriebs im absatzpolitischen Instrumentarium

Der Ausdruck **Vertrieb** ist insbesondere im Sprachgebrauch der Praxis anzutreffen. Gemeint sind damit im Allgemeinen alle personellen Voraussetzungen, organisatorischen Vorkehrungen, vertraglichen Abmachungen und planerischen Überlegungen beim Einsatz und der Durchführung des persönlichen Verkaufs und der

Abwicklung aller Transaktionen im Markt. Eingeschlossen werden auch Überlegungen, über welche Absatzkanäle (Vertriebswege) man seine Verwenderzielgruppen erreichen will.

Der Ausdruck Vertrieb beinhaltet also eine Menge sehr heterogener absatzmarktgerichteter Entscheidungen und Durchführungsprozesse: Dazu gehören spezielle Kundenportfolio-Entscheidungen, Potentialentscheidungen (Verkäuferstab), Organisationsentscheidungen (Verkaufsgebiete, Rollenteilung zwischen Außen- und Innendienst, Zuordnung von Verkäufern zu Kunden) sowie Personalentscheidungen (Auswahl, Schulung und Vergütung von Verkäufern). Ebenso dazu zählen Entscheidungen über Serviceleistungen (z.B. Distributionsservices, Beratung) und Kommunikationsaktivitäten (Besuchshäufigkeiten bei Kunden, Gesprächsgestaltung). Hieraus wird erkennbar, dass der Vertrieb als Entscheidungsaufgabe weder eindeutig dem Einsatz von Marketing-Instrumenten noch eindeutig den Strategieentscheidungen im Marketing oder den marktgerichteten Organisationsbzw. Personalproblemen zugeordnet werden kann.

Über Handlungsspielräume und Entscheidungsprobleme der Vertriebspolitik und dabei primär des persönlichen Verkaufs informieren Lehrbücher zum Personal Selling bzw. zum Verkaufsmanagement. Vor dem Hintergrund der hier skizzierten Tatbestände ist erkennbar, dass dieses Spezialgebiet teilweise den Rahmen der Auseinandersetzung mit Marketing-Strategien und mit Marketing-Instrumenten sprengt.

Literaturhinweise zu Kapitel 5:

Die inhaltliche Spannweite der Begriffe „ Absatzpolitische Instrumente" oder „Marketing-Instrumente" bei unterschiedlichen Autoren wird verdeutlicht in Steffenhagen, H., Eine austauschtheoretische Konzeption des Marketing-Instrumentariums als Beitrag zu einer allgemeinen Marketing-Theorie, in: Backhaus, K. (Hrsg.), Deutschsprachige Marketingforschung. Bestandsaufnahme und Perspektiven, Stuttgart 2000, S. 141–174.

Mit Marketing-Instrumenten beschäftigen sich alle **Marketing-Lehrbücher**. Lediglich die Aufgliederung des Instrumentariums variiert von Autor zu Autor.

Zur **Produktgestaltung**:
Brockhoff, K., Produktpolitik, 4. Aufl., Stuttgart, Jena 1999
Hansen, U./Leitherer, E., Produktpolitik, 3. Aufl., Stuttgart 2001
Koppelmann, U., Produktmarketing, 6. Aufl., Berlin, Heidelberg, New York 2001

Zu **Serviceleistungen**:
Hammann, P., Sekundärleistungspolitik als absatzpolitisches Instrument, in: Hammann, P./Kroeber-Riel, W./Meyer, C.W. (Hrsg.), Neuere Ansätze der Marketingtheorie, Berlin 1974, S. 135ff.

Meffert, H. (Hrsg.), Kundendienst-Management. Entwicklungsstand und Entscheidungsprobleme der Kundendienstpolitik, Frankfurt a. M., Berlin, New York u. a. 1982

Schmitz, G., Serviceleistungen, in: Luczak, H. (Hrsg.), Servicemanagement mit System. Erfolgreiche Methoden für die Investitionsgüterindustrie, Berlin, Heidelberg, New York 1999, S. 62–84

Zu Geld- und Sachzuwendungen:

Bruhn, M., Sponsoring, 4. Aufl., Wiesbaden 2003

Pralle, P., Die Wertwerbung, Stuttgart 1974

Stottmeister, G., Der Einsatz von Preisausschreiben im Marketing, Heidelberg 1988

Zur Preisgestaltung:

Diller, H., Preispolitik, 3. Aufl., Stuttgart, Berlin, Köln 2000

Diller, H., Handbuch Preispolitik. Strategie – Planung – Organisation – Umsetzung, 1. Aufl., Wiesbaden 2003

Simon, H., Preismanagement, 2. Aufl., Wiesbaden 1992

Zu Abnehmerbindungen:

Ahlert, D., Absatzkanalstrategien des Konsumgüterherstellers auf der Grundlage vertraglicher Vertriebssysteme mit dem Handel, in: Ahlert, D. (Hrsg.), Vertragliche Vertriebssysteme zwischen Industrie und Handel, Wiesbaden 1981, S. 45–123

Specht, G., Distributionsmanagement, 3. Aufl., Stuttgart, Berlin, Köln 1998

Tietz, B./Mathieu, G., Das Kontraktmarketing als Kooperationsmodell, Köln 1979

Zur Marktkommunikation:

Berndt, R./Hermanns, A. (Hrsg.), Handbuch Marketing-Kommunikation, Wiesbaden 1993

Bruhn, M., Kommunikationspolitik, 2. Aufl., München 2003

Kroeber-Riel, W./Esch, F.R., Strategie und Technik der Werbung. Verhaltenswissenschaftliche Ansätze, 5. Aufl., Stuttgart, Berlin, Köln 2000

Schmalen, H., Kommunikationspolitik: Werbeplanung, 2. Aufl., Stuttgart, Berlin, Köln 1992

Schweiger, G./Schrattenecker, G., Werbung, 5. Aufl., Stuttgart, Jena 2001

Steffenhagen, H., Wirkungen der Werbung, 2. Aufl., Aachen 2000

Zum Verkaufsmanagement:

Albers, S., Entscheidungshilfen für den persönlichen Verkauf, Berlin 1989

Albers, S., Verkaufsaußendienst. Organisation – Planung – Kontrolle, Düsseldorf 2002

Goehrmann, K.E., Verkaufsmanagement, Stuttgart, Berlin, Köln 1984

Zur Verkaufsförderung:

Blattberg, R.C./Neslin, S.A., Sales promotion. Concepts, methods, strategies, Upper Saddle River 1990

Cristofolini, P.M./Thies, G., Verkaufsförderung. Strategie und Taktik, Berlin, New York 1979

Disch, W.K./Meier-Maletz, M., Handbuch Verkaufsförderung, Hamburg 1971

Gedenk, K., Verkaufsförderung, München 2002

Kellner, J., Promotions. Zielsetzungen, Techniken und Fallbeispiele, Landsberg a. L., 1982
Pflaum, D./Eisenmann, H., Verkaufsförderung, Landsberg a. L. 2000

Im Text zitierte Quellen:
Ahlert, D., a.a.O.
Gutenberg, E., Grundlagen der Betriebswirtschaftslehre, Band 2: Der Absatz, 1. Aufl., Berlin usw. 1955
Koppelmann, U., a.a.O.
Meffert, H., Marketing. Einführung in die Absatzpolitik, 7. Aufl., Wiesbaden 1993

6 Entwicklungen und Wirkungen in Märkten

In Kapitel 1 wurde versucht, dem Leser das Geschehen in Märkten durch Hinweise auf die Typen von Marktbeteiligten, auf die Beziehungen zwischen ihnen sowie die damit zusammenhängenden Verhaltensweisen von Anbietern und Nachfragern zu verdeutlichen. In den Kapiteln 3 bis 5 standen die Verhaltensweisen der Anbieter im Hinblick auf ein aus deren Sicht wünschenswertes Nachfragerverhalten im Vordergrund der Überlegungen. Im vorliegenden Kapitel soll veranschaulicht werden, dass das Zusammenspiel von Anbietern und Nachfragern im **Zeitablauf immer wieder neuen wechselseitigen Anpassungsmechanismen** unterworfen ist. Davon betroffen sind z.B. Marktstrukturen, Verhaltensweisen der Nachfrager und vielfältige Wirkungsphänomene. Gleichzeitig wird dargelegt, in welcher Form sich die Marketinglehre mit solchen Phänomenen auseinander setzt.

6.1 Marktentwicklungen

Marktentwicklungen lassen sich verstehen

- als Veränderungen der **Art und Anzahl von Marktbeteiligten** und/oder
- als Veränderungen des **Verhaltens der Marktbeteiligten**

im Zeitablauf. Den ersten Sachverhalt kann man als Strukturentwicklungen, den zweiten als Verhaltensentwicklungen in Märkten bezeichnen. Beide Entwicklungsphänomene hängen eng miteinander zusammen. Gedanklich kann zwischen Struktur- und Verhaltensentwicklungen auf der Anbieter- und auf der Nachfragerseite unterschieden werden.

Bei der Verdeutlichung von Marktentwicklungen begnügen sich die Ausführungen in den beiden folgenden Abschnitten 6.1.1 und 6.1.2 mit einer exemplarischen Darstellung solcher Änderungsprozesse. In Abschnitt 6.1.3 soll dann herausgearbeitet werden, in welcher Form sich die Marketinglehre mit diesen Erscheinungen befasst.

6.1.1 Entwicklungen auf der Anbieterseite

Die **Art** und die **Anzahl** der in einem (z.B. güterbezogen abgegrenzten) Markt **agierenden Anbieter** bleibt im Zeitablauf selten identisch. Vielmehr ist ein evolutorischer Prozess zu beobachten: Hersteller und/oder Absatzmittler treten in bestehende Märkte ein und scheiden aus Märkten auch wieder aus. Diese Veränderungen stellen Konsequenzen unternehmerischer Strategien dar. Dabei hängt es von sog. **Markteintritts-** und **Marktaustrittsbarrieren** ab, ob bzw. wie leicht sich solche Schritte für die Anbieter realisieren lassen. Als Markteintrittsbarrieren gelten etwa bestehende Patente, erforderliche Lizenzvergaben oder Genehmigungsverfahren, kostspielige Produktionsanlagen oder erforderliche Beziehungen zu wichtigen Absatzmittlern. Marktaustrittsbarrieren sind in bestehenden Produktionsanlagen, in spezialisierten Personalkapazitäten oder in langfristigen Lieferverträgen mit Abnehmern zu sehen.

Beispiel:

- Hohe Markteintrittsbarrieren bestanden lange Zeit im Markt für **CD-Schallplatten.** Die erforderlichen Investitionen in Produktionsanlagen für solche Produkte waren sehr hoch, da dieser Schallplattentyp unter absoluter Staubfreiheit produziert werden muss.

Anbieterstrukturen folgen vor diesem Hintergrund oft einer typischen Wettbewerbsdynamik: Ein (güterbezogen abgegrenzter) Markt entsteht mit dem Angebot einer Innovation durch den Innovator. Nach einer temporären Monopolsituation auf der **Herstellerstufe** verändert sich die Angebotsseite auf dieser Marktstufe mit dem Eintreten zusätzlicher Anbieter (Imitatoren) zunächst zu einem Angebotsoligopol, später – je nach Lage des Falles – zu einem Angebotspolypol. Mit Übersicht 6-1 wird ein solcher Vorgang anschaulich gekennzeichnet.

In manchen Fällen ist zu beobachten, dass sich im weiteren Verlauf einzelne Hersteller wieder zurückziehen, d.h. aus dem Markt ausscheiden. Bestehende Produktions- und Personalkapazitäten werden vielfach von Wettbewerbern übernommen. Ein Teil wird allerdings auch endgültig stillgelegt (Verschrottung bei Sachanlagen, Pensionierung oder sozialplangestützte Freisetzung von Personal).

Auch auf der **Handelsstufe** sind solche **Strukturveränderungen** zu beobachten. Erfolgsträchtige Geschäftsideen ziehen rasch zusätzliche Wettbewerber an. Da die Markteintrittsbarrieren infolge geringen Kapitalbedarfs bei vielen Absatzmittlerunternehmen gering sein können, ergibt sich im Zeitablauf schnell eine Oligopol- oder Polypolsituation. In „reifen" Arbeitsgebieten des Handels zeigen sich allerdings überwiegend Oligopolisierungstendenzen.

Übersicht 6-1: Entwicklung der Anbieterzahl eines chemischen Produkts (Quelle: Simon 1992, S. 192)

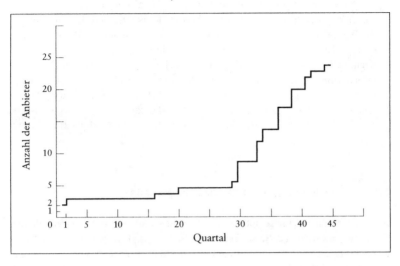

Beispiel:

● Im **Lebensmittelhandel** ist in der Bundesrepublik Deutschland seit vielen Jahren eine erhebliche Konzentrationsbewegung zu erkennen. Die sog. nicht-organisierten Einzelhändler schlossen sich verschiedenen Handelsorganisationen an oder wurden von Filialunternehmen des Einzelhandels übernommen.

Mit der Veränderung der Anbieterstruktur in einem Markt geht im Allgemeinen auch eine **Veränderung des Anbieterverhaltens** einher. Diese Entwicklungen betreffen sowohl das marktstrategische Verhalten als auch das Beeinflussungsverhalten. Veränderungen einer Marketing-Strategie zeigen sich z.B. bei zunehmender Marktreife (Dauer der Marktexistenz) im Übergang von standardisierter zu differenzierter Marktbearbeitung, von einer Imitations- zu einer Abhebungsstrategie, von einer breiten zu einer selektiven Marktbearbeitung. Auch an das Trading up sei an dieser Stelle erinnert (siehe S. 116 dieses Buches). Veränderungen des Einsatzes von Marketing-Instrumenten äußern sich z.B. in Produktvariationen, in sinkenden Preisniveaus und verstärkten Werbeanstrengungen.

Induziert oder zumindest gestützt werden die Veränderungen des Anbieterverhaltens oft durch technischen Fortschritt, und zwar nicht nur hinsichtlich der Produktgestaltung, sondern auch beim Einsatz anderer Marketing-Instrumente.

Beispiele:

- Die **Kommunikationsmöglichkeiten** der Anbieter mit ihren Kunden sind in letzter Zeit durch technischen Fortschritt stark erweitert worden. So eröffnen das Internet und der Versand von CDs neue Möglichkeiten der Zielgruppenansprache. Kataloge oder Prospekte werden ergänzt oder gar ersetzt.
- Kreditinstitute versuchen, technischen Fortschritt bei der Gestaltung von **Serviceleistungen** zu nutzen. Mit Geldautomaten und elektronischer Kommunikation ist es möglich, dem Kunden eine zeitlich unbegrenzte Betriebsbereitschaft zu bieten. Gleichzeitig soll damit die kostenintensive persönliche Transaktion zumindest teilweise durch eine unpersönliche Abwicklung ersetzt werden.

6.1.2 Entwicklungen auf der Nachfragerseite

Auch die **Nachfragerseite** unterliegt in ihrer Struktur einer stetigen Veränderung durch Zu- und Abgänge. So sind an der Entstehung und Ausweitung eines Marktes in der Regel spezielle Nachfragertypen beteiligt: Konsumpioniere greifen ein neuartiges Angebot (Produkt, Dienstleistung) auf. Infolge ihrer Mund-zu-Mund-Werbung, Meinungsführerschaft und/oder Verwendungsdemonstration werden andere private Konsumenten oder professionelle Bedarfsträger (Unternehmen, Behörden) auf die Marktneuheit aufmerksam und treten ebenfalls (zögernd) als Nachfrager auf. Dieser Prozess setzt sich fort, bis auch die letzten Nachzügler Bedarf zeigen, und dies möglicherweise zu einem Zeitpunkt, zu dem die frühen Käufer mangels Ersatzbedarf oder infolge Bedarfsverschiebung längst aus dem Markt ausgeschieden sind. Empirische Untersuchungen belegen diese Phänomene für alle Nachfragerstufen (Verwender, Händler) sowohl im Konsum- als auch im Industriegüterbereich. Begründen lässt sich dies erneut mit der Existenz von **Markteintritts- und Marktaustrittsbarrieren**, hier jedoch für die Nachfrager. Es handelt sich dabei um all jene Einflussgrößen, von denen der Bedarf oder Nicht-Bedarf und die Kauffähigkeit abhängen.

Beispiele:

- In **Industriegütermärkten** hängt die Markteintritts- und -austrittsentscheidung des Nachfragers z.B. von dessen Produktionsprogramm und Produktionsverfahren und deren Entwicklungen ab. Hohe Umstellungserfordernisse bei Übernahme eines Neuprodukts (z.B. Rohmaterial) wirken für den Nachfrager als Markteintrittsbarriere.
- Das Auftreten eines privaten Konsumenten als Nachfrager im **Markt für Club-Reisen** ins Ausland hängt von seinen demographischen Merkmalen (z.B. Alter, Geschlecht), seinen sozioökonomischen Voraussetzungen (z.B.

Kaufkraft, Fremdsprachenkenntnisse), dem sozialen Einfluss, dem er unterliegt (z.B. Art des Bekanntenkreises), seiner psychischen Prägung (z.B. Extrovertiertheit, Weltoffenheit, Kontaktbedürfnis und -fähigkeit) und seinen diesbezüglichen Verhaltensgewohnheiten (z.B. bisheriges Urlaubsverhalten) ab.

Auch bezüglich des Verhaltens aktueller Nachfrager gilt, was für die Anbieterseite schon dargestellt wurde: **Nachfrager verändern** im Laufe der Zeit **ihre Verhaltensmuster.** Dies betrifft das Kommunikations-, Verwendungs- und Kaufverhalten, das sowohl auf Produkte als auch auf Einkaufsstätten bzw. Lieferanten bezogen sein kann. Mit zunehmender Erfahrung als Käufer und Verwender lernt der Nachfrager z.B. auf gewisse Sachverhalte besonders zu achten, spezielle Informationsquellen zu nutzen sowie Einkäufe zu bestimmten Zeitpunkten zu tätigen. Die Veränderung kann auch – so paradox es klingen mag – in einer Stabilisierung von Verhaltensweisen bestehen, nämlich dann, wenn die Kaufhistorie eines Nachfragers durch bewussten Marken-, Lieferanten- oder Einkaufsstättenwechsel gekennzeichnet war. Das Nachfragerverhalten wird dann im Zuge der Stabilisierung durch habituelle Elemente geprägt.

Verhaltensänderungen mögen jedoch nicht nur durch Erfahrungsgewinn bedingt sein. Das gesamte ökonomische und technische Umfeld, die gesellschaftlichen Rahmenbedingungen und demographischen Strukturveränderungen in der Bevölkerung beeinflussen das Marktverhalten privater und – zumeist indirekt – auch professioneller Nachfrager. Ansprüche und Einstellungen der Verwender von Produkten unterliegen solchen Wandlungen. Dieser Sachverhalt wird seit einiger Zeit unter dem Etikett „Wertedynamik" diskutiert.

Beispiel:

● Die seit langem zu beobachtende Hinwendung der Bevölkerung zu Fragen der **Gesundheit** und **Umweltverträglichkeit** von Produkten und/oder Verfahren macht sich im Konsumverhalten breiter Bevölkerungsschichten deutlich bemerkbar. Dies gilt z.B. in besonderem Maße für den Einsatz von Schädlingsbekämpfungsmitteln oder für den Einsatz sog. Naturdüngers im Garten.

6.1.3 Die Auseinandersetzung der Marketinglehre mit Marktentwicklungen

Die Auseinandersetzung mit Marktentwicklungen ist ein bedeutendes Arbeitsgebiet der Marketinglehre. Dabei spielen insbesondere

– Definitionen,
– Beschreibungen bzw. Beschreibungsmodelle und
– Erklärungen bzw. Erklärungsmodelle

eine zentrale Rolle. Beschreibungsmodelle ergeben sich aus einer Abstraktion realer Erscheinungen der Marktentwicklung; Erklärungsmodelle greifen hingegen auf Hypothesen bezüglich des Marktteilnehmerverhaltens und seiner Einflussgrößen zurück. Im Folgenden seien ausgewählte Beiträge der Marketinglehre dargestellt, in denen einige Phänomene der Marktdynamik behandelt werden.

6.1.3.1 Definitorische und beschreibende Ansätze

Ein typisch **definitorischer** und **beschreibender** Ansatz der Marketinglehre enthält Aussagen zur Dynamik der Struktur und des Verhaltens der Marktteilnehmer. Dieser Ansatz wird als **Markt- oder Produktlebenszyklus** bezeichnet und zeigt auf, welchen Entwicklungsgang die Morphologie eines Marktes nimmt und wie sich die Absatzpolitik der Anbieter sowie die Reaktion der Nachfrager dabei vollzieht.

Übersicht 6-2 liefert ein einschlägiges **Beispiel** aus der Literatur. Es wird beschrieben, dass in gewissen Phasen der Marktentwicklung

- sich die Erfolge der am Markt beteiligten Anbieter (bedingt durch das dahinter stehende Kaufverhalten der Nachfrager) ändern,
- unterschiedliche Käufertypen auftreten,
- die Käufer ihre Reaktionen auf Preishöhen ändern,
- die Anbieter ihr absatzpolitisches Verhalten ändern und
- unterschiedliche Anbietertypen in einer gewissen Morphologie im Markt agieren.

Den Marktbeteiligten (Nachfragertypen, Anbietertypen) werden dabei spezielle Bezeichnungen zugeordnet (z.B. „Innovatoren", „frühe Mehrheit" bei den Nachfragern, „Pionier", „Imitatoren" und „Anpasser" bei den Anbietern). Auch die Phasen des Marktzyklus werden mit einprägsamen Namen versehen (z.B. „Wachstum", „Reife" und „Niedergang").

Ein solches Schema beschreibt zwar, **erklärt** aber nicht, was in der Wirklichkeit (vermeintlich) regelmäßig passiert. **Erklärungen** liegen bei kausalen Formulierungen bzw. **Wenn-dann-Sätzen** im Aussagensystem vor. Natürlich lässt sich aus diesem Schema z.B. die Aussage ableiten: „Wenn ein Markt in seine Sättigungsphase eintritt, dann nehmen die Umsätze langsam ab." Eine solche Aussage ist hier jedoch keine Erklärung; denn die Sättigungsphase ist ja durch die Merkmale der Tabelle definiert! Der obige Wenn-dann-Satz ist folglich eine Tautologie, die Konstellationen der Marktmerkmale liefern eine **Beschreibung** realer Phänomene.

Auch die mit Zykluskonzepten häufig verbundene graphische Darstellung der Absatzmengen oder der Bestandsentwicklung einer Produktklasse ist lediglich eine Beschreibung der Realität. Übersicht 6-3 liefert dafür ein Beispiel. Die Gra-

Übersicht 6-2: Phasen der Marktentwicklung (Quelle: Pfeiffer/Bichof 1981, S. 151)

Phasen / Charakteristika	Einführung (Introduction)	Wachstum (Growth)	Reife (Maturity)	Sättigung (Saturation)	Niedergang (Decline)
MESSGRÖSSEN 1. Umsatz (Absatz)-verlauf a) *absolute* Umsatzänderung	geringes absolutes Umsatzwachstum	starkes absolutes Umsatzwachstum	zunehmende absolute Umsätze	Umsätze nehmen langsam ab	Umsatzabnahme, beschleunigt durch Substitute
b) *relative* Umsatzänderung (Änderungsrate)	hohe Zuwachsraten	Zuwachsraten erreichen ihr Maximum	schnell sinkende Zuwachsraten, Zuwachsrate Null bildet Phasengrenze zur Sättigung	Zuwachsrate ist negativ	Zuwachsrate sinkt weiter
2. Verlauf der Ertragssituation	Verlust (hohe Einführungs- und Vorbereitungskosten müssen abgedeckt werden)	Gewinnmaximum (da nur wenige Wettbewerber im schnell wachsenden Markt)	Abnehmende Gewinne. Verfallende Preise und steigende Kosten lassen den Gewinn sinken	Gewinne nehmen weiter ab. Verlustschwelle bildet Grenze zur Niedergangsphase	Verluste durch sinkende Erlöse und steigende Kosten
3. Käuferverhalten	Im Rahmen der marketingorientierten Forschung als gegeben (normalverteilt) angenommen. In neueren Publikationen Übernahme der Strukturierung des Marktzyklus in Abnehmertypen aus der Diffusionsforschung.				
a) Nachfragertypen	Innovatoren als erste Käufer	Frühe Annehmer (early adopters)	Frühe Mehrheit (early majority)	Späte Mehrheit (late majority)	Späte Annehmer (Laggards)
b) Preiselastizität der Nachfrage	Preiselastizität der Nachfrage ist Null (Innovator ist bereit den Preis zu zahlen)	zunehmende Preiselastizität	wesentlich höhere Preiselastizität Reaktion auf alternative Preise	Preiselastizität erreicht Maximum	Preiselastizität fällt beträchtlich ab
4. Marketingaktivitäten des Produktherstellers a) Aktivitätsniveau	sehr hoch	hoch	mittel	mittel	gering
b) Preispolitik	hoher Preis	hoher Preis, geringe Preisvariation	Preisvariation	Preisvariation	fester Preis
c) Werbepolitik	sehr bedeutend	bedeutend	noch bedeutend	weniger bedeutend	unbedeutend
d) Produktpolitik	Produkt unverändert	leichte Modifikation (Behebung von technischen Mängeln)	Produktverbesserung, -differenzierung zur Abhebung von Konkurrenzprodukten	Modifizierung und Differenzierung, um Attraktivität der Produkte zu steigern	neue Produkte (Substitute) drängen auf den Markt
e) Verfolgte Strategien	Kreation eines neuen Marktes	Ausdehnung des Marktvolumens	Kampf um Marktanteile. Bildung von Markentreue beim Verbraucher	harter Kampf um Marktanteile	Aufrechterhaltung eines Rumpfmarktes
5. Veränderung der Umwelt- bzw. Marktbedingungen a) Umweltveränderungen	keine bzw. kein Einfluß	keine bzw. kein Einfluß	keine bzw. kein Einfluß	sozial-gesellschaftliche und naturwissenschaftlich-technische Veränderungen setzen ein	
b) Marktstruktur der Produktanbieter	temporäres Monopol (Quasi-Monopol)	Oligopol	Polypol	Polypol	Oligopol
c) Marktstruktur der Konkurrenten	keine K.	wenige K.	mehrere K.	viele K.	wenige K.
d) Produktherstellertypen	Pionier bringt das neue Produkt auf den Markt	Imitatoren treten als Wettbewerber auf	Es folgen die frühen Anpasser (early adapters)	späte Anpasser aus schwindenden Märkten (late adapters)	Pionier und Imitatoren scheiden als erste aus und gehen auf neue Märkte

Übersicht 6-3: Schematische Darstellung beobachteter Marktzyklusverläufe
(Quelle: Pfeiffer/Bischof 1981, S. 152)

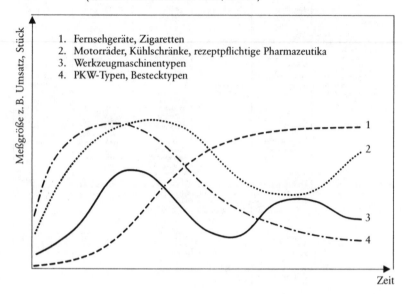

1. Fernsehgeräte, Zigaretten
2. Motorräder, Kühlschränke, rezeptpflichtige Pharmazeutika
3. Werkzeugmaschinentypen
4. PKW-Typen, Bestecktypen

fik kann durchaus als Modell interpretiert werden, weil z.B. Diskontinuitäten in der Entwicklung der Kenngrößen (Umsatz, Absatzmenge) geglättet dargestellt werden.

Manche Aussagen der Marketinglehre zu Entwicklungsphänomenen im Markt sind nicht so einfach als „rein beschreibend" einzuordnen. Die Grenzen zwischen beschreibenden und erklärenden Aussagen werden durch die Art der Formulierung von Sachverhalten oft verschleiert.

6.1.3.2 Erklärende Ansätze

Erklärende Aussagen zeigen die Ursachen von Phänomenen auf, erlauben erkannte Entwicklungen zu verstehen und bilden eine wichtige Grundlage für Prognosen. Diese Eigenschaften begründen ihren höheren Stellenwert gegenüber definitorischen und beschreibenden Ansätzen. Jede **Erklärung** basiert zumindest auf einer Hypothese in Form eines Wenn-dann-Satzes. Hypothesen können darüber hinaus aber auch in mathematisch-formaler Schreibweise (symbolische Kurzschrift) zum Ausdruck gebracht werden, was ihre Handhabung im Rahmen eines Modells nach den Regeln der mathematischen Logik erlaubt.

Exemplarisch seien im Folgenden Erklärungen zu zeitlichen **Entwicklungen des Nachfragerverhaltens** verdeutlicht. Dazu wird ein **Hypothesensystem zur Markteintrittsentscheidung** von Nachfragern und ein **formales Erklärungsmodell zur Entwicklung der Nachfrage- bzw. Absatzmenge** einer Marktneuheit dargestellt.

1. Ein Hypothesensystem zur Markteintrittsentscheidung von Nachfragern:
   Individuelles Adoptionsverhalten

Die Frage, wann, warum und unter welchen Bedingungen Produktneuheiten gekauft werden, beschäftigt die Marketinglehre seit langem. Diese Frage steht im Mittelpunkt der Adoptions- und Diffusionstheorie als Zweig der Kaufverhaltenstheorie. In diese Theorie als einen Zweig der Kaufverhaltenstheorie fließen sowohl anthropologische als auch soziologische Erkenntnisse ein, auf deren Grundlage weitere Hypothesen bzw. Modelle entwickelt worden sind. Gegenstand der Überlegungen ist dabei das Übernahme- oder Adoptionsverhalten von Konsumenten, industriellen Nachfragern und Absatzmittlern sowie jeweils von Einzelpersonen und Gruppen (Familie, Organisation, Einkaufsgremium).

Als **Adoption** bezeichnet man die Übernahme (den Kauf) eines neuen Produkts durch einen einzelnen Nachfrager. Im Rahmen der Adoptionstheorie werden

– der Adoptionsprozess, d.h. der Verlauf des individuellen Entscheidungsprozesses, der im Idealfall mit der Adoption endet, und
– die Menge der demographischen, psychischen, sozioökonomischen und sozialen Einflüsse auf den Ablauf des Adoptionsprozesses

eingehend untersucht. Dabei interessiert vor allem die Frage, zu welchem Zeitpunkt die **individuelle Übernahme** des Produkts (früh oder spät?) erfolgt und wie dieser Zeitpunkt durch die Konstellation welcher Einflussgrößen erklärt werden kann.

Übersicht 6-4 liefert eine **graphische, komprimierte Version** einer **Menge von Hypothesen** zum individuellen **Adoptionsverhalten.** Die Übersicht ist wie folgt zu interpretieren: Jedes Individuum durchläuft beginnend mit dem Zeitpunkt des ersten Gewahrwerdens der Neuheit einen mehrphasigen Prozess der Informationsaufnahme und -verarbeitung. Auf den Verlauf des Prozesses wirken ein:

a) Die Art der Informationsquellen, denen die Person ausgesetzt ist,
b) personenbezogene Merkmale,
c) Einflussgrößen aus der Umwelt der Person und
d) Merkmale des neuen Produkts.

Der Prozess findet im Erstkauf seinen Abschluss; Wiederkäufe können sich dem erfolgreich abgeschlossenen Prozess anschließen. Jedoch: Ein Abbruch des Prozesses ist in jeder Phase denkbar.

Übersicht 6-4: Grafische Darstellung eines Hypothesensystems zum Adoptions-verhalten (Quelle: Schulz, 1972, S. 51)

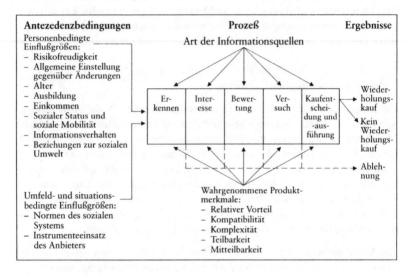

Die Pfeilverbindungen der Grafik repräsentieren Hypothesen vom Typ der **Je-desto-Aussagen.** Beispielsweise lautet eine Hypothese: „Je besser die Schulbildung, je qualifizierter der Beruf und je höher der Lebensstandard der Person, desto früher erfolgt die Adoption."

Die mit der Adoptionstheorie verbundene Menge von Hypothesen, deren Verknüpfung untereinander sowie die grundlegende Prozessbetrachtung kann als ein **Erklärungsmodell** interpretiert werden, da Vorgänge der Realität durch einige Kernaussagen erklärt werden, die von Einzelheiten abstrahieren. So werden etwa situative Einflüsse eines Erstkaufs weitgehend ausgeklammert und Rückkopplungen im Entscheidungsprozess nicht weiter erwähnt.

2. Ein formales Erklärungsmodell zur Entwicklung der Nachfrager- bzw. Absatzmenge einer Marktneuheit: **Ein Diffusionsmodell**

Unter **Diffusion** wird die Verbreitung einer Neuheit innerhalb der gesamten potentiellen Nachfragerschaft verstanden. Der Diffusionsgrad wird an den im Zeitablauf pro Periode zu registrierenden Absatzmengen bzw. an der kumulierten Absatzmenge abgelesen. Der Diffusionsverlauf gibt schließlich die Entwicklung der Diffusionsgrade im Zeitablauf wieder.

Die **Diffusionstheorie** baut auf Erkenntnissen zum individuellen Adoptionsprozess auf. Sie wendet sich aber dem sozialen System der potentiellen Käuferschaft als Ganzheit zu, dessen Mitglieder sich durch Kommunikation im individuellen Adoptionsverhalten beeinflussen. Die Ausbreitung des Produkts in der potentiellen Käuferschaft wird als ein Ansteckungsprozess gesehen. Auf diese Weise ist es möglich, zu Aussagen über Entwicklungsgesetzmäßigkeiten der gesamten Nachfrage bzw. Absatzmenge des Neuprodukts zu gelangen.

Bezeichnet man die ersten Käufer eines Neuprodukts als **Innovatoren,** so liegt es nahe, den Ausbreitungsprozess des Neuprodukts auf soziale Interaktionen zwischen den Innovatoren und Noch-Nicht-Käufern zurückzuführen. Solche Interaktionen bestehen in **verbaler Kommunikation** und in der **physischen Demonstration** des Neuprodukts im sozialen Umfeld der Innovatoren. Das relevante soziale Umfeld stellen insbesondere Primärgruppen wie Familie oder Freundeskreis, aber auch Sekundärgruppen wie die Nachbarschaft oder die Arbeitskollegen dar. Es hat sich gezeigt, dass Innovatoren durch dieselben Merkmale gekennzeichnet sind, die auch bei sog. **Meinungsführern** registriert werden. Deshalb liegt der Schluss nahe, dass Innovatoren **infolge eigener aktiver Kommunikationstätigkeit** (Weitergabe von Einstellungen zu oder Erfahrungen mit dem Neuprodukt) und/oder weil sie imitiert werden, also aufgrund ihrer Leitbildfunktion, zur weiteren Verbreitung einer Neuheit beitragen.

Bass (1969) hat derartige Überlegungen aufgegriffen und in ein **formales Erklärungsmodell** der Absatzentwicklung von Neuprodukten eingebracht. Sein Modell wurde wiederholt an unterschiedlichen Produktklassen auf seine Abbildungsfähigkeit realer Entwicklungen (d.h. auf seine Erklärungsgüte) mit guten Ergebnissen getestet. Der Ansatz von Bass wird hier exemplarisch aus der Vielzahl existierender, mit ähnlichen Absichten entwickelter Diffusionsmodelle aufgegriffen, da er mittlerweile auch als Hintergrund für zeitablaufbezogene Erklärungen von Preis- und Werbewirkungen dient.

Bass betrachtet in seinem Modell die Absatzmengenentwicklung eines Neuprodukts, für das auf absehbare Zeit keine Wiederkäufe zu erwarten sind und von dem nur eine Einheit je Käufer erworben wird (langlebiges Gebrauchsgut). Er geht davon aus, dass sich die Absatzmenge des Produkts (x_t) in Periode t aus der Nachfrage der **Innovatoren** (x_{1t}) und der Nachfrage der **Imitatoren** (x_{2t}) zusammensetzt. Innovatoren sind Käufer, die unabhängig von Mitgliedern ihrer sozialen Bezugsgruppen ihren Adoptionsprozess vollziehen; Imitatoren dagegen kaufen, weil andere schon gekauft haben.

Bass unterstellt nicht, dass alle Innovatoren zu Beginn des Diffusionsprozesses schlagartig ihren Kauf tätigen. Vielmehr wird angenommen, dass die individuellen Käufe in der Innovatorengruppe, wie in Übersicht 6-5 skizziert, einer Verteilung auf der Zeitachse unterliegen. Nachfrage der Imitatoren entsteht dagegen erst, wenn Innovatoren einen Kauf getätigt haben. Die angenommene Entwicklung wird ebenfalls in Übersicht 6-5 skizziert.

Übersicht 6-5: Annahmen zur Nachfrageentwicklung im Bass-Modell (Quelle: Schmalen 1982, S. 66)

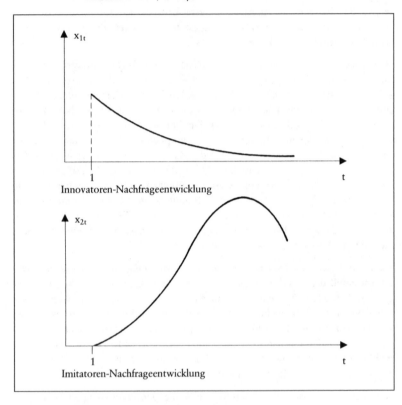

Je länger der Diffusionsprozess dauert, desto mehr wird das Potential aller Übernehmer bzw. Käufer ausgeschöpft und – mit dem Blick auf zukünftige Absatzpotentiale – aufgezehrt. Diese zunehmende Ausschöpfung des Käuferpotentials findet ihren Niederschlag im Rückgang der Imitatorenkäufe nach Erreichen eines Nachfragemaximums.

All diese Überlegungen werden von Bass **formalisiert.** Für die **Innovatorennachfrage** nimmt er an:

(6.1-1) $x_{1t} = a(\overline{X} - X_{t-1})$

Dabei gilt – über die bereits eingeführten Symbole hinaus – folgende Symbolik:

X_{t-1} : die bis einschließlich Periode t-1 realisierte, kumulierte Absatzmenge;

a   : Innovationskonstante, mit $0 < a < 1$;

$\overline{X}$: Übernehmer- bzw. Käuferpotential.

Die Innovationskonstante kennzeichnet somit einen konstanten (zeitinvarianten) Prozentsatz des jeweils verbliebenen Käuferreservoirs, der in einer Periode zu Innovatoren wird.

Für **die Imitatorennachfrage** nimmt Bass an:

(6.1-2) $x_{2t} = b \, \dfrac{X_{t-1}}{\overline{X}} \, (\overline{X} - X_{t-1})$

Der Parameter b ($0 < b < 1$) kennzeichnet die (konstante) Imitationsbereitschaft der Mitläufer. Die Imitatorennachfrage ergibt sich als ein zunehmender Prozentsatz des rückläufigen Käuferreservoirs, da der Quotient aus bislang erreichter Gesamtnachfrage $\overline{X}_{tl}$ und dem Käuferpotential $\overline{X}$ (Sättigungsgrad) im Zeitablauf wächst. Hier wird also angenommen: Je mehr Käufer das Produkt schon besitzen, desto mehr Nachfrager aus dem verbleibenden Käuferreservoir wollen das Produkt besitzen und kaufen. Allerdings wird das verbleibende Käuferreservoir im Zeitablauf immer kleiner.

Man beachte, dass die Imitatorennachfrage erst in Gang kommt, wenn $X_{tl} > 0$ ist, während dies für die Innovatorennachfrage nicht gilt. Daran erkennt man die erforderliche Initialzündung für den Diffusionsprozess, die nur von der Gruppe der Innovatoren ausgehen kann.

Die **Gesamtabsatzmenge einer** Periode ergibt sich als

(6.1-3) $x_t = x_{1t} + x_{2t}$

            $= (a + b \, \dfrac{X_{t-1}}{\overline{X}}) \, (\overline{X} - X_{t-1})$

Multipliziert man die rechte Seite aus und fasst die Ausdrücke mit gleichen Argumenten zusammen, so ergibt sich

(6.1-4) $x_t = c_1 + c_2 \, X_{t-1} + c_3 \, X_{t-1}^{2}$

       mit $c_1 = a \, \overline{X}$, $c_2 = b - a$, $c_3 = - \dfrac{b}{\overline{X}}$

Die **Absatzmenge einer Periode** wird offensichtlich mit den kumulierten **Absatzmengen früherer Perioden** sowie gewissen **Parametern** (a, b, $\overline{X}$) erklärt. Die Parameter kennzeichnen durch ihre festzulegenden Werte spezifische Gesetzmäßigkeiten für den Diffusionsverlauf im Markt- und Produkt-Einzelfall. Die zeitablaufbezogene Erklärung der Absatzmenge durch ein Schneeballprinzip ist für viele Modelle der Entwicklungsanalyse produktspezifischer Markt- und Absatzvolumina charakteristisch.

Man mag an dieser Stelle fragen, warum die Marketinglehre bemüht ist, bei der Erarbeitung von Erklärungen der Marktdynamik **formale, mathematisch-funktional spezifizierte Erklärungsmodelle** hervorzubringen. Für das Verständnis realer Entwicklungsphänomene in Märkten reicht ja ein Satz verhaltenswissenschaftlicher Hypothesen völlig aus! Gründe für die sog. quantitative Spezifizierung von Erklärungsmodellen sind in zweierlei Bestrebungen zu finden:

1. Man ist bemüht, seine Erklärungen in möglichst präziser Form zu geben. Je-desto-Aussagen sind verhältnismäßig vage und werden von vielen Wissenschaftlern lediglich als Vorstufe einer Theorie angesehen. Eine Theorie zur Erklärung der Nachfragedynamik sollte aber einen möglichst großen **Informationsgehalt** aufweisen. Man ist somit am Ideal naturwissenschaftlicher Theorienbildung orientiert.

2. Die formale, mathematische Spezifikation erlaubt ein Arbeiten mit Erklärungsmodellen „in der Welt der Zahlen". So ist es möglich, anhand realer Marktdaten zu überprüfen, ob sich Hypothesen im Zahlenmaterial wiederfinden lassen. Mit anderen Worten: Die **Überprüfbarkeit von Hypothesensystemen** hinsichtlich ihrer Erklärungskraft realer Phänomene wird auf diese Weise gefördert.

Es würde den Rahmen dieser Einführung sprengen, weitere Beispiele für die Auseinandersetzung der Marketinglehre mit Phänomenen der Marktentwicklung zu veranschaulichen. Entwicklungsanalytische Ansätze der Markenwahl (z.B. Markenwechselmodelle) oder formale Produktlebenszyklusmodelle, in denen Erst- und Wiederkäufe erfasst werden, böten dafür genügend Raum. Als wichtiger wird jedoch erachtet, auf den Stellenwert von **Methoden** einzugehen, die in empirischen Entwicklungsanalysen für die **Marktforschungsarbeit** des Analytikers typisch sind.

6.1.3.3 Entwicklungsanalysen als Marktforschungsaufgabe

Ein großer Teil praktischer Marktforschungsarbeit entpuppt sich bei näherer Betrachtung als die Erstellung marktbezogener Entwicklungsanalysen. Folgende Fragestellungen sind in diese Rubrik einzuordnen:

– Wie hat sich das Marktvolumen einer Produktart entwickelt?
– Wie haben sich die Marktanteile der verschiedenen Anbieter entwickelt?
– Wie hat sich der Stellenwert einzelner Nachfragersegmente im Laufe der Zeit verändert?

- Welche Veränderungen gab es in der Handelsstruktur? Wie entwickelte sich der Stellenwert einzelner Betriebsformen?
- Gab es Veränderungen im Einsatz von Marketing-Instrumenten der Hersteller oder Absatzmittler im Markt?
- Haben sich die Bedürfnisse, Interessen, Einstellungen und Verhaltensbereitschaften von Nachfragern verändert?

Die marktspezifische Beantwortung solcher Fragen – von der Praxis als besonders wichtig erachtet – setzt eine **Sammlung zeitablaufbezogener Daten** über die angesprochenen Sachverhalte voraus. Oft gibt sich die Praxis schon mit einer **tabellarischen** und/oder **graphischen Auswertung** der erhobenen oder zusammengetragenen Daten zufrieden. Die Marktforschungsaufgabe ist dann mit der **datengestützten Beschreibung** des Entwicklungsverlaufs erfüllt. Die **Marktforschungslehre** unterstützt den Analytiker in diesem Zusammenhang

- mit Hinweisen auf Datenquellen, die zeitablaufbezogene Informationen liefern können,
- mit Hinweisen auf eine sinnvolle Anlage kontinuierlicher Primärerhebungen sowie
- mit Hinweisen zur Auswertung erhobener und vorhandener Daten und zur Aufbereitung der Befunde in einer transparenten Form.

In vielen Fällen erschöpft sich die Marktforschungsarbeit jedoch nicht in der datengestützten Beschreibung. Will man Entwicklungen verstehen, so stellt sich die Aufgabe, **erklärende Hypothesen** am gewonnenen Datenmaterial empirisch **zu überprüfen**. Dieser Vorgang heißt **theoriegestützte empirische Entwicklungsanalyse.** Eigenartigerweise ist die Praxis an einer solchen Arbeit meist weniger interessiert, obwohl erst solche Analysen den (vielleicht unscharf artikulierten) Informationsbedarf des Praktikers erschöpfend zu decken vermögen. Dies wird besonders deutlich, wenn rückschauende Entwicklungsanalysen zur **Grundlage einer Prognose** gemacht werden sollen. Am Beispiel der Absatzmengenprognose soll dies veranschaulicht werden.

Beispiel:

● Das oben dargestellte Bass-Modell wurde schon mehrfach zur empirischen Entwicklungsanalyse der **Absatzmenge von Neuprodukten** herangezogen. Die Firmen Eastman Kodak, RCA, IBM und andere haben das Modell offenbar zu Entwicklungsanalysen bei Produktneueinführungen genutzt. Dabei wurde jeweils eine zur Verfügung stehende Zeitreihe der periodenbezogenen Absatzmengen x_t sowie der daraus ableitbaren kumulierten Absatzmenge X_t eines Produkts daraufhin untersucht, ob die vorhandenen Daten mit der Gleichung des Bass-Modells (6.1-4) vereinbar waren.

Übersicht 6-6 verdeutlicht diesen Vorgang. Die durchgezogene Linie kennzeichnet jeweils die tatsächlichen Beobachtungswerte der Marktpraxis. Die gepunkte Zeitreihe wurde – nach einer geschickten Wahl von Zahlenwerten für die Modellparameter – mit Hilfe der Modellgleichung (6.1-4) erzeugt. Wie man sieht, gibt es für jeden der Anwendungsfälle eine spezielle Konstellation numerischer Parameterwerte, die eine mehr oder weniger gute Übereinstimmung des Modells mit den Daten gewährleistet. Auf dieser Grundlage ist die **Prognose zukünftiger Absatzmengen** möglich.

Übersicht 6-6: Empirische Anwendungen des Bass-Modells (Entnommen aus Schmalen 1979, S. 49)

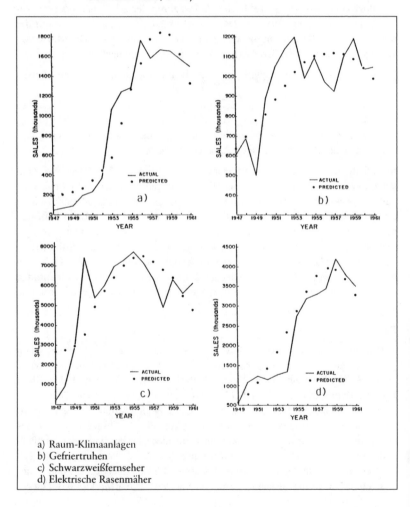

a) Raum-Klimaanlagen
b) Gefriertruhen
c) Schwarzweißfernseher
d) Elektrische Rasenmäher

Bei theoriegestützter empirischer Entwicklungsanalyse muss für die numerisch zunächst unbestimmten Parameter eines Modells (hier: a, b und $\overline{X}$) je ein spezifischer Zahlenwert ermittelt werden. Diesen Vorgang bezeichnet man als **Parameterschätzung** bzw. **Modelleichung** (synonym: Kalibrierung). Aufgabe des Analytikers ist es, Parameter zu schätzen, die in Verbindung mit den erklärenden Variablen (hier: tatsächliche Bestandsentwicklungen X_{t-1}) gewährleisten, dass modellgestützt erzeugte Zeitreihendaten große Ähnlichkeit mit der tatsächlichen Zeitreihe aufweisen. Die Ähnlichkeit drückt die **Güte der Anpassung** des Modells aus. Aufgabe der Marktforschungslehre ist es, dem Analytiker Schätzmethoden für die Modelleichung zu empfehlen, ihm den Umgang mit solchen Methoden möglichst zu erleichtern und ihm zu helfen, die Güte der Modelleichung **zu prüfen** und **zu beurteilen**.

Beispiel:

- Als Methode der Parameterschätzung kann im Zusammenhang mit dem Bass-Modell eine **lineare Regressionsanalyse** (hier: Mehrfachregression, da zwei erklärende Größen auf der rechten Seite der Modell- bzw. Regressionsgleichung (6.1-4) stehen) nach der **Methode der Kleinsten Quadrate** zum Zuge kommen. Die Methode wird hier nicht dargestellt, da sie in den üblichen Lehrbüchern zur statistischen Methodenlehre einen festen Platz hat. Die statistische Methodenlehre liefert auch Gütemaße zur Beurteilung einer Parameterschätzung bzw. Modelleichung.

Wie oben dargelegt bilden modellgestützte Entwicklungsanalysen oft die Basis für **Entwicklungsprognosen**. Viele Prognoseverfahren beruhen auf der Vorgehensweise **Modellkonstruktion, Modelleichung und Güteprüfung** für den jeweiligen Anwendungsfall. Natürlich existieren auch anderweitige Vorgehensweisen für eine Entwicklungsprognose, z.B. eine subjektive, allein auf Intuition beruhende Methodik. Eine modellgestützte Rückschau bietet sich jedoch im Sinne einer systematischen Aufarbeitung von Erfahrungen als Ausgangspunkt einer Marktprognose an.

6.2 Wirkungen absatzpolitischer Aktivitäten im Markt

Dynamik in Märkten zeigt sich nicht nur in zeitablaufbedingten Entwicklungen, sondern auch in Reaktionen der Nachfrager auf absatzpolitische Anstrengungen der Anbieter im Rahmen deren Instrumenteneinsatzes. Da solche Reaktionen Gegenstand der Marketing-Zielsetzungen von Anbietern sind, liegt es auf der Hand, dass Wirkungen absatzpolitischer Aktivitäten im Mittelpunkt des Interesses von Theorie und Praxis stehen.

6.2.1 Wirkungskategorien: Die Nachfragerreaktionen als Ausgangspunkt

Obwohl absatzpolitische Aktivitäten nicht nur bei (potentiellen) Nachfragern, sondern auch bei Konkurrenten oder Beeinflussern bedeutsame Wirkungen hervorrufen (können), beschränken sich die folgenden Ausführungen auf die Darlegung von Nachfragerreaktionen.

In Kapitel 3 wurden bei der Behandlung von Marketing-Zielen eines Anbieters zwischen – aus der Sicht des Anbieters wünschenswerterweise zu bewirkendem – innerem Verhalten (psychischen Wirkungen) und äußerem Verhalten (z.B. Kaufverhalten) von Nachfragern getrennt. In beiden Verhaltenskategorien können sich Wirkungen absatzpolitischer Aktivitäten eines Anbieters niederschlagen. Bei den behandelten Marketing-Zielarten ging es um vom Anbieter erwünschte Resultate seines Handelns, die i.a. erst nach Verstreichen einer gewissen Zeitspanne eintreten (z.B. Kauf eines Produkts bei nächster Gelegenheit) oder die als Gedächtniswirkung eine Zeitlang andauern, obwohl die betreffende absatzpolitische Aktivität längst vergangen ist (z.B. Markenbekanntheit). Neben diesen Wirkungen gibt es allerdings noch eine weitere Kategorie: Die physische und/oder psychische Reaktion eines Nachfragers unmittelbar bei oder im Anschluss an eine Konfrontation mit einer Maßnahme. Solche Reaktionen spielen sich z.B. im Laden, am Messestand oder auch im Verkaufsgespräch ab. Sie werden hier als **momentane Wirkungen** bezeichnet und beinhalten damit insbesondere innere Vorgänge einer Person wie z.B. physische und psychische, gefühlsbetonte und verstandesbetonte, vorbewusste oder bewusste Vorgänge. Gemeint sind demzufolge alle Teilprozesse der Aufnahme und aktuellen Verarbeitung von Reizen (Stimuli), die auf den Menschen im Zuge absatzpolitischen Instrumenteneinsatzes einwirken.

Beispiele:

- Im **Verkaufsgespräch** mit einem Außendienstmitarbeiter des Lieferanten registriert der technische Einkäufer das Auftreten des Verkäufers, wendet sich dargebotenem Informationsmaterial zu, versucht, die vorgebrachten Argumente mit seiner Erfahrung in Einklang zu bringen. Er findet die Argumentation wenig überzeugend und gelangt zu einer negativen Haltung gegenüber dem gemachten Angebot. Außerdem ist ihm der Verkäufer als Mensch unsympathisch. Auch die Einladung des Verkäufers zu einem gemeinsamen Abendessen ändert nichts an dieser Haltung.
- Beim **Messebesuch** wird – dank der Tätigkeit einer sympathischen Hostess – die Aufmerksamkeit des einen Besuchers auf den Stand des Anbieters gelenkt.

Einem anderen fällt das vom Aussteller präsentierte Neuprodukt auf und findet sein technisches Interesse.

Momentane Wirkungen, dauerhafte(re) Gedächtniswirkungen und finale Verhaltenwirkungen decken somit das gesamte Spektrum der Wirkungen absatzpolitischen Instrumenteneinsatzes ab. Die drei Wirkungskategorien sind in ihrer konzeptionellen Abgrenzung in Übersicht 6-7 aufgeführt.

Gegliedert wird zum einen nach innerem und äußerem Verhalten von Nachfragern. Zum anderen resultiert die Kategorisierung aus dem möglichen zeitlichen Abstand zwischen dem Kontakt einer Person mit einer absatzpolitischen Aktivität eines Anbieters (Reiz) und der feststellbaren Reaktion dieser Person. **Momentane Reaktionen** treten unmittelbar in der Kontaktsituation ein, z.B. beim Lesen eines schriftlichen Angebots, beim Sehen oder Hören eines Preises, beim Erleben eines Services, beim Kontakt mit einem Werbemittel oder dem Produkt im Regal: Die Zeitspanne zwischen dem marketing-instrumentellen Reiz und der feststellbaren Wirkung bei einer Person ist kurz. **Dauerhafte Gedächtniswirkungen** absatzpolitischer Maßnahmen eines Anbieters sind dagegen auch nach Verstreichen einer längeren Zeitspanne bei einer Person anzutreffen. Bei **finalen Verhaltenswirkungen** (z.B. ein Kauf erfolgt zeitversetzt, nachdem eine gründliche Auseinandersetzung mit einem Angebot stattfand) klafft der Zeitpunkt des Wirkungseintritts und der Zeitpunkt des Kontakts einer Person mit einem Marketing-Reiz zeitlich auseinander.

Übersicht 6-7: Wirkungskategorien absatzpolitischer Anstrengungen

Zeitspanne „Reiz→Wirkung"	inneres (nicht-beobachtbares) Verhalten	äußeres (beobachtbares) Verhalten
kurz	**Momentane Wirkungen**	
lang	**Dauerhafte Gedächtniswirkungen**	**Finale Verhaltenswirkungen**

Es erübrigt sich, näher auf die Vielfalt denkbarer Einzelwirkungen (Wirkungsvariablen) innerhalb der Wirkungskategorien einzugehen. Stattdessen ist die Auseinandersetzung der Marketing-Theorie mit diesen Phänomenen aufzuzeigen. Im Mittelpunkt der Betrachtungen stehen dabei zunächst definitorische und erklärende Ansätze.

6.2.2 Die Auseinandersetzung der Marketinglehre mit Wirkungen absatzpolitischer Aktivitäten

6.2.2.1 Definitionen bzw. Operationalisierungen

Jede verhaltenswissenschaftliche Auseinandersetzung mit Wirkungsphänomenen muss mit einer Definition der für bedeutsam gehaltenen **Wirkungsvariablen** (Reaktionsarten von Nachfragern) beginnen. Solche Definitionen wurden für Wirkungsvariablen aus den Kategorien Finale Verhaltenswirkungen und Dauerhafte Gedächtniswirkungen bereits in Kapitel 3 geliefert, als dort das äußere und innere Verhalten von Nachfragern erläutert wurde. Einer klaren Begriffsfassung bedürfen aber auch die Variablen der momentanen Wirkungen, da gerade auf diesem Sektor eine große Sprachverwirrung herrscht, wie auch Übersicht 6-8 andeutet.

Definitionen von Begriffen bewegen sich auf der (unscharfen) sprachlichen Ebene. Da auch bei gutem Willen zu einer klaren Umschreibung der Bedeutung eines Ausdrucks häufig noch intersubjektiver Auslegungsspielraum verbleibt, bietet es sich an, die Definition des Begriffs durch die Angabe einer empirisch orientierten

Übersicht 6-8: Vokabelrepertoire zu momentanen Reaktionen einer Person auf einen Werbereiz

Aufmerksamkeitswirkung, Aufmerksamkeitsgrad, Wahrnehmungserfolg, Wahrnehmungsqualität, Wahrnehmung, Sinneswirkung, Interessenweckungswirkung, Interessenbindungsintensivität, Interessenweckungserfolg, Interesse am Produktversprechen, Anmutungen, Assoziationen, Produkt- und Marktidentifikation, Verständlichkeit, Erfassung der Bild- und Textinformation, Verständlichkeit der Werbeaussage, Informationswirkung, Information, Erkennen, Verständnis, Sympathie, Gefallen, Gefälligkeit, Sympathiegehalt, Emotion, Anziehungskraft auf den Betrachter, Ausgelöstes Eindruckserleben, Gesamteindruck, Akzeptanz, Firmenadäquanz, Zielgruppenadäquanz, Medienadäquanz, Subjektive Beurteilung des Textes, Erlebte Neuartigkeit, Einstellung gegenüber dem Werbestil, Bedeutsamkeit der Inhalte für den Betrachter, Persönliche Bedeutsamkeit, Involvement, Produktinteresse, Spot-Bewertung, Affekt, Meinung, Bevorzugung, Erwartungsspannung, Einverständnis mit dem Inhalt, Markeneinschätzung, Markenbild, Firmenbild …

Übersicht 6-9: Definition und Operationalisierung der Aufmerksamkeit (gegenüber einem Werbemittel)

Wirkung:	**Aufmerksamkeit**
Definition:	Aufmerksamkeit ist die bewusste („interessierte"), selektive Zuwendung einer Person zu einem dargebotenen Reiz oder Reizbündel sowie Aufnahme („Einlesen") des Reizes bzw. spezieller Reizelemente in das Kurzzeitgedächtnis.

Empirische Ermittlung:

Stimulierung der Probanden	Erhebungs-methode	
Kurzzeitdarbietung oder Langzeitdarbietung des Werbemittels (z.b. Anzeige)	Befragung	• Erfassung des (passiven) Wiedererkennens (z. B. verschiedene Recognitionmethoden) • Erfassung des (aktiven) Erinnerns • Skalen zur erinnerten Zuwendung
	Beobachtung	• getarnte Leseverhaltensbeobachtung mit Videokamera • Blickregistrierung auf fotoelektrischer Basis (z. B. NAC Eye-Mark-Recorder: Registrierung der Fixationen; Verweildauer beim Werbemittel) • physiologische Messungen

Messvorschrift zu erläutern. Damit wird zugleich der theoretische Begriff mit der Erfahrungswelt verknüpft, in der sich Wirkungsmessungen vollziehen können. Dieser Vorgang heißt **Operationalisierung**. Die Marketinglehre setzt sich deshalb im Rahmen definitorischer Ansätze zu Wirkungsphänomenen auch ausführlich mit Wirkungsoperationalisierungen als Messmöglichkeiten eingetretener Wirkungen auseinander.

Beispiel:

• In Übersicht 6-9 wird eine Begriffsklärung für die Wirkungsvariable Aufmerksamkeit gegenüber einem Werbemittel gegeben. Gleichzeitig findet man Hinweise auf Messmethoden, mit denen die so definierte Aufmerksamkeit empirisch (mehr oder weniger gültig) ermittelt werden kann.

Für den Analytiker in der Praxis ist es natürlich von großem Interesse, **Zusammenhänge** zwischen absatzpolitischen Aktivitäten, bestimmten Wirkungen und Wirkungsausmaßen zu untersuchen. Daher ergibt sich analog zur **Wirkungskomponente** ein Operationalisierungserfordernis für die **Aktivitätskomponente** des Zusammenhangs. Es stellt sich nämlich die Frage nach der Erfassbarkeit des Ausmaßes einer auf den Nachfrager gerichteten Aktivität (= **Aktivitätsniveau**) im Rahmen eines eingesetzten absatzpolitischen Instruments. Drei verschiedene Ansätze bieten sich an:

1. Man betrachtet den für spezielle instrumentelle Aktivitäten in einem Zeitraum eingesetzten **Geldbetrag** als Maß der ergriffenen oder zu ergreifenden Anstrengungen, d. h. als das Aktivitätsniveau dieses Instrumenteneinsatzes.

Beispiel:

- Als Maß für die im Markt in einem bestimmten Zeitraum ergriffenen Werbeanstrengungen wird das in diesem Zeitraum für die Beeinflussung von Nachfragern eingesetzte, für Werbeträgerbelegungen verausgabte **Werbebudget** angesehen.

Ob mit einem Geldbetrag wirklich der ausgeübte Beeinflussungsdruck eines Marketing-Instruments gültig erfasst wird, bleibt fraglich. Dies wird am Beispiel der Werbung sehr deutlich. Das Werbebudget kann ja für Belegungen unterschiedlicher Werbeträger mit vielfältig gestaltbaren Werbemitteln in einem denkbar unterschiedlichen Timing verausgabt werden. Bei der Erfassung des Aktivitätsniveaus mittels eines Geldbetrags scheint die Preisgestaltung als Marketing-Instrument keine Probleme zu bereiten, da sie von Natur aus in der Gelddimension angesetzt wird. Aber wie soll der Unterschied zwischen einer einwöchigen und einer zweiwöchigen Sonderpreisaktion, zweifellos zwei unterschiedlich starken absatzpolitischen Anstrengungen eines Anbieters (auch bei identischer Preisveränderung gegenüber dem vorangegangenen „Normalpreis" eines Produkts), in der Gelddimension erfasst werden?

2. Man betrachtet die **quantitativen Merkmale der instrumentellen Aktivitäten,** so wie sie vom Anbieter ergriffen werden, unmittelbar als operationale Maßgrößen des Ausmaßes an absatzpolitischer Anstrengung.

Beispiele:

- Eine vierfarbige, ganzseitige Werbeanzeige wird in einem Monat dreimal hintereinander in einer Publikumszeitschrift bei nationaler Belegung platziert. Die **Anzahl der Belegungen** dieses Werbeträgers mit dieser Anzeige wird als Maß der Werbeanstrengungen aufgefasst.
- Die **Anzahl der Verkaufsgespräche** des Außendienstes bei Kunden (innerhalb eines Monats) wird als Maß der Anstrengungen im Rahmen der persönlichen Kommunikation angesehen.

Auch diese Art der Operationalisierung wirft Probleme auf:

– Was lässt sich unter Bezugnahme auf beide Beispiele über das Ausmaß an Kommunikationsanstrengungen im betrachteten Zeitraum (Werbe- plus Verkaufsanstrengung) insgesamt aussagen?

– Wie groß wäre das Ausmaß der Werbeanstrengungen, wenn die Publikumszeitschrift nicht national, sondern lediglich regional teilbelegt würde?

3. Man betrachtet **die Anzahl geschaffener Kontakte** der Nachfragerschaft mit absatzpolitischen Aktivitäten eines Anbieters innerhalb eines Zeitraums als Maßgröße der Anstrengungen dieses Anbieters im jeweiligen Instrument.

Beispiele:

● Das Ausmaß an Serviceaktivitäten wird über die Anzahl der in einem Zeitraum realisierten **Servicekontakte** erfasst.

● Das Ausmaß der Werbeaktivität wird mittels der durch eine Anzahl von Werbeträgerbelegungen herbeigeführten **Werbekontaktmenge** in der Nachfragerschaft erfasst.

● Das Ausmaß einer zweiwöchigen Sonderpreisaktion wird im Vergleich zu einer nur einwöchigen Aktion (bei identischer Preishöhe) mit der zu erwartenden, durchschnittlichen **Anzahl der Kundenkontakte** erfasst, bei denen eine Konfrontation mit dem Sonderpreis im Geschäft erfolgt.

Diese Operationalisierung bereitet ebenfalls Schwierigkeiten. Dazu gehören insbesondere Verrechnungsprobleme bei der zusammenfassenden Betrachtung des Aktivitätsniveaus mehrerer ungleichartiger Aktivitäten sowie empirische Erfassungsprobleme bei der Ermittlung der Kontaktmengen.

Aussagen der Marketinglehre arbeiten mit allen drei Operationalisierungsmöglichkeiten – je nach Fragestellung wird eine Version herausgegriffen. Dies wird deutlich, wenn im Folgenden Aussagen der Marketinglehre zu Wirkungsbeziehungen (= Wirkungsfunktionen) behandelt werden.

6.2.2.2 Wirkungshypothesen und deren Systematisierbarkeit

Wirkungsbeziehungen als Aussagen über den Zusammenhang zwischen einer absatzpolitischen Aktivität und einer dadurch ausgelösten Wirkung bei den Nachfragern stehen im Mittelpunkt der verhaltenswissenschaftlich orientierten Marketinglehre. Unter Rückgriff auf Typika menschlichen Verhaltens werden gewisse Zusammenhänge zwischen innerem bzw. äußerem Verhalten von Nachfragern und den auf sie gerichteten absatzpolitischen Aktivitäten freigelegt, um – gestützt auf diese Regelmäßigkeiten – die Konsequenzen absatzpolitischer Aktivitäten abschätzbar zu machen. Hiermit kommt die Marketinglehre ihrer explanatorischen Aufgabe nach, die bereits in Abschnitt 2.2.1 des 2. Kapitels angesprochen wurde.

Die Marketinglehre verfügt in dieser Hinsicht über ein großes Repertoire an Aussagen bzw. Vermutungen zu Wirkungsbeziehungen, die auch als **Wirkungshypothesen** bezeichnet werden. Es handelt sich dabei um „Wenn, dann ..."-Sätze, die sich in ihrer Wenn-Komponente mit absatzpolitischen Aktivitätsniveaus und in ihrer Dann-Komponente mit vermutlich eintretenden Wirkungen bei Nachfragern befassen. Das ganze Repertoire mittlerweile verfügbarer Wirkungshypothesen ist in einem einführenden Lehrbuch naturgemäß nicht zu präsentieren. Um jedoch einen Einblick zu vermitteln, werden im folgenden Abschnitt exemplarisch ausgewählte Wirkungshypothesen vorgestellt, auf deren Grundlage in Kapitel 7 Entscheidungen über den für ein Unternehmen „vernünftigen" Einsatz absatzpolitischer Instrumente behandelt werden können. Ferner sei die exemplarische Darstellung damit verbunden, einen Einordnungsrahmen für die Vielfalt der Wirkungshypothesen sowie der empirischen Marketing-Wirkungsforschung anzubieten, mit welcher die Leserin bzw. der Leser bei einer Vertiefung des Faches konfrontiert werden dürfte.

Aussagen der Marketinglehre über Wirkungsbeziehungen lassen sich nach unterschiedlichen Gesichtspunkten ordnend erfassen:

1. Es wird nach **absatzpolitischen Instrumenten** vorgegangen: Dies führt zu einer Darstellung von Wirkungshypothesen, in denen z.B. Wirkungen der Produktgestaltung, Wirkungen gewisser Services, Wirkungen von Geld- und/oder Sachzuwendungen, Wirkungen der Preishöhe oder Wirkungen der Werbung voneinander getrennt behandelt werden.

2. Es wird nach **Wirkungskategorien** (wie den momentanen Wirkungen, dauerhaften Gedächtniswirkungen und finalen Verhaltenswirkungen) bzw. nach einzelnen **Wirkungsvariablen** (z.B. Erinnerungswirkungen, Einstellungswirkungen, Kaufverhaltenswirkungen) gegliedert. Letzteres würde zu einer Darstellung führen, in welcher für jeweils eine ausgewählte Wirkungsvariable (z.B. Produktbekanntheit, Kundenzufriedenheit, Absatzmenge als aggregiertes Kaufverhalten) aufgezeigt wird, wie eine Wirkungsvariable auf absatzpolitische Aktivitäten reagiert.

3. Es wird danach gegliedert, ob sich Wirkungshypothesen auf **individuelles Verhalten** einer einzelnen Person beziehen, oder ob sie sich auf das Verhalten der vom Anbieter angepeilten **Käuferschaft als Personenmehrheit** beziehen. Wirkungshypothesen, die sich auf das Individuum beziehen, heißen **mikroanalytische** Hypothesen. Hypothesen zum Reaktionsverhalten einer Personenmehrheit (= Reaktion der Käuferschaft, Reaktion der Kunden, Marktreaktion) heißen **makroanalytische** Hypothesen. Werden solche Hypothesen in (formale) Wirkungsmodelle eingebracht, so spricht man von **Mikro-** bzw. **Makromodellen** der Wirkung des absatzpolitischen Instrumenteneinsatzes.

Übersicht 6-10: Typen von Wirkungshypothesen bzw. -modellen in der Marketinglehre

Betrachtungsebene \ Betrachtete Wirkungen	Inneres Verhalten	Äußeres Verhalten
Individuum (Mikroebene; Mikromodelle)	①	③
Käuferschaft (Makroebene; Makromodelle)	②	④

Im Folgenden seien einige „Kostproben" zu Wirkungshypothesen bzw. Wirkungsmodellen der Marketinglehre gegeben, wobei die Preisgestaltung und die
Werbung als absatzpolitische Anstrengungen, das innere Verhalten und das äußere Verhalten von Nachfragern sowie die Mikro- und die Makroebene der Wir-
kungsbetrachtung aufgegriffen seien. Die Beispiele orientieren sich an dem mit
Übersicht 6-10 gelieferten Schema.

6.2.2.3 Wirkungshypothesen zum inneren Verhalten von Nachfragern

Als Beispiel zu Feld 1 der Übersicht 6-10 sei die **Namenskenntnis als Wirkung
von Werbeanstößen** bei der mit Werbung unterstützten Einführung einer bislang
unbekannten Marke erläutert. In der Werbewirkungstheorie wird – basierend auf
gedächtnispsychologischen Erkenntnissen – davon ausgegangen, dass der Name
eines Produkts, welcher einer Person bislang innerhalb einer gewissen Produktklasse unbekannt ist, infolge von Kontakten mit Werbemitteln, in denen der neue
Name bewusst mit der Produktklasse in Verbindung gebracht wird, ab einer gewissen Kontaktanzahl dieser Person „aktiv" bekannt ist. **Aktive Namenskenntnis** (Markenkenntnis) liegt auf der **Mikroebene** vor, wenn einer Person beim
Denken an die Produktklasse spontan der betreffende Name (= die Marke) ein-
fällt. Da das spontane, innere Zuordnen (Assoziieren) des Namens zu der Produktklasse ein ja/nein-Ereignis darstellt, kann die hypothetische Wirkung der
Werbekontaktanzahl auf die aktive Namenskenntnis wie mit Übersicht 6-11 veranschaulicht werden. Die Schwelle der für das Eintreten aktiver Namenskenntnis
erforderlichen Kontaktanzahl wird in der Darstellung mit S bezeichnet. Der Zusammenhang zwischen Wirkungsniveau und Kontaktanzahl wurde mit einzelnen
Punkten über den ganzzahligen Ausprägungen der Kontaktfrequenz eingetragen.

Übersicht 6-11: Wirkung von Werbekontakten auf die individuelle, aktive Namenskenntnis einer Person (Neuproduktfall)

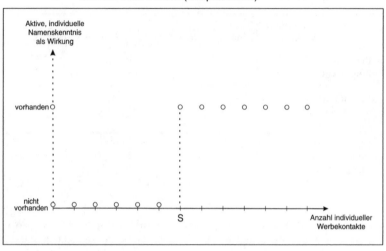

Bei einer Auseinandersetzung mit dieser graphisch zum Ausdruck gebrachten
Wirkungshypothese treten natürlich weiterführende Fragestellungen auf:

– Von welchen Umständen hängt die Größe S ab? Spielt dabei der Werbeträger
  (z.B. TV, Hörfunk, Print) eine Rolle? Welcher Einfluss kommt dabei der Werbemittelgestaltung zu? Sind Personenmerkmale (z.B. Lernfähigkeit, Medien-
  konsum) bedeutsam?
– Werden Werbekontakte mit einem durchgängig identischen Werbemittel in
  stets demselben Werbeträger betrachtet, oder dürfen in der Kontaktsequenz
  Abwechslungen in dieser Hinsicht vorgenommen werden, ohne dass S davon
  berührt wird?
– In welchem Zeitraum müssen die betrachteten Werbekontakte erfolgen, um ab
  dem S-ten Kontakt die Wirkung zu hinterlassen?
– Welche Rolle mögen Kontakte der Person mit Konkurrenzwerbung derselben
  Produktklasse spielen?

Somit ist zu erkennen, dass die hier präsentierte Wirkungshypothese zur Fre-
quenzwirkung von Werbung nicht nur bezüglich der Größe S unspezifiziert
bleibt, sondern dass viele weitere Randbedingungen in der Wenn-Komponente einer diesbezüglichen Hypothese ausdrücklich genannt werden müssten, um der
Hypothese einen höheren **Informationsgehalt** zu geben. Gleichwohl handelt es
sich in der Grafik um eine Wenn-dann-Wirkungsaussage.

Der erläuterte Sachverhalt soll genutzt werden, um den Unterschied zwischen Wirkungshypothesen auf der Mikroebene und der Makroebene zu verdeutlichen. Die folgenden Ausführungen betreffen deshalb Feld 2 der Übersicht 6-10. Betrachtet wird jetzt – auf der **Makroebene** – als Wirkungsvariable nicht mehr die aktive Namenskenntnis einer (fiktiven) Person, sondern der aktive **Bekanntheitsgrad** (gemessen in Prozent) in der angepeilten Zielgruppe bzw. Käuferschaft. Dieser ergibt sich als der Prozentsatz jener Werbeadressaten, die sich spontan an den neuen Namen erinnern. Diese Wirkungsvariable ist im Gegensatz zur Individualebene nicht lediglich eine ja/nein-Variable, sondern eine kontinuierlich variierende Größe, von Null bis 100 Prozent.

Mit dem Übergang auf die Makroebene muss auch die Werbefrequenzvariable anders als im Fall des Feldes 1 gefasst werden: Die Zielgruppe als Ganzes weist – je nach Belegungshäufigkeit des Werbeträgers durch den Werbungtreibenden – eine höhere oder niedrigere **Anzahl an Durchschnittskontakten** auf. Diese ergibt sich aus der unterschiedlich intensiven Nutzung des Werbeträgers durch die vielen verschiedenen Personen der Zielgruppe. Manche Personen mögen etwa bei 10-maliger Belegung eines Werbeträgers durch den Werbungtreibenden lediglich einen oder zwei Kontakte im Belegungszeitraum realisieren, während andere Personen sieben oder acht Kontakte erleben, da sie das Medium intensiver nutzen. Die Anzahl der Durchschnittskontakte in der Zielgruppe (als Maß für den mittels Werbeträgerbelegungen durch den Werbungtreibenden ausgeübten **Werbedruck**) ist im Gegensatz zur ganzzahligen Anzahl individueller Kontakte eine kontinuierliche Variable.

In Übersicht 6-12 werden auf dieser Grundlage zwei verschiedene Möglichkeiten der **Wirkung des Werbedrucks auf den Bekanntheitsgrad** eines Neuprodukts zum Ausdruck gebracht, ein degressiv steigender (konkaver) Verlauf und ein s-förmiger Verlauf. Welcher der Verläufe im Einzelfall zu vermuten ist, wird durch Gegebenheiten in der jeweiligen Zielgruppe und durch das gewählte Muster der Werbeträgerbelegungen bestimmt, mit denen der Werbedruck ausgeübt wird. Der sich bei einer gewissen Höhe des Werbedrucks einstellende Bekanntheitsgrad – und damit auch der Verlauf der kontinuierlichen **Wirkungsfunktion** – hängt nämlich

– von der statistischen Verteilung der Höhe von S, der „Lernschwelle", in der angepeilten Zielgruppe, sowie
– von der statistischen Verteilung der individuellen, personenspezifischen Kontaktfrequenzen bei der gewählten Höhe des mit Werbeträgerbelegungen realisierten Werbedrucks ab.

Der Wirkungsverlauf (a) würde z.B. bei relativ niedriger Werbedruckhöhe einen steilen Anstieg zeigen, wenn die Zielgruppe zu einem hohen Prozentsatz aus Intensivnutzern des oder der vom Werbungtreibenden belegten Werbeträger bestün-

Übersicht 6-12: Wirkung des Werbedrucks auf den aktiven Bekanntheitsgrad eines Neuprodukts

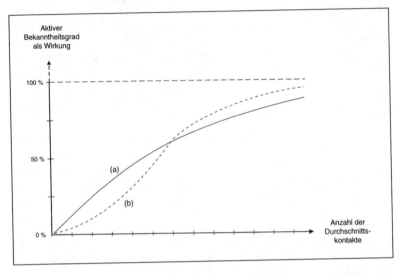

de und wenn deren individuelle Lernschwelle S durchgängig sehr niedrig wäre. Je weniger beide Randbedingungen im Einzelfall (gemeinsam) zutreffen, desto flacher ergibt sich der Verlauf der zu vermutenden Wirkungsfunktion. Je nach den betreffenden Verteilungsannahmen ergibt sich u. U. auch die s-förmige Wirkungsfunktion vom Typ (b).

Aus dem Vergleich der Wirkungshypothesen zu Feld 1 (Übersicht 6-11) und Feld 2 (Übersicht 6-12) der Übersicht 6-10 – infolge ihrer abstrahierenden Vereinfachung auch als **Wirkungsmodelle** zu bezeichnen – zeigt sich, dass die Charakteristik von Ursache-Wirkung-Zusammenhängen im Markt je nach betrachteter Aggregationsstufe (Mikro- versus Makroebene) völlig unterschiedlich ausfallen kann. Während im hier gewählten Beispiel auf der Individualebene eine einstufige Treppenfunktion die Wirkung kennzeichnet, folgt der analoge Zusammenhang auf der Makroebene (auch generell als **Marktreaktionsfunktion** bezeichnet) einer konkaven oder s-förmigen Charakteristik. Dessen muss sich ein Marketing-Entscheider bewusst sein, wenn er von individuellem menschlichen Verhalten auf das mögliche Verhalten einer Käuferschaft schließen will.

6.2.2.4 Wirkungshypothesen zum äußeren Verhalten (Kaufverhalten) von Nachfragern

Eine ähnliche Einsicht zur Aggregationsproblematik ist zu gewinnen, wenn anstelle des inneren Verhaltens das äußere Verhalten von Nachfragern, etwa das Kaufverhalten, betrachtet wird. Die folgende Darstellung wendet sich hierzu Feld 3 der Übersicht 6-10 zu. Als ein erstes Beispiel sei die **Kaufverhaltenswirkung der Preishöhe** im Konkurrenzvergleich aus Sicht eines industriellen Abnehmers im BtoB-Marketing gewählt.

Betrachtet sei mit Übersicht 6-13 auf der **Mikroebene** ein Abnehmer von Industrielacken, mit denen Gartenmöbel, Lampen, Sonnenschirmstangen und viele andere Produkte lackiert werden. Der Abnehmer verfolgt die Strategie des Single Sourcing, d.h. innerhalb einer zu beschaffenden Produktklasse arbeitet er nur mit einem einzigen Lieferanten zusammen. Die Bedarfsmenge dieses Kunden wird somit – von kleineren sog. Versuchsmengen abgesehen – für einen gewissen Zeitraum nur diesem Lieferanten übertragen. Für die Lieferantenwahl entscheidend ist neben der Erfüllung der Produkt- und Serviceanforderungen die Preisrelation zwischen den Lieferanten.

In der Übersicht wird zum Ausdruck gebracht, dass bei der bisherigen Preisrelation ein ausgewählter Lieferant in den Genuss der Geschäftsbeziehung zu diesem Kunden kommt. Einen günstigeren als den derzeitigen Preis zu bieten, würde bei

Übersicht 6-13: Preis-Reaktionsschwelle eines Kunden innerhalb einer Produktklasse (bei Single Sourcing)

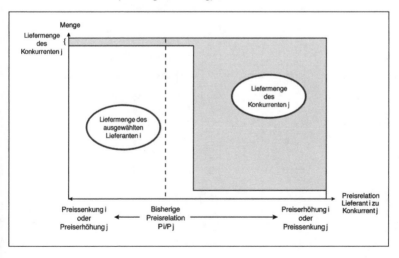

unverändertem Konkurrenzpreis dem Lieferanten nichts nützen: Die Liefermenge entfällt auf ihn bereits komplett. Es kann auch davon ausgegangen werden, dass der Gesamtbedarf des Kunden durch einen günstigeren Preis nicht angeregt würde. Der Lieferant behielte sogar den Kunden, so zeigt die Grafik, wenn er den Preis geringfügig erhöhen würde, wodurch sich die von ihm gebotene Preisrelation zur Konkurrenz aus Kundensicht verschlechtern würde. Der Grund für dieses „treue" Kundenverhalten mag in einer Präferenz des Kunden für die gebotenen Services dieses Lieferanten oder in ihm entstehenden Kosten des Lieferantenwechsels liegen. Erst ab einer „kritischen" Preisrelation würde der Kunde den

Übersicht 6-14: Beispiel einer Preis-Absatzfunktion

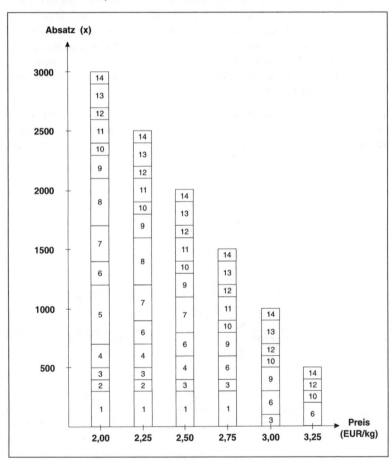

Lieferanten wechseln, so dass der betrachtete Anbieter dieses komplette Geschäft bis auf weiteres verlieren würde.

Auch in diesem Beispiel wird eine Wirkungshypothese zum Verhalten eines einzelnen Nachfragers mittels einer Grafik zum Ausdruck gebracht. Eine diesbezügliche verbal zu formulierende, kompakte Wenn-dann-Aussage mag aus dem oben stehenden Text destilliert werden; davon sei hier abgesehen. Vielmehr soll mit dem Übergang zu Feld 4 der Übersicht 6-10 erneut aufgezeigt werden, welches Resultat sich aus einem derartigen Individualverhalten auf der **Makroebene** ergeben kann.

Betrachtet seien mit Übersicht 6-14 vierzehn derartige Nachfrager als Käuferschaft, die alle Single Sourcing innerhalb dieser Produktklasse betreiben. Allerdings unterscheide sich die für das Kundenverhalten „kritische" Preisrelation (Reaktionsschwelle) im Kundenvergleich sowie die jeweilige Abnahmemenge (in Tonnen) der Kunden. Während die Kunden 2, 3, 10, 12 und 14 zum Beispiel lediglich 100 t kaufen, nimmt Kunde 5 sogar 500 t ab. In Übersicht 6-14 wird erkennbar, bei welcher **absoluten Preishöhe** – vor dem Hintergrund eines gegebenen, hier nicht transparenten Konkurrenzpreises – diese Kunden bei dem betrachteten Lieferanten ihre jeweiligen Jahresmengen (es werden Jahreskontrakte geschlossen) abnehmen würden. Die Ordinate des Koordinatensystems repräsentiert die preisbedingte Jahres-**Absatzmenge** des ausgewählten Lieferanten, die sich ergäbe, wenn für alle Kunden derselbe Preis gelten würde (von einer kundenspezifischen Preisdifferenzierung wird abgesehen). Auf der Abszisse wurden lediglich wenige, ausgewählte Preishöhen abgetragen; auch weitere Zwischenwerte wären denkbar. Ein Zusammenhang dieser Art, d.h. die Veranschaulichung der möglichen Wirkung der Preishöhe auf die Absatzmenge eines Anbieters, wird in der Literatur als **Preis-Absatzfunktion** bezeichnet. Es handelt sich um eine preisbezogene Wirkungshypothese auf der Makroebene. Die hier veranschaulichte, aus der Aggregation resultierende Wirkungshypothese lässt sich verbal wie folgt formulieren:

„Bei einem hohen im Vergleich zu einem niedrigen Preis eines betrachteten Produkts fällt die Absatzmenge dieses Produkts innerhalb eines Zeitraums bei einem als konstant unterstellten Konkurrenzpreis sowie konstantem Einsatz nicht-preislicher absatzpolitischer Instrumente des Anbieters und seiner Konkurrenten vergleichsweise niedrig aus. Bei einem niedrigen Preis ist unter gleichen Bedingungen eine vergleichsweise hohe Absatzmenge zu erwarten."

Eine derartige Tendenzaussage (salopp gefasst: „Je höher (niedriger) der Preis, desto niedriger (höher) die Absatzmenge") lässt sich nicht nur graphisch oder verbal formulieren. Soll auf einem höheren Präzisierungsniveau als dem Je-desto-Niveau und u.U. „in der Welt der Zahlen" gearbeitet werden, bietet sich dafür eine mathematisch-formale **Präzisierung** an. Wird anstelle der „Preis-Reaktionstreppe" der Übersicht 6-14 für den Zusammenhang zwischen Preishöhe p und preisbedingter Absatzmenge des Lieferanten, x(p), im Sinne obiger Tendenzaussage eine stetige Beziehung unterstellt, so wäre eine **lineare Funktion** wohl die einfachste, idealisierende Preis-Absatzfunktion:

(6.2-1) $x(p) = a - bp$, $(a, b > 0)$.

a und b stellen konstante Funktionsparameter dar, die mit ihrem jeweiligen Wert im Einzelfall den Zusammenhang näher zu spezifizieren vermögen. In ihrer jeweiligen Höhe würden sich implizit auch die Wirkungen anderweitig eingesetzter, aber als konstant angenommener absatzpolitischer Instrumente niederschlagen.

Die in Übersicht 6-14 dargestellte Preis-Reaktionstreppe zeigt offensichtlich für die dargestellten Preis-Absatz-Kombinationen einen ebenfalls linearen, jedoch nicht-kontinuierlichen Verlauf (zwischen 3000 t und 500 t). Die einzelnen Absatzwerte der Preis-Reaktionstreppe aus Übersicht 6-14 lassen sich infolge ihrer linearen Beziehung zur Preishöhe aus der stetigen Preis-Absatzfunktion

(6.2-2) $x(p) = 7 - 2p$

reproduzieren mit x in Tausend Tonnen und p als Preis in €/kg. Zum Beispiel ergibt sich für p = 2,50 € eine Absatzmenge von 2000 t.

Die Linearität der Preis-Reaktionstreppe ist ein gewollt konstruierter Zufall, denn für deren Verlauf kommt es offenkundig auf die Verteilung der „kritischen" Preisrelation als Reaktionsschwelle sowie auf die Verteilung der antreffbaren Jahresabnahmemengen in der Käuferschaft an. Im Beispiel wurden hierzu Annahmen dergestalt getroffen, dass sich der in Übersicht 6-14 dargestellte, lineare Verlauf einstellte. Jedoch sind auf der Makroebene mehrere verschiedene Wirkungszusammenhänge als Verläufe der Preis-Reaktionstreppe denkbar, selbst wenn für alle Nachfrager ein identisches Mikromodell (hier: preisbedingtes Single Sourcing) unterstellt wird. Die mögliche Vielfalt u. U. resultierender Makro-Zusammenhänge ergibt sich daraus, dass sich die verschiedenen Nachfrager in gewissen Parameterwerten des Mikromodells unterscheiden (hier: Jahresabnahmemenge und „kritische" Reaktionsschwelle).

Sowohl für die Mikroebene als auch für die Makroebene kann natürlich ein anderer Zusammenhang zwischen Preishöhe des Lieferanten und der Lieferantenwahl bzw. preisbedingten Kaufmenge eines Kunden bei einem Lieferanten vermutet werden. So ist es etwa durchaus denkbar, dass eine mehrstufige Preis-Reaktionstreppe bereits auf der Mikroebene das Verhalten des Einzelkunden abbildet, weil der Kunde je nach Preisrelation der Anbieter mehreren Lieferanten einen mehr oder weniger hohen Anteil seines Jahresbedarfs zuweist (sog. Multiple Sourcing oder Order-Splitting). Wird mit dieser Verhaltensannahme eine relativ große Anzahl von Abnehmern aggregierend betrachtet, ergibt sich ebenfalls – zumindest als Approximation – eine stetige Preis-Absatzfunktion, die möglicherweise vom linearen Typ sein könnte. Aber auch andere Verlaufstypen einer preisbezogenen Wirkungsfunktion mögen Plausibilität für sich beanspruchen, etwa die in Übersicht 6-15 als konvexe Funktion graphisch veranschaulichte Beziehung. Eine solche ist z.B. zu vermuten, wenn – wie im Industriegütermarketing nicht selten – ausgerechnet die Großabnehmer sehr preisempfindlich sind (man betrachte etwa den Kunden 5 in obigem Beispiel). Mathematisch präzisieren lässt sich diese Beziehung z.B. mittels einer Potenzfunktion

(6.2-3) $x(p) = ap^b$ $(a > 0; b < 0)$,

die auch als **multiplikative Preis-Absatzfunktion** bezeichnet wird.

In beiden Typen einer Preis-Absatzfunktion wird das „Gesetz der fallenden Nachfrage bei höherem Preis" (sog. law of demand) veranschaulicht. Es basiert – wie aus der mikroanalytischen Fundierung erkennbar – auf gewissen Annahmen zu individuellem Preis-Reaktionsverhalten und der ergänzenden Annahme, alle Nachfrager der Käuferschaft unterlägen einem gleichartigen Typ von Verhaltens-

Übersicht 6-15: Alternative Preis-Absatzfunktionstypen

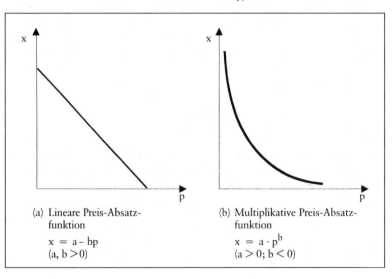

(a) Lineare Preis-Absatz-
    funktion
    $x = a - bp$
    $(a, b > 0)$

(b) Multiplikative Preis-Absatz-
    funktion
    $x = a \cdot p^b$
    $(a > 0; b < 0)$

regelmäßigkeit, nämlich dem sorgfältigen, kritischen Abwägen der eigenen Lieferantenwahl und Kaufmenge mit der Tendenz der Zurückhaltung bei einem hohen Preis eines Produkts.

Als Beispiel für ein gänzlich anderes individuelles Preis-Reaktionsverhalten sei auf den sehr qualitätsunsicheren Konsumenten hingewiesen, der in einer Produktklasse die Preishöhe als einen Qualitätsindikator nutzt, um zu einer Kaufentscheidung zu gelangen. Die in solchen Fällen zu vermutende Preis-Absatzfunktion zeigt u. U. eine gänzlich andere Typik als jene des law of demand. Möglicherweise koppelt sie eine hohe Absatzerwartung auf hohem Preisniveau, und zwar mit höherer Absatzmenge als jener bei niedrigerem Preisniveau. Jedoch hängt der konkrete Verlauf dieser Preis-Absatzfunktion von der Verteilung der Qualitätsunsicherheit in der Käuferschaft der betrachteten Produktklasse ab, sowie von der Verteilung individueller Kaufmengen pro Periode bei stark oder gering qualitätsunsicheren Nachfragern. Ohne nähere Annahmen hierzu lässt sich keine präzisierende Aussage zu der graphischen Charakteristik einer Preis-Absatzfunktion für diesen Fall machen.

Da eine Preis-Absatzfunktion – sei es in graphischer Darstellung, sei es in formalisierter Schreibweise – eine Information darüber liefert, wie sensitiv eine Käuferschaft mit ihrer aggregierten Nachfrage (= Absatzmenge) auf die Preishöhe eines Produkts reagiert, bedient sich die Marketinglehre eines in den Wirtschaftswissenschaften seit langem bekannten Maßes, um im Zusammenhang mit Preiswirkungsmodellen die **Preisempfindlichkeit** der Nachfrager zum Ausdruck zu bringen: der sog. **Preiselastizität**. Begrifflich präzise handelt es sich um die **Nachfrageelastizität in Bezug auf den Preis**. Sie ist definiert als das Verhältnis aus relativer Veränderung des Absatzes und relativer Veränderung des Preises. Sie drückt somit bei entsprechender Prozentuierung aus, um wie viel Prozent sich der Absatz verändert, wenn der Preis um ein Prozent verändert wird. Zieht man idealisierend sogar unendlich kleine Veränderungen in Betracht, so lautet die Definition der Preiselastizität formal:

(6.2-4) $$\varepsilon = \frac{dx(p)}{x(p)} : \frac{dp}{p} = \frac{dx(p)}{dp} \cdot \frac{p}{x(p)}$$

Bei Gültigkeit des law of demand ist ε stets negativ. Ist $|\varepsilon| < 1$, d.h. die relative Mengenänderung kleiner als die relative Preisänderung, dann heißt die Nachfrage **unelastisch**. Im Fall $|\varepsilon| > 1$ ist sie hingegen **elastisch**.

Wird Gleichung (6.2-4) auf eine **lineare** Preis-Absatzfunktion angewendet, ergibt sich:

(6.2-5) $$\varepsilon = \frac{-bp}{a - bp}$$

198

Je nach Preishöhe weist die Nachfrageelastizität offenbar eine unterschiedliche Höhe auf. Angewendet auf die **multiplikative** Preis-Absatzfunktion stellt sich dagegen das folgende Resultat ein:

$$\frac{dx(p)}{dp} = abp^{b-1}$$

und

(6.2-6) $$\varepsilon = abp^{b-1} \cdot \frac{p}{ap^b} = \frac{abp^b}{ap^b} = b$$

Der Parameter b entspricht somit der Preiselastizität dieser Preis-Absatzfunktion, die offenbar bei jeder (x,p)-Konstellation immer gleich elastisch ist. Die multiplikative Preis-Absatzfunktion wird daher auch als **isoelastisch** bezeichnet.

Als ein weiteres Beispiel zur Wirkung absatzpolitischer Aktivität eines Unternehmens sei für die Makroebene die (aggregierte) **Kaufverhaltenswirkung der Werbebudgethöhe** dargestellt, ohne an dieser Stelle explizite Überlegungen zur Mikroebene voranzustellen. Die exemplarischen Ausführungen zur Bekanntheitswirkung des Werbedrucks in Abschnitt 6.2.2.3 mögen als Verständnishintergrund dienen.

Übersicht 6-16: Alternative (Werbe-)Budget-Absatzfunktionstypen

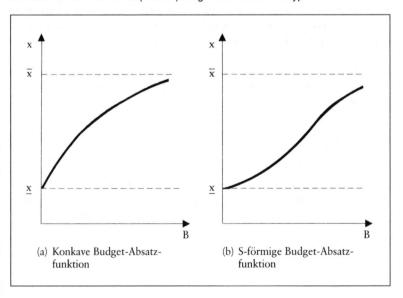

(a) Konkave Budget-Absatzfunktion

(b) S-förmige Budget-Absatzfunktion

Betrachtet man die Höhe des produktbezogenen Werbebudgets (synonym: Werbeetat) als gültiges Maß für die Höhe der Werbeanstrengungen für ein im Markt etabliertes Produkt, so lautet eine Wirkungshypothese der Marketinglehre:

„Auf hohem (niedrigem) Niveau des Werbebudgets für das betrachtete Produkt fällt die Absatzmenge des Produkts bei gleich bleibendem Einsatz anderweitiger absatzpolitischer Anstrengungen des Anbieters und der Wettbewerber hoch (niedrig) aus. Kurzfristig wird jedoch bei einer extremen Budgetausweitung (Budgetrücknahme) eine Obergrenze (Untergrenze) der Absatzmenge nicht überschritten (unterschritten)."

Übersicht 6-16 liefert zwei verschiedene, mit der verbal formulierten Hypothese zu vereinbarende Präzisierungen in graphischer Form. Der Zusammenhang zwischen Werbebudget und Absatzmenge kann als **Budget-Absatzfunktion** bezeichnet werden. Die beiden verschiedenen Funktionstypen in Übersicht 6-16 sind aus jeweils unterschiedlichen Gründen plausibel:

Die **konkave** Funktion wird begründet mit

– der abnehmenden Leistungsfähigkeit der Werbeträger, welche mit zunehmender Budgethöhe in Werbeaktivitäten einbezogen werden müssen. Es wird also angenommen, dass das Management bei einem gegebenen Werbebudget zunächst die wirksamsten und wirtschaftlichsten Werbeträger voll nutzt, bevor weitere, weniger effiziente Medien zur Verausgabung des Geldes herangezogen werden;
– abnehmenden Reichweitenzuwächsen bei zunehmender Belegung derselben Werbeträger; dies bedeutet, dass mit einem hohen Etat zwar auch ein hoher Werbedruck auf die Käuferschaft ausgeübt wird, jedoch bei höherem Werbedruck zunehmend dieselben Personen wiederholt erreicht werden.

Die **s-förmige** Funktion wird begründet mit

– dem Erfordernis eines Mindestbudgets zur Belegung leistungsfähiger Werbeträger;
– Rabattstaffeln für die Inanspruchnahme von Werbeträgern;
– der s-förmigen Gestalt von Werbewirkungsfunktionen, wie etwa in Übersicht 6-12 dargestellt;
– der intuitiven Vorstellung vieler markterfahrener Praktiker.

Budget-Absatzfunktionen, wie sie in Übersicht 6-16 graphisch skizziert sind, lassen sich auf sehr unterschiedliche Art mathematisch spezifizieren. Die **konkave** Budget-Absatzfunktion kann z. B. mit Hilfe einer modifizierten Exponentialfunktion spezifiziert werden:

$$(6.2\text{-}7) \qquad x(B) = \bar{x} - (\bar{x} - \underline{x})\, e^{-bB}, \ (b > 0)$$

$\bar{x}$ symbolisiert die kurzfristig konstante Höchstabsatzmenge, $\underline{x}$ dagegen die kurzfristige Untergrenze der Absatzmenge, B das Werbebudget. Dem Ansatz (6.2-7) äquivalent ist der Ausdruck

(6.2-8) $x(B) = \bar{x}\,(1 - e^{a-bB}),\ (a < 0,\ b > 0)$

da für diesen die kurzfristige Absatzuntergrenze

(6.2-9) $x_{B=0} = \bar{x}\,(1 - e^a)$

beträgt; setzt man (6.2-9) als $\underline{x}$ in (6.2-7) ein, so ergibt sich (6.2-8).

Eine **s-förmige** Budget-Absatzfunktion gemäß Übersicht 6-16 lässt sich z.B. mit Hilfe des folgenden Ausdrucks präzisieren:

(6.2-10) $x(B) = \underline{x} + (\bar{x} - \underline{x})\,\dfrac{B^a}{b + B^a},\ (a > 1)$

Dieser Funktionstyp ist in Wirkungsmodellen besonders beliebt, da derselbe Ausdruck nicht nur einen s-förmigen Verlauf aufweisen, sondern für $0 < a \leq 1$ auch einen konkaven Verlauf aufzeigen kann. Er passt sich somit für die Modellierung sehr flexibel unterschiedlichen Bedingungslagen an.

Die bislang erörterten Budget-Absatzfunktionen bezogen sich mit ihrer positiven Absatzmengen-Untergrenze auf **etablierte Produkte**, deren Absatz innerhalb eines (nicht näher spezifizierten) Zeitraums mittels des Werbeaufwands gefördert werden soll. Wird dagegen ein **Neuprodukt** betrachtet, ist eine Budget-Absatzfunktion plausibel, bei welcher sich zu einem Werbeaufwand von Null zu Beginn der Markteinführung auch kein nennenswerter Absatz einstellen wird, da

– entweder der u.U. einzuschaltende Handel bei nicht geplanter Werbung das Produkt nicht listet
– oder die Konsumenten infolge von Produktunkenntnis keinen Bedarf entwickeln.

Für derartige Konstellationen erscheinen Budget-Absatzfunktionen als passend, deren Graph im Koordinatensystem durch dessen Ursprung verläuft, wie z.B. die konkaven Funktionen

(6.2-11) $x(B) = aB^b$ $(a > 0,\ 0 < b < 1)$

oder

(6.2-12) $x(B) = \bar{x}\,(1 - e^{-bB})$ $(b > 0)$

oder

(6.2-13) $x(B) = b\ln B$ $(b > 0)$

Gleichung (6.2-12) weist als Budget-Absatzfunktion mit ihrer ausdrücklich erfassten kurzfristigen Absatzobergrenze ein höheres Maß an Plausibilität als (6.2-11) oder (6.2-13) auf. Sie ergibt sich aus Gleichung (6.2-7) für $\underline{x} = 0$.

Auch zu Budget-Absatzfunktionen ist es sinnvoll und möglich, die in ihnen verankerte Sensitivität der Käuferschaft bezüglich der Höhe absatzpolitischer Aktivitätsniveaus mittels des Elastizitätsmaßes zum Ausdruck zu bringen. Als **Nachfrageelastizität in Bezug auf das Werbebudget** (kurz: **Werbeelastizität**) lässt sich analog zum oben beim Instrument Preis erläuterten Vorgehen

$$(6.2\text{-}14) \qquad \eta = \frac{dx(B)}{dB} \cdot \frac{B}{x(B)}$$

verstehen.

Angewendet auf die Budget-Absatzfunktion (6.2-11) erinnert man sich, dass diese multiplikative Wirkungsfunktion **Isoelastizität** aufweist (vgl. den Nachweis für die multiplikative Preis-Absatzfunktion). Die Höhe der Werbeelastizität in anderen Wirkungsfunktionen variiert dagegen mit der Höhe des Werbebudgets, wie sich die Leserin bzw. der Leser selbstständig vor Augen zu führen vermag.

Zusammenfassend zu den hier dargestellten Preis-Absatzfunktionen und Budget-Absatzfunktionen ist zu bemerken, dass sie reale und vielschichtige Zusammenhänge nur sehr fragmentarisch abbilden. Es sind lediglich Präzisierungen **partieller Hypothesen** zu Wirkungsphänomenen. „Partiell" bedeutet, dass mit der jeweiligen Hypothese nur auf einen Spezialaspekt realer Wirkungszusammenhänge abgestellt wird. Die Preis-Absatzfunktionen oder Budget-Absatzfunktionen, die hier vorgestellt wurden, bilden explizit

– allein das jeweilige Aktivitätsniveau eines absatzpolitischen Instruments (z.B. Preis oder Werbung)
– in dessen (vermutetem) Einfluss auf die Absatzmenge eines speziellen Produkts
– bei Abstraktion von allen Wettbewerbsaktivitäten und unter Vernachlässigung des Zeitablaufs ab.

Will man den in den Hintergrund gerückten Einflussgrößen in Wirkungsfunktionen gesondert Rechnung tragen, so bedarf dies

– der Entwicklung spezieller Hypothesen, in denen die Einflussgrößen ausdrücklich erscheinen, und
– einer Spezifikation solcher Hypothesen in einer formalen Modellstruktur.

Diskutiert werden in der Marketinglehre in diesem Zusammenhang vor allem Phänomene wie

1. **Marketing-Mix-Effekte:** Die Höhe der Wirkung eines Marketing-Instruments hängt auch von den Anstrengungen bei anderen Marketing-Instrumenten desselben Anbieters ab;

2. **sachliche Ausstrahlungseffekte:** Anstrengungen bei einem Produkt (oder Käufersegment) wirken sich auch bei **anderen** Produkten (oder Käufersegmenten) aus;

3. **Mitanbieter-Effekte:** Anstrengungen **horizontaler** Mitanbieter (Wettbewerber) oder **vertikaler** Mitanbieter (z.B. aus der Herstellerperspektive Maßnahmen der Händler) beeinflussen die Wirkung der Anstrengungen des **betrachteten** Anbieters;

4. **zeitliche Ausstrahlungseffekte (Wirkungsdynamik):** Anstrengungen wirken sich entweder **erst** in späteren Perioden aus oder wirken **auch** in späteren Perioden nach oder beides vollzieht sich kombiniert.

Dazu kommt noch, dass alle Effekte im Zeitablauf nicht konstant, sondern in ihrer Stärke zeitvariabel sein können. Sollten alle diese Wirkungsphänomene gleichzeitig in einem einzigen, somit sehr umfassenden Wirkungsmodell abgebildet werden, so würde dies zu einem sehr komplexen Modellierungsansatz instrumenteller Wirkungen führen.

6.2.2.5 Wirkungsanalysen als Marktforschungsaufgabe

Ähnlich wie die Erarbeitung von Entwicklungshypothesen und -modellen sieht die Marketinglehre die Erarbeitung von Wirkungshypothesen und -modellen nicht losgelöst von der Erfahrungswelt. Im Sinne einer anwendungsorientierten Wissenschaft sind auch Hinweise zu geben,

– welche Datenquellen oder Generierungsmöglichkeiten von Daten für wirkungsanalytische Zwecke bestehen,
– wie solche Daten zweckmäßig aufbereitet werden können und
– welche Vorgehensweisen sich bei der empirischen Überprüfung von Wirkungshypothesen oder -modellen anbieten.

In dieser Hinsicht fungiert die Marketinglehre – ähnlich wie im Zusammenhang mit Marktentwicklungen – als eine problemorientierte Methodenlehre. Das Problem ist dabei die **Wirkungsanalyse.**

Wirkungsanalysen können auf
– (objektiven) historischen Daten,
– (objektiven) experimentellen Daten oder
– subjektiven Daten
basieren.

Historische Daten sind solche, die im üblichen Rahmen des laufenden Geschäfts anfallen. Bei ihrer Entstehung erfolgte keine systematische Steuerung (z.B. Variation) von Beeinflussungsaktivitäten und -vorgehensweisen im Hinblick auf spezielle Wirkungsanalysen.

Experimentelle Daten entstehen dagegen bei planvoll angelegtem Einsatz der Marketing-Instrumente im Hinblick auf spezielle wirkungsanalytische Fragestellungen. Experimente können im Feld (Marktrealität) oder im Studio (künstliche Marktrealität) nach gezielt auszuwählenden Versuchsanordnungen durchgeführt werden.

Beispiele:

- Das Werbebudget oder die Belegungshäufigkeit von Werbeträgern werden absichtlich regional variiert, um die eintretenden Wirkungen auf deren Abhängigkeit von der unterschiedlich hohen absatzpolitischen Anstrengung aufzudecken.
- In einzelnen Geschäften wird absichtlich die Preishöhe eines Produkts variiert, um Preiswirkungen auf den Absatz zu analysieren.
- Die Wirkung alternativ gestalteter Verpackungen wird an Versuchspersonen im Teststudio überprüft.

Subjektive Daten sind erfahrungsgestützte Einschätzungen (Erwartungen) der Entscheider im Unternehmen. Wirkungen alternativer Anstrengungen bzw. Aktivitäten werden durch Plausibilitätsüberlegungen oder Wissensübertragungen abgeschätzt.

Beispiel:

- Der langjährige Produktmanager einer Marke erwartet, dass bei einer Preissenkung von –,30 € für sein Produkt im nächsten Jahr ein um 4%-Punkte höherer Marktanteil eintreten wird.

Die Marketinglehre als marktforscherisch orientierte Methodenlehre zeigt auf, wie Daten für Wirkungsanalysen zweckmäßig gewonnen werden und welche Datenprobleme existieren können. Dabei spielen verschiedene Vorgehensweisen und Probleme bei der Datenerhebung, bei der Messung interessierender Sachverhalte und bei der Auswertung erhobener Daten eine große Rolle.

So ist im Rahmen der **Datenerhebung** zu prüfen, ob für die jeweilige Wirkungsstudie Beobachtungs- oder Befragungsdaten verwendet werden können bzw. sollen. Bei der **Beobachtung** als Erhebungsmethode werden Daten durch Registrierung tatsächlichen (äußeren) Marktverhaltens der Marktteilnehmer gewonnen. Bei der **Befragung** dagegen versucht man, die für Wirkungsanalysen bedeutsamen Daten aus der (inneren) Erlebnis-, Erfahrungs- oder Erwartungswelt des Befragten abzuleiten.

Beispiel:

• Es soll untersucht werden, ob eine Werbekampagne mit einem bestimmten Werbebudget einen Einfluss auf das innere und das äußere Verhalten der Nachfrager gezeigt hat. Dabei kann man sich einerseits auf Beobachtungsdaten stützen: In diesem Fall wird das zeitliche Muster der Verausgabung des Budgets und das zeitliche Muster des Auftrageingangs bzw. der Verkaufszahlen erfasst und zahlenmäßig ausgewertet. Andererseits können auch Befragungsdaten herangezogen werden: Dann müssen Nachfrager nach ihrer Markenerinnerung, ihrer Markeneinstellung oder ihrer Kaufbereitschaft befragt werden. Diese Daten können zusammen mit Daten über das verausgabte Budget ausgewertet werden.

Sollen Daten erfasst werden, so spielt regelmäßig die Wahl des **Messverfahrens** eine entscheidende Rolle. Dabei geht es um die Frage, in welcher Weise der interessierende Sachverhalt konkret z.B. unter Zuordnung eines Zahlenwerts erfasst werden soll. Entscheidungen über das Messverfahren sind in Abhängigkeit von der Erhebungsmethode und von der gewünschten Informationsqualität zu treffen. Messverfahren spielen sowohl im Rahmen der Beobachtung als auch bei der Befragung eine zentrale Rolle und stellen den Marktforscher häufig vor schwierige Entscheidungsprobleme.

Beispiel:

• Im Teststudio soll experimentell geprüft werden, ob eine Werbeanzeige die Aufmerksamkeit der Versuchspersonen auf sich zieht. Als Messverfahren im Rahmen der Beobachtung kann z.B. ein elektronisches Blickregistrierungsgerät mit entsprechender Datenaufzeichnung eingesetzt werden. Wird die Befragung als Erhebungsmethode gewählt, so muss eine spezielle Fragetechnik entworfen werden, von der man annehmen kann, dass genau mit dieser Frageformulierung und der Art der Registrierung die Aufmerksamkeit der Versuchspersonen erfasst wird.

Auch die **Datenaufbereitung und -präsentation** wirft manchmal – wissenschaftlich zwar eher triviale, aber für den Praktiker oft wirklich wichtige – Fragen auf. Dabei geht es um die Aufgabe, Wirkungsdaten so zu präsentieren, dass eine übersichtliche Gegenüberstellung von absatzpolitischer Anstrengung und Marktreaktion erfolgt. Die Übersichten 6-17 und 6-18 liefern ausgewählte Beispiele. In Übersicht 6-17 wird die Wirkung zweier Sonderpreisaktionen auf den Absatz eines Produkts, in Übersicht 6-18 die Wirkung einer Werbekampagne auf das Markenimage eines Speiseeises dargestellt. Beide Beispiele verkörpern **empirische Wirkungsbeschreibungen.**

Übersicht 6-17: Abgesetzte Stückzahlen von zwei Artikeln, und zwar bei Normalpreis und als Sonderangebot (Quelle: Müller-Hagedorn 1993,
S. 252/253)

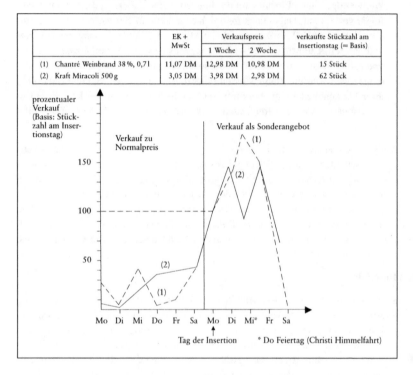

	EK + MwSt	Verkaufspreis		verkaufte Stückzahl am Insertionstag (= Basis)
		1 Woche	2 Woche	
(1) Chantré Weinbrand 38 %, 0,7 l	11,07 DM	12,98 DM	10,98 DM	15 Stück
(2) Kraft Miracoli 500 g	3,05 DM	3,98 DM	2,98 DM	62 Stück

Neben Beiträgen zur Auseinandersetzung mit der Datenseite von Wirkungsanalysen setzt es sich die Marketinglehre aber auch zur Aufgabe, Hilfestellung zu Vorgehensweisen bei der **empirischen Überprüfung von Wirkungshypothesen
oder -modellen** zu liefern. Solche Überprüfungen erfolgen alternativ

a) am **Einzelfall** wie z.B. der Entwicklung einer neuen Werbekampagne für ein
   spezielles Produkt. Wirkungshypothesen werden bezüglich der voraussichtli-
   chen **speziellen Reaktion** der Zielpersonen auf speziell gestaltete Aktivitäten
   (z.B. Anzeigen) überprüft;

b) mit der Absicht einer Generalisierung. Aus psychologischen Theorien abgeleitete Wirkungshypothesen werden bezüglich der **generellen** Reaktion von Personen oder speziellen Personengruppen auf ausgewählte Reizarten geprüft.
   Dabei kann unter Umständen das Umfeld variiert werden.

Beispiele:

- Die **Aufmerksamkeitswirkung erotischer Darstellungen** in Anzeigen soll überprüft werden. Von den entwickelten Anzeigen erweist sich die mit einer attraktiven Blondine im Studiotest bei Männern als am aufmerksamkeitsstärksten. Dies ist eine typische auf den Einzelfall abstellende Hypothesenprüfung. Wird dagegen mit derselben erotischen Darstellung in Anzeigenentwürfen für unterschiedliche Produktarten gearbeitet und deren Aufmerksamkeitswirkung überprüft, so ist die Untersuchung an Wirkungsregelmäßigkeiten interessiert. Deren Ergebnisse sollen möglichst verallgemeinerungsfähig sein.

- An generalisierbaren Ergebnissen interessiert war auch ein groß angelegtes Studioexperiment zur Analyse der **Wiederholungswirkung von Anzeigenkontakten in** der Zielgruppe (HÖR ZU/FUNK UHR 1977). Als Wirkungsmaß diente die (ungestützt gemessene, aktive) Erinnerung der Versuchspersonen an die zuvor mehrfach präsentierten Anzeigen. Übersicht 6-19 zeigt einen Ausschnitt der Ergebnisse. Die Hypothese, dass die Erinnerungsleistung ge-

Übersicht 6-18: Imagewirkung einer Werbekampagne (Quelle: Steffenhagen/Juchems 1985, S. 21)

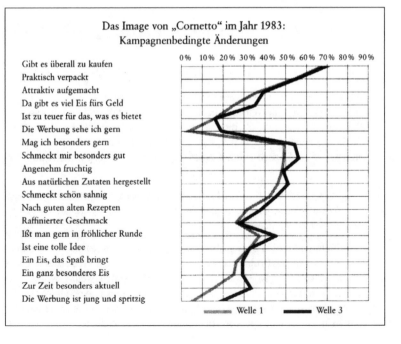

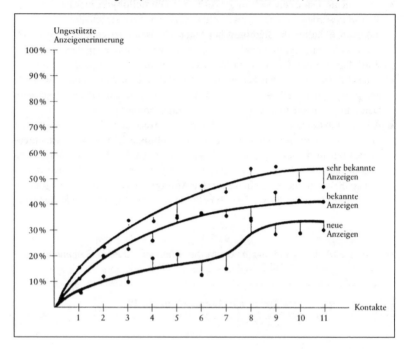

mäß typischer Lernkurven variiere, kann als bestätigt angenommen werden. Man erkennt, dass die Wirkung bereits nach 10 Kontakten deutlich stagniert. Allerdings ist fraglich, ob diese experimentelle Lernkurve die Realität im Feld hinreichend gültig widerspiegelt: Die Kontakthäufigkeiten erstreckten sich nämlich im Experiment auf einen Zeitraum von unter zweieinhalb Stunden.

Es ist nicht zu verkennen, dass die Marktforschungspraxis mehr mit einzelfallorientierten Wirkungsabschätzungen und -kontrollen als mit generalisierend angelegten Analysen zu tun hat.

Als einzelfallorientierte Wirkungsabschätzungen spielen im Konsumgütermarketing sog. **Produkttests, Preistests** oder **Werbemitteltests** als Pretests eine große Rolle. Mit solchen Tests soll vorausschauend geprüft werden, welche Konsumentenreaktion beim Einsatz spezieller Produktgestaltung, Preishöhe oder Werbemittel zu erwarten ist. In Wirkungskontrollen wird dagegen rückschauend geprüft, welches Ausmaß an Wirkung von Anstrengungen eines Anbieters im Markt tatsächlich ausging. Zu beiden wirkungsanalytischen Vorhaben liefert die Marktforschungsmethodenlehre passende Empfehlungen hinsichtlich erforderlicher Prüfschritte.

Dies gilt auch, wenn **Wirkungsmodelle auf die Realität zugeschnitten und daran überprüft** werden sollen. Wie im Abschnitt „Entwicklungsanalysen als Marktforschungsaufgabe" aufgezeigt wurde, besteht in der Praxis oft das Bedürfnis, Marktregelmäßigkeiten anhand von Modellen nachzuzeichnen bzw. zu prognostizieren. Dies gilt auch für die Wirkungsanalyse. Soll mit Wirkungsmodellen praktisch gearbeitet werden, so bedarf ein dazu entworfenes (abstraktes) Modell einer Eichung und Güteprüfung anhand der Daten, die den Anwendungsfall kennzeichnen. Im Rahmen der Modelleichung muss man **Schätzmethoden** für die Parameterschätzung, im Rahmen der Güteprüfung eines Modells muss man **Gütetests** heranziehen.

Beispiele:

- Die oben zitierten Ergebnisse des Experiments zur **Wiederholungswirkung von Anzeigenkontakten** (Übersicht 6-19) wurden offenbar nicht nur beschreibend ausgewertet. Dazu hätte es genügt, die Punktwolken ins Diagramm einzuzeichnen. Vielmehr können die kontinuierlichen Wirkungsfunktionen, die in das Diagramm eingetragen sind, als empirisch geschätzte (an den Daten geeichte) graphische Repräsentanten eines Modells interpretiert werden. Der Wirkungsverlauf bei den „sehr bekannten Anzeigen" und „bekannten Anzeigen" könnte mittels einer konkaven Funktion (z.B. als modifizierte Exponentialfunktion, als logarithmische Funktion oder als Potenzfunktion) modelliert worden sein. Die Funktionsparameter können dann etwa mit Hilfe eines mathematisch-statistischen Schätzverfahrens, etwa der Regressionsanalyse (Methode der Kleinsten Quadrate) aus den **experimentellen Daten** geschätzt worden sein. Die in der Grafik hervorgehobenen Abweichungen zwischen empirischen Werten und den laut numerisch geeichtem Modell zu erwartenden Werten deuten zumindest auf ein solches Vorgehen hin. Der Quelle ist jedoch zu entnehmen, dass es sich in diesem Fall um Frei-Hand-Anpassungen des Auswerters handelt.
- Lineare Preis-Absatzfunktionen wurden bereits von unterschiedlichsten Forschern an **historischen Daten** geeicht; Übersicht 6-20 stellt zwei Beispielfälle dar. Fall (a) führte nach Anwendung der Regressionsanalyse zu folgendem numerisch geeichten Modell:

$$(6.2\text{-}15) \qquad x = 66{,}97 - 9{,}52 \ p.$$

Es handelt sich hier um ein **Lebensmittelprodukt**. Die Anpassbarkeit eines linearen Modells, in welchem allein die Preisvariationen im Untersuchungszeit-

Übersicht 6-20: Beispiele für regressionsanalytisch geschätzte Preis-Absatzfunktionen (Quelle: Simon 1992, S. 132 und 133)

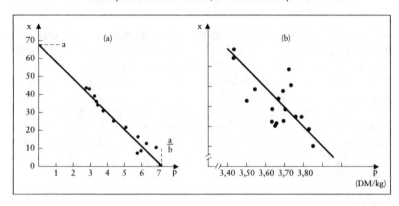

Übersicht 6-21: Umsatzreaktion des Kunden CHEMPLIST als Folge unterschiedlicher Besuchshäufigkeit (Quelle: Steffenhagen 1974, S. 317)

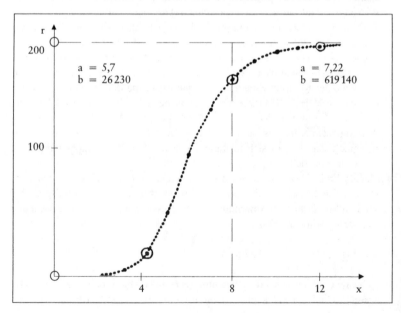

raum (13 Perioden) für Absatzschwankungen verantwortlich gemacht werden, ist in diesem Fall erstaunlich gut gegeben. In Fall (b) handelt es sich um eine **Waschmittelmarke**. Die Beobachtungswerte sind Zweimonatsdaten der Endverbrauchernachfrage. Versucht man auch in diesem Fall, den Daten eine lineare Preis-Absatzfunktion anzupassen, ergibt sich schon rein visuell eine viel schlechtere Anpassung als in Fall (a). Die Preis-Absatzfunktion lautet nach regressionsanalytischer Schätzung

$$(6.2\text{-}16) \qquad x = 3595 - 685{,}6\,p$$

Die schlechte Anpassbarkeit dieses linearen Partialmodells an die Daten deutet darauf hin, dass nicht alle bedeutsamen Wirkungsphänomene mit diesem Modell eingefangen werden. Offenbar muss das Erklärungsmodell für diesen Fall um Einflussgrößen erweitert werden, die die Absatzmenge des Produkts zusätzlich erklären.

- Auch **subjektive Daten** dienen oft als Grundlage der Parameterschätzung zu Wirkungsmodellen. Ein Beispiel wird mit Übersicht 6-21 gegeben. In diesem Fall wurde die **Umsatzreaktion** (r) des Kunden CHEMPLIST (Deckname) als abhängig von der **Anzahl der Besuche** (x) des Außendienstmitarbeiters bei diesem Kunden innerhalb eines vorgegebenen Zeitraums gesehen. Die verwendete Reaktionsfunktion entspricht dem Ausdruck (6.2-10):

$$(6.2\text{-}17) \qquad r = \underline{r} + (\bar{r} - \underline{r})\,\frac{x^a}{b + x^a},\, a > 1$$

Zur Parameterschätzung gab der Außendienstmitarbeiter folgende subjektive Erwartungen ab:

(1) Umsatzuntergrenze, die bei Null Besuchen erreicht wird: 0;
(2) Umsatzobergrenze, die bei extremer Besuchshäufigkeit ($x \to \infty$) erreicht wird: 203;
(3) Umsatzerwartung bei Beibehaltung der gegenwärtigen Besuchshäufigkeit (x=8): 171;
(4) Umsatzerwartung bei Reduzierung der Besuchshäufigkeit um 50% (x = 4): 19;
(5) Umsatzerwartung bei Erhöhung der Besuchshäufigkeit um 50% (x= 12): 201.

Die **Kundenreaktionsfunktion** (6.2-17) wird anhand der Punktschätzungen wie folgt geeicht: Gedanklich betrachtet man den Graph der Funktion als aus zwei Ästen zusammengesetzt, einem unteren Ast (für $x \le 8$) und einem oberen Ast (für $x \ge 8$). Für beide Äste gilt eine Funktion vom Typ (6.2-17). Allerdings lässt man je Ast unterschiedliche Parameterwerte von a und b zu. Somit sind der untere wie auch der obere Ast durch eine Funktion mit vier Parametern ($\underline{r}$, $\bar{r}$, a und b) gekennzeichnet. Da sich jede der Funktionen mit ihren vier Parametern auf der

Grundlage von nur vier Funktionswerten eindeutig in ihren Parameterwerten bestimmen lässt, wird

– zur Parameterschätzung für den **unteren** Ast mit den subjektiven Erwartungen (1), (2), (3) und (4),
– zur Parameterschätzung für den **oberen** Ast mit den subjektiven Erwartungen (1), (2), (3) und (5)

gearbeitet. Setzt man etwa zur Parameterermittlung für den unteren Ast zum einen die Wertekonstellation (1), (2) und (3), zum anderen (1), (2) und (4) ein, so ergeben sich für diesen Ast zwei Gleichungen mit den beiden unbekannten Parametern a und b. Diese lassen sich durch Auflösung des Gleichungssystems ermitteln. Die Vorgehensweise beim oberen Ast ist analog. Die Grafik enthält die beiden numerischen Parameterpaare für das vorliegende Zahlenbeispiel.

Ebenso wie Entwicklungsanalysen bilden demnach auch modellgestützte Wirkungsanalysen oft das Fundament für **Prognosen,** in denen vorausschauend unter Einbeziehung des Marketing-Instrumentariums zukünftige Nachfragerreaktionen abgeschätzt werden. Diese Art von Prognose wird als **Wirkungsprognose** bezeichnet.

6.3 Zusammenfassung: Marktdynamik und Marketinglehre

Das vorliegende Kapitel befasste sich mit dem Marktverhalten der Marktbeteiligten. Die Marktteilnahmeentscheidungen der Anbieter und Nachfrager, die Entwicklung des Anbieter- und Nachfragerverhaltens und insbesondere die Reaktion des Nachfragerverhaltens als Antwort auf anbieterseitige Beeinflussungsversuche wurden illustriert. Zudem war es Anliegen dieses Kapitels, die Formen einer Auseinandersetzung der Marketinglehre mit solchen Marktphänomenen aufzuzeigen.

Die hier behandelten Ansätze sind allerdings lediglich als fragmentarische, beispielartige „Schlaglichter" zu verstehen, mit denen der Leser an das diesbezügliche Aussagensystem herangeführt werden sollte. Die Definition, Beschreibung und Erklärung des Markt-, insbesondere des Käuferverhaltens sind Gegenstand eines breiten Stoffgebiets der Marketinglehre, nämlich der **Kaufverhaltenstheorie.** In umfassenden Lehrbüchern zum Marketing ist diesem Fragenkreis ein größeres Kapitel gewidmet. Ausführliche Monographien zur Kaufverhaltenstheorie versuchen, allen einschlägigen Fragen unter dem vorrangigen Gesichtspunkt der Produktklassenwahl einerseits und dem Marken- oder Lieferantenwahlverhalten von Nachfragern andererseits nachzugehen. Definitionen, Beschreibungs- und

Erklärungsmodelle zum privaten wie auch zum gewerblichen Kaufverhalten (beim Einkauf von Industrie- oder Handelsgütern) gehören zum festen Bestandteil dieser Disziplin.

Der Marketinglehre wird in diesem Zusammenhang gelegentlich vorgeworfen, sie verlasse die ökonomische Betrachtung und „wildere" in Nachbardisziplinen wie z.B. der Sozialpsychologie oder Soziologie. Will man aber reale Phänomene in Märkten analysieren, muss man zumindest einen „Blick über den Zaun werfen". Sich fachfremder Erkenntnisse, Methoden oder Schreibweisen zu bedienen, erscheint völlig legitim bzw. sogar geboten, wenn dadurch das Problemverständnis erleichtert und Analysen verbessert oder überhaupt erst ermöglicht werden.

Betrachtet man die Literatur zum Marktverhalten von Nachfragern in ihrer Gesamtheit, so können zwei verschiedene Segmente wissenschaftlicher Ansätze voneinander abgegrenzt werden: **Verbale Hypothesensysteme** einerseits und **formale Modellierungen** andererseits. Die verbalen Hypothesensysteme sind eher mikroanalytisch, während die formalen Modellierungen vorrangig makroanalytisch ausgerichtet sind. Der makroanalytische Modellierungszweig wird oft als „quantitativer Ansatz" bezeichnet. Dies ist jedoch irreführend, da auch auf dem Sektor der mikroanalytischen Hypothesensysteme quantitativ gearbeitet wird, etwa bei der Hypothesenprüfung anhand realer Daten in empirischen Studien. Eine Stärke der makroanalytischen Modellierungen von Entwicklungen und Wirkungen in Märkten liegt darin, dass solche Ansätze unmittelbar in formale Entscheidungskalküle übernommen werden können, wie sie für betriebswirtschaftliche Optimalitätsüberlegungen typisch sind. Dieser Aspekt wird plausibel, wenn im nächsten Kapitel die Entscheidungsfindung im Marketing sowie Beiträge der Marketinglehre zur Entscheidungsfindung behandelt werden.

Literaturhinweise zu Kapitel 6:

Zum **Marktlebenszykluskonzept**:

Meffert, H., Interpretation und Aussagewert des Produktlebenszyklus-Konzepts, in: Hammann, P., Kroeber-Riel, W., Meyer, C. (Hrsg.), Neuere Ansätze der Marketingtheorie, Berlin 1974, S. 85–134

Potucek, V., Produkt-Lebenszyklus, in: Wist 1984, 13. Jg., H. 2, S. 83–86

Pfeiffer, W./Bischof, P., Produktlebenszyklen – Instrument jeder strategischen Unternehmungsplanung, in: Steinmann, H. (Hrsg.), Planung und Kontrolle, München 1981, S. 133–165

Zu **Adoptions- und Diffusionsprozessen**:

Hesse, H.-W., Kommunikation und Diffusion von Produktinnovationen im Konsumgüterbereich, Berlin 1987

Kaas, K.R., Diffusion und Marketing, Stuttgart 1973

Zu Methoden der **Entwicklungsprognose**:

Brockhoff, K., Prognoseverfahren für die Unternehmungsplanung, Wiesbaden 1977

Gisholt, O., Marketing-Prognosen, Bern, Stuttgart 1976

Hansmann, K.-W., Kurzlehrbuch Prognoseverfahren, Wiesbaden 1983

Hüttner, M., Markt- und Absatzprognosen, Stuttgart, Berlin, Köln 1982

Meffert, H., Steffenhagen, H., Marketing-Prognosemodelle. Quantitative Grundlagen des Marketing, Stuttgart 1977

Mertens, R., Prognoserechnung, 5. Aufl., Heidelberg 1995

Mikroanalytische Hypothesen (Mikromodelle) werden in allen Lehrbüchern zum Käuferverhalten dargestellt, wie z.B. in:

Kroeber-Riel, W./Weinberg, P., Konsumentenverhalten, 8. Aufl., München 2003

Müller-Hagedorn, L., Das Konsumentenverhalten. Grundlage für die Marktforschung, 2. Aufl., Wiesbaden 1994

Rosenstiel, L. von/Neumann, P., Marktpsychologie, Darmstadt 2002

Schulz, R., Kaufentscheidungsprozesse des Konsumenten, Wiesbaden 1972

Trommsdorff, V., Konsumentenverhalten, 5. Aufl., Stuttgart, Berlin, Köln 2003

Makroanalytische Hypothesen (Makromodelle) stehen im Mittelpunkt folgender Werke:

Mauerer, N., Die Wirkung absatzpolitischer Instrumenten, Wiesbaden 1995

Leeflang, P.F.H./ Wittink, D.R./ Wedel M./Naert P.A., Building Models for Marketing Decisions, Boston, Dordrecht, London 2000

Nenning, M./Topritzhofer, E./Wagner, U. (Hrsg.), Empirische Marktmodellierung, Würzburg 1981

Hanssens, D.M./Parsons, L.J./Schultz, R.L., Market response models. Econometric and time series analysis, 2. Aufl., Boston, Dordrecht, London 2001

Steffenhagen, H., Wirkungen absatzpolitischer Instrumente, Stuttgart 1978

Im Text zitierte Quellen:

Bass, F.M., A New Product Growth Model for Consumer Durables, in: Management Science 1969, S. 215–227

HÖR ZU / FUNK UHR (Hrsg.), Experimente zum Lernen von Anzeigen, Hamburg 1977

Müller-Hagedorn, L., Handelsmarketing, 2. Aufl., Stuttgart u. a. 1993

Pfeiffer, W./Bischof, P., a.a.O.

Schmalen, H., Preispolitik, Stuttgart-New York 1982

Schmalen, H., Marketing-Mix für neuartige Gebrauchsgüter, Wiesbaden 1979

Schulz, R., Kaufentscheidungsprozesse des Konsumenten, Wiesbaden 1972

Simon, H., Preismanagement, 2. Aufl., Wiesbaden 1992

Steffenhagen, H., Modelle zur Außendienstpolitik, in: Hansen, H.R. (Hrsg.), Computergestützte Marketing-Planung, München 1974, S. 295–321

Steffenhagen, H./Juchems, A., Strategien und Wirkungen der Funk- und Fernsehwerbung. Wirkungskriterien und Wirkungsverläufe, Frankfurt 1985

7 Entscheidungsfindung im Marketing

In den vorangehenden Kapiteln wurde häufig von Marketing-Entscheidungen gesprochen: In den Kapiteln 3 bis 5 bilden Zielentscheidungen, Strategie-Entschei-
dungen und Entscheidungen über absatzpolitische Aktivitäten Gegenstand der Erörterung. Unerwähnt blieb allerdings, was bei der **Entscheidungsfindung und
-vorbereitung** zu tun und zu beachten ist. Die Entscheidungsfindung im Marketing, die für die Verantwortlichen im Unternehmen (die sog. Entscheidungsträger
bzw. Entscheider) genügend Probleme bereithält, ist Gegenstand des vorliegenden Kapitels. Hier wird dargelegt, wie sich die Marketinglehre mit realen Entscheidungsproblemen auseinander setzt und was sie dem Praktiker prinzipiell an
Entscheidungshilfen anzubieten hat.

7.1 Entscheidung und Entscheidungsprozess: Begrifflicher Ausgangspunkt

Von einer Entscheidung spricht man in der Betriebswirtschaftslehre dann, wenn
eine Person oder ein Gremium eine bewusste Wahlhandlung trifft, die auch
durchgeführt werden soll. Solange der Entschluss nicht gefasst ist, sagt man, „der
Entscheider hat ein **Entscheidungsproblem**" – gleichgültig, wie schwierig der
betreffende Entschluss für den Entscheider ist.

Menschen setzen sich mit Entscheidungsproblemen in sehr unterschiedlicher Art
und Weise auseinander. Dies hängt davon ab, wie sehr die jeweilige Person an einer optimalen oder lediglich zufrieden stellenden Lösung interessiert ist, ob sie
sich gern oder weniger gern gedanklich anstrengt, ob sie mehr oder weniger auf
ihren guten Stern vertraut und ob sie viel oder wenig Zeit für die Entscheidung
zur Verfügung hat. Trotz aller Unterschiede sind jedoch alle bemüht, eine Fehlentscheidung zu vermeiden. Da sich dies oft genug erst nach dem Entschluss feststellen lässt, bedarf es einer sorgfältigen gedanklichen Auseinandersetzung mit
einem Entscheidungsproblem, um hinterher die getroffene Entscheidung nicht
bedauern zu müssen.

Die Auseinandersetzung eines Menschen mit einem Entscheidungsproblem bis
zur Entschlussfassung nennt man **Entscheidungsprozess.** In diesem Prozess versucht der Mensch, vorausüberlegend zu erkennen, welche Handlungsspielräume

sich überhaupt anbieten, welche Konsequenzen bestimmte Handlungen nach sich ziehen können und ob solche Konsequenzen für ihn wünschenswert sind. Die Art der Schritte und der Umfang der gedanklichen Arbeit im Laufe eines Entscheidungsprozesses hängt vom jeweiligen Entscheidungsproblem ab. Auf unterschiedliche Entscheidungsprobleme im Marketing wird im Folgenden näher eingegangen.

7.2 Entscheidungsaufgaben und typische Problemstrukturen in Marketing-Entscheidungen

7.2.1 Unterschiedliche Entscheidungsaufgaben

Eine grobe Klassifikation von Entscheidungsaufgaben im Marketing ist die Trennung zwischen Informationsentscheidungen und Sachentscheidungen.

Informationsentscheidungen betreffen die Informationsgewinnung im Marketing. Mit jedem Sachproblem (z.B. Strategiefindung, Instrumenteneinsatz) ist stets ein spezieller Informationsbedarf beim Entscheider verbunden. Nicht alle benötigten Informationen (Fakten und Erwartungen) sind dem Entscheider gedanklich präsent. Oft sind zeitraubende und kostspielige Erhebungen im Markt erforderlich, um einen speziellen Informationsbedarf zu decken. Dabei ist zu entscheiden, **wie intensiv** man sich um das **Einholen welcher Informationen nach welchem Verfahren** (z.B. Primärerhebung mittels Befragung, Größe der Befragungsstichprobe, Anlage des Fragebogens) bemühen will. Hierbei ist daran zu denken, dass jedes Einholen von Informationen Kosten nach sich zieht. Bei Informationsentscheidungen ist folglich der erwartete Informationswert gegenüber den entstehenden Kosten sorgfältig abzuwägen.

Beispiel:

● Für eine Warenhausfiliale am Standort X soll eine Imageanalyse durchgeführt werden. Das damit verbundene Informationsentscheidungsproblem wirft vielfältige Einzelüberlegungen auf: Wie viele Personen sollen befragt werden? Soll sich die Befragung an Passanten oder an gezielt ausgewählte Personen in Haushalten richten? Wie sollen die Personen ausgewählt werden? Wie soll der Fragebogen aufgebaut sein? Mittels welcher Frageformulierungen sollen die interessierenden Sachverhalte gemessen werden? All diese Fragen kennzeichnen das Informationsentscheidungsproblem. Sie sind im jeweiligen Fall unter

Gesichtspunkten des zu erwartenden Informationswertes (Güte, Zuverlässigkeit, Sensitivität der mit speziellen Verfahren gewonnenen Daten) und der entstehenden Kosten (in Abhängigkeit von der Dauer des Interviews, der Größe der Befragungsstichprobe) zu beantworten. Diese Antworten sind Teilentscheidungen im Rahmen des umfassenden Entscheidungsproblems „Durchführung einer Imageanalyse".

Sachentscheidungen betreffen das Verhalten des Anbieters im Rahmen seiner Marketing-Strategie und seiner Beeinflussungsaktivitäten im Markt. Strategische Entscheidungen beinhalten vor allem **Zielentscheidungen** und **Ressourcen-Allokationsentscheidungen.** Allokationsentscheidungen betreffen die Aufteilung eines für einen bestimmten Zeitraum gegebenen Ressourcenbestands auf mehrere Verwendungsrichtungen.

Beispiele:

- Die vorhandene **Außendienstmannschaft** eines Investitionsgüterherstellers sei für einen nahe liegenden Zeitraum als unveränderlich anzusehen. Im Unternehmen muss entschieden werden, in welchem Ausmaß spezielle Produktgruppen in speziellen Regionen in bestimmten Zeitabschnitten an der knappen Außendienstkapazität teilhaben sollen.
- Ein Anbieter von Audio- und Videoleerkassetten habe für das kommende Geschäftsjahr einen **Gesamtetat zur Absatzförderung** dieser Produkte festgelegt. Er muss einerseits entscheiden, wie dieser Etat auf die beiden Produktgruppen Audiokassetten und Videokassetten verteilt werden soll. Andererseits muss er festlegen, wie dieser Etat auf unterschiedliche Aktivitäten der Marktbearbeitung (klassische Werbung, handelsgerichtete Unterstützung mit Displaymaterial, Verkaufsförderungsaktionen) aufzuteilen ist.

Neben Allokationsentscheidungen sind im Marketing (insbesondere bei Entscheidungen über den Einsatz der Marketing-Instrumente) auch häufig **Selektionsentscheidungen** und **Aktivitätsniveau-Entscheidungen** zu treffen.

Beispiele:

- Im Rahmen einer sog. Wettbewerbspräsentation sind dem Auftraggeber von verschiedenen Werbeagenturen mehrere Entwürfe für eine **Anzeigenkampagne** vorgelegt worden. Der Auftraggeber hat sich für einen der Vorschläge zu entscheiden; er hat aus der diskreten Menge von Möglichkeiten eine Selektion vorzunehmen.
- Eine Sonderpreisaktion sei geplant. Zu entscheiden ist über die Höhe des vorübergehenden **Preisabschlags** für den Aktionszeitraum; die Entscheidung betrifft das Niveau der Sonderpreisaktivität.
- Die **Höhe des Werbeetats** für ein Jahr und ein Produkt sei festzulegen; auch hier ist eine Niveauentscheidung zu treffen.

217

In Aktivitätsniveau-Entscheidungen geht es folglich um die Festlegung des Entscheiders bezüglich einer quantitativ **kontinuierlich** variierbaren Größe. In Selektionsentscheidungen dagegen muss aus einer **diskreten** Menge qualitativ unterschiedlicher Lösungsalternativen eine Auswahl erfolgen (z.B. Wahl eines geeigneten Vertriebsweges).

7.2.2 Merkmale unterschiedlicher Problemstrukturen in Marketing-Entscheidungen

Mit der Kennzeichnung unterschiedlicher **Entscheidungsaufgaben** lassen sich Marketing-Entscheidungsprobleme noch nicht umfassend charakterisieren. Die **Struktur eines Entscheidungsproblems** ergibt sich nämlich aus mehreren Merkmalen. Auf solche Merkmale sei im Folgenden näher eingegangen.

1. Entscheidungsvariablen

Die Struktur eines Entscheidungsproblems wird durch die Vielfalt der von einem Entschluss gleichzeitig betroffenen Stellgrößen des Entscheiders geprägt. Die Stellgrößen sind sachlich unterschiedliche **Entscheidungsvariablen,** an denen der Entscheider mit seinem Entschluss eine Justierung vornimmt.

Beispiele:

- Ein Großunternehmen sah sich mit einem Vertriebsproblem konfrontiert. Es stellte sich die Frage, ob für eine spezielle Produktgruppe die grundsätzliche Preispolitik überdacht, die organisatorische Zuständigkeit einzelner Verkaufseinheiten in den Verkaufsbezirken bzw. der Zentrale im Hinblick auf eine bessere Kundenbearbeitung verändert oder eine Kombination von beidem verwirklicht werden solle. Dieses Entscheidungsproblem umfasst zwei Stellgrößen: die **Preispolitik** und die **Verkaufsorganisation**.
- Bei Marketing-Mix-Entscheidungen geht es um die umfassende Betrachtung mehrerer Marketing-Instrumente. Soll für einen bestimmten Zeitabschnitt sowohl über die Preishöhe als auch über das Ausmaß an absatzfördernder Unterstützung für ein Produkt entschieden werden, so umfasst dieses Problem zwei Stellgrößen: die **Preishöhe** und die **Budgethöhe für die Absatzförderung.**

Die in einem Entscheidungsproblem auftretenden Stellgrößen für den Entscheider heißen in der Fachsprache auch Aktionsparameter, Aktionsvariablen oder kontrollierte Variablen. Ein Entscheidungsproblem mit nur **einer Entscheidungsvariablen** ist natürlich übersichtlicher (weniger komplex) als Probleme **mit mehreren Entscheidungsvariablen.**

2. Ziele

Die Struktur eines Entscheidungsproblems wird durch die Vielfalt der bei einem Entschluss gleichzeitig zu beachtenden **Ziele** des Entscheiders geprägt.

Entscheidungsprobleme, bei denen konkurrierende Einzelziele des Entscheiders beachtet werden müssen, sind komplexer als Entscheidungsprobleme, in denen sich die Konsequenzen alternativen Handelns an nur einem Ziel beurteilen lassen. Je nach Anzahl relevanter Ziele stehen demnach Entscheidungsproblemen mit **einfacher Zielsetzung** solche mit **mehrfacher Zielsetzung** gegenüber.

Beispiel:

- Ein Unternehmer will den Marktanteil einer ausgewählten Produktgruppe in einer bestimmten Region erhöhen. Er glaubt, damit eine langfristig günstigere Ausgangssituation für das weitere Geschäft zu haben. Er hat jedoch erkannt, dass mit der beabsichtigten **Marktanteilssteigerung** infolge hoher erforderlicher Marketing-Aktivitäten **Gewinneinbußen** verbunden sind. Das Unternehmen muss sich bei der Bemessung seiner Marketing-Maßnahmen nun darüber klar werden, wie viel (erwartete) Gewinneinbußen es für welche (erwartete) Marktanteilssteigerung in bestimmten Zeiträumen in Kauf zu nehmen bereit ist. Es handelt sich um ein Entscheidungsproblem mit zwei konkurrierenden Zielsetzungen.

3. Zeitliches Handlungsmuster

Die Struktur eines Entscheidungsproblems wird auch durch möglicherweise erforderliche Überlegungen zu einem **zeitlichen Handlungsmuster** bezüglich der einzelnen Entscheidungsvariablen geprägt.

Beispiel:

- Bei der Neuprodukteinführung ist zu entscheiden, ob der **Preis** für das Neuprodukt zunächst relativ hoch angesetzt werden soll, um ihn dann sukzessiv zu senken (Skimming-Strategie), oder ob eher ein niedriger Einführungspreis gewählt wird, den man längere Zeit durchhält (Penetration-Strategie).

Das zeitliche Handlungsmuster betrifft somit **Handlungssequenzen** bezüglich ein und derselben Entscheidungsvariablen. Bei vielen Problemen muss der Entscheider in solchen Handlungssequenzen denken, auch wenn er sich zunächst nur für den ersten Schritt festlegt. Man nennt solche Entscheidungsprobleme **mehrstufig bzw. dynamisch.** Demgegenüber handelt es sich um **einstufige bzw. statische** Entscheidungsprobleme, wenn der Entscheider eine Handlung wählen kann, ohne die Konsequenzen einer zeitlich nachgelagerten Entscheidung und den dann bestehenden Handlungsspielraum beachten zu müssen.

4. Zeitliches Muster der Konsequenzen

Unabhängig vom zeitlichen Handlungsmuster ist das zeitliche Muster der Konsequenzen bei einer Entscheidung zu beachten. Dabei lässt sich gedanklich zwischen **einperiodigen** und **mehrperiodigen** Konsequenzen trennen.

Beispiel:

- Von **Werbeanstrengungen** wird oft angenommen, dass sie sich nicht nur innerhalb einer einzelnen zu betrachtenden Periode (z.B. Quartal) auswirken, sondern auch noch in späteren Perioden nachwirken (sog. zeitliche Ausstrahlungseffekte). Die Entscheidung über die Höhe der Werbeanstrengungen in einer Periode muss dann sinnvollerweise diese mehrperiodigen Konsequenzen beachten.

Natürlich ist nicht zu übersehen, dass bei genügend breit angelegter Periodenabgrenzung (z.B. anstelle einer Quartalsbetrachtung eine Jahresbetrachtung) Entscheidungsprobleme zu Problemen mit einperiodigen Konsequenzen degenerieren können. Auch mehrstufige Entscheidungsprobleme können in ihren Konsequenzen als einperiodig interpretiert werden. Denn bei der Definition mehrstufiger Entscheidungen wird nicht zwingend auf irgendwelche Handlungsperioden abgestellt.

Übersicht 7-1: Kombinierte Erfassung wichtiger Merkmale zur Kennzeichnung unterschiedlich komplexer Entscheidungsprobleme (in Pfeilrichtung zunehmende Komplexität der Entscheidungsprobleme)

Ziele und Handlungsmuster \ Konsequenzen			Betrachtung der Konsequenzen als … einperiodig		mehrperiodig	
			sicher	unsicher	sicher	unsicher
nur ein Ziel	Handlungsmuster	einstufig				
		mehrstufig				
mehrere Ziele		einstufig				
		mehrstufig				

5. Sicherheit der Konsequenzen

Schließlich können Entscheidungsprobleme nach der **Sicherheit** (Gewissheit; Einwertigkeit) der erwarteten Handlungskonsequenzen charakterisiert werden. Dabei wird zwischen Entscheidungen mit **sicheren** (einwertigen) und **unsicheren** (mehrwertigen) Erwartungen getrennt.

Marketing-Entscheidungen sind immer mit unsicheren Handlungskonsequenzen verbunden. Lediglich der Ressourcenverbrauch für bestimmte Aktivitäten ist relativ sicher vorhersehbar. Trotz der Seltenheit von Entscheidungen mit sicheren Konsequenzen erweist es sich für den Entscheider als vorteilhaft, erwartete Ergebnisse einzelner Entscheidungsalternativen zunächst als sicher anzunehmen. Dies erleichtert ihm die gedankliche Durchdringung des Problems, bevor er sich dann dem realistischen Problem der Unsicherheit zuwendet.

Mit Übersicht 7-1 werden die unter Ziffer 2 bis 5 erläuterten Strukturmerkmale kombiniert betrachtet, um unterschiedliche Typen von Entscheidungsproblemen zu erfassen. Gleichzeitig wird auf die unterschiedliche **Komplexität von Entscheidungsproblemen** in Abhängigkeit von deren Strukturmerkmalen hingewiesen. Wie sich die Marketinglehre mit Entscheidungsproblemen mehr oder weniger komplexer Natur auseinander setzt, ist im Folgenden darzulegen.

7.3 Die Auseinandersetzung der Marketinglehre mit Entscheidungsproblemen

Überblickt man die Vielzahl der Literaturbeiträge, die die Entscheidungsfindung zum Gegenstand haben, so lassen sie sich als die Entscheidungsfindung **beschreibend, erklärend** oder **unterstützend** klassifizieren. Eine Beschreibung und Erklärung des Anbieterverhaltens erfolgte bereits in Kapitel 6. Im Folgenden sollen die für den Anbieter **entscheidungsunterstützenden** Beiträge der Marketinglehre betrachtet werden. Gemeinsam ist solchen **Entscheidungshilfen**, dass sie den Entscheider in dessen Bemühen unterstützen, mehr oder weniger **systematisch** vorzugehen. Sie lassen sich grob in Strukturierungshilfen, Diagnosehilfen und Prognosehilfen sowie Bewertungs- und Auswahlhilfen unterteilen.

7.3.1 Bereitstellung von Strukturierungshilfen

Wer ein Entscheidungsproblem zu lösen hat, fragt sich zunächst oft: „Wie gehe ich da heran? Worüber muss ich mir zuerst, worüber später Gedanken machen?" Das Interesse des Entscheiders ist folglich zunächst weniger auf die Lösung des

Problems als vielmehr auf die zweckmäßige **Strukturierung des Problemlösungsprozesses** gerichtet. Dies gilt speziell für komplexe Entscheidungsprobleme, bei denen eine Lösung nicht so leicht gefunden wird.

Vorschläge, mit denen der zweckmäßige Ablauf eines Entscheidungsprozesses skizziert wird, heißen im Folgenden **prozessorientierte Strukturierungshilfen.** Sie entstehen zumeist aus der Beobachtung menschlichen Verhaltens in Entscheidungssituationen, einer darauf beruhenden Prozessbeschreibung sowie einem Urteil, ob der beschriebene Prozess „empfehlenswert" ist oder nicht. Um Letzteres beurteilen zu können, stützt man sich

- auf logische Erwägungen und/oder
- auf eigene Erfahrungen mit dieser Vorgehensweise und/oder
- auf die Beobachtung erfolgreicher Entscheider.

Im Folgenden seien prozessorientierte Strukturierungshilfen an typischen Entscheidungsaufgaben im Marketing veranschaulicht. Zu beachten ist, dass es sich hierbei nicht um eine vollständige Auflistung aller möglichen Strukturierungshilfen handelt.

1. Hilfestellung zur Strukturierung eines Marketing-Planungsprozesses

Soll für ein Unternehmen oder für einen Unternehmensausschnitt (Sparte, regionaler Unternehmensbereich) ein Marketing-Plan entwickelt werden, so stellt sich zunächst die Frage nach dem chronologischen Ablauf spezieller Schritte der Informationsgewinnung und -verarbeitung. Übersicht 7-2 enthält eine diesbezügliche Strukturierungshilfe. Es wird empfohlen, zunächst mit einer umfassenden Situationsanalyse zu beginnen, um sich dann langfristig-strategischen Fragen und schließlich mittelfristig-operativen Entscheidungsproblemen zuzuwenden. Rückkopplungen im Prozess sind – wie im Schaubild angedeutet wird – vorzusehen. Die einzelnen Analyseschritte, die den Prozessstufen zugeordnet sind, kann der Leser aus Übersicht 7-2 entnehmen, sie werden daher an dieser Stelle nicht weiter kommentiert. **Wie** diese Einzelschritte bewältigt werden sollen, ist der Strukturierungshilfe nicht zu entnehmen. Damit befassen sich anderweitige Entscheidungshilfen.

2. Hilfestellung zur Strukturierung eines Neuproduktplanungsprozesses

Der Prozess einer Neuproduktplanung ist in Übersicht 7-3 dargestellt. Das Flussdiagramm umfasst von der ersten Anregung bis zur Markteinführung wichtige Stufen der Neuproduktplanung, allerdings ohne die technischen Entwicklungsschritte aufzuzeigen. Das Diagramm kann als Hilfestellung für die sequentielle Abarbeitung des Prozesses aufgefasst werden. In den fett umrahmten Kernstufen des Prozesses kommen offenbar spezielle Schritte der Ideengewinnung sowie deren Bewertung und Umsetzung in die Realität zum Zuge. Rückkopplungsschleifen weisen auf logische Erfordernisse der Prozessbewältigung hin.

Übersicht 7-2: Prozessorientierte Strukturierungshilfe zur Marketing-Planung
(Quelle: Rupp 1980, S. 141)

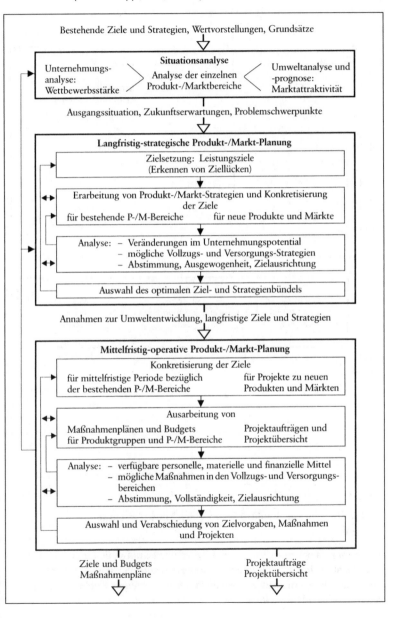

Übersicht 7-3: Prozessorientierte Strukturierungshilfe zur Neuproduktplanung
(Quelle: Meffert 1993, S. 381)

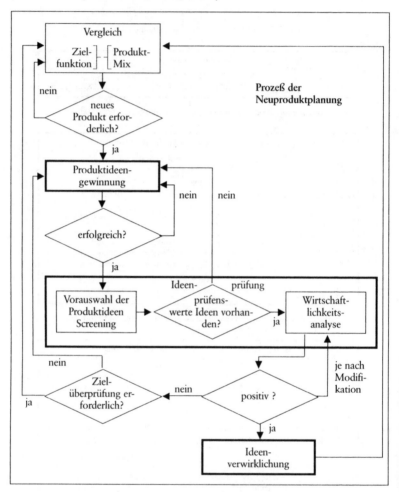

3. Hilfestellung zur Strukturierung eines Marktforschungsvorhabens (Befragung)

Sollen im Rahmen einer Image- und Bekanntheitsgradstudie für ein Textileinzelhandelsunternehmen Informationen durch Befragung gewonnen werden, so muss das Vorgehen innerhalb eines solchen Projekts strukturiert werden. Übersicht 7-4 liefert dazu eine Hilfestellung.

Ausgehend vom jeweiligen **Untersuchungsziel** („Wofür werden die Untersuchungsergebnisse gebraucht? Welchen Zweck sollen die zu gewinnenden Informationen erfüllen?") ist die Untersuchung bezüglich ihres Inhalts zunächst in **Problemfragen** aufzugliedern. Die Problemfragen (z.B. „Wie sympathisch finden die Kunden die Einkaufsstätte?") müssen dann in konkrete Frageformulierungen für den **Fragebogen** umgesetzt werden. Es wird also die Art der Messung des jeweiligen Sachverhalts festgelegt (Operationalisierung). Im Anschluss an die Befragung werden die gewonnenen Rohdaten aufbereitet (z.B. Aggregation der Einzeldaten: Bildung von Durchschnitten, Prozenten oder Summenwerten). In der Phase der Rückübersetzung, die in der Übersicht als „Datenanalyse" bezeichnet wird, sind Antworten der Befragten auf die gestellten Fragen im Sinne der Problemfragen zu deuten. Dies ist erforderlich, wenn die Befragten nicht direkt nach den interessierenden Sachverhalten gefragt, sondern auf einem Umweg um die Bekundung einer inneren Haltung, Einschätzung und Verhaltensbereitschaft gebeten wurden (Indirektes Fragen). In einem letzten Schritt sind die vorliegenden Ergebnisse im Licht des Untersuchungsziels zu würdigen.

Übersicht 7-4: Prozessorientierte Strukturierungshilfe für den Ablauf einer Befragungsstudie (Quelle: Wettschureck 1977, S. 12)

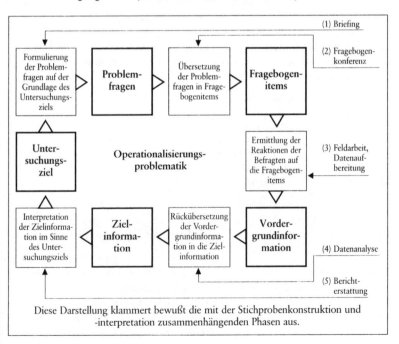

225

Aus den typischen Entscheidungsaufgaben lässt sich erkennen, dass Prozessorientierte Strukturierungshilfen aus **Flussdiagrammen** bestehen, die lediglich den Ablauf eines Entscheidungsprozesses bewältigen helfen können. Sie sind meist relativ abstrakt formuliert und daher im Rahmen der behandelten Problemstellungen universell einsetzbar. Allerdings bedarf der Entscheider zusätzlicher Hinweise, wie er in jeder Phase oder Stufe des Prozesses vorgehen soll.

Neben prozessorientierten Strukturierungshilfen lassen sich in der Literatur auch **lösungsorientierte Strukturierungshilfen** ausmachen. Bei diesen Entscheidungshilfen handelt es sich um generelle Denkmuster, mit deren Hilfe die gedankliche Durchdringung eines Entscheidungsproblems erleichtert wird. Wendet der Entscheidungsträger ein solches Denkmuster an, so wird ihm klarer, worin eigentlich die Schwierigkeit seines Problems liegt, worin das Problem besteht und auf welche Zusammenhänge er Rücksicht nehmen muss. Die Beantwortung dieser Teilfragen schafft eine Problemtransparenz. Als wichtigste Strukturierungshilfen dieser Art dienen ein **Entscheidungsbaum** oder eine **Entscheidungsmatrix**.

1. Entscheidungsbaum als lösungsorientierte Strukturierungshilfe – Fallbeispiel

Ein Hersteller eines Industrieklebstoffs plant als Marktführer (40% Marktanteil) eine Preisanhebung für sein Produkt. Für den Verkaufsleiter als Entscheider stellt sich die Frage, ob seine kleineren Wettbewerber diese Gelegenheit ebenfalls für eine Preiserhöhung nutzen werden oder ob sie die Preisanhebung des Marktführers – ohne ihm zu folgen – zur Verbesserung ihrer Marktposition nutzen werden. Der Verkaufsleiter sieht als Maßnahmemöglichkeiten,

a) den Preis entweder um 5% oder
b) um 10% zu erhöhen oder
c) das alte Niveau beizubehalten.

In Abhängigkeit von seiner eigenen Entscheidung erwartet er für das nächste Quartal Absatzmengen, deren Höhen auch davon abhängen, ob die Wettbewerber ihm preispolitisch folgen oder nicht.

Über seine Absatzerwartungen hinaus hat der Verkaufsleiter auch Vermutungen über die Wahrscheinlichkeit, dass die Wettbewerber (en bloc) preispolitisch „mitziehen". Ein Entscheidungsbaum wie in Übersicht 7-5 macht seine Maßnahmemöglichkeiten und Erwartungen transparent.

Das Fallbeispiel zeigt, dass ein Entscheidungsbaum zwar noch keine Lösung liefert, das Entscheidungsproblem für die Lösungsfindung kann so jedoch durchsichtiger gestaltet werden. Allerdings kann eine solche Darstellung nur zum Zuge kommen, wenn die Anzahl der zur Entscheidung anstehenden Aktivitätsalternativen und die Anzahl der äußeren Ereignisse, von denen Handlungskonsequenzen

Übersicht 7-5: Das Entscheidungsproblem des Klebstoffherstellers in Entscheidungsbaumdarstellung

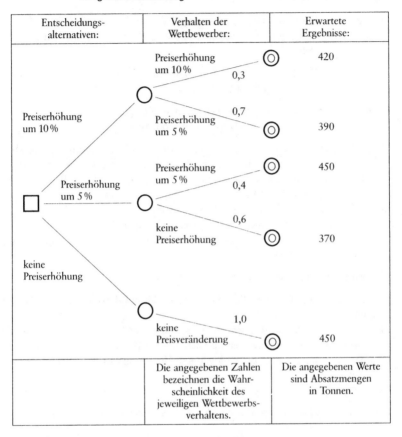

Entscheidungs-alternativen:	Verhalten der Wettbewerber:	Erwartete Ergebnisse:
	Die angegebenen Zahlen bezeichnen die Wahrscheinlichkeit des jeweiligen Wettbewerbsverhaltens.	Die angegebenen Werte sind Absatzmengen in Tonnen.

(Ergebnisse) abhängen, nicht zu groß sind. Diese Art der Darstellung ist besonders gut geeignet, um komplette Handlungssequenzen (mehrstufige Entscheidungen) übersichtlich darzulegen.

2. Entscheidungsmatrix als lösungsorientierte Strukturierungshilfe – Fallbeispiel

Ein Hersteller von Pharmazeutika steht vor der Frage, wie er seine Marketing-Anstrengungen (Werbung, Musterverteilung, Seminareinladungen) im nächsten Jahr auf die beiden Produktgruppen Grippemittel und Schmerzmittel aufteilen soll. Das dazu verfügbare Gesamtbudget ist infolge übergeordneter Budgetierungsentschei-

227

dungen begrenzt. Bearbeitet wird ausschließlich die Bundesrepublik Deutschland. Folgende strategische Alternativen werden ins Auge gefasst:

Strategie 1: Starke Forcierung des Grippemittelgeschäftes (Markt I) durch Aufteilung des Budgets nach der Relation 70 (Grippemittel): 30 (Schmerzmittel);

Strategie 2: Etwa gleich starke Unterstützung der beiden Produktgruppen (Aufteilung 50:50);

Strategie 3: Stärkere Forcierung des Schmerzmittelgeschäftes (Markt II) nach der Relation 40 (Grippemittel): 60 (Schmerzmittel).

Die Vorteilhaftigkeit des einen oder anderen Vorgehens hängt natürlich davon ab, wie hoch die – vom Unternehmen kaum beeinflussbare – Gesamtnachfrage (das jeweilige Marktvolumen) in den jeweiligen Produktmärkten I und II sowie die Wirkung der eigenen Anstrengungen in den Märkten ist. Angenommen, man sei in der Lage, für unterschiedliche Marktvolumensentwicklungen abzuschätzen, wie hoch der über drei Jahre kumulierte Gewinn bei Befolgung der einzelnen Strategien ausfällt, dann lässt sich das Wahlproblem gemäß Übersicht 7-6 in Form einer Entscheidungsmatrix darstellen.

Eine **Entscheidungsmatrix** enthält ganz allgemein

a) die sich gegenseitig ausschließenden **Entscheidungsalternativen** im Zeilenkopf sowie
b) **die Umweltzustände** (Umweltsituationen) mit ihren jeweiligen (erwarteten) **Eintrittswahrscheinlichkeiten** im Spaltenkopf, von denen
c) die in der Matrix aufgeführten, erwarteten **Handlungskonsequenzen** (Ergebnisse) abhängen.

Übersicht 7-6: Das Strategie-Entscheidungsproblem in Form einer Entscheidungsmatrix

Gesamt- gewinn (in Tsd.€) falls …	Marktvolumensentwicklung			
	günstig in I und II	günstig in I; ungünstig in II	ungünstig in I; günstig in II	ungünstig in I und II
	0,2	0,4	0,1	0,3
Strategie 1	7 200	6 900	4 800	4 300
Strategie 2	6 800	6 300	5 700	4 500
Strategie 3	6 700	6 200	5 800	4 900

Die Strukturierung eines Entscheidungsproblems mit Hilfe einer Entscheidungsmatrix löst **nicht** unmittelbar das Wahlproblem des Entscheiders. Sie zwingt ihn jedoch, in geordneter Form über sein Entscheidungsproblem im Hinblick auf eine Lösung nachzudenken. Er muss sich klarmachen,

- worin die zur Debatte stehenden Entscheidungsalternativen, die sich gegenseitig ausschließen müssen, bestehen,
- von welchen durch den Entscheider nicht steuerbaren Ereignissen die zu berücksichtigenden Handlungskonsequenzen abhängen und
- an welcher Ergebnisgröße (an welcher Zielart) er die Konsequenzen beurteilen bzw. messen will. Sollen mehrere Ziele beachtet werden, so lässt sich die Matrix auf mehrere Ergebnisarten je Alternative und Umweltzustand erweitern.

Die Entscheidungsmatrix ist – wie auch ein Entscheidungsbaum – lediglich eine **Denkhilfe,** ein **Ordnungsschema** oder eine **Systematisierung,** die eine lösungsorientierte Strukturierung von Problemen erleichtert. Zur Aufstellung einer solchen Matrix ist im Einzelfall eine Reihe von Denkschritten abzuarbeiten, auf die sich weitere Entscheidungshilfen konzentrieren.

Um Missverständnissen vorzubeugen: Der Hinweis auf das zweckmäßige Arbeiten mit einer Entscheidungsmatrix oder mit der Entscheidungsbaumdarstellung ist nicht etwa eine originäre Hilfestellung der Marketinglehre. Es handelt sich hierbei vielmehr um Grundmodelle der Entscheidungstheorie. Solche analytischen Denkmuster sind universell – nicht nur im betriebswirtschaftlichen Kontext – anwendbar und stellen mit ihrer Strukturierungsleistung eine generelle Lebenshilfe dar.

7.3.2 Bereitstellung von Diagnose- und Prognosehilfen

Wie bei der exemplarischen Durchsicht einiger prozessorientierter Strukturierungshilfen erkennbar wurde, bedarf ein Entscheider zur Bewältigung eines komplexen Entscheidungsproblems weiterführender, lösungsorientierter Hilfestellungen zu einzelnen Prozessstufen. Dazu dienen insbesondere Diagnose- und Prognosehilfen.

Diagnosehilfen dienen der **Klärung der Situation.** Mit ihrer Hilfe versucht der Entscheider, eine Antwort auf Fragen zu bekommen wie z.B.: „Wie ist die Lage?", „Wie ist es dazu gekommen?", „Welche Regelmäßigkeiten des Marktverhaltens stecken dahinter?". Zu den Diagnosehilfen zählen zum einen Methoden im Rahmen von **Entwicklungs- und Wirkungsanalysen** (vgl. Kap. 6 zu Entwicklungsanalysen, S. 178 ff. und zu Wirkungsanalysen, S. 203 ff.). Ihre Anwendung ermöglicht es, Verhaltensweisen von Marktteilnehmern in ihrem zeitlichen

Verlauf durch (vermutete) Regelmäßigkeiten **rückschauend** zu erklären. Dabei wird bei Entwicklungsanalysen im Unterschied zu Wirkungsanalysen von der Beeinflussung solcher Verhaltensweisen durch Marketing-Anstrengungen der Anbieter abstrahiert.

Zum anderen kann sich der Entscheider auch Diagnosehilfen im Rahmen einer zeitpunkt- bzw. zeitraumbezogenen **Strukturanalyse** bedienen. Sie verhelfen ihm z.b. zu einer datengestützten Erkenntnis bezüglich existierender Strukturen im Markt (z.b. Verwender- oder Handelssegmente, Strategische Gruppen als Wettbewerbssegmente, markenbezogene Einstellungsstrukturen bei den Verwendern) oder bezüglich vorhandener Sortiments- bzw. Kundenstrukturen des eigenen Unternehmens.

Beispiel:

- Bevor im Unternehmen über eine Veränderung der Ressourcenzuweisung zu Produktbereichen, Produktgruppen oder Einzelprodukten nachgedacht wird, sollte man die Frage klären, in welchem Ausmaß die Produkte oder Produktgruppen zum bisherigen Unternehmenserfolg beitrugen. Diese rein vergangenheitsorientierte Betrachtung ist ein erster Schritt einer **sortimentsbezogenen Situationsanalyse,** in der die gegenwärtige Lage des Unternehmens geklärt wird, bevor man an neuartige Strategien oder Maßnahmeüberlegungen herangeht. Für die Vorgehensweise bei der Auseinandersetzung mit dieser Frage bieten sich unterschiedliche Systematiken an. Zumeist eignet sich schon ein tabellarischer und graphischer Aufriss wie in Übersicht 7-7, dem Entscheider die wichtigen Sachverhalte deutlich und übersichtlich vor Augen zu führen.
  Als Erfolgsgrößen wurden im Übersichtsbeispiel der Deckungsbeitrag und der Umsatz einzelner Produkte eines Sortiments ausgewählt. Im **tabellarischen** Teil werden aus diesen Erfolgsgrößen durch die Bildung von Quotienten weiterführende Kenngrößen zur Lagebeurteilung abgeleitet (z.B. Deckungsbeitrag in % vom Umsatz). Die **Grafik** ist als eine Konzentrationskurve zu interpretieren, in der jeweils eindimensional eine Kenngröße zur Sortimentsbetrachtung herangezogen wird. Die Kurve der kumulierten Deckungsbeiträge übersteigt 100%, da im Sortiment Produkte mit negativem Deckungsbeitrag vertreten sind, die in der Grafik als eliminierungsverdächtig bezeichnet werden.

Diagnosehilfen als entscheidungsunterstützende Methoden bzw. Systematiken haben offenbar nicht nur den Zweck, den Entscheider im Rahmen eines Entscheidungsprozesses auf die für die Problemlösung wichtigen Sachverhalte gedanklich hinzuführen. Sie sollen ihm auch die analytische Auseinandersetzung mit vielfältigen Fakten, Daten oder Befunden erleichtern. In Letzterem unterscheiden sie sich von lösungsorientierten Strukturierungshilfen. Damit schaffen Diagnosehilfen ein Fundament, auf dem es leichter fällt, in einer weiteren Annäherung an ei-

Übersicht 7-7: Eindimensionale Sortimentsstrukturanalyse (Quelle: Rupp 1988, S. 49)

| Analyse der Deckungsbeitrags-/Umsatz-Struktur | | | | | | Jahr | |
Produkt-gruppe	Produkt	Umsatz in 1000 Franken	Umsatz in % vom Gesamt-umsatz	Deckungs-beitrag in 1000 Franken	Deckungs-beitrag in % vom Gesamt-DB	Rang-folge	Deckungs-beitrag in % vom Umsatz
A	A.1	486,3	4,4 %	38,9	1,9 %	23	8 %
	A.2	216,0	2 %	92,3	4,5 %	4	23,4 %
	A.3	22,8	0,2 %	4,1	0,2 %	72	18 %

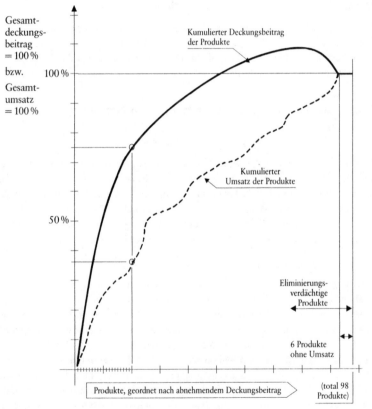

ne Problemlösung vernünftige Entscheidungsalternativen zu ersinnen. Allerdings bedarf der Entscheider dazu in jedem Fall gewisser Prognosehilfen.

Aufbauend auf einer Situationsanalyse dienen **Prognosehilfen** der **Vorhersage** möglicher zukünftiger Situationen. Der Entscheider versucht mit ihrer Hilfe z.B. folgende Fragestellungen zu beantworten: „Wie wird sich die Lage weiterentwickeln?", „Wie werden sich Verhaltensweisen von Marktteilnehmern verändern?", „Welche Regelmäßigkeiten können in der Zukunft bezüglich dieser Verhaltensweisen und des Einsatzes von Marketing-Maßnahmen unterstellt werden?". Die Anwendung von Prognosehilfen beinhaltet demnach den Versuch, **vorschauend** zukünftige Entwicklungen und Wirkungen vorherzusagen. Dazu stehen dem Entscheider vielfältige Verfahren der Entwicklungs- und Wirkungsprognose zur Verfügung. Sie wurden in Kapitel 6 angesprochen.

Nachdem der Entscheider aus einer Situationsanalyse realistische Entscheidungsalternativen abgeleitet hat, kann er sie in einem nächsten Schritt bewerten und schließlich eine Alternative auswählen. Dies ist jedoch bereits die Aufgabe von Bewertungs- und Auswahlhilfen.

7.3.3 Bereitstellung von Bewertungs- und Auswahlhilfen

7.3.3.1 Charakterisierung der Hilfestellungen

Eine wichtige Aufgabe der Marketinglehre ist es, eine Bewertung und Auswahl von Entscheidungsalternativen zu erleichtern. **Bewertungshilfen** – auch **Evaluierungshilfen** genannt – dienen der zielorientierten Beurteilung betrachteter Entscheidungsalternativen in Form von „Lohnt es sich ...?"-Fragen. Die dem Entscheider bedeutsamen Ziele sind dabei die Bewertungs- bzw. Evaluierungskriterien. **Auswahlhilfen** dagegen sollen den Entscheider in die Lage versetzen, unter vielen lohnenswerten Alternativen eine dieser Möglichkeiten auszuwählen, also z.B. die beste Lösung des Problems zu finden. Entscheider sind in der Praxis zwar infolge von Zeitdruck oder anderen Umständen nicht immer daran interessiert, unbedingt die beste Lösung einer Aufgabenstellung aufzuspüren und zu verfolgen. Man begnügt sich dann mit einer „brauchbaren" Lösung, deren absolute Güte – gemessen an verfolgten Zielen – nicht weiter hinterfragt wird. In anderen Fällen, z.B. bei hinreichender Entscheidungszeit und wenn „viel auf dem Spiel steht", sind Entscheider womöglich an der besten (= **optimalen**) Lösung eines Problems interessiert. Die Optimalität einer Alternative ergibt sich – wie bei den Evaluierungshilfen – aus der Zielsetzung des Entscheiders. Darüber hinaus müssen bei der Suche nach der besten Lösung Beschränkungen bezüglich der jeweiligen Problemlösbarkeit beachtet werden, d.h., es sind die die Suche einengenden Umstände als Nebenbedingungen zu berücksichtigen (z.B. muss in einem Allokationsproblem eine knappe Ressource beachtet werden).

Auswahlhilfen sind vor allem in jenen Fällen hilfreich, in denen die Anzahl lohnenswerter Alternativen sehr groß ist und das sequentielle Evaluieren jeder einzelnen Alternative zum Auffinden der besten aller Möglichkeiten sehr mühsam wäre. Dies kann bereits in Entscheidungsaufgaben mit nur einer Entscheidungsvariablen der Fall sein, wenn die Entscheidungsvariable eine stetig variierbare Größe ist (z.B. die Preishöhe für ein Produkt). Sind in einer Entscheidungsaufgabe zwei stetig variierbare Entscheidungsvariablen die Charakteristika des zu lösenden Problems (z.B. eine Festlegung der Preishöhe und der Höhe des Werbebudgets für ein Produkt), steigt die Anzahl der denkbaren bzw. der intuitiv plausiblen Handlungsmöglichkeiten nahezu ins Unendliche. Hier mittels einer Auswahlhilfe auf effiziente Art eine gute oder sogar die beste aller Entscheidungsalternativen aufzufinden, dürfte jedem optimierungsgeneigten Entscheider willkommen sein.

Die Marketinglehre hat bislang ein facettenreiches Arsenal an Bewertungs- und Auswahlhilfen zu den unterschiedlichsten Entscheidungsaufgaben im Marketing hervorgebracht. Solche Hilfestellungen unterscheiden sich – bei näherer Betrachtung – im Grad an **Systematik**, mit welcher ein Entscheider bei der Befolgung einer Entscheidungshilfe im Anwendungsfall vorzugehen genötigt ist. Systematisch vorzugehen bedeutet, sich detailliert klarzumachen, welche einzelnen Teilfragestellungen von einer Bewertungs- oder Auswahlaufgabe aufgeworfen werden, und in welcher zweckmäßigen Schrittfolge diese Teilfragestellungen abgearbeitet werden können. Es gehört auch zur Systematik in Entscheidungen, die für die jeweilige Aufgabenstellung relevanten Ziele, d.h. die relevanten Bewertungs- bzw. Auswahlkriterien, freizulegen und wohlüberlegt – gestützt auf verfügbare oder beschaffbare Informationen sowie subjektive Erwartungen – den einzelnen Handlungsalternativen mit Blick auf die Entscheidungskriterien Konsequenzen zuzuordnen. Nur dann kann der Entscheider eine Bewertung oder Auswahl vor sich selbst bzw. gegenüber Dritten nachvollziehbar begründen. Der **Begründungshintergrund** in Marketing-Entscheidungen besteht insbesondere aus den für zutreffend gehaltenen Zusammenhangsvermutungen des Entscheiders zu Entwicklungen und Wirkungen im Markt, welche seine zielbezogenen Konsequenzen bei der zu treffenden Entscheidung berühren oder von ihr ausgehen.

Eine Entscheidungshilfe, die den Entscheider nicht nötigt, sich bei einer Marketing-Entscheidung z.B. gewisser Wirkungsvermutungen über das Nachfrager-Verhalten (auf der Mikro- oder auf der Makro-Ebene) oder über das Konkurrentenverhalten bewusst zu werden, fordert ihn nicht zu einem nennenswerten Grad an Systematik heraus. Diese Entscheidungshilfe würde es zwar erleichtern, zu einer Entscheidung zu gelangen; es bliebe jedoch eine deutliche **Begründungslücke** für die gewählte Lösung. Und das Risiko, eine Fehlentscheidung zu treffen, steigt mit dem Ausmaß des „Klaffens von Begründungslücken" bei einer Entscheidung.

Das Konzept der Begründungslücke darf nicht verwechselt werden mit dem Eintreten eines Irrtums bei einer Entscheidung. Einen **Irrtum** zu begehen ist etwas ganz Normales, da Menschen nie vollständige Information über alle eine Entscheidungsaufgabe betreffenden Sachverhalte besitzen – und dennoch entscheiden müssen. Das zutreffende Vorhersagen der von einer eigenen Handlung im Markt ausgehenden Wirkungen bedürfte regelrecht prophetischer Gaben. Folglich werden Entscheidungen immer unter Unsicherheit bezüglich zu erwartender Konsequenzen getroffen (vgl. Abschnitt 7.2 dieses Kapitels), was zu Irrtümern, d.h. zur Fehleinschätzung erwarteter Entwicklungen und/oder Wirkungen im Markt führt – außer, man hatte Glück. Entscheidungshilfen, die den Entscheider dazu anhalten, sich den möglichen Begründungshintergrund für eine zu treffende Entscheidung bewusst zu machen, können ihn deshalb nicht vor Irrtümern bewahren. Die Herausforderung jedoch, genauer nachzudenken, vermag die Menge möglicher Fehlentscheidungen deutlich zu begrenzen.

Im Folgenden werden Entscheidungshilfen, die auf der Grundlage einer Bewertung zur Wahl einer Alternative verhelfen sollen und dabei erheblichen Raum für verbleibende Begründungslücken lassen, **heuristische Hilfestellungen** genannt. Der Terminus „heuristisch" wird zumeist im Sinne von „richtunggebend", „erkenntnisfördernd" oder „zum Finden geeignet" verwendet. Heuristiken sind nichts anderes als Fingerzeige, Kniffe, Vereinfachungs- oder Daumenregeln, bei deren Befolgung Entscheidungen im Bemühen um eine brauchbare oder gute Lösung verkürzt werden können. Die Verkürzung resultiert aus dem Weglassen von Denkschritten, die im jeweiligen Sachproblem an und für sich bewältigt werden müssten, wenn nichts problemrelevant Wesentliches übersehen werden soll. Entscheidungshilfen dagegen, deren Befolgung es erforderlich macht, die zur Bewältigung einer Entscheidungsaufgabe logischerweise erforderlichen Entwicklungs- und/oder Wirkungsvermutungen lückenlos wachzurufen, werden als **analytische** oder **modellgestützte Entscheidungshilfen** bezeichnet und als Gegenpol zu den heuristischen Hilfestellungen eingeordnet. Die terminologische Bezugnahme auf Modelle liegt nahe, da die problemrelevanten Hypothesen im Kopf des Entscheiders im Allgemeinen als (mentale) Modelle vorliegen, die von ihm während der Problemlösung mobilisiert und auf den jeweiligen Einzelfall zugeschnitten (= geeicht) werden können. Bei Befolgung einer modellgestützten Entscheidungshilfe kommt der Entscheider also nicht daran vorbei, seine Annahmen über die Konsequenzen der in Frage stehenden Entscheidungsalternativen ausdrücklich, zumindest gegenüber sich selbst, freizulegen. Legt er sie auch gegenüber Dritten frei, z.B. gegenüber Kollegen oder Vorgesetzten, werden zu treffende Entscheidungen viel besser sachlich diskutierbar als wenn lediglich das Ergebnis einer heuristischen Beurteilung oder Wahl präsentiert würde.

Obwohl streng genommen die Vielfalt der eine Bewertung und/oder eine zu treffende Wahl erleichternden Entscheidungshilfen nach der Geschlossenheit des mit ihrer Anwendung vom Entscheider einzubringenden Begründungshintergrunds auf einem Kontinuum zwischen „reine Daumenregeln" (bei deren Befolgung viele Begründungslücken klaffen) und „geschlossene Systematik" (bei deren Befolgung der Zusammenhang zwischen unterschiedlichen Entscheidungsalternativen und ihrem jeweiligen Zielerreichungsgrad lückenlos begründet wird) eingeordnet werden können, sei im Folgenden zur Gliederung des Stoffes mit der vereinfachenden Zweiteilung in heuristische und analytische Hilfestellungen gearbeitet.

7.3.3.2 Heuristische Hilfestellungen

Innerhalb der Kategorie heuristischer Hilfestellungen, mit deren Hilfe anstehende Entscheidungsalternativen bewertet werden können oder mittels derer eine der Alternativen als die zweckmäßigerweise zu befolgende identifiziert wird, lässt sich eine weitere Klassifikation einschlägiger Ansätze vornehmen. Je nach dem Grad, zu dem sich eine Hilfestellung in ihrem **Empfehlungscharakter** in ein zu bewältigendes Entscheidungsproblem „hinein begibt", kann getrennt werden zwischen sachproblembezogenen, **unmittelbaren heuristischen Handlungsempfehlungen** bzw. **Bewertungen** einerseits und sachproblembezogenen **heuristischen Bewertungsverfahren** andererseits, die den Entscheider – bei deren Befolgung – zur Wahl der zu präferierenden Alternative führen mögen. In die zuerst genannte Kategorie gehören folglich alle jene entscheidungsunterstützenden Hilfestellungen, die zu gewissen Alternativen in einem Sachproblem unmittelbar ein gut-schlecht-Urteil abgeben bzw. die empfehlen, in diesem Fall so und nicht anders zu entscheiden. Bei der zweiten Kategorie gibt sich die Entscheidungshilfe deutlich distanzierter: Es wird lediglich eine Vorgehensweise nahe gelegt, bei deren Befolgung der Entscheider zu einer Bewertung oder Wahl gelangen kann.

Zur **ersten Kategorie**, und zwar zu den unmittelbaren heuristischen Handlungsempfehlungen, seien einige **Beispiele** angeführt:

- Erfolgreiche **Schachspieler** scheinen einer Reihe „kraftvoller" Heuristiken zu folgen. Eine Heuristik für das Schachspiel lautet etwa: „Versuche, das Zentrum des Brettes zu beherrschen!"
- Auch erfolgreiche Manager scheinen bei **Strategieentscheidungen** speziellen Heuristiken zu folgen, die sie sich im Laufe ihres Berufslebens angeeignet haben. Eine solche Heuristik lautet etwa: „Greife Deinen Gegner nie auf seiner starken Seite an!"
- Für die Direktwerbung mittels **Werbebrief** findet man in der Praktikerliteratur z.B. folgende unmittelbare Gestaltungsempfehlungen: „Versprich im ersten Absatz den wichtigsten Vorteil!" und „Sag dem Leser, was er verpasst, wenn er nicht handelt!" sowie „Wiederhole den wichtigsten Vorteil noch einmal zum Schluss!"

In den Beispielen wird der Charakter der unmittelbaren Handlungsempfehlung als Heuristik evident. Ebenfalls in die erste Kategorie, jedoch zu den unmittelbaren heuristischen Bewertungen, gehören publizierte **Vorteils-Nachteils-Auflistungen**. Auch diese beinhalten zu einem bestimmten Sachproblem (z.B. zur Wahl zwischen Handelsvertretern oder Reisenden, zur Multimarken-Strategie versus Solo-Marken-Strategie) eine unmittelbare Wertung. Wird auf Vor- oder Nachteile irgendeines Vorgehens im Marketing hingewiesen, so ist dieser Hinweis mehr als nur die Erinnerung an gewisse Bewertungskriterien. Zumeist sind damit wertende Hypothesen verbunden, die jedoch beim Hinweis auf den Vor- oder Nachteil nicht explizit aufgedeckt und dem Entscheider gewissermaßen „untergejubelt" werden – ungeachtet der Frage, ob diese Hypothesen auch für den zu bewältigenden Einzelfall des Entscheiders gelten mögen.

In die **zweite Kategorie** heuristischer Hilfestellungen zu Bewertungsschritten oder zur Wahl von Handlungsalternativen – nämlich zu den heuristischen Bewertungsverfahren – fallen

– empfohlene Checklists,
– empfohlene Scoring-Verfahren (= Punktbewertungsverfahren),
– normative Flussdiagramme und
– Faustformeln

zu bestimmten Entscheidungsproblemen im Marketing.

Mit **Checklists** wird der Entscheider an die bei einem spezifischen Sachproblem zu beachtenden Zielkriterien und Randbedingungen erinnert bzw. auf diese aufmerksam gemacht. Wie der Entscheider dann verschiedene Alternativen (z.B. unterschiedliche Vertriebswege bei der strategischen Wahl der Absatzkanäle) beurteilt, bleibt völlig dem Entscheider überlassen. Als Entscheidungshilfe fordert die Checklist lediglich dazu auf, gewisse Zielkriterien bzw. Randbedingungen zu beachten, die von einer Entscheidungsalternative erfüllt sein müssten.

Eine darüber hinaus gehende Entscheidungshilfe ist das **Scoring-Verfahren**. Es regt den Entscheider dazu an, den anstehenden Entscheidungsalternativen zu gewissen – entweder für ein Sachproblem von der Entscheidungshilfe vorgegebenen oder vom Entscheider einzubringenden – Entscheidungskriterien einen je Kriterium passenden Punktwert (= score) zuzuordnen, z.B. auf einer Einstufungsskala von 1 bis 10. Ein hoher Punktwert einer Alternative je Kriterium bedeutet dann, dass diese Alternative das betreffende Kriterium gut erfüllt. Anhand der über alle Kriterien zusammengefassten Punktwerte lassen sich Alternativen vergleichend in eine Rangordnung bringen. Solche Verfahren sind dafür prädestiniert, Selektionsprobleme mit einer begrenzten Anzahl von Entscheidungsalternativen (z.B. Wahl des Vertriebswegs, Wahl eines Namens für ein Produkt, Entscheidung für den Eintritt in gewisse Marktsegmente) und Probleme mit mehrfacher Zielsetzung zu bewältigen. Obwohl solche Verfahren gelegentlich als Scoring-Modelle bezeichnet werden, ist erkennbar, dass sie dem hier zugrunde liegenden Begriff modellgestützter Hilfestellungen (noch) nicht entsprechen: In der Höhe der Punktwerte je Kriterium kommt zwar die vom Entscheider vermutete Auswirkung einer Handlungsmöglichkeit auf das verfolgte Ziel zum Ausdruck, die erwartete Zielerreichung selbst wird dabei jedoch nicht abgeschätzt; sie wird ja lediglich auf der Ratingskala zwischen „niedrig/schlecht" und „hoch/sehr gut" eingestuft. Hier wird die verbleibende Begründungslücke sichtbar.

Um einen heuristischen Ansatz gegenüber speziellen Konstellationen der jeweiligen Entscheidungsaufgabe nachgiebiger und flexibler zu machen, werden neben Scoring-Verfahren gelegentlich auch normative **Flussdiagramme** empfohlen, die ebenso wie Scoring-Verfahren passend auf die jeweilige Situation einzustellen sind. Diese Familie heuristischer Entscheidungshilfen verbindet die Charakteristiken prozessorientierter Strukturierungshilfen und lösungsorientierter Strukturierungshilfen (vgl. Abschnitt 7.3.1) mit impliziten Bewertungen der sich im Sachproblem stellenden Handlungsalternativen.

Beispiel:

- In Übersicht 7-8 ist **ein normatives Flussdiagramm als Entscheidungsprogramm** enthalten. Es stellt eine Entscheidungshilfe zur Reaktion auf eine Preisreduktion der Konkurrenz dar. Das Programm steuert den Benutzer durch eine Abfolge von Prüfschritten. Je nach dem, wie er im jeweiligen Prüfschritt eine Einschätzung der Situation vornimmt, wird er auf Entscheidungsalternativen ausgerichtet, die für ihn schon vorselektiert worden sind. Es liegt auf der Hand, dass in dem Programm wiederum eine Reihe von Bewertungen implizit enthalten sind, die dem Benutzer untergeschoben werden, wie z. B.:

  - „Es ist nicht gut, auf geringe Preissenkungen des Wettbewerbers sofort mit demselben Schritt zu antworten."
  - „Es ist nicht gut, den Preis eines Produkts unter die Gewinnschwelle zu setzen."
  - „Die Imagewirkung der Preispolitik ist wichtiger als die kurzfristige Umsatzkonsequenz beim preispolitischen Nachziehen."

Es wird erkennbar, dass beim Umgang mit einer solchen Entscheidungshilfe viele subjektive Freiheitsgrade bestehen. So kann nach obigem Beispiel die Frage, ob eine Preissenkung dem Image der betrachteten Marke schade, ohne weitere Begründung nach Kenntnisstand und Interessenlage des Entscheiders beantwortet werden. Die situationale Anpassbarkeit der Entscheidungshilfe kommt in den unterschiedlichen Bedingungen zum Ausdruck, von denen der Gang durch das Programm abhängig gemacht wird.

Das Charakteristikum normativer Flussdiagramme als Bewertungs- und/oder Auswahlhilfen liegt im Unterschied zu den oben als prozessorientierten Strukturierungshilfen vorgestellten Flussdiagrammen in einem wichtigen Punkt: Sie helfen dem Entscheider nicht nur, ein spezielles Vorgehen zu wählen, sondern geben ihm darüber hinaus klare Anweisungen, wie er sich auf einzelnen Prozessstufen

Übersicht 7-8: Entscheidungsprogramm für die Reaktion auf eine Preisreduktion der Konkurrenz (Quelle: Kotler 1974, S. 534)

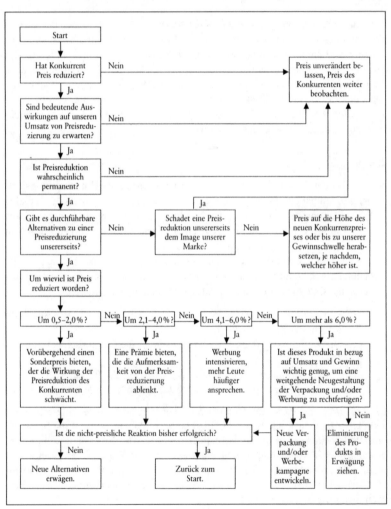

oder bei Abschluss des Prozesses festzulegen habe. So wird ihm nach dem obigen Beispiel nahe gelegt, den Preis entweder auf die Höhe des Konkurrenzpreises, auf die der eigenen Gewinnschwelle oder überhaupt nicht zu senken – falls grundsätzlich eine dauerhafte Preisaktivität in Betracht kommt.

Schließlich gehören in die Kategorie heuristischer Verfahrensweisen zum Treffen einer Entscheidung auch sog. **Faustformeln**, die in der Praxis angewendet werden.

Beispiele:

- Folgt man der sog. **Kosten-plus-Preisbildung** als **Aufschlagskalkulation**, so ergibt sich der Preis aus den Kosten eines Produkts und einem Gewinnzuschlag. Insbesondere im Handel wird der Preis nach diesem Muster bestimmt. Dabei wird unter Rückgriff auf einen je nach Branche oder Produktgruppe bestimmten Aufschlagsatz (z.B. Frischfleisch 55%, Schuhe 40%) aus dem Einstandspreis der Verkaufspreis abgeleitet.

- Das Verfahren der **Prozent-vom-Umsatz-Methode** bei der **Werbebudgetierung** erfreut sich in der Praxis ebenfalls großer Beliebtheit. Dabei wird die Budgethöhe als Prozentsatz des Umsatzes der kommenden oder der abgelaufenen Planperiode (z.B. Jahr) festgelegt. Die Höhe dieses Prozentsatzes differiert branchen- und/oder unternehmensspezifisch.

Folgt man solchen Faustformeln, so braucht man sich mit der Begründung einer Entscheidung im jeweiligen Anwendungsfall nicht viel Mühe zu machen. Der Entscheider nimmt an, die verwendete Heuristik weise in die richtige Richtung und bewahre ihn zumindest vor groben Fehlern. Der Schritt der Bewertung einer Menge verschiedener Handlungsalternativen entfällt; infolgedessen braucht der Entscheider auch keine Wirkungshypothesen in seine Problemlösung einzubringen, also z.B. eine Abschätzung der Wirkung alternativer Preishöhen auf zu erwartende Absatzmengen oder der Wirkung alternativer Werbebudgethöhen auf Absatz oder Umsatz vorzunehmen.

Fasst man die Überlegungen zum Charakter und zur **Leistungsfähigkeit heuristischer Bewertungs- und Auswahlhilfen** zusammen, so ist Folgendes festzustellen: Bei Befolgung heuristischer Ansätze zur Bewertung und/oder Auswahl von Entscheidungsalternativen verbleiben im jeweiligen Entscheidungsfall z.T. erhebliche Begründungslücken. Entweder wird dem Entscheider eine generelle Erfahrung als Rechtfertigung für die Bewertung oder Auswahl untergeschoben. Dies entlastet den Entscheider, da er bei Befolgung der Entscheidungshilfe nicht weiter über den argumentativen Hintergrund der heuristisch „nahe liegenden" Lösung nachzudenken braucht; ob die in der Heuristik enthaltene Bewertungsgrundlage auf den spezifischen Einzelfall des Entscheiders passt, bleibt ungeprüft. Oder die Entscheidungshilfe ist offen für „irgendwie" seitens des Entscheiders einzubringende Bewertungen, ohne ihn zum Freilegen der dafür erforderlichen Vermutungen in Form von „Wenn, dann ..."-Sätzen (Hypothesen) zu nötigen. Die Befolgung heuristischer Bewertungs- und Auswahlhilfen ist deshalb „ganz praktisch, da einfach". Ein Entscheider, der heuristischen Hilfestellungen folgt, arbeitet zwar im Sinne der Heuristik „richtig", jedoch in der Sache und im jeweiligen Einzelfall methodisch angreifbar.

Im Gegensatz zu den heuristischen Hilfestellungen geht es in der Klasse der analytischen Bewertungs- und Auswahlhilfen darum, den Entscheider Begründungslücken explizit schließen zu lassen, bevor er eine Entscheidung trifft.

7.3.3.3 Analytische Bewertungshilfen: Evaluierungsmodelle bzw. -rechnungen

Sollen verschiedene Entscheidungsalternativen zu einem Marketing-Problem vom Entscheider mittels eines Systems vermuteter Entwicklungstendenzen und Wirkungszusammenhänge lückenlos zielorientiert bewertet werden, bedarf eine analytische Evaluierung zunächst der Klärung, an welchem Ziel (bei einfacher Zielsetzung des Entscheiders) oder an welchen Zielen (bei mehrfacher Zielsetzung des Entscheiders) die Bewertung auszurichten ist. Hierzu kommen prinzipiell alle Marketing-Ziele in Betracht, die in Kapitel 3 dieses Buches behandelt wurden. Zur Vereinfachung sei im Folgenden der Gedanke der analytischen Evaluierung exemplarisch lediglich für den **Fall einfacher Zielsetzung** verdeutlicht. Dabei wird vom **Gewinnstreben** des Entscheiders ausgegangen und berücksichtigt, dass in Entscheidungsaufgaben immer dann an die Stelle des Gewinnziels stellvertretend das **Deckungsbeitragsziel** treten kann, wenn durch die zu treffende Entscheidung Fixkosten als Kosten der Betriebsbereitschaft (z.B. Personalkosten, Abschreibungen vorhandener Anlagen) in einer betrachteten Periode weder aufgebaut noch abgebaut werden. Diese können deshalb in solchen Fällen als nicht entscheidungsrelevant aus der Bewertung von Handlungsmöglichkeiten ausgeklammert bleiben. Mit der Verfolgung des Deckungsbeitragsziels wird bei entscheidungsbedingt unveränderten Fixkosten zwangsläufig auch im Sinne des Gewinnziels richtig entschieden.

Die Idee der **analytischen Evaluierung** sei im Folgenden am (fiktiven) Beispiel des Herstellers von Industrielacken verdeutlicht, welcher gegenüber den in Übersicht 6-14 erfassten vierzehn Kunden eine standardisierte **Preisentscheidung** für das betrachtete Produkt zu treffen habe. Sieht dieser die geschätzte Preis-Absatzfunktion als jene Wirkungshypothese an, der er bei seiner Entscheidung subjektiv zu trauen bereit ist (ein Irrtum sei nicht ausgeschlossen!), dann stellt sich folgende Bewertungsfrage: Welche der ins Auge gefassten Preishöhen führt voraussichtlich zu welcher Deckungsbeitragshöhe? Der Deckungsbeitrag wird als **Evaluierungskriterium** herangezogen, da mit den gegebenen Fixkosten in Produktion und Vertrieb jede der in diesem Fall möglichen Absatzmengen als realisierbar betrachtet wird.

Im Zuge der beabsichtigten Evaluierung sind in einem ersten Schritt **definitorische Zusammenhänge** zwischen der Entscheidungsvariablen (= Preishöhe) und dem Evaluierungskriterium (= Deckungsbeitrag) freizulegen. Hierbei geht es um den (definitions)logischen Zusammenhang zwischen Preis- und Deckungsbeitragshöhe. Die definitorische Beziehung lautet verbal:

- Deckungsbeitrag = (preisbedingte) Umsatzhöhe minus (preisbedingte) Höhe der gesamten variablen Kosten in Herstellung und Vertrieb,
- wobei alle Größen auf einen betrachteten Zeitraum und das jeweilige Produkt zu beziehen sind.

Bezüglich der Preishöhe und dem daraus resultierenden Umsatz wird nicht nur von einer definitorischen Beziehung (Umsatz = Preis mal Absatzmenge) ausgegangen, sondern – vermittelt durch die Preis-Absatzfunktion – auch von einer kausalen Beziehung. Eine kausale Beziehung ist ebenso zwischen der Preishöhe und der Höhe der zu erwartenden beschäftigungsvariablen Kosten gegeben – ebenfalls vermittelt durch den Einfluss der Preishöhe auf die Absatzmenge (sie sei gleich der Produktionsmenge im betrachteten Zeitraum). Deshalb sind in einem zweiten Schritt im Rahmen des Evaluierungsmodells auch **kausale Beziehungen** zwischen der Entscheidungsvariablen und definitorischen Komponenten des Evaluierungskriteriums abzubilden. Übersicht 7-9 verdeutlicht die zu beachtenden Zusammenhänge graphisch.

Formal:

(7.3-1) $\qquad D(p) = x(p) \cdot p - K_v [x(p)]$
$\qquad\qquad\qquad$ Umsatz $\quad$ variable Kosten

mit

$D(p)$: $\qquad$ Gesamtdeckungsbeitrag des betrachteten Produkts in einer Periode in Abhängigkeit vom Preis p des Produkts.

$x(p)$: $\qquad$ Preisabhängige Absatz(= Produktions-)menge (Preis-Absatzfunktion).

$K_v [x(p)]$: $\qquad$ Mittelbar preisabhängige (beschäftigungsvariable) Gesamtkosten des Produkts (Kostenfunktion).

Gelingt es dem Entscheider, neben der Preis-Absatzfunktion $x(p)$ auch die Kostenfunktion $K_v [x(p)]$ empirisch zu ermitteln, so liegt ihm mit (7.3-1) ein **Evaluierungsmodell** vor, an dem er die deckungsbeitragsorientierte „Lohnt es sich…?"-Frage für alternative Preishöhen beantworten kann.

Übersicht 7-9: Ökonomische Konsequenzen bei Preisentscheidungen

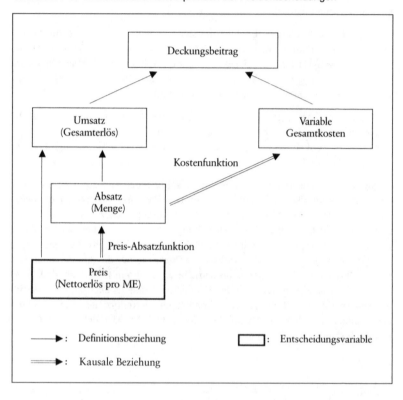

Für das **Industrielack-Beispiel** sei die Evaluierung der ausgewiesenen Preisalternativen auf Grundlage der numerisch spezifizierten (= geschätzten) Preis-Absatzfunktion (siehe Abschnitt 6.2.2.4 dieses Buches, S. 196)

(6.2-2) $x\,(p) = 7 - 2p$

durchgeführt. Das Rechnungswesen weise für dieses Produkt an variablen Kosten 1,50 €/kg aus, und zwar konstant sowohl bei niedriger wie hoher Kapazitätsauslastung. Die Kostenfunktion darf deshalb wie folgt angesetzt werden:

(7.3-2) $K_v\,[x\,(p)] = 1,5\,x\,(p)$

Es handelt sich hierbei um eine **lineare Kostenfunktion**, in welcher ausschließlich die beschäftigungsabhängigen, variablen Kosten in Herstellung (HK) und

Vertrieb (VK) erfasst sind. Übersicht 7-10 stellt auf der Grundlage des aus den Gleichungen (7.3-1), (6.2-2) und 7.3-2) bestehenden Evaluierungsmodells das Ergebnis einer durchgeführten **Evaluierungsrechnung** für die betrachteten Preisalternativen tabellarisch dar. Die Evaluierungsrechnung bedient sich im vorliegenden, einfachen Beispiel lediglich der Grundrechenarten Multiplikation und Subtraktion.

Die drei Gleichungen, welche das vorliegende, fallbezogen-spezifizierte **Evaluierungsmodell** ausmachen, lassen sich auch mittels Einsetzen zu einer einzigen Gleichung zusammenfassen. Es ergibt sich

(7.3-3) $\qquad D(p) = -2p^2 + 10p - 10,5$

Auf dieses Modell gestützt wären auch für viele andere Preishöhen relativ mühelos die jeweiligen Deckungsbeitragskonsequenzen zu ermitteln, sofern die unterstellte kontinuierliche Preis-Absatzfunktion für alle Preishöhen die für diesen Fall gültige Wirkungserwartung repräsentiert.

Das vorliegende, sehr einfache Beispiel mag die modellgestützte Evaluierung als eine nahezu triviale Angelegenheit erscheinen lassen. Realistische Entschei-

Übersicht 7-10: Ökonomische Konsequenzen der Preishöhe (lineare Preis-Absatzfunktion und lineare Kostenfunktion)

Preis (€/kg)	Menge (t) (Kapazitätsauslastung %)	Umsatz (Tsd. €)	var. HK + zwangsläufige VK (Tsd. €)	Deckungsbeitrag (Tsd. €)
3,25	500 (17)	1.625	750	875
3,00	1.000 (33)	3.000	1.500	1.500
2,75	1.500 (50)	4.125	2.250	1.875
2,50	2.000 (67)	5.000	3.000	2.000
2,25	2.500 (83)	5.625	3.750	1.875
2,00	3.000 (100)	6.000	4.500	1.500

HK = Herstellungskosten
VK = Vertriebskosten

dungsaufgaben im Marketing weisen jedoch häufig eine deutlich höhere Komplexität auf als die hier betrachtete **einperiodige** Preisentscheidung für **ein** ausgewähltes Produkt unter Annahme **sicherer** und **linearer** Absatz- und Kostenkonsequenzen. Gerade dann, wenn die ein Marketing-Entscheidungsproblem ausmachenden Zusammenhänge deutlich komplexer ausfallen (z. B. bei Entscheidungsaufgaben mit mehreren Entscheidungsvariablen, zeitlich versetzten, mehrperiodigen Konsequenzen und zu vermutenden nicht-linearen Auswirkungen eigener und konkurrierender Marketing-Anstrengungen) kommt die entscheidungsunterstützende Kraft einer modellgestützten Evaluierung richtig zum Tragen. Denn dann ist es nicht mehr möglich, die aufgrund eines Systems vermutlich wirksamer Marktmechanismen zu erwartenden Konsequenzen des eigenen Handelns mühelos „im Kopf" zu überblicken. Komplexere dynamische und u. U. auch die Unsicherheit von Konsequenzen berücksichtigende Evaluierungsmodelle bzw. -rechnungen heißen **Simulationsmodelle** bzw. **-rechnungen**. Die Marketinglehre hat derartige Ansätze als potentielle Entscheidungshilfen bereits zu unterschiedlichen Fragestellungen erprobt und daraus auch interessante Einsichten in zweckmäßiges, dynamisches Marketingverhalten gewonnen.

7.3.3.4 Analytische Auswahlhilfen: Optimierungsmodelle bzw. -rechnungen

Wie aus Übersicht 7-10 ersichtlich, ist im vorliegenden Beispiel der Schritt zur Auswahl der besten Preisalternative nicht mehr schwierig, sofern hinreichend viele Entscheidungsalternativen zielorientiert bewertet und die Ergebnisse in übersichtlicher Form präsentiert werden. Es ist aber nahe liegend, in mathematisch so einfachen Entscheidungsaufgaben wie der hier betrachteten auf das Durchspielen der Konsequenzen einer großen Anzahl von Alternativen völlig zu verzichten und statt dessen unmittelbar auf die **Identifizierung der besten Lösung** loszugehen. Hierzu verhilft das vorliegende Evaluierungsmodell, in dem es – zu einem Optimierungsmodell weiterentwickelt – erlaubt, in Verbindung mit einem optimumsuchenden Verfahren rechnerisch die beste Lösung der Entscheidungsaufgabe zu finden. Folglich gilt es, zunächst ein passendes Optimierungsmodell zu spezifizieren, um darauf ausgerichtet der Frage nach der numerisch-rechnerischen Lösbarkeit mittels einer Lösungsmethode nachzugehen.

Der Gedanke der modellgestützten Optimierung sei zunächst am bislang lediglich evaluierend behandelten **Beispiel** der einperiodigen Preisentscheidung (Industrielackfall) veranschaulicht. Wie bei jeder Optimierung wäre in diesem Fall zunächst klarzustellen, welches Ziel der Entscheider verfolgt und in welchem Ausmaß das Ziel mit der darauf gerichteten Wahl einer Handlungsalternative erreicht werden soll. Eine Aussage hierüber heißt **Zielkriterium** oder **Zielfunktion eines Optimierungsmodells**. Wird im hier behandelten Beispiel als Zielsetzung des

Entscheiders unterstellt, er strebe nach maximaler Deckungsbeitragserzielung, so ist die Zielfunktion verbal geklärt. Für eine rechnerische Optimierung bedarf die Zielfunktion jedoch einer mathematischen Formalisierung. Hierzu kann an die bereits mit Gleichung (7.3-1) bzw. (7.3-3) gegebene, formale Darlegung des Zusammenhangs zwischen Ausprägungen der Entscheidungsvariablen (= Preishöhe) und der Zielgröße (= Deckungsbeitrag) angeknüpft werden. Als Zielfunktion zum vorliegenden Beispiel lässt sich folglich schreiben:

$$(7.3\text{-}4) \qquad D(p) = x(p) \cdot p - K_v\,[x(p)] \to \underset{p}{\text{Max!}}$$

bzw. für das numerische Beispiel

$$(7.3\text{-}5) \qquad D(p) = -2p^2 + 10p - 10{,}5 \to \underset{p}{\text{Max!}}$$

Mit dieser Schreibweise wird verdeutlicht, dass der periodenbezogene Deckungsbeitrag dieses Produkts mittels (geschickter) Wahl von p zu maximieren sei.

Soll sich die Suche nach der besten Lösung im vorliegenden Beispiel ohne weitere Beschränkungen vollziehen können (abgesehen von der hier trivialen **Nichtnegativitätsbedingung** p > 0), so verkörpert (7.3-5) bereits das komplette Optimierungsmodell. Andernfalls müsste durch eine oder mehrere **Nebenbedingungen** freigelegt werden, unter Beachtung welcher Restriktionen eine Optimumsuche erfolgen soll, die innerhalb solcher Restriktionen den realisierbaren, maximalen Deckungsbeitrag und die zugehörige Preishöhe zu identifizieren versucht. So wäre in einem Preisentscheidungsproblem etwa zu beachten, dass die Produktionskapazität für ein Produkt mittelfristig begrenzt sein kann; die über den Preis mobilisierte Nachfrage dürfte dann nicht höher ausfallen als vom Anbieter bedienbar ist. Dies würde die Preisentscheidung naturgemäß einengen.

Optimierungsmodelle bestehen somit stets aus einer Zielfunktion sowie unter Umständen aus Nebenbedingungen, die als Gleichungen oder als Ungleichungen formuliert sind. In den Nebenbedingungen werden entweder begrenzt formulierte Ziele oder nicht-realisierbare Handlungsmöglichkeiten formal zum Ausdruck gebracht.

Ist ein Optimierungsmodell erstellt, gilt es, ein **optimumsuchendes Verfahren** als **Lösungsmethode** anzuwenden, um rechnerisch die gesuchte Lösung zu finden. Tritt im vorliegenden Beispiel keine Nebenbedingung zur Zielfunktion (7.3-5) hinzu, so mutet die Aufgabenstellung an wie die Bestimmung des Maximums der in der Zielfunktion verankerten quadratischen Deckungsbeitragsfunktion. Als Lösungsmethode eignet sich angesichts der Stetigkeit dieser Funktion die **Differentialrechnung**. Wird die Deckungsbeitragsfunktion nach p abgeleitet, ergibt sich

(7.3-6) $D'(p) = -4p + 10$

und wird diese erste Ableitung gleich Null gesetzt, ergibt sich als optimaler, d. h. deckungsbeitragsmaximaler Preis p*:

(7.3-7) $p* = 2{,}50$

Der Eindruck, dass der deckungsbeitragsmaximale Preis p* bei 2,50 €/kg liege, ergibt sich bereits bei einer Inspektion der Übersicht 7-10, in welcher dieser Preis sich unter den evaluierten Preisalternativen befindet.

Wie im vorliegenden Beispiel veranschaulicht gilt es generell, bei der beabsichtigten modellgestützten Lösung einer Marketing-Entscheidungsaufgabe zunächst das Optimierungsmodell mit den darin enthaltenen formalen Zusammenhängen zwischen der Entscheidungsvariablen und Komponenten des Zielkriteriums zu spezifizieren. Je nach resultierendem Ansatz ist dazu dann das passende optimumsuchende Verfahren zu wählen.

Optimierungsmodelle lassen sich in manchen Fällen mit unterschiedlichen Lösungsmethoden bearbeiten, deren Leistungsfähigkeit (z. B. Zeitbedarf) allerdings differiert. Das Konglomerat aus Optimierungsmodell und Lösungsmethode wird oft als **Optimierungsverfahren** bezeichnet. Optimierungsverfahren eröffnen das Auffinden der besten Lösung eines Entscheidungsproblems.

Oft gibt es für ein speziell gestaltetes Optimierungsmodell in Verbindung mit der jeweiligen Zielsetzung des Entscheiders kein elegantes optimumsuchendes Verfahren. Dann kommt man nicht daran vorbei, viele Entscheidungsalternativen durchzuspielen bzw. sich gewisser **Probierverfahren** zu bedienen, die in die Nähe des Optimums fahren. (Solche Verfahren werden gelegentlich **auch** als **heuristische Verfahren** bezeichnet, da die Lösungssuche gewissen Vereinfachungen folgt.)

Die Marketinglehre hält zu vielfältigen Entscheidungsproblemen im Marketing vorgefertigte Optimierungsmodelle bereit. Dabei handelt es sich allerdings um Modelle in einer allgemeinen, nicht für den jeweiligen Anwendungsfall geeichten (numerisch spezifizierten) Form. Die Eichung des Modells bleibt stets Aufgabe des Anwenders. Die entworfenen Modelle betreffen die unterschiedlichsten **Problemstrukturen** (vgl. Übersicht 7-1) und **Entscheidungsaufgaben** im Marketing (z. B. Preisentscheidungen, Budgetierungsentscheidungen). Viele Optimierungsmodelle sind so formuliert, dass sie im Zuge der Lösungssuche einer differentialrechnerischen Handhabung zugänglich sind.

In den meisten Fällen muss man bei der Benutzung eines Optimierungsverfahrens einen Computer einsetzen, da sich reale Probleme selten mit Modellen analysieren lassen, die allein „auf Bleistift und Papier gestützt" anzuwenden sind. Die

Verfahren sind deshalb häufig erst handhabbar, wenn sie in ein **Computerprogramm** umgesetzt wurden.

Nach Darlegung der unterschiedlichen Prinzipien, auf der einerseits heuristische, andererseits modellgestützte Bewertungs- und Auswahlhilfen beruhen und nach denen Entscheider arbeiten, wenn diese sich solcher Hilfestellungen bedienen, seien im Folgenden weiterführende Einblicke in analytische Entscheidungshilfen zu Marketing-Problemen gegeben. Heuristische Entscheidungshilfen weiter zu vertiefen wäre aus Sicht der Praxis zwar sicherlich willkommen. Aber wegen der stets verbleibenden Begründungslücken vermögen solche Ansätze aus wissenschaftlicher Sicht nicht zufrieden zu stellen. Typisch für das wissenschaftliche Vorgehen ist es ja, die „Warum"-Frage zu stellen. Bei heuristischen Hilfestellungen bleibt für die Bewertung und Auswahl gewisser Marketing-Handlungen die eine oder andere Warum-Frage an irgendeiner Stelle zwangsläufig offen. Bei einer vertiefenden Darstellung verfügbarer heuristischer Entscheidungshilfen würde deshalb die anzustrebende Stringenz eines Lehrbuches Schaden nehmen, welches es sich zur Aufgabe macht, in die **wissenschaftliche** Behandlung von Marketing-Sachverhalten einzuführen. Wie im weiteren Verlauf der Darstellung noch erkennbar wird, ist auch ein tiefer gehendes Verständnis analytischer Entscheidungshilfen von hohem praktischen Nutzen.

Aufgeworfen sei deshalb die Fragestellung, ob die Marketinglehre sich bei ihrer Propagierung analytischer Bewertungs- und Auswahlhilfen mit der bloßen Konstruktion und Erprobung problemgerechter Evaluierungs- bzw. Optimierungsverfahren begnügt, oder ob sie zu gewissen, klar eingegrenzten, modellierten „Standard-Entscheidungsaufgaben" nicht auch auf Basis von Optimierungsmodellen **unmittelbare Entscheidungshilfe** zu bieten hat. Ähnlich, wie bei der Behandlung heuristischer Hilfestellungen zwischen dem Angebot eines heuristischen Entscheidungs**verfahrens** und einem **unmittelbaren** heuristischen „Ratschlag in der Sache" gedanklich getrennt wurde, wäre auch mit Blick auf die modellgestützte Optimierung zu fragen, ob es nicht auf diesem Ansatz beruhende, unmittelbare „Optimalitätsratschläge in der Sache" gibt. Diese Fragestellung sei in den nächsten Abschnitten aufgegriffen.

7.4 Ausgewählte analytische Entscheidungsverfahren, Optimalitätstheoreme und fallspezifische Entscheidungsregeln

Im Zusammenhang mit dem Entwurf allgemein-spezifizierter Optimierungsmodelle ging man schon immer der Frage nach, ob nicht aus einem, auf eine gewisse „Standard-Entscheidungsaufgabe" zugeschnittenen Optimierungsmodell – allein durch logische Schlussfolgerungen – eine **Aussage über optimales Handeln** in der jeweils betrachteten „Sache" ableitbar sei. Im Folgenden wird gezeigt, dass dies möglich ist. Die resultierenden Optimalitätsaussagen beinhalten

a) entweder lediglich eine Aussage über die Bedingungen, unter denen eine Problemlösung optimal ist, oder

b) eine fallspezifische Entscheidungsregel als unmittelbare Handlungsempfehlung zu einer spezifischen Fallgestaltung einer Entscheidungsaufgabe, die mit dem jeweiligen Modell abgebildet wird.

Beide Typen von Optimalitätsaussagen werden im Folgenden zunächst am Beispiel der deckungsbeitragsmaximalen Preisentscheidung verdeutlicht.

7.4.1 Deckungsbeitragsmaximierende Preisfindung

7.4.1.1 Zwei Optimalitätstheoreme

Nach wie vor wird eine relativ einfache Entscheidungsaufgabe behandelt, nämlich die **einstufige** Entscheidung über **einen** für alle Nachfrager eines Produkts identischen Preis. Die Entscheidung orientiere sich an **einem** Ziel, dem Deckungsbeitragsstreben, mit **einperiodigen, sicheren** Konsequenzen. Zweifellos handelt es sich somit nicht um eine realitätsgetreue Problemstruktur, da die meisten realen Entscheidungsprobleme zumindest mehrperiodige Konsequenzen zu beachten haben. Es bleibt der Leserin bzw. dem Leser überlassen, sich mit komplexeren Entscheidungshilfen aus der Spezialliteratur zu befassen. Die folgenden Abschnitte sind als Einstiegshilfe dazu zu betrachten.

Deckungsbeitragsmaximierung anstelle des Gewinnstrebens des Entscheiders zu unterstellen, erscheint bei einperiodigen Kalkülen plausibel, da Fixkosten im Zusammenhang mit relativ kurzfristigen Preisentscheidungen als nicht abbaubar oder als nicht aufstockungsbedürftig unterstellt werden können und insofern entscheidungsirrelevant sind.

Ohne bereits eine spezielle Preis-Absatzfunktion oder Kostenfunktion unterstellen zu müssen, kann man das Entscheidungsproblem „Einperiodige Wahl des deckungsbeitragsmaximalen Preises" wie folgt formalisieren:

$$(7.4\text{-}1) \qquad D(p) = x(p) \cdot p - K_v\,[x(p)] \rightarrow \underset{p}{\text{Max!}}$$

Der Ansatz wurde bereits mit Relation (7.3-4) eingeführt; die Symbolik ist unverändert. Unterstellt man die Anwendbarkeit der Differentialrechnung für die enthaltenen Teilfunktionen (Preis-Absatzfunktion und Funktion der variablen Kosten), so lautet die 1. Ableitung der Deckungsbeitragsfunktion nach p:

$$\frac{dD(p)}{dp} = \frac{dx(p)}{dp} \cdot p + x(p) - \frac{dK_v(x)}{dx} \cdot \frac{dx(p)}{dp}$$

Im Maximum muss dieser Ausdruck Null sein; also gilt für den deckungsbeitragsmaximalen Preis p* (wir nehmen an, auch die hinreichende Bedingung für das Vorliegen eines Maximums sei erfüllt):

$$(7.4\text{-}2) \qquad \frac{dx(p^*)}{dp} \cdot p^* + x(p^*) = \frac{dK_v(x)}{dx} \cdot \frac{dx(p^*)}{dp}$$

Ein allgemeines **Optimalitätstheorem** lautet demnach:

> „Beim deckungsbeitragsmaximalen Preis ist der **preisbedingte Grenzerlös** gleich den **preisbedingten Grenzkosten.**"

Man beachte, dass diese Gleichheit ausschließlich im gesuchten Optimum, d.h. nur für p* und keine andere Höhe von p gilt. Deshalb wird hier und im Folgenden zur Kennzeichnung der optimalen Ausprägung der Entscheidungsvariablen das Sternsymbol verwendet.

Die Aussage des Optimalitätstheorems würde auch gelten, wenn im Zuge einer Gewinnbetrachtung Fixkosten berücksichtigt worden wären: Diese fallen bei der Grenzbetrachtung weg, da sie definitionsgemäß beschäftigungsunabhängig sind. Sie hätten somit keinen Einfluss auf den Preis.

Relation (7.4-2) ist ein sehr allgemeines Optimalitätstheorem. Es wird zu Ehren des Wissenschaftlers A. A. Cournot, der sich mit einer solchen formalen Deduktion erstmals auseinander setzte, **Cournot-Theorem** genannt.

Eine allgemeine preisbezogene Optimalitätsaussage lässt sich auch in anderer Form unter Einführung des bereits in Kapitel 6 (S. 198) erläuterten Begriffs der **Nachfrageelastizität in Bezug auf den Preis** (kurz: Preiselastizität) treffen.

Multipliziert man (7.4-2) mit $\dfrac{p^*}{x(p^*)}$ und führt für den auf beiden Seiten entstehenden Term

$$\frac{dx(p^*)}{dp} \cdot \frac{p^*}{x(p^*)}$$

das Symbol ε^* (das ist die Preiselastizität an der Stelle p*) ein, so folgt:

$$\varepsilon^* \cdot p^* + p^* = \frac{dK_v(x)}{dx} \varepsilon^*$$

Die Auflösung nach p* führt zu einem weiteren allgemeinen **Optimalitätstheorem** (sog. **Amoroso-Robinson-Relation**):

$$(7.4\text{-}3) \qquad\qquad p^* = \frac{\varepsilon^*}{1+\varepsilon^*} \frac{dK_v(x)}{dx}$$

Das Preisoptimum p* ergibt sich folglich als ein Aufschlagssatz auf die absatzmengenbedingten Grenzkosten, der von der im Optimum gültigen Preiselastizität abhängt: Je kleiner der Betrag der Preiselastizität, desto höher fällt p* aus. Leider kann diese auf dem Cournot-Theorem beruhende Relation im Allgemeinen nicht zur direkten Ermittlung von p* herangezogen werden, da die Höhe von ε^* im gesuchten Preisoptimum nicht (immer) im voraus bekannt sein kann und auch die mengenabhängigen Grenzkosten preisabhängig sein können.

Dennoch leistet dieses Optimalitätstheorem gute Dienste. Ein erster guter Dienst der Amoroso-Robinson-Relation liegt darin, dass mit Hilfe dieses Optimalitätstheorems die Güte bzw. **Fragwürdigkeit** der in Abschnitt 7.3.3.2 dargestellten **heuristischen Preisaufschlagskalkulation** kritisch beleuchtet werden kann. Die Struktur des Optimalitätstheorems gleicht zwar dieser Heuristik, aber es wird erkennbar, dass die heuristische Preisfindung mittels der Kosten-plus-Preisbildung dann und nur dann mit dem maximierenden Deckungsbeitragsstreben eines Entscheiders vereinbar ist, wenn

a) mit dem „branchenüblichen" Aufschlagssatz (zufällig?) der Wert des elastizitätsabhängigen Quotienten getroffen wird, und

b) der Aufschlagsatz nicht etwa auf fixkostenumfassende Vollkosten je Mengeneinheit des betrachteten Produkts, sondern auf die Grenzkosten (in Bezug auf die Absatz- bzw. Produktionsmenge) bezogen wird.

Das Optimalitätstheorem als theoretische Aussage erlaubt somit eine Beurteilung der zielerreichungsbezogenen Qualität einer Heuristik, welcher ein Entscheider in der Praxis u. U. zu folgen bereit ist.

Ein weiterer guter Dienst der Amoroso-Robinson-Relation wie auch des Cournot-Theorems wird erkennbar, wenn die bisherige allgemeine Betrachtung, d.h. die gedankliche Auseinandersetzung mit nicht näher spezifizierter Preis-Absatzfunktion und Kostenfunktion, nun zugunsten einer konkreteren Sicht der Dinge aufgegeben wird.

7.4.1.2 Anwendung auf den Fall linearer Preis-Absatzfunktion und linearer Kostenfunktion

Eine „konkretere Sicht der Dinge" besteht darin, an die Stelle der in (7.4-1) nicht weiter spezifizierten Preis-Absatzfunktion und Kostenfunktion spezielle Typen funktionaler Zusammenhänge treten zu lassen, mit deren Existenz in der Realität gerechnet werden kann. Für die **Kostenfunktion** kann etwa angenommen werden, die periodenbezogene Absatzmenge sei gleich der Produktionsmenge der Periode, und die variablen Kosten der Leistungserstellung und -verwertung (in Produktion und Vertrieb) verlaufen in Abhängigkeit von der Produktions- bzw. Absatzmenge **linear**. Die **Grenzkosten** der Leistungserstellung und -verwertung werden dann als **konstant**, d.h. als unabhängig von der jeweiligen Produktions- bzw. Absatzmenge, angenommen. Dies scheint für viele Fälle der Praxis nicht unrealistisch zu sein bzw. zumindest eine gute Annäherung darzustellen.

Für die **Preis-Absatzfunktion** könnte ebenfalls der **lineare** Funktionstyp unterstellt werden, der in manchen empirischen Wirkungsanalysen – gestützt auf die regressionsanalytische Auswertung existierender Datenreihen (vgl. Übersicht 6-20, S. 210) – reale Daten recht gut widerspiegelte. Die lineare Funktion lässt sich auch sehr einfach subjektiv auf den Anwendungsfall eichen, indem z.B. zwei verschiedene, realistisch erscheinende Preis-Mengen-Kombinationen vom Entscheider geschätzt und linear interpolierend miteinander verbunden werden.

Entgegen vielen Kennzeichnungen in der Fachliteratur, in denen die lineare und andere Preis-Absatzfunktionen ausschließlich einer speziellen Marktform (dem Monopol) zugeordnet werden, brauchen Überlegungen zur Preisfindung bei Hinzuziehung dieser Erklärungsmodelle keineswegs an diese Marktform gebunden zu sein. Es ist denkbar, dass auch unter anderen marktstrukturellen Bedingungen eine solche Preis-Absatzfunktion aus der Sicht des Entscheiders annähernd gegebenen Verhältnissen entspricht und daher Preisentscheidungen zugrunde zu legen ist.

Ebenso ist die Auffassung nicht richtig, in einer Preis-Absatzfunktion ohne ausdrückliche Einbeziehung von Konkurrenzpreisen werde die Konkurrenz nicht berücksichtigt. Bei einer Eichung der Preis-Absatzfunktion kann **implizit** selbstverständlich die Höhe der gegenwärtigen oder erwarteten Konkurrenzpreise genauso wie der geplante Einsatz weiterer Marketing-Aktivitäten der betrachteten Anbieter berücksichtigt werden. Diese Einflussgrößen tauchen dann jedoch **nicht ausdrücklich** in der einvariablen Wirkungsfunktion auf, sondern lediglich versteckt in den numerischen Parameterwerten, d.h. den Zahlenwerten für a und b.

Soll bei Annahme einer linearen Preis-Absatzfunktion durch geschickte Wahl des Preises der Deckungsbeitrag einer Periode maximiert werden, so lautet das Entscheidungsproblem, wie aus Modell (7.3-4) schon geläufig ist,

(7.4-4) $D(p) = (a - bp) \cdot p - k_v \cdot (a - bp) \rightarrow \text{Max!}$
$$p$$

mit k_v als den variablen Stückkosten, die jedoch annahmegemäß konstant sind und deshalb den Grenzkosten in Bezug auf die Ausbringungsmenge entsprechen. Aus dem Optimalitätstheorem für p* „Grenzerlös = Grenzkosten" (beide Größen in Bezug auf den Preis) folgt durch Einsetzen der linearen Preis-Absatzfunktion in Relation (7.4-2) oder durch Ableiten von (7.4-4) nach p

$$a - 2bp^* = -bk_v$$

und somit gilt für den hier betrachteten Fall als **Entscheidungsregel**

(7.4-5) $p^* = \dfrac{1}{2} \left(\dfrac{a}{b} + k_v \right)$

Führt man sich die lineare Preis-Absatzfunktion vor Augen, so erkennt man, dass a/b derjenige Preis ist, bei dem nichts mehr abgesetzt wird. Der deckungsbeitragsmaximale Preis ergibt sich also als Durchschnitt aus diesem „Prohibitivpreis" (= jegliche Nachfrage abwehrende Preishöhe) und den variablen Stückkosten. Sind Letztere bekannt und ist die Preis-Absatzfunktion in ihren Parametern a und b geschätzt, ist der optimale Preis anhand dieser Entscheidungsregel schnell ermittelt.

Beispiel:

● In der empirischen Preis-Absatzfunktion (6.2-15) wurden seinerzeit folgende Modellparameter ermittelt:

a = 66,97 und b = 9,52. Betrug k_v = 3,17 DM, so hätte sich p* = 5,10 DM ergeben.

7.4.1.3 Anwendung auf den Fall multiplikativer Preis-Absatzfunktion und linearer Kostenfunktion

Soll bei Annahme einer multiplikativen Preis-Absatzfunktion und linearen Kostenfunktion durch geschickte Wahl der Preishöhe der Deckungsbeitrag einer Periode maximiert werden, so lautet das Entscheidungsproblem:

(7.4-6) $D(p) = ap^b \cdot p - k_v (ap^b) \rightarrow \text{Max!}$
$$p$$

Es sei wiederum versucht, über das Cournot-Theorem eine Lösung zu finden. Im Preisoptimum p* muss dementsprechend gelten

$$(b + 1)\, ap^{*b} = abk_v p^{*b-1}$$

Eine Auflösung nach p* ist mittels Division der Gleichung durch p^{*b-1} möglich und führt zur **Entscheidungsregel**

$$(7.4-7) \qquad p^* = \frac{b}{b + 1}\, k_v$$

Zu diesem Ergebnis hätte man auch leicht über die Amoroso-Robinson-Relation (7.4-3) gelangen können. Denn bekanntlich ist die multiplikative Preis-Absatzfunktion isoelastisch, d.h. sie weist durchgängig die Preiselastizität b auf.

Ist b als Preiselastizität empirisch ermittelt, kann der deckungsbeitragsmaximale Preis p* somit auch aufgrund der Amoroso-Robinson-Relation als

$$p^* = \frac{b}{1 + b}\, k_v$$

bestimmt werden, denn die im allgemeinen Optimalitätstheorem (7.4-3) auftretenden Grenzkosten entsprechen bei linearem Kostenverlauf den variablen Stückkosten.

Beispiel:

● Ein Entscheider glaubt, dass bei einer Preiserhöhung von 10% bei jeder Preis-Mengen-Konstellation der Absatz um 15% zurückgeht. Mit dieser Aussage legt er seine Vermutung frei, dass die seinen Fall kennzeichnende Preis-Absatzfunktion isoelastisch sei mit $\varepsilon = -1{,}5$. Er muss folglich mit einem Aufschlagssatz von 3 auf die variablen Kosten arbeiten, wenn er den Deckungsbeitrag maximieren will.

7.4.2 Umsatzmaximierende Preisfindung bei linearer Preis-Absatzfunktion

Des Kontrastes halber sei nun angenommen, ein Entscheider sei nicht vom Gewinn- bzw. Deckungsbeitragsstreben getrieben, sondern vom Streben nach möglichst großem Umsatz – was in der Praxis nicht selten ist, wenn z.B. ein Teil der persönlichen Vergütung des Entscheiders (im Vertrieb) provisionsbedingt von der Höhe des Umsatzes abhängt. Es gelte also, eine produktbezogene Preisentscheidung zu treffen, die gewährleistet, dass der Umsatz einer betrachteten Periode maximiert wird. Der formale Optimierungsansatz ergibt sich als:

$$(7.4\text{-}8) \qquad U(p) = x(p) \cdot p \to \underset{p}{\text{Max}!}$$

Angenommen, $x(p)$ sei eine differenzierbare Preis-Absatzfunktion, dann lässt sich mit Hilfe der Differentialrechnung ein Umsatzmaximum finden. Leitet man die in (7.4-8) enthaltene **Umsatzfunktion** nach p ab, erhält man

$$(7.4\text{-}9) \qquad \frac{dU(p)}{dp} = \frac{dx(p)}{dp} \cdot p + x(p)$$

Dieser Ausdruck stellt den **Grenzumsatz** oder **Grenzerlös** in Bezug auf den Preis dar. Es ist der Erlös oder Umsatz, den der Anbieter bei einer unendlich kleinen Preisänderung – ausgehend von einem Preis p – mehr oder weniger erhält. Da im Umsatzmaximum der Grenzumsatz Null (d.h. Preisänderung ohne Umsatzzuwachs) sein muss (dies ist eine notwendige Bedingung für ein Maximum der Funktion), gilt für den umsatzmaximalen Preis p*

$$(7.4\text{-}10) \qquad \frac{dx(p^*)}{dp} \cdot p^* + x(p^*) = 0$$

Nimmt man an, dass auch die hinreichende Bedingung für ein Maximum generell erfüllt sei (die 2. Ableitung der Umsatzfunktion muss negativ sein), ist ein allgemeines **Optimalitätstheorem** gefunden:

> „Der umsatzmaximale Preis ist dann gegeben, wenn der **preisbedingte Grenzerlös gleich Null** ist."

Aus dem vorliegenden Optimalitätstheorem lässt sich für spezifische Preis-Absatzfunktionen eine Preis-**Entscheidungsregel** ableiten (wenn der Entscheider nach Umsatzmaximierung für die eine betrachtete Periode bei einem Produkt strebt). Bei Gültigkeit einer linearen Preis-Absatzfunktion ($x(p) = a - bp$) gilt

$$\frac{dx(p)}{dp} = -b$$

und wegen (7.4-10) muss für den **umsatz**maximalen Preis gelten:

$$-b \cdot p^* + (a - b \cdot p^*) = 0$$

Löst man nach p* auf, ergibt sich als **Entscheidungsregel**

$$(7.4\text{-}11) \qquad p^* = \frac{a}{2b}$$

Hat der Entscheider mit einer empirischen Ermittlung der Parameter a und b eine lineare Preis-Absatzfunktion geeicht und glaubt an deren Gültigkeit, so sollte er zur Umsatzmaximierung den Preis gemäß (7.4-11) festlegen. Jede andere Preisforderung entspräche weder seinen Erwartungen über die Marktreaktion noch der speziellen Zielsetzung. Der umsatzmaximale Preis entspricht offenbar der Hälfte des Prohibitivpreises, und er ist **niedriger** als der **deckungsbeitragsmaximale** Preis bei linearer Preis-Absatzfunktion und Kostenfunktion.

7.4.3 Deckungsbeitragsmaximierende Entscheidungen über das Absatzförderungsbudget

Der Stellenwert von Entscheidungen über den marktgerichteten Ressourceneinsatz wurde mehrfach hervorgehoben. Die marktgerichtete Dosierung monetärer Anstrengungen ist zweifellos eine zentrale strategische Entscheidungsaufgabe. Dies gilt sowohl mit Blick auf die Produktgestaltung und die zu bietenden Serviceleistungen als auch hinsichtlich der Kommunikationsanstrengungen und Zuwendungen eines Anbieters. All diese Instrumente bedürfen einer Ressourcenspeisung in Form monetärer Mittel. Deshalb verwundert es auch nicht, dass sich die Marketinglehre schon seit langem einschlägigen Budgetierungsentscheidungen zugewendet, dafür Entscheidungsmodelle konzipiert und Optimalitätstheoreme abgeleitet hat. Mit solchen Ansätzen befasst sich der folgende Abschnitt. Da die formalen Überlegungen unabhängig vom Sinn der betrachteten Budgetvariablen (z. B. Werbebudget, Zuwendungsbudget, Servicebudget oder Budget für Verkaufsförderungsaktionen) gelten, wird hier allgemein vom **Absatzförderungsbudget** gesprochen.

Die Bemessung eines zielentsprechenden Absatzförderungsbudgets kann als Niveauentscheidungsproblem oder als Allokationsproblem gesehen werden. Als **Niveauentscheidungsproblem** ist es einzuordnen, wenn der Entscheider bei der Bemessung der Budgethöhe prinzipiell frei ist, er also nur die richtige Höhe unter Erfolgsgesichtspunkten zu justieren hat. Wurde hingegen infolge übergeordneter Vorabentscheidungen (im Rahmen eines Niveauentscheidungsproblems) eine Budgethöhe festgelegt, die etwa auf diverse Produktgruppen, auf diverse Regionen oder auf diverse Marketing-Instrumente aufzuteilen ist, liegt ein Allokationsproblem vor. Beim **Allokationsproblem** wird natürlich ebenso wie beim Niveauproblem eine Budgethöhe einer Betrachtungseinheit (Produktgruppe, Region, Marketing-Instrument) zugeordnet. Jedoch ist anders als beim Niveauproblem eine Gesamtschau mit Beachtung einer übergeordneten **Budgetrestriktion** erforderlich. Gegenstand der weiteren Ausführungen ist zunächst das Niveauproblem und anschließend das Allokationsproblem.

7.4.3.1 Budgetierung als Niveauentscheidung: Allgemeine Optimalitätstheoreme

Auch hier sei die Deckungsbeitragsmaximierung als Zielsetzung des Entscheiders für die betrachtete Periode unterstellt. Die zu beachtenden Definitions- und kausalen Beziehungen sind in Übersicht 7-11 dargestellt. Die Zielfunktion des Modells zur Optimierung der Höhe des Absatzförderungsbudgets B lautet dann:

$$(7.4\text{-}12) \qquad D(B) = x(B) \cdot p - K_v\,[x(B)] - B \to \text{Max!} \atop B$$

Der **Preis** p wird als gegeben, d.h. als „bereits entschieden" und als konstant unterstellt. Der festgelegte Preis beeinflusst definitorisch zwar den Umsatz, wird hier jedoch nicht als Entscheidungsvariable gesehen. Ein in der fiktiv betrachteten Periode veränderlicher Absatz soll sich allein aus der – noch festzulegenden –

Übersicht 7-11: Ökonomische Konsequenzen bei Absatzförderungsentscheidungen

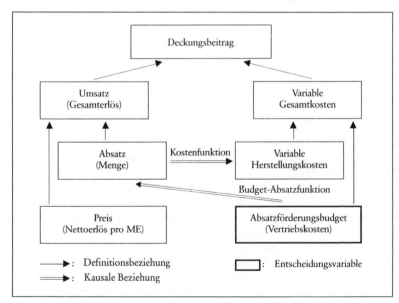

Höhe von B ergeben. Dies bedeutet nicht, dass die vorab entschiedene Höhe von p sich nicht auch in x(B) niederschlage; es wird lediglich unterstellt, dass eine veränderliche Höhe von x allein auf die jeweilige Ausprägung der hier analysierten, veränderlichen Entscheidungsvariablen B zurückgehe. Der Preis mag somit einen Plateaueffekt zeigen; er ist jedoch nicht für eine Variation von x während der betrachteten Periode maßgebend. Die variablen Kosten K_v [x(B)] beinhalten alle mit der Produktions- und Absatzmenge variierenden Fertigungs- und Vertriebskosten (z.B. variable Frachtkosten, Provisionen), aber nicht jene Kostenarten, die mit B erfasst werden. Im Folgenden werden die Kosten K_v [x(B)] variable **Herstellungskosten** genannt. B ist hier als weiterer Bestandteil der gesamten variablen Kosten in Bezug auf die Produktions- bzw. Absatzmenge zu interpretieren, da B mit der Absatzmenge gemäß der Budget-Absatzfunktion x(B) variiert.

Bevor über die Wirkungs- und Kostenfunktion näher spezifizierende Annahmen getroffen werden, sollen wie bei der Analyse der Preisentscheidung **allgemeine Optimalitätstheoreme** abgeleitet werden. Bildet man zur in (7.4-12) enthaltenen Deckungsbeitragsfunktion die 1. Ableitung nach B, so ergibt sich:

$$\frac{dD(B)}{dB} = p \cdot \frac{dx(B)}{dB} - \frac{dK_v[x(B)]}{dB} - 1$$

Setz man zur Bestimmung des Maximums diesen Ausdruck gleich Null, folgt

$$p \cdot \frac{dx(B)}{dB} - \frac{dK_v[x(B)]}{dB} = 1$$

Auf die Kennzeichnung, dass diese Bedingung ausschließlich für B* gilt, sei hier und im Folgenden zwecks Vereinfachung der Notation verzichtet.
Gemäß der Kettenregel gilt:

$$\frac{dK_v[x(B)]}{dB} = \frac{dK_v(x)}{dx} \cdot \frac{dx(B)}{dB}$$

Folglich ist im gesuchten Optimum

(7.4-13)
$$p \cdot \frac{dx(B)}{dB} - \frac{dK_v(x)}{dx} \cdot \frac{dx(B)}{dB} = 1$$

und schließlich

(7.4-14)
$$\frac{dx(B)}{dB} = \frac{1}{p - \frac{dK_v(x)}{dx}}$$

257

Dieses Ergebnis ist ein auch verbal gut formulierbares und merkfähiges **Optimalitätstheorem** (Version 1) zum deckungsbeitragsmaximalen Absatzförderungsbudget bei gegebenem Preis:

„Im Budgetoptimum ist der **Grenzabsatz** in Bezug auf das Absatzförderungsbudget (d.h. die Absatzänderung infolge einer zusätzlichen Budgeteinheit) **gleich dem inversen Grenzdeckungsbeitrag** in Bezug auf die Absatzmenge."

Das Theorem gilt auch für die Zielsetzung Gewinnmaximierung, da zusätzlich zu betrachtende, von B nicht beeinflusste Fixkosten bei der Grenzbetrachtung wegfallen.

Ein äquivalentes Theorem lässt sich ableiten, wenn (7.4-13) anders weiterverarbeitet wird, und zwar durch $\frac{dx(B)}{dB}$ dividiert und umgestellt wird zu

$$p = \frac{1}{\dfrac{dx(B)}{dB}} + \frac{dK_v(x)}{dx}$$

(7.4-15) $\qquad p = \dfrac{dB}{dx} + \dfrac{dK_v(x)}{dx}$

Der erste Term der Summe kennzeichnet die **Grenzkosten der Absatzförderung** bei (durch die Absatzförderung induziert) veränderter Absatzmenge. Er lässt sich als die 1. Ableitung der zu x(B) inversen Absatzförderungskostenfunktion in Bezug auf die Absatzmenge interpretieren. Der zweite Term repräsentiert die **Grenzherstellungskosten.** Das somit gewonnene Optimalitätstheorem (Version 2) zum deckungsbeitrags- (und gewinnmaximalen) Absatzförderungsbudget lautet:

„Im Budgetoptimum ist der **Stückerlös** (der Preis) gleich der Summe aus **Grenzherstellungs- und Grenzabsatzförderungskosten** in Bezug auf die Absatzmenge."

Dieses Theorem wird in Würdigung des Wirtschaftswissenschaftlers F. Zeuthen, der die vorliegende Aussage bereits 1930 veröffentlichte, **Zeuthen-Theorem** genannt.

Eine dritte Version eines Optimalitätstheorems zur deckungsbeitragsmaximalen Absatzförderung ergibt sich, wenn – ausgehend von der Relation (7.4-12) – das Konzept der **Absatzförderungselastizität** (η) (siehe Abschnitt 6.2.2.4 dieses Buches, Gleichung 6.2-14), eingeführt wird mit

$$\eta = \frac{dx(B)}{x(B)} : \frac{dB}{B} = \frac{dx(B)}{dB} \cdot \frac{B}{x(B)}$$

Multipliziert man (7.4-14) mit $\frac{B^*}{x^*}$ und setzt η^* ein, so ergibt sich

(7.4-16)
$$B^* = \eta^* x^* \left(p - \frac{dK_v(x)}{dx} \right)$$

In dieser Optimalitätsaussage taucht – im Gegensatz zu den Versionen 1 und 2 – das optimale Absatzförderungsbudget B* explizit auf. Allerdings kann (7.4-16) in empirisch-numerischen Anwendungen nicht unmittelbar als Bestimmungsgleichung für B* herangezogen werden, da mehrere Terme der rechten Gleichungsseite von dem unbekannten B* abhängen (können).

Das **Optimalitätstheorem** (Version 3) lautet in verbaler Form:

> „Das deckungsbeitragsmaximale Absatzförderungsbudget ist das Produkt aus der (im gesuchten Optimum B* gültigen) **Absatzförderungselastizität, der** optimalen **budgetbedingten Absatzmenge** und dem (an dieser Stelle gültigen) **Grenzdeckungsbeitrag.**"

Die **Nützlichkeit solcher Optimalitätstheoreme** wird auf den ersten Blick nicht evident. Aus der Version 1 ist jedoch z.B. zu entnehmen, dass für ein Produkt mit einem hohen (Grenz-)Deckungsbeitrag aus dem Blickwinkel des Gewinn- bzw. Deckungsbeitragsstrebens ein höheres Absatzförderungsbudget ausgegeben werden kann als bei einem Produkt mit niedrigerem (Grenz-)Deckungsbeitrag. Denn im ersten Fall ergibt sich für das Optimum ein niedrigerer Wert auf der rechten Seite der Relation (7.4-14) als im zweiten Fall; dies bedeutet, dass – um das Optimum zu erreichen – auf der Budget-Absatzfunktion im ersten Fall „weiter nach außen vorgedrungen" werden darf, d.h. in dem zunehmend flacher verlaufenden Abschnitt einer Budget-Absatzfunktion mit den dort sehr niedrigen Grenzwirkungen der hohen Absatzförderung operiert werden kann (siehe Übersicht 6-16, S. 199).

Die Nützlichkeit des Optimalitätstheorems Version 3 lässt sich aufzeigen, wenn Gleichung (7.4-16) weiter verarbeitet wird. Dividiert man beide Seiten der Gleichung durch den Betrag des Umsatzes im Optimum (U* = x*p), so ergibt sich

(7.4-17)
$$\frac{B^*}{U^*} = \eta^* \cdot \frac{p - K'(x)}{p}$$

259

Werden beide Seiten mit 100 multipliziert, so resultieren Werte, die als Prozentzahlen interpretiert werden können, z.B. auf der linken Seite das (optimale) Absatzförderungsbudget als Prozentsatz vom (optimalen) Umsatz, auf der rechten Seite die (Grenz-)Deckungsbeitragsrate des Produkts, in Prozent vom Nettoerlös ausgedrückt (siehe Abschnitt 3.2.1, S. 75). Gleichung (7.4-17) legt frei, dass die Befolgung der **heuristischen Bemessung des Absatzförderungsbudgets nach der Prozent-vom-Umsatz-Methode** (siehe Abschnitt 7.3.3.2, S. 239) durchaus ins Gewinnmaximum führen **könnte, wenn** dabei die Elastizität der Nachfrage bei diesem Produkt und die (Grenz-)Deckungsbeitragsrate dieses Produkts unternehmensspezifisch zutreffend berücksichtigt würden. Hier wird deutlich, dass eine „branchenübliche" Bemessung der Budgethöhe – dieser Heuristik folgend – die Zielsetzung des Entscheiders verfehlen wird, insbesondere, wenn nicht ein Planumsatz, sondern der Umsatz einer jüngst vergangenen Periode zugrunde gelegt und die spezifische Höhe der Deckungsbeitragsrate des eigenen Produkts negiert wird. Auch an dieser Stelle wird somit deutlich, dass theoretische Überlegungen nützlich sind, um die Qualität gewisser heuristischer Vorgehensweisen der Praxis zu beurteilen.

Vor dem Hintergrund der drei Optimalitätstheoreme seien bezüglich der Kostenfunktion und Budget-Absatzfunktion nun nähere Konkretisierungen vorgenommen, um auch zu den hier behandelten Entscheidungsproblem für gewisse „Standard-Situationen" hilfreiche, fallspezifische Entscheidungsregeln abzuleiten. Unterstellt seien wiederum eine **lineare Kostenfunktion** und (die Anwendung der Optimalitätstheoreme auf) unterschiedliche Budget-Absatzfunktionen.

7.4.3.2 Anwendung auf den Fall konkaver Budget-Absatzfunktionen

Wird ein **Neuprodukt** auf den Markt gebracht, dann ist im Allgemeinen davon auszugehen, dass „ohne Absatzförderung nichts läuft". Bei einem Absatzförderungsbudget von Null könnte zumindest in der ersten Periode so gut wie nichts abgesetzt werden. Übersicht 7-12 veranschaulicht eine solche Wirkungsfunktion. Sie kann mittels einer Potenzfunktion, einer semilogarithmischen Funktion oder mittels anderer Funktionstypen gut angenähert werden (siehe z.B. die Relationen (6.2-11) bis (6.2-13) S. 201 dieses Buches).

An dieser Stelle wird zur Veranschaulichung die **semilogarithmische Funktion** (6.2-13) herangezogen. Sie hat die Eigenschaft, im Bereich kleiner Budgets rasch ansteigende Absatzmengen zu erfassen, um dann deutlich sinkende Zuwächse zu verzeichnen. Allerdings ist diese Funktion für $B = 0$ nicht definiert und für $B \leq 1$ negativ. Diese mangelnde Robustheit ist akzeptabel, wenn B etwa in € dimensioniert ist: Über die Absatzwirkung eines Geldeinsatzes von 1,– € oder darunter denkt kein Entscheider in der Praxis ernsthaft nach. Relation (7.4-12) wird in diesem Fall spezifiziert als

$$(7.4\text{-}18) \qquad D(B) = (p - k_v)\underbrace{b \cdot \ln B}_{x(B)} - B \to \underset{B}{\text{Max!}}$$

Folgt man der 1. Version (7.4-14) der oben abgeleiteten Optimalitätstheoreme, so richtet sich das Interesse auf den **Grenzabsatz** bei der vorliegenden Wirkungsfunktion. Dieser ergibt sich gemäß der Regel für das Ableiten einer logarithmischen Funktion als

$$\frac{dx(B)}{dB} = b \, \frac{1}{B}$$

Im Deckungsbeitragsmaximum muss folglich gelten:

$$b \, \frac{1}{B^*} = \frac{1}{p - k_v}$$

Und somit gilt für B* als die für den hier unterstellten Fall geeignete **Entscheidungsregel:**

$$(7.4\text{-}19) \qquad B^* = b(p - k_v)$$

Übersicht 7-12: Konkave Budget-Absatzfunktion für ein Neuprodukt

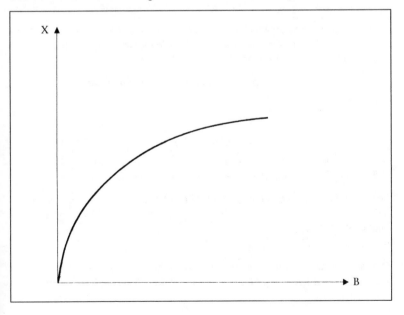

Fallbeispiel:

- Ein neues **Fertigdessert** soll auf den deutschen Markt gebracht werden. Die variablen Herstellungskosten werden konstant mit 1,50 €/pro Stück geschätzt. Der Produktmanager erwartet bei einem Absatzförderungsaufwand von B = 300 Tsd.€ im ersten Halbjahr eine Absatzmenge von 3,5 Mio. Stück bei einem Abgabepreis an den Handel in Höhe von 2,10 €. Im Übrigen glaubt er an eine konkave Reaktion des Absatzes auf das Absatzförderungsbudget mit steilem Anstieg im Bereich kleiner Budgets und deutlich sinkendem Absatzzuwachs bei einem Budget größer als etwa 500 Tsd.€. Unterstellt man die semilogarithmische Budget-Absatzfunktion, reicht diese **eine** subjektive Marktreaktionsschätzung aus, um b empirisch zu ermitteln. Es muss nämlich gelten:

$$3\,500\,000 = \hat{b} \cdot \ln 300\,000;$$

deshalb: $\qquad\qquad \hat{b} = 277\,523,65$

Gestützt auf diese Parameterschätzung kann der Produktmanager eine Wertetabelle erarbeiten (gerundete Werte):

Budget (in Tsd.€)	100	200	**300**	400	500	600	700
Absatzerwartung (in Tsd. Stück)	3200	3390	**3500**	3580	3640	3690	3740

Anhand einer solchen Tabelle fällt es dem Entscheider leicht, die Plausibilität seiner subjektiven Vorgaben (hier: Typ der Wirkungsfunktion, Angabe eines Zahlenpaares) zu überprüfen.

Das darauf abstellende optimale Budget lässt sich nun gemäß (7.4-19) ermitteln als

$$B^* = 166,51 \text{ Tsd.€.}$$

Es sollten also rund 166 Tsd.€ zur Absatzförderung im ersten Halbjahr eingesetzt werden. Der Plan-Deckungsbeitrag (nach Absatzförderungskosten) beträgt etwa 1,835 Mio. € bei einem Planumsatz von rund 7 Mio. €.

Soll anstelle eines Neuprodukts ein **etabliertes Produkt** mit Absatzförderungsanstrengungen unterstützt werden, ist als Typ einer passenden Wirkungsfunktion eine konkave Budget-Absatzfunktion mit einer kurzfristig gültigen Absatzunter- und Absatzobergrenze in einem Modell zu verankern.

Dieser Typ einer Budget-Absatzfunktion wurde bereits eingeführt (vgl. Abschnitt 6.2.2.4 dieses Buches, S. 201). In Form einer **modifizierten Exponentialfunktion** lautet sie

$$x(B) = \overline{x} - (\overline{x} - \underline{x})\, e^{-bB} \qquad\qquad b > 0$$

Relation (7.4-12) wird in diesem Fall spezifiziert als

(7.4-20) $\qquad D(B) = (p - k_v)\,[\overline{x} - (\overline{x} - \underline{x})\, e^{-bB}] - B \to \underset{B}{\text{Max!}}$

Um das oben allgemein abgeleitete Optimalitätstheorem (1. Version) (7.4-14) nutzen zu können, muss wiederum der **Grenzabsatz** ermittelt werden. Dieser ergibt sich gemäß der Regel

$$\frac{d e^{f(B)}}{dB} = f'(B)\, e^{f(B)}$$

als

(7.4-21) $\qquad \dfrac{dx(B)}{dB} = b(\overline{x} - \underline{x})\, e^{-bB}$

Im Deckungsbeitragsmaximum muss folglich gelten:

$$b(\overline{x} - \underline{x})\, e^{-bB^*} = \frac{1}{p - k_v}$$

Somit gilt für B*:

(7.4-22) $\qquad B^* = -\dfrac{1}{b} \ln \dfrac{1}{b(\overline{x} - \underline{x})\,(p - k_v)}$

Hieraus ergibt sich die **deckungsbeitragsmaximale Absatzmenge**

(7.4-23) $\qquad x^* = \overline{x} - \dfrac{1}{b(p - k_v)}\,,$

die sich durch Einsetzen von (7.4-22) in die Budget-Absatzfunktion x(B) ableiten lässt.

Fallbeispiel:

- Ein regionaler Hersteller von **Aluminiumbehältern** ist sich nicht sicher, ob er – bezogen auf den Umsatz dieser Produkte – mit 8% Sondereinzelkosten im Vertrieb (Absatzförderungsbudget) genügend zur Absatzförderung dieser Produkte tut. Seine Kapazität ist zur Zeit nur zu ca. 60% ausgelastet. Seinen Marktanteil kennt er nicht. Er glaubt, dass die für ihn im Markt realisierbare Absatzmenge zwischen einem Rumpfabsatz $\underline{x}$, den er allein aufgrund der bestehenden Kundenbeziehungen bei sehr geringem Absatzförderungsaufwand auf 10 000 Stück pro Halbjahr schätzt und einer Obergrenze ($\overline{x}$) liegt, die er auf 40 000 Stück pro Halbjahr schätzt. Seine Kapazität reicht aus, um 40 000 Stück zu produzieren. Da er sich in diesem hart umkämpften Markt nicht vom geltenden Marktpreisniveau entfernen kann, betrachtet er den Preis als eine für ihn nicht variierbare Stellgröße. Der Stückdeckungsbeitrag beträgt für ihn zur Zeit 8 €. Er nimmt an, dass dieser sich im kommenden Halbjahr auch nicht verändern wird. Im letzten Halbjahr hat er 25 000 Stück verkauft bei einem Umsatz von 750 000 €.

Bei Zugrundelegung einer konkaven Wirkungsfunktion bezüglich des Absatzförderungsbudgets lässt sich – bezogen auf die letzte realisierte Konstellation (B = 60 Tsd.€; x = 25 000 Stück) – folgender Zusammenhang annehmen:

$$25 = 40 - (40 - 10) \, e^{-\hat{b}60}$$

Aufgelöst nach $\hat{b}$ folgt:

$$\hat{b} = 0{,}01155$$

Somit ist man im Unternehmen geneigt, folgende Budget-Absatzfunktion für das kommende Halbjahr zu unterstellen:

$$x = 40 - 30 \, e^{-0{,}01155 \, B}$$

Aus (7.4-22) folgt für die optimale Absatzförderung:

$$B^* = 88{,}274 \; (\text{Tsd.€})$$
$$x^* = 29{,}177 \; (\text{Tausend Stück})$$

und ein Deckungsbeitrag **nach** Absatzförderungskosten in Höhe von 145 147 €. Dies sind 3,2 % mehr als im letzten Halbjahr. Unter Gültigkeit aller getroffenen Annahmen bzw. Erwartungen sollten die Absatzförderungsanstrengungen offenbar um die Hälfte gesteigert werden.

7.4.3.3 Budgetierung als Allokationsentscheidung

Ist ein gegebenes Gesamtbudget $\bar{B}$ auf mehrere Verwendungsrichtungen aufzuteilen, dann bedingt die Optimierung ein anderes Vorgehen. Geht man von einer Zuweisung der Teilbudgets auf Marktsegmente aus, so kann insbesondere eine **güter-** oder eine **nachfragerbezogene Teilmarktbetrachtung** eine Rolle spielen. Gegenstand des Allokationsproblems ist mithin die Budgetverteilung z.B. auf unterschiedliche Produktgruppen, Regionen oder Kundensegmente.

Das **Optimierungsmodell** lautet allgemein:

(7.4-24) $$D(B_1, B_2, \ldots, B_n) = \sum_{i=1}^{n} (p_i - k_{vi})\, x_i(B_i) - \sum_{i=1}^{n} B_i \rightarrow \underset{B_i}{\text{Max!}}$$

(7.4-25) $$\sum_{i=1}^{n} B_i = \overline{B}$$

Der Index i kennzeichnet die verschiedenen Segmente. In dieser Schreibweise wird vorgegeben, dass Preishöhe und variable Kosten segmentspezifische Werte annehmen können. Die variablen Herstellungskosten k_{vi} je Segment werden als konstant, d.h. als mit der Absatzmenge im Segment **nicht** variierend betrachtet.

Ein Maximierungsproblem unter Einhaltung einer Nebenbedingung in Form einer Gleichung lässt sich mit Hilfe des **Lagrange-Verfahrens** lösen.

Man bildet dazu die sog. **Lagrange-Funktion:**

(7.4-26) $$L = \sum_{i}^{n} [(p_i - k_{vi})\, x_i(B_i) - B_i] + \lambda\, (\overline{B} - \sum_{i}^{n} B_i)$$

Die Lagrange-Funktion wird partiell nach allen B_i und nach λ, dem Lagrange-Multiplikator, abgeleitet:

$$\frac{\partial L}{\partial B_i} = (p_i - k_{vi})\, \frac{\partial x_i(B_i)}{\partial B_i} - 1 - \lambda \quad \text{für alle } i = 1, \ldots, n$$

$$\frac{\partial L}{\partial \lambda} = \overline{B} - \sum_{i}^{n} B_i$$

Setzt man die partiellen Ableitungen gleich Null, ergeben sich als notwendige Bedingungen für das Maximum der Lagrange-Funktion

(7.4-27) $$(p_i - k_{vi})\, \frac{\partial x_i(B_i)}{\partial B_i} = 1 + \lambda \quad \text{für alle } i = 1, \ldots, n$$

und $$\overline{B} = \sum_{i}^{n} B_i^*$$

Aus (7.4-27) erkennt man, dass bei **optimaler** Aufteilung von B der Ausdruck auf der linken Seite der Gleichung, der **Grenzdeckungsbeitrag** eines Marktsegments, gleich $1 + \lambda$ sein muss. Alle Grenzdeckungsbeiträge der Marktsegmente müssen sich gleichen. Das **Optimalitätstheorem** zum vorliegenden Allokationsproblem lautet demgemäß:

> „Die Aufteilung eines gegebenen Gesamtbudgets auf Marktsegmente ist nur dann **optimal, wenn** sich die **Grenzdeckungsbeiträge** der Marktsegmente in Bezug auf das jeweilige Absatzförderungsbudget **gleichen**."

Das Theorem leuchtet unmittelbar ein. Denn solange eine noch nicht verplante Geldeinheit zur Absatzförderung in einem Segment einen höheren zusätzlichen Deckungsbeitrag als in einem anderen Segment verspricht, wird der Entscheider Geldeinheiten (gedanklich) zwischen den Segmenten hin und her schieben, bis die letzte Geldeinheit in allen Segmenten denselben Ergebniszuwachs bringt. Leider ist der Ausdruck (7.4-27) nicht als Bestimmungsgleichungssystem für die B_i^* verwendbar, da er stets das – vor der Lösung – unbekannte λ enthält. Die Ableitung konkreter **Entscheidungsregeln** zur Lösung des Allokationsproblems macht es deshalb erforderlich, die Wirkungsfunktionen näher zu spezifizieren. Dazu seien eine multiplikative Budget-Absatzfunktion ohne Absatzunter- und -obergrenze und anschließend eine modifizierte Exponentialfunktion mit kurzfristiger Absatzunter- und -obergrenze unterstellt. Beide Funktionen verlaufen **konkav**.

Es sei zunächst die **multiplikative Budget-Absatzfunktion** unterstellt. Sie lautet:

$$(7.4\text{-}28) \qquad x_i(B_i) = a_i\, B_i^{\;b_i} \qquad (a_i > 0;\; 0 < b_i < 1)$$

Auch in diesem Ausdruck repräsentiert b_i – wie bei der multiplikativen Preis-Absatzfunktion verdeutlicht wurde – eine Elastizität, und zwar die Nachfrageelastizität im Marktsegment i in Bezug auf das Absatzförderungsbudget, kurz **Budgetelastizität** genannt.

Nimmt man an, die Budgetelastizitäten b_i seien für die betrachteten Teilmärkte **identisch** (nicht dagegen die Parameter a_i) und gleich b, existiert eine einfache **Allokations-Entscheidungsregel,** die zur Lösung des Problems herangezogen werden kann:

$$(7.4\text{-}29) \qquad B_i^* = \overline{B}\, \frac{(d_i\, a_i)^{\beta}}{\displaystyle\sum_i^n (d_i\, a_i)^{\beta}}$$

wobei $\qquad d_i = p_i - k_{vi}$

und $\qquad \beta = \dfrac{1}{1-b}$

Auf den Beweis wird hier verzichtet (siehe dazu Kotler 1971, S. 691 ff.).

Fallbeispiel (entnommen aus Kotler 1971, S. 155):

● Betrachtet werden zwei Marktsegmente (Regionen), in denen unterschiedliche Stückerlöse erzielt werden und unterschiedliche variable Stückkosten (z.B. infolge der Transportkostendifferenzen) gelten. Die Stückdeckungsbeiträge belaufen sich auf

$$d_1 = p_1 - k_{v1} = 7 \text{ €} - 4 \text{ €} = 3 \text{ €},$$
$$d_2 = p_2 - k_{v2} = 9 \text{ €} - 5 \text{ €} = 4 \text{ €}.$$

Region 1 kann als „Hausmarkt" bezeichnet werden, in dem niedrigere Erlöse, aber auch günstigere variable Kosten gelten. Die Wirkungsfunktionen seien

$$x_1(B_1) = 6B_1^{1/2}; \quad x_2(B_2) = 3B_2^{1/2}$$

Der Hausmarkt reagiert somit stärker auf Absatzförderungsanstrengungen. Zum Ausgleich liegt der Stückdeckungsbeitrag dort niedriger. $\bar{B}$ sei aufgrund einer Prozent-vom-Umsatz-des-Vorjahres-Methode (einer typischen Faustregel) bereits auf 65 Tsd.€ festgelegt worden.

Wendet man die Entscheidungsregel (7.4-29) an, so ergibt sich:

$$B_1^* = 65 \frac{(3 \cdot 6)^2}{(3 \cdot 6)^2 + (4 \cdot 3)^2} = 45$$
$$B_2^* = 20$$

Obwohl im Hausmarkt ein geringerer Stückdeckungsbeitrag erzielt wird, ist es richtig, hier mehr als das Doppelte des Budgets von Region 2 einzusetzen.

Zur Berücksichtigung einer kurzfristig wirksamen Absatzunter- und -obergrenze sei erneut auf die **modifizierte Exponentialfunktion** als leicht schätzbare Wirkungsfunktion zurückgegriffen. Im Folgenden wird eine solche Funktion auf den **wertmäßigen Marktanteil m** als Wirkungsvariable bezogen. Sie lautet:

$$(7.4\text{-}30) \qquad m_i(B_i) = \overline{m}_i - (\overline{m}_i - \underline{m}_i)\, e^{-b_i B_i} \qquad (b_i > 0)$$

mit $\overline{m}_i$ bzw. $\underline{m}_i$ als kurzfristiger Marktanteilsober- bzw. -untergrenze in Marktsegment i. Jedes Marktsegment ist auf kurze Sicht durch ein spezielles **wertmäßiges Marktvolumen** M_i gekennzeichnet. Der Umsatz des planenden Anbieters in jedem Segment ergibt sich somit als

$$U_i(B_i) = M_i\, m_i(B_i)$$

Die **wertmäßige Marktbetrachtung** hat folgenden Hintergrund: Produkte, die zu einem Gütersegment i gehören, werden oft in unterschiedlichen Handelsformen oder Konzentrationen im Markt angeboten; man denke etwa an Pharmazeutika oder Farbstoffe bzw. Pigmente für die Industrie. In solchen Fällen kann ein Anbieter seinen Marktanteil nur wertmäßig ausdrücken. Es liegt somit nahe, eine Absatzförderungsentscheidung unmittelbar an Umsatzkonsequenzen und weiterführenden Erfolgsgrößen zu orientieren.

Eine Deckungsbeitragsbetrachtung geht in solchen Fällen zweckmäßigerweise vom Deckungsbeitrag (vor Absatzförderungskosten) im Verhältnis zum Umsatz aus. Diese **Deckungsbeitragsrate** für Marktsegment i wird jetzt mit d_i bezeichnet. Die Zielfunktion des **Allokationsmodells** lautet dann (D = Deckungsbeitrag nach Absatzförderungskosten):

$$(7.4\text{-}31) \qquad D(B_1, B_2, \ldots, B_n) = \sum_i^n d_i\, M_i\, m_i\,(B_i) - \sum_i^n B_i \xrightarrow[B_i]{} \text{Max!}$$

Wiederum gilt als Nebenbedingung des Optimierungsproblems:

$$\sum_i^n B_i = \overline{B}$$

Zur Veranschaulichung sei das Problem hier auf den **Zwei-Märkte-Fall reduziert,** für den ein Optimalitätstheorem sowie eine Entscheidungsregel mittels des Lagrange-Verfahrens leicht abgeleitet werden können, wenn eine konstante Deckungsbeitragsrate vor Absatzförderungskosten unterstellt wird. Nach Bildung der Lagrange-Funktion, deren partieller Ableitung nach B_1 und B_2, Nullsetzen der Ableitungen und Umformung ergibt sich:

$$(7.3\text{-}32a) \qquad d_1\, M_1\,(\overline{m}_1 - \underline{m}_1)\, b_1\, e^{-b_1 B_1^*} = 1 + \lambda$$

$$(7.3\text{-}32b) \qquad d_2\, M_2\,(\overline{m}_2 - \underline{m}_2)\, b_2\, e^{-b_2 B_2^*} = 1 + \lambda$$

Die Ausdrücke der jeweils linken Seite können wegen ihrer Identität mit $1 + \lambda$ gleichgesetzt werden. Stellt man die resultierende Gleichung mittels zweckmäßiger Divisionen um, so ergibt sich als **Optimalitätstheorem:**

$$(7.4\text{-}33) \qquad \frac{d_1\, M_1}{d_2\, M_2} = \frac{b_2\,(\overline{m}_2 - \underline{m}_2)\, e^{-b_2 B_2^*}}{b_1\,(\overline{m}_1 - \underline{m}_1)\, e^{-b_1 B_1^*}}$$

Auf der linken Seite der Gleichung steht das **Verhältnis der Deckungsbeitrags-potentiale** der beiden Marktsegmente bei gegebenen Deckungsbeitragsraten des Anbieters. Auf der rechten Seite steht das umgekehrte Verhältnis der absatzförde-rungsbedingten Grenzmarktanteile des Anbieters. In verbaler Form lautet das **Optimalitätstheorem** für den hier untersuchten Fall deshalb:

> „Bei optimaler Aufteilung eines Absatzförderungsbudgets auf zwei Marktseg-mente entspricht das Verhältnis der **Deckungsbeitragspotentiale** dieser Seg-mente dem umgekehrten Verhältnis der absatzförderungsbedingten **Grenz-marktanteile** des Anbieters in diesen Marktsegmenten."

Dieses Theorem ist sehr plausibel: So kann ein geringer Grenzmarktanteil als Folge der Absatzförderung in einem Markt entweder durch eine höhere De-ckungsbeitragsrate oder durch ein größeres Marktvolumen in diesem Marktseg-ment (oder durch beides in gegenseitiger Ergänzung) ausgeglichen werden.

Das Optimalitätstheorem (7.4-33) ist der Ausgangspunkt für die Entwicklung ei-ner **Bestimmungsgleichung als Entscheidungsregel** für B_i^*. Wegen der Budget-beschränkung, die ausgeschöpft werden soll, muss gelten

$$B_1^* = \overline{B} - B_2^*$$

Ersetzt man somit im Optimalitätstheorem (7.4-33) B_1^* durch $\overline{B} - B_2^*$ und führt die Kurzbezeichnung

$$(7.4\text{-}34) \qquad \frac{d_1 M_1 b_1 (\overline{m}_1 - \underline{m}_1)}{d_2 M_2 b_2 (\overline{m}_2 - \underline{m}_2)} = \frac{\alpha_1}{\alpha_2}$$

ein, so folgt aus (7.4-33):

$$\frac{\alpha_1}{\alpha_2} = e^{-b_2 B_2^* + b_1 (\overline{B} - B_2^*)}$$

Isoliert man nach Ausmultiplikation des Exponenten den von B_2^* abhängigen Term

$$e^{-(b_1 + b_2) B_2^*} = \frac{\alpha_1}{\alpha_2} e^{-b_1 \overline{B}}$$

und logarithmiert, so dass

$$-(b_1 + b_2) B_2^* = \ln \frac{\alpha_1}{\alpha_2} - b_1 \overline{B}$$

ergibt sich für B_2^*:

$$(7.4\text{-}35) \qquad B_2^* = \frac{1}{(b_1 + b_2)} \left(b_1 \overline{B} - \ln \frac{\alpha_1}{\alpha_2} \right)$$

Fallbeispiel:

- Es sei an das Pharmabeispiel aus Abschnitt 7.3.1 angeknüpft. Dort wurde das Problem der Budgetaufteilung auf die beiden Produktgruppen Grippemittel und Schmerzmittel anhand einer Entscheidungsmatrix dargestellt. Im Folgenden wird mit einem **Optimierungsmodell** versucht, für eine Spalte der Matrix die beste Aufteilung (beste Strategie) zu finden. Die Daten sind allerdings frei erfunden.

Zur Ausgangssituation: Das **wertmäßige Marktvolumen** im Marktsegment Grippemittel betrug im Vorjahr 8 Mio. €, im Schmerzmittelmarkt 6 Mio. €. Mit einem Absatzförderungsbudget von B_1 = 720 Tsd.€ erreichte das Unternehmen in demselben Jahr im Grippemittelmarkt einen **Marktanteil** von 45 % (m_1 = 0,45). Im Schmerzmittelmarkt wurden 180 Tsd.€ aufgewendet, der Marktanteil des Unternehmens betrug dort 30 % (m_2 = 0,3). Die Budgetierung erfolgte in der Vergangenheit eher heuristisch: Im für das Unternehmen umsatzmäßig doppelt so großen Grippemittelgeschäft wurden 20 % vom Umsatz für das Absatzförderungsbudget veranschlagt. Im Schmerzmittelgeschäft wurden angesichts auch des kleineren Marktvolumens nur 10 % vom Umsatz dieser Produktgruppe für die Absatzförderung angesetzt. Bei Grippemitteln beträgt die **Deckungsbeitragsrate** (vor Absatzförderungskosten) 0,5 (d_1 = 0,5), bei Schmerzmitteln dagegen 0,7 (d_2 = 0,7).

Aus den Angaben lässt sich ermitteln, dass das Unternehmen im Vorjahr

a) bei Grippemitteln mit einem Umsatz von U_1 = 3600 Tsd.€ einen Deckungsbeitrag nach Absatzförderungskosten in Höhe von 1080 Tsd.€,

b) bei Schmerzmitteln mit einem Umsatz von U_2 = 1800 Tsd.€ einen Deckungsbeitrag nach Absatzförderungskosten in Höhe von ebenfalls 1080 Tsd.€

und somit insgesamt 2160 Tsd.€ Gesamtdeckungsbeitrag realisierte. Dafür wurden 900 Tsd.€ für die Absatzförderung ausgegeben.

Der Schmerzmittel-Produktmanager hat im Rahmen seiner Marketing-Planung für das kommende Jahr den Eindruck, dass eine Ausweitung seines Absatzförderungsbudgets – auch bei konstanter Deckungsbeitragsrate – dem Unternehmen mehr Deckungsbeitrag einbringen würde. Da der Marketing-Leiter jedoch nicht bereit ist, mehr als 900 Tsd.€ auch im kommenden Jahr für beide Produktgruppen zu bewilligen, müsste eine Budgeterhöhung bei den Schmerzmitteln zu einer Budgetsenkung bei Grippemitteln führen. Dagegen wehrt sich der Grippemittel-Produktmanager entschieden.

Dem Marketing-Leiter lässt jedoch die Anregung, die grundsätzliche Allokation des Gesamtetats zu überdenken, keine Ruhe. Allerdings ist ihm die Vielzahl möglicher Handlungsalternativen und insbesondere das Problem der Wirkungsprognose (Ergebnisabschätzung hinsichtlich m_i bzw. D_i) völlig bewusst.

Deshalb fordert er beide Produktmanager auf, zu schätzen,

a) welchen maximalen Marktanteil (Marktanteilsobergrenze) sie in ihrem Bereich glauben erreichen zu können, wenn im nächsten Jahr bei gleich bleibender Deckungsbeitragsrate das jeweilige Budget extrem ausgeweitet würde,

b) auf welchen Marktanteil (Marktanteilsuntergrenze) ihr Bereich zurückfallen würde, falls das Budget drastisch (d. h. praktisch auf Null) gekürzt würde und

c) wie hoch das Marktvolumen in beiden Marktsegmenten im nächsten Jahr sein wird.

Die Schätzungen lauten:

Marktanteilsobergrenze:	$\overline{m}_1 = 0,6$	$\overline{m}_2 = 0,4$
Marktanteilsuntergrenze:	$\underline{m}_1 = 0,25$	$\underline{m}_2 = 0,1$
Marktvolumen:	$M_1 = 8000$	$M_2 = 6000$

Die Produktmanager gehen also von stagnierenden Märkten aus. In Übersicht 7-13 sind die jeweiligen Ober- und Untergrenzen der Marktanteile in beiden Produktgruppen sowie die (m_i, B_i)-Konstellationen des letzten Jahres eingetragen.

Unterstellt man, dass die Reaktion der Nachfrager auf Absatzförderungsanstrengungen nach den gleichen Spielregeln wie im Vorjahr anfällt, so muss auch die

Übersicht 7-13: Schätzungen und bisherige (B,m)-Konstellationen im Pharmabeispiel

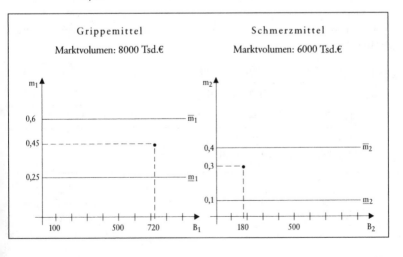

bisherige (m,B)-Konstellation auf einer Budget-Absatzfunktion liegen, die als Planungsgrundlage für das kommende Jahr dienen könnte. Aus seiner eigenen Markterfahrung heraus nimmt der Marketing-Leiter einen konkaven Verlauf an. Er unterstellt der Einfachheit halber eine Exponentialfunktion wie (7.4-30).

Für den Bereich Grippemittel muss unter dieser Annahme folgender Zusammenhang gelten:

$$U_1 = 4800 - (4800 - 2000) e^{-b_1 B_1}$$
$$= 4800 - 2800 e^{-b_1 B_1}$$

Für Schmerzmittel muss gelten:

$$U_2 = 2400 - (2400 - 600) e^{-b_2 B_2}$$
$$= 2400 - 1800 e^{-b_2 B_2}$$

Die Parameter b_1 und b_2 lassen sich aus der bisherigen (m,B)-Konstellation des Unternehmens in den einzelnen Marktsegmenten durch Einsetzen und Auflösen nach b_1 bzw. b_2 wie folgt schätzen:

$$-\hat{b}_1 = \frac{\ln 0,4286}{720} = -1,177 \cdot 10^{-3}$$
$$\hat{b}_1 = 0,001177$$
$$-\hat{b}_2 = \frac{\ln 0,3333}{180} = -6,1034 \cdot 10^{-3}$$
$$\hat{b}_2 = 0,0061$$

Der Marketing-Leiter legt auf Basis dieser Schätzung den beiden Produktmanagern eine Wertetabelle für ihren Bereich vor. Sie sieht für den Bereich **Grippemittel** wie folgt aus (Werte in Tsd.€):

B_1	50	200	400	600	800	900
$\hat{U}_1$	2160	2590	3050	3420	3710	3830
$\hat{m}_1$	27%	32%	38%	42%	46%	48%

Für die Produktgruppe **Schmerzmittel** lautet sie:

B_2	50	100	200	300	400
$\hat{U}_2$	1070	1420	1870	2110	2240
$\hat{m}_2$	18%	24%	31%	35%	37%

Beide Produktmanager halten diese Schätzungen für realistisch, d.h. mit ihren eigenen Erwartungen vereinbar.

Auf dieser Grundlage ermittelt der Marketing-Leiter mit Hilfe von Relation (7.4-35) folgende **optimale Budgets:**

$$B_1^* = 542,812 \text{ Tsd.€} \qquad B_2^* = 357,188 \text{ Tsd.€}$$

Der Planumsatz beträgt dabei insgesamt 5.518 Tsd.€ bei einem Plan-Deckungsbeitrag **nach** Absatzförderungskosten von 2.298 Tsd.€; dies entspricht einer 6,4%igen Erfolgssteigerung, ohne eine Veränderung des Gesamtbudgets vorzunehmen. Der Grippemittel-Produktmanager sieht angesichts dieser Ergebnisse die Vorteilhaftigkeit einer veränderten Budgetierungspraxis ein. Während vor der Optimierungsüberlegung die Aufteilung des Gesamtbudgets einer 80:20-Relation (B_1:B_2-Relation) erfolgte, empfiehlt sich offenbar auf der Basis der Marktreaktionsschätzungen und Optimierung eine 60:40-Relation. In beiden Produktgruppen werden nun ca. 16% des Planumsatzes für die Absatzförderung aufgewendet. Offenbar ist es sinnvoll, den Schmerzmittelbereich trotz des kleineren Marktvolumens, der niedrigeren Marktanteilsobergrenze und der erreichten, relativ stärkeren Ausschöpfung dieser Obergrenze verstärkt zu unterstützen. Denn dort ist nicht nur eine **höhere Deckungsbeitragsrate** sondern auch ein **größerer Grenzmarktanteil** in der Ausgangssituation gegeben.

In der Entscheidungsmatrix (vgl. Übersicht 7-6) ist offenbar die aus der Optimierung resultierende Aufteilung im Verhältnis von ca. 60:40 nicht berücksichtigt worden. Dabei ist zu bedenken, dass sich die Optimierung auf ein in beiden Teilmärkten stagnierendes Marktvolumen (etwa Spalte 4 der Entscheidungsmatrix) bezieht. Überdies soll in der Entscheidungsmatrix der kumulierte Gewinn über drei Jahre, nicht ein einperiodiger Deckungsbeitrag als Entscheidungskriterium dienen. Die Ausfüllung der Entscheidungsmatrix macht somit eine mehrperiodige Modellierung der Strategiekonsequenzen erforderlich.

7.4.4 Entscheidungsprobleme mit zwei Entscheidungs-variablen: Marketing-Mix-Entscheidungen

Im Folgenden wird das realistischere Entscheidungsproblem betrachtet, in dem sowohl die **Preishöhe** als auch das **Absatzförderungsbudget** zugleich die Entscheidungsvariablen bilden und aus einer Gesamtschau des entstehenden **Marketing-Mix** zu justieren sind. Unrealistisch bleiben allerdings die Betrachtung nur einer Periode und die starre Festlegung von p und B, ohne über den Zeitablauf im Rahmen einer mehrstufigen Entscheidung gegebenenfalls Variationen dieser Entscheidungsvariablen vorzusehen. Aber wohlgemerkt: Komplexere Evaluierungs- und Optimierungsmodelle stehen für solche Fälle zur Verfügung.

Beeinflussen sowohl der Preis p als auch das Absatzförderungsbudget B die Nachfrage nach einem Produkt, so lautet die Wirkungsfunktion bezogen auf die Absatzmenge abstrakt

(7.4-36) $x = x(p, B)$

Diese kausale Beziehung sowie weitere bei Marketing-Mix-Entscheidungen zu beachtenden Beziehungen sind in Übersicht 7-14 dargestellt. Ohne die Gültigkeit der folgenden allgemeinen Optimalitätsüberlegungen auf spezifische Wirkungs- oder Kostenfunktionen einzuschränken, lässt sich das Deckungsbeitragsmaximie- rungsproblem bei simultaner Entscheidung über p und B wie folgt formalisieren:

(7.4-37) $D(p,B) = x(p,B)\, p - K_v\,[x(p,B)] - B \rightarrow \text{Max!}$
$$p,B$$

Eine auch hier sich anbietende Grenzbetrachtung hilft, ein hierauf passendes Op- timalitätstheorem zu entwickeln. Die Deckungsbeitragsfunktion wird partiell nach p und B abgeleitet. Um die Übersichtlichkeit zu erhöhen, werden im Folgen- den die Funktionsklammern und die darin aufgeführten unabhängigen Variablen weggelassen. Es folgt aus Anwendung der Produkt- und Kettenregel:

Übersicht 7-14: Ökonomische Konsequenzen bei Marketing-Mix-Entscheidungen

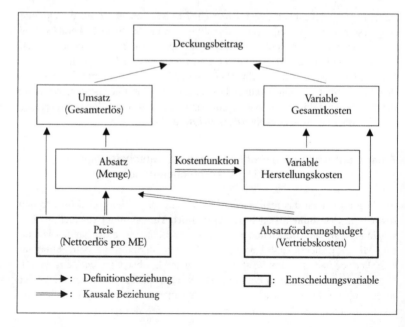

$(7.4\text{-}38\,\text{a})$
$$\frac{\partial D}{\partial p} = \frac{\partial x}{\partial p} \cdot p + x - \frac{\partial K_v}{\partial x} \cdot \frac{\partial x}{\partial p}$$

$(7.4\text{-}38\,\text{b})$
$$\frac{\partial D}{\partial B} = \frac{\partial x}{\partial B} \cdot p - \frac{\partial K_v}{\partial x} \cdot \frac{\partial x}{\partial B} - 1$$

Nach Vereinfachung durch Faktorisierung und Nullsetzen ergibt sich aus $(7.4\text{-}38\,\text{a})$

$$\left(p^* - \frac{\partial K_v}{\partial x}\right) \frac{\partial x}{\partial p} = -x^*$$

Dividiert man durch $\frac{\partial x}{\partial p}$, den partiellen Grenzabsatz in Bezug auf den Preis, folgt

$$p^* - \frac{\partial K_v}{\partial x} = -x^* \cdot \frac{\partial p}{\partial x}$$

Kehrwertbildung und Multiplikation mit p^* führt zu

$(7.4\text{-}39)$
$$\frac{p^*}{p^* - \dfrac{\partial K_v}{\partial x}} = -\frac{p^*}{x^*} \cdot \frac{\partial x}{\partial p} = -\frac{\partial x}{x^*} : \frac{\partial p}{p^*} = -\varepsilon^*$$

Der Ausdruck auf der rechten Seite ist **die partielle (negative) Preiselastizität der Nachfrage** im Optimum. Auf der linken Seite steht der Quotient aus Preis und Grenzdeckungsbeitrag an der Stelle p . Damit von einem optimalen Preis gesprochen werden kann, muss dieser Quotient gleich dem Betrag der Preiselastizität sein, die ja im Regelfall negativ ist.

Auch Relation (7.4-38 b), die partielle Ableitung der Zielfunktion nach B, muss weiterentwickelt werden. Nach Nullsetzen folgt:

$$p^* \cdot \frac{\partial x}{\partial B} = 1 + \frac{\partial K_v}{\partial x} \cdot \frac{\partial x}{\partial B}$$

Dividiert man durch $\frac{\partial x}{\partial B}$, den partiellen Grenzabsatz in Bezug auf das Budget, ergibt sich

$$p^* = \frac{\partial B}{\partial x} + \frac{\partial K_v}{\partial x}$$

Dies entspricht den isolierten Überlegungen zum optimalen Absatzförderungsbudget in Abschnit 7.4.3.1: Im Optimum muss die Summe aus Grenzherstellung- und Grenzabsatzförderungskosten gleich dem Preis sein. Diese Relation lässt sich nach Subtraktion von $\frac{\partial K_v}{\partial x}$ und Kehrwertbildung umformen zu

$$\frac{1}{p^* - \dfrac{\partial K_v}{\partial x}} = \frac{\partial x}{\partial B}$$

Auch dieser Ausdruck ist der Leserin bzw. dem Leser bekannt: Im Budgetoptimum muss der Grenzabsatz gleich dem inversen Grenzdeckungsbeitrag sein. Multipliziert man mit p*, so folgt

$$(7.4\text{-}40) \qquad \frac{p^*}{p^* - \dfrac{\partial K_v}{\partial x}} = p^* \frac{\partial x}{\partial B}$$

Auf der rechten Seite steht nun der **Grenzerlös in Bezug auf das Absatzförderungsbudget.**

Fasst man (7.4-39) und (7.4-40) zusammen, so ergibt sich:

$$(7.4\text{-}41) \qquad -\varepsilon^* = p^* \cdot \frac{\partial x}{\partial B}$$

Dies ist eine Aussage, die man auch im **Dorfman-Steiner-Theorem** wiederfindet. Dieses Theorem bezieht sich in seiner Originalversion zwar auf mehr als nur zwei Marketing-Entscheidungsvariablen, kommt aber bezüglich Preis und Absatzförderung zu dem hier abgeleiteten Ergebnis:

> „Die **optimale Kombination von Preis und Absatzförderung** liegt dann vor, wenn die (negative) **Preiselastizität gleich dem Grenzerlös des Absatzförderungsbudgets** ist."

Relation (7.4-41) lässt sich auch in eine andere, gut interpretierbare und merkfähige Form bringen. Nimmt man den Kehrwert und multipliziert mit $\frac{B^*}{x^*}$ so folgt:

$$7.4\text{-}42) \qquad \frac{B^*}{p^* \cdot x^*} = \frac{\dfrac{\partial x}{\partial B} \cdot \dfrac{B^*}{x^*}}{-\varepsilon^*} = \frac{\eta^*}{-\varepsilon^*}$$

Der Zähler des rechten Bruchterms stellt die Nachfrageelastizität in Bezug auf das Absatzförderungsbudget (Absatzförderungselastizität) bei B* dar. Das **Optimalitätstheorem** lautet:

„Im Optimum von Preis und Absatzförderungsbudget muss derjenige **Anteil vom Umsatz für die Absatzförderung** eingesetzt werden, der dem Verhältnis von **Absatzförderungselastizität** zu (negativer) **Preiselastizität** entspricht."

Die Theoremversionen lassen sich nur dann als **Entscheidungsregeln** für die optimale Preishöhe und Budgethöhe verwenden, wenn spezielle Annahmen über die Wirkungsfunktion und Kostenfunktion getroffen werden. Als **Wirkungsfunktion** kann z.B. ein **multiplikativer** Ansatz der Form

(7.4-43) $x = ap^bB^c$ $(b < 0; a > 0; 0 < c < 1)$

verwendet werden. Dieser Funktionstyp ist für die Arbeit im Anwendungsfall besonders geeignet, da sich die Funktion durch Logarithmierung linearisieren und die Parameter a, b und c dann auf Basis historischer Daten regressionsanalytisch schätzen lassen. Ferner sind b und c gut interpretierbare Größen: b entspricht der Preiselastizität ε (vgl. den entsprechenden Nachweis in (6.2-6), S. 199 dieses Buches), c entspricht der Absatzförderungselastizität η. Es handelt sich folglich um eine **isoelastische** Wirkungsfunktion.

Nimmt man einen **linearen** Kostenverlauf an, dann lässt sich somit bei konstanten und gegebenen Grenzkosten in Bezug auf die Absatzmenge aus (7.4-39) entnehmen:

$$p^* = -\varepsilon^*(p^* - k_v)$$

Es folgt aus möglichen Umformungen:

(7.4-44) $$p^* = \frac{b}{1+b}k_v$$

Dieser Ausdruck entspricht der bereits in Abschnitt 7.4.1.3 erläuterten Entscheidungsregel. Obwohl in der multiplikativen Wirkungsfunktion (7.4-43) die **Grenzwirkung des Preises** von der Höhe von B abhängt, kann offenbar die Preisentscheidung unabhängig von der Budgetentscheidung erfolgen, sofern die Preiselastizität als Funktionsparameter empirisch geschätzt wurde.

Aus (7.4-41) lässt sich entwickeln:

$$\frac{\partial x}{\partial B} = -\frac{\varepsilon^*}{p^*}$$

Aus (7.4-43) folgt:

$$\frac{\partial x}{\partial B} = ap^{*b}cB^{*c-1}$$

Weil $b = \varepsilon^*$ kann man auch schreiben:

$$B^{*c-1} = -\frac{b}{p^* ap^{*b}c}$$

$$B^* = \left(-\frac{b}{acp^{*b+1}}\right)^{\frac{1}{c-1}}$$

Wurde p* nach (7.4-44) ermittelt, lässt sich also auch B* ableiten, wenn die multiplikative Wirkungsfunktion empirisch – d.h. in allen Parametern geschätzt – vorliegt.

Fallbeispiel:

• Der Anbieter eines **CD-Walkman** hat durch die Auswertung bisheriger Marktdaten eine multiplikative Wirkungsfunktion wie folgt geschätzt:

$$a = 433000; \quad b = -2; \quad c = 0,55$$

Die variablen Herstellungskosten werden mit 80 € angesetzt. Dann lässt sich unter Zuhilfenahme obiger Entscheidungsregeln die beste Kombination von Preis und Absatzförderung wie folgt ermitteln:

$$p^* = \frac{-2}{1 + (-2)} \cdot 80 = 160 \ €$$

$$B^* = \left(-\frac{-2}{433000 \cdot 0,55 \cdot 160^{-1}}\right)^{-2}$$

$$= 2407450 \ €$$

7.4.5 Ausblick auf komplexere Entscheidungsprobleme

Im vorliegenden Abschnitt wurden verhältnismäßig einfache Problemstrukturen behandelt, von denen man nicht immer behaupten kann, sie würden **in dieser Form** reale Probleme **erschöpfend** abbilden. In den hier vorgestellten Einprodukt-Modellen wurden folgende Wirkungsphänomene vernachlässigt:

– Wirkungsinterdependenzen zwischen mehr als zwei eingesetzten Marketing-Instrumenten;

- Auswirkungen des Instrumenteneinsatzes bei anderen Produkten desselben Anbieters auf das betrachtete Produkt;
- Wirkungen von Wettbewerberaktivitäten und/oder Marketing-Anstrengungen von Absatzmitteln eines betrachteten Herstellers;
- Wirkung einer Preisveränderung bzw. Budgetrücknahme oder -aufstockung unter mehrperiodigem Aspekt;
- Veränderung der für gültig unterstellten Wirkungsregelmäßigkeit im Zeitablauf;
- Unsicherheit der Marktreaktion und der Kostenkonsequenzen.

Aus diesen Kritikpunkten erkennt man, dass das **Ausmaß an Vereinfachung** bei der Abbildung der Entscheidungsproblematik im Modell für die Brauchbarkeit einer modellgestützten Lösung eines Entscheidungsproblems einen bedeutsamen Stellenwert einnimmt. Die **Komplexität** tatsächlicher Entscheidungsprobleme lässt sich jedoch durchaus mit geeigneten Modellen berücksichtigen. Man muss diese dann allerdings umfassender, d. h. auch komplizierter aufbauen, um damit der Wirklichkeit eines Entscheidungsproblems besser Rechnung tragen zu können:

1. Im Modell müssen **mehrere instrumentelle Stellgrößen** erscheinen, wenn der praktische Fall es erfordert. Dies führt zu polyvariablen Modellen wie dem behandelten, noch einfach gestalteten Preis-Absatzförderungsmodell.
2. **Sachliche Ausstrahlungseffekte** im Sortiment oder zwischen Kundensegmenten sind bei Portfolio-Problemen zu beachten. Dies führt zu Wirkungsfunktionen, in denen die Zielerreichung bei einer Betrachtungseinheit auch von Anstrengungen für eine andere Betrachtungseinheit abhängt.
3. **Mitanbietereffekte** sind zu berücksichtigen, indem Entscheidungsvariablen der Wettbewerber oder der Absatzmittler (Herstellerperspektive) ausdrücklich im Modell auftauchen.
4. **Zeitliche Ausstrahlungseffekte** führen zu mehrperiodigen, dynamischen Wirkungsfunktionen und Kalkülen.
5. Die **zeitliche Variabilität der Modellparameter** lässt sich in Modellen berücksichtigen, indem zeitbedingte Parameterveränderungen unterstellt werden.
6. Der stets vorliegenden **Unsicherheit** kann Rechnung getragen werden, indem das Entscheidungsproblem anhand eines Modells mit unterschiedlichen Annahmen über die Marktreaktion und Kostenfunktion untersucht und gelöst wird. Dabei kann man prüfen, welche Modifikationen der jeweils am Modell gefundenen Lösung eintreten und in welcher Bandbreite die Zielerreichung variiert, wenn ein spezielles Handlungsmuster gewählt wurde (Sensitivitäts- und Risikoanalyse).

All diese Vorschläge sind nicht Fiktion, sondern entsprechen dem bislang zugreifbaren Angebot der Marketinglehre. Viele komplexe Entscheidungshilfen erlauben allerdings keine Optimierung, sondern lediglich eine Evaluierung vorgegebener Entscheidungsalternativen. An anderer Stelle wurde schon betont, dass damit dem Entscheider im Unternehmen durchaus geholfen sein kann. Allerdings muss er bereit sein, seine subjektiven Erwartungen aufzudecken, damit die jeweilige Entscheidungshilfe daran für den vorliegenden Einzelfall geeicht werden kann. Solche subjektiven Erwartungen liegen stets vor: Wie sollte der Entscheider sonst (auch ohne formale Entscheidungshilfe) zu einer Entscheidung kommen?

Daraus ist zu erkennen, dass der Problemlösungsbeitrag formaler Entscheidungshilfen nicht darin liegt, dass dem Entscheider durch „Teufelswerk irrealer mathematischer Prozeduren" eine Entscheidung abgenommen werden soll. Formale Entscheidungshilfen dienen lediglich als „Intelligenzverstärker", die den Manager dazu bringen, über problemrelevante Sachverhalte geordnet nachzudenken. Damit können sie helfen, logische Schlussfolgerungen aus komplizierten Zusammenhängen zu ziehen, die sonst kaum noch zu durchschauen sind.

Literaturhinweise zu Kapitel 7:

Prozessorientierte Strukturierungshilfen zu Marketing-Entscheidungen sind über die gesamte Fachliteratur verstreut.

Als **lösungsorientierte Strukturierungshilfen** werden die Entscheidungsmatrix und der Entscheidungsbaum in jedem Lehrbuch zur Entscheidungstheorie dargestellt. Stellvertretend für viele gute Bücher sei genannt:
Eisenführ, F./Weber, M., Rationales Entscheiden, 3. Aufl., Berlin usw. 1999

Diagnosehilfen werden insbesondere im Zusammenhang mit der Strategieplanung dargeboten. Einschlägige Literatur wurde bereits mit den Hinweisen zu Kapitel 4 angegeben.

Mit **analytischen Entscheidungshilfen** befassen sich insbesondere die folgenden Werke:
Eliashberg, J. (Hrsg.), Marketing, Amsterdam 1993
Hammann, P., Entscheidungsanalyse im Marketing, Berlin 1975
Hruschka, H., Marketing-Entscheidungen, München 1996
Köhler, R./Zimmermann, H.-J., Entscheidungshilfen im Marketing, Stuttgart 1977
Kotler, P./Lilien, G.L., Marketing Decision Making: A Model Building Approach, New York 1983
Krautter, J., Marketing-Entscheidungsmodelle, Wiesbaden 1973
Lilien, G.L./Kotler, P./Moorthy, K.S., Marketing Models, New Jersey 1992
Lilien, G.L./Rangaswamy, A., Marketing Engineering, 2. Aufl., Upper Saddle River 2003
Simon, H., Goodwill und Marketingstrategie, Wiesbaden 1985

Speziell mit **analytischen Preisentscheidungen** beschäftigen sich folgende Werke:
Diller, H., Preispolitik, 3. Aufl., Stuttgart, Berlin, Köln 2000
Schmalen, H., Preispolitik, 2. Aufl., Stuttgart, New York 1995
Simon, H., Preismanagement, 2. Aufl., Wiesbaden 1992

Analytische Entscheidungen über das **Absatzförderungsbudget** werden vertieft behandelt in:
Schubert, K.F., Praxis der optimalen Werbebudgetierung, Heidelberg 1976
Schmalen, H., Kommunikationspolitik. Werbeplanung, 2. Aufl., Stuttgart, Berlin, Köln 1992

Im Text zitierte Quellen:

Kotler, P., Marketing Decision Making. A Model Building Approach, New York 1971
Kotler, P., Marketing-Management. Analyse, Planung und Kontrolle, Deutsche Übersetzung der 2. Aufl., Stuttgart 1974
Meffert, H., Marketing. Einführung in die Absatzpolitik, 7. Aufl., Wiesbaden 1989
Rupp, U., Produkt-/Marken-Strategien, 3. Aufl., Zürich 1988
Wettschurek, G., Messtechnisches Praktikum für Marktforschung, Hamburg, 1977

8 Marketing in Beschaffungsmärkten

8.1 Beschaffungsbegriff und Beschaffungsobjekte

Wie bereits in Kapitel 2 angedeutet, stellt sich ein Unternehmen in seinem marktgerichteten Verhalten nicht nur auf seine Absatzmärkte ein, sondern auch auf seine **Beschaffungsmärkte**. Insbesondere für Handelsunternehmen ist die Beschaffungsseite nahezu ebenso bedeutsam wie die Absatzseite, denn es gilt, sich mit dem eigenen Sortiment zu profilieren und infolgedessen Waren zu beschaffen, die andere Handelsunternehmen nicht anbieten.

Beispiel:

- Für **Antiquitätenhändler** ist der Beschaffungsmarkt häufig der Engpass für das Unternehmen: Attraktive Ware zu beschaffen ist schwieriger als diese abzusetzen.

Unter **Beschaffung** wird die Versorgung des Unternehmens mit nicht selbsterstellten Inputfaktoren (Beschaffungsobjekten) verstanden. Versorgung bedeutet, die Verfügungsgewalt über die Beschaffungsobjekte zu erlangen, damit diese in Prozesse der innerbetrieblichen Logistik und – bei einem verarbeitenden Unternehmen – in Produktionsprozesse einbezogen werden können. Die Versorgung erfolgt mittels Beschaffungsaktivitäten auf den Beschaffungsmärkten des Unternehmens, d.h. auf jenen Märkten, auf welchen die benötigten Inputfaktoren als Marktobjekte von deren Anbietern erhältlich sind.

Ein Unternehmen ist zum Zweck der Beschaffung somit ein Beschaffungsmarktteilnehmer, um mittels Austausch in den Besitz der gewünschten Beschaffungsobjekte zu gelangen. Gedanklich auf das in Kapitel 1 behandelte Grundmodell des Austauschs im Markt gestützt, rückt – aus dem Blickwinkel der Beschaffung – der „aktive" Nachfrager in den Mittelpunkt der Betrachtung, welcher im Sinne eines **Beschaffungsmarketing** die in Kapitel 2 herausgestellten **Marketing-Funktionen** – im vorliegenden Kontext jedoch gerichtet auf den Beschaffungsmarkt – ausübt. Diese Funktionen sind analog zur absatzmarktbezogenen Interpretation die

- Versorgung des Unternehmens mit Informationen über Beschaffungsmärkte,
- Eingrenzung derjenigen Beschaffungsmärkte bzw. -marktsegmente, in denen das Unternehmen – mehr oder weniger engagiert – als Nachfrager (Beschaffer) tätig sein will, und die

– Konzipierung und Kommunikation zu fordernder bzw. anzubietender Leistung-Gegenleistung-Zuschnitte als beschaffungsmarktgerichtete Positionierung bzw. als Einsatz von Marketing-Instrumenten (= beschaffungspolitischen Instrumenten).

Mit der Interpretation des **Beschaffungsmarketing als Unternehmensfunktion** versteht es sich von selbst, dass die Ausführungen des vorliegenden Kapitels sich auf die professionelle, gewerbliche Beschaffung im Industrie- oder Handelsunternehmen richten. Als Träger der Beschaffungsfunktion in einem Unternehmen werden die mit der Beschaffung beauftragten Personen oder Gremien betrachtet, die häufig in der Organisationseinheit **Einkauf** organisatorisch gebündelt werden, sofern dies angesichts der Funktionsbreite des Beschaffungsmarketing überhaupt möglich ist (vgl. die entsprechenden Ausführungen zur organisatorischen Verankerung des absatzmarktgerichteten Marketing in Kapitel 2 dieses Buches, S. 60 f.).

Analog zur in Kapitel 2 zugrunde gelegten Interpretation von Marketing als Unternehmensfunktion kann deshalb unter Beschaffungsmarketing Folgendes verstanden werden:

Beschaffungsmarketing als eine beschaffungsmarktgerichtete Unternehmensfunktion betrifft die Informationsgewinnung über Beschaffungsmärkte, die Festlegung der Betätigungsfelder des Unternehmens in auszuwählenden Beschaffungsmärkten und die Beeinflussung von Beschaffungsmarktbeteiligten im Rahmen kommerzieller Transaktionen bzw. Geschäftsbeziehungen.

Im Analogieschluss zum absatzmarktbezogenen Marketing lässt sich hieraus die Sinnhaftigkeit der **Beschaffungsmarktforschung**, der Stellenwert von **Beschaffungsstrategien** und die Notwendigkeit des Einsatzes **beschaffungspolitischer Instrumente** erkennen.

Auch die Interpretation von **Marketing als marktorientierte Unternehmensführung** lässt sich sinnvoll mit Blick auf die Beschaffungsmärkte eines Unternehmens beibehalten. Als entsprechende Merkmale eines so verstandenen Marketing rücken die **Lieferantenorientierung, Wettbewerbsorientierung** (mit Blick auf Wettbewerber im Beschaffungsmarkt) und der Aufbau, Ausbau sowie das Bewahren von **Wettbewerbsvorteilen in der Beschaffung** in den Vordergrund einer beschaffungsmarktorientierten Denkhaltung. Dies mag in Fällen von hoher Bedeutung sein, wenn die zu beschaffenden Objekte im Markt knapp sind oder knapp zu werden drohen und wenn der Unternehmenserfolg von einer gesicherten Versorgung abhängt. Eine solche Beschaffungsmarktorientierung kann sich insbesondere für Handelsunternehmen als überlebenswichtig herausstellen.

Als **Beschaffungsobjekte** mögen je nach Lage des Falles Sachgüter, Dienstleistungen, Arbeitskräfte (Personal), Kapital, Informationen oder Rechte (z.B. Lizenzen) in Betracht kommen. In enger gefassten Konzeptionen wird der betriebswirtschaftliche Beschaffungsbegriff auf Sachgüter beschränkt; diesem einengenden Blickwinkel folgt auch das vorliegende Kapitel. Im Folgenden wird deshalb im Zusammenhang mit den zu beschaffenden Gütern an Roh-, Hilfs- und Betriebsstoffe, an Halbfabrikate, an Anlagen, Transportmittel, Gebäude oder an Handelswaren gedacht.

8.2 Strukturen in Beschaffungsmärkten

8.2.1 Marktbeteiligte

Mit einem Wechsel der Perspektive mag Übersicht 1-5 aus dem Blickwinkel eines Beschaffers auch als ein Modell der Struktur von Beschaffungsmärkten dienen. Die **Beschaffer**rolle liegt entweder beim (industriellen) Verwender oder beim Absatzmittler (Händler). Aus dem Blickwinkel des industriellen Beschaffers könnte der Händler konsequent als **Beschaffungsmittler** betrachtet werden. Sowohl dieser als auch der bzw. die Hersteller befinden sich gegenüber dem Beschaffer in der Rolle der **Lieferanten**. Bei den Serviceanbietern ist etwa an Preisagenturen, Online-Dienste, Speditionen u.a.m. zu denken – jetzt in der Rolle der **Beschaffungshelfer**.

8.2.2 Beziehungen zwischen Marktbeteiligten

Auch zu den denkbaren Beziehungen zwischen Marktbeteiligten in Beschaffungsmärkten lassen sich die zu Absatzmärkten herausgearbeiteten Überlegungen (siehe Abschnitt 1.3 dieses Buches) unter Betonung des Beschaffer-Blickwinkels aufgreifen.

Nicht selten werden **Kommunikationsbeziehungen** zu Lieferanten vom Beschaffer initiiert. Er richtet Anfragen bezüglich lieferbarer Produkte und deren Preise an von ihm ausgewählte Lieferanten. Ausschreibungen eines Großauftrags sollen nicht nur den Lieferantenwettbewerb beleben, sondern auch dazu beitragen, dass möglichst viele leistungsfähige Lieferanten vom Beschaffer in Betracht gezogen werden können. Nach lieferantenseitiger Angebotsabgabe wird auf unterschiedlichen Kommunikationswegen (z.B. persönlich, telefonisch, elektronisch) nachgefasst bzw. verhandelt. Neben derartigen vertikalen Kommunikationsbeziehungen ist in der Marktrealität auch horizontale Kommunikation zwischen Beschaffern unterschiedlicher Unternehmen antreffbar, etwa in brancheninternen Arbeitskreisen.

Auch horizontale **Kooperationsbeziehungen** auf der Seite von Beschaffern sind keine Seltenheit, insbesondere in Form der als Einkaufsverbund von Handelsunternehmen bezeichneten Beschaffungskooperation. Als vertikale Beschaffungskooperation werden dagegen besonders eng geknüpfte Kunden-Lieferanten-Partnerschaften bezeichnet, welche mittels des hohen Grades an wechselseitiger Verzahnung von Geschäftsprozessen aus Sicht des Beschaffers der Sicherung von Lieferanten oder der Stärkung derer und der eigenen Leistungsfähigkeit (Effizienz) bzw. der gemeinsamen Wertschöpfung dienen soll.

Naturgemäß existieren **Wettbewerbsbeziehungen** zwischen beschaffenden Unternehmen (Nachfragewettbewerb). Personen, die in einem Unternehmen mit der Beschaffung betraut sind, verspüren im Allgemeinen den Ehrgeiz, bei Lieferanten möglichst bessere Beschaffungskonditionen als die „Kollegen" in anderen Unternehmen zu erzielen, um die Wettbewerbsfähigkeit des eigenen Unternehmens zu stärken. In Zeiten knapper Beschaffungsobjektmengen – etwa infolge von Kapazitätsengpässen der Lieferanten – ist ferner jeder Beschaffer bemüht, für sein Unternehmen die erforderlichen Beschaffungsmengen zu ergattern. Neben solchem horizontalen Wettbewerb sei auch an den vertikalen Wettbewerb zwischen Lieferant und Beschaffer im Sinne eines „Kampfes um die Gewinnspanne" erinnert (vgl. Abschnitt 1.3.3 dieses Buches).

Das zu den **Macht-** und **Rollenbeziehungen** in den Abschnitten 1.3.4 und 1.3.5 dieses Buches Ausgeführte ist auf Beschaffungsmärkte entsprechend zu übertragen. In Verkäufermarktsituationen ist der Beschaffer der dem Lieferanten machtunterlegene, in Käufermarktsituationen der dem Lieferanten machtüberlegene Kontrahent. Dies bleibt für den Einsatz des beschaffungspolitischen Instrumentariums nicht ohne Konsequenzen (vgl. hierzu die Abschnitte 8.4 und 8.5).

8.2.3 Marktsegmente

Infolge ihrer Typik als Nachfrager und infolge ihres Bedarfs agieren beschaffende Unternehmen in ausgewählten Märkten und Marktsegmenten. Die in Abschnitt 1.5 dieses Buches hierzu erläuterte Gliederungsmöglichkeit bei der konzeptionellen Marktabgrenzung und Marktsegmentierung gilt auch im vorliegenden Kontext. Eine besondere Aufmerksamkeit des Beschaffers verdienen die u.U. voneinander abgrenzbaren **Anbietersegmente**. Denn in unterschiedlichen Segmenten auf der Lieferantenseite sind spezifische Kompetenzen der Lieferanten zu vermuten, den Beschaffungszielen des beschaffenden Unternehmens zu entsprechen (z.B. hohe Belieferungssicherheit, günstige Güterpreise). Lieferanten mit einer ähnlichen Positionierung sowie mit vergleichbaren Fähigkeiten und Ressourcen sind demzufolge ein und derselben Strategischen Gruppe zuzuordnen.

8.3 Beschaffungsziele

Folgt man Arbeiten zur empirischen Beschaffungszielforschung, so scheinen sich die in der Praxis verbreiteten und von ihr artikulierten Beschaffungsziele auf eine Vielzahl von Desiderata zu erstrecken. Bei näherer Betrachtung kristallisieren sich jedoch aus der terminologischen Vielfalt vier **Hauptziele** heraus, und zwar

- das Sicherheitsziel,
- das Kostenziel,
- das Leistungsziel (Qualitätsziel) und
- das Flexibilitätsziel.

Das **Sicherheitsziel** stellt auf die jederzeitige Gewährleistung der Versorgung mit Inputfaktoren ab. Falls die benötigten Sachgüter nicht rechtzeitig verfügbar sind, kann dies für das beschaffende Unternehmen kostspielige Konsequenzen infolge Produktionsstillstand bzw. mangelnder eigener Lieferfähigkeit auf dem Absatzmarkt nach sich ziehen.

Beispiel:

- Vor wenigen Jahren stand beim Autohersteller **Ford** die Produktion der Modelle Fiesta und Puma wegen Lieferschwierigkeiten des Türschlosslieferanten still. Die deutschen Ford-Werke, die zu dem Zeitpunkt gerade erst aus einer Verlustzone kamen, bezifferten die Kosten des Produktionsausfalls mit rund 20 Mio.€ pro Tag.

Das **Kostenziel** der Beschaffung umfasst zwei Komponenten, und zwar Streben nach niedrigen Beschaffungsobjektkosten sowie nach niedrigen Beschaffungsfunktionskosten. Die **Beschaffungsobjektkosten** ergeben sich als Netto-Einstandspreis der bezogenen Objektmenge; dieser resultiert aus dem produktbezogenen Bruttoeinkaufswert („Bruttopreis mal Menge") abzüglich der vom Lieferanten gewährten Konditionen zuzüglich Versicherungskosten (sofern nicht vom Lieferanten getragen). Bei langlebigen Gebrauchsgütern wird nicht nur an die Anschaffungskosten zu denken sein, sondern auch an Folgekosten für eventuelle Wartung und mögliche Reparaturen, Entsorgungskosten bzw. Kosten der Verwertung und Aufbereitung. Die Gesamtkosten eines Beschaffungsobjekts werden dann als Life Cycle Costs bezeichnet. Die **Beschaffungsfunktionskosten** ergeben sich aus Beschaffungsvorgängen wie z.B. der Bedarfsfeststellung, Angebotseinholung und -bearbeitung, Bestellabwicklung, Lieferungsüberwachung und Lieferantenbuchhaltung. Auch Kosten der Beschaffungsmarktforschung sind zu berücksichtigen.

Das **Leistungsziel** (Qualitätsziel) der Beschaffung zeigt die Verbindung der Beschaffung zu den möglichen Wettbewerbsvorteilen des Unternehmens im Umfeld seiner Konkurrenten auf. Die Qualität beschaffter Güter (etwa Komponenten, Teile) bestimmt auch die Qualität der eigenen Fertigprodukte. Qualitätsmängel in den Beschaffungsobjekten würden somit „durch das Unternehmen hindurchgeschleust", was zu Problemen im Absatzmarkt führen kann.

Schließlich wird in der Beschaffung das **Flexibilitätsziel** verfolgt, um bei sich ändernden Konstellationen von Qualitäten, Services und Preisen auf dem Beschaffungsmarkt reaktionsfähig zu bleiben. Langfristige Belieferungskontrakte, die zwar dem Kosten-, Sicherheits- und Leistungsziel dienen mögen, stünden der Erreichbarkeit dieses Ziels im Wege.

Neben den hier angeführten Hauptzielen der Beschaffung lassen sich gewisse **Nebenziele** ausmachen. Hierzu gehört als psychographisches Ziel z.B. das Streben, „gute Beziehungen zu Lieferanten" zu haben. Dies heißt nichts anderes, als dass nach einer positiven Einstellung bzw. nach einer kundenbezogenen Präferenz des Lieferanten getrachtet wird, die diesen veranlasst, z.B. eine hohe Bereitschaft zur Weitergabe von Informationen zu zeigen, welche für den Beschaffer interessant sind.

8.4   Beschaffungsstrategien

Das für jegliches strategisches Denken und Handeln grundlegende Setzen von Prioritäten findet in der Beschaffung seinen Niederschlag in der Verfolgung gewisser Beschaffungsstrategien. Hierunter fallen Konzepte der Priorisierung zu beschaffender Objekte, der Priorisierung gewisser Lieferantensegmente bzw. Lieferanten sowie Konzepte der Priorisierung zu fordernder Leistung-Gegenleistung-Zuschnitte in der Interaktion mit Lieferanten. Die Realisierung solcher Konzepte soll helfen, mittels geeigneten Beschaffungsverhaltens Wettbewerbsvorteile des Unternehmens aufzubauen, auszubauen bzw. zu sichern.

8.4.1 Die Priorisierung zu beschaffender Objekte

Die Priorisierung zu beschaffender Objekte ist insbesondere mit zwei Fragestellungen verbunden:

- Welche Sachgüter sollen überhaupt beschafft und nicht etwa selbst erstellt werden?
- Wie viel Beschaffungsaufwand in zeitlicher und monetärer Hinsicht soll auf welche Kategorien von Beschaffungsobjekten entfallen?

Die **erste Fragestellung** wird für Industrieunternehmen seit langem unter der Bezeichnung **„Wahl zwischen Eigenfertigung und Fremdbezug"** (Make-or-Buy-Decision) diskutiert. Diese Fragestellung mag alternativ als eine produktionsstrategische Frage aufgefasst werden, denn es geht in der Terminologie der Produktionswirtschaft um die für das Unternehmen geeignete bzw. anzustrebende **Fertigungstiefe.** Die Entscheidung, im Vergleich zum status quo eines Unternehmens das Ausmaß des Fremdbezugs zu vergrößern (d.h. die Fertigungstiefe zu verringern), wird als **Outsourcing,** die Entscheidung, bislang fremdbezogene Sachgüter selbst zu erstellen (d.h. die Fertigungstiefe zu vergrößern), wird dagegen als Ausweitung der **Rückwärtsintegration** bezeichnet. Diese Strategie wird z.B. vom Sicherheitsziel der Beschaffung angetrieben. In vielen Fällen – je nach unternehmensspezifischer Verteilung von Entscheidungskompetenzen in der Organisation – ist davon auszugehen, dass Beschaffungsstrategien von absatz- und produktionsstrategischen Vorabentscheidungen gelenkt werden, d.h. dass zu deckende Bedarfe insbesondere infolge der Spezifikationen der Produktion festgelegt sind. Dann bleibt der Beschaffung lediglich der Freiraum, über geeignete Lieferanten und deren Beeinflussung zu entscheiden. Allerdings bliebe bei derartigen Entscheidungsabläufen die Frage offen, aufgrund welchen Wissens über die Situation in Beschaffungsmärkten Make-or-Buy-Entscheidungen getroffen werden können, wenn die Beschaffungsfunktion an diesem Vorgang nicht beteiligt wird.

Die **zweite Fragestellung,** nämlich die nach der gütergerichteten **Allokation von Beschaffungsressourcen**, bietet weiteren beschaffungsstrategischen Handlungsspielraum. Je nach der Bedeutsamkeit gewisser Kategorien von Beschaffungsobjekten für das Unternehmen – gleichgültig, ob es sich um ein Industrie- oder Handelsunternehmen handelt – wird die Beschaffung sich um manche Kategorien des Güterbedarfs intensiver als um andere kümmern. Letztlich wird damit festgelegt, welcher Anteil der Beschaffungsfunktionskosten einer Periode auf welchen Anteil der zu beschaffenden Sachgüter entfallen soll. Die Bedeutsamkeit gewisser Kategorien von Beschaffungsgütern ergibt sich dabei z.B. aus der monetären Wertigkeit der Güter, im Industrieunternehmen aus deren Stellenwert für die Qualität zu erstellender Absatzobjekte und im Handelsunternehmen aus deren

Stellenwert für die strategisch priorisierten Warengruppen im Absatzsortiment sowie aus Versorgungsrisiken infolge knapper Lieferantenkapazitäten u.a.m. Analog zur absatzmarktgerichteten Sichtweise kann auch für die Beschaffung von einer **Produktportfolio-Strategie** gesprochen werden, in welcher sich die Priorisierung zu beschaffender Güter niederschlägt. In der Praxis werden solche Priorisierungen mit der Kategorisierung von **A-, B- und C-Produkten** zum Ausdruck gebracht.

8.4.2 Die Priorisierung von Beschaffungswegen bzw. Lieferanten

Auch die Priorisierung gewisser Lieferanten(segmente) weist gedankliche Parallelen zu Strategieentscheidungen auf, die mit der Absatzmarkt-Blickrichtung in Abschnitt 4.1 dieses Buches behandelt wurden. An die Stelle einer absatzmarktbezogenen Wahl der Absatzwege tritt im Beschaffungsmarketing die **Wahl der Beschaffungswege**. Eine solche Beschaffungswegepolitik betrifft die **vertikale Selektion** gewisser Lieferanten(segmente) und beinhaltet die Optionen des sog. **Direktbezugs** (Direktbeschaffung) sowie des **indirekten Bezugs** (indirekte Beschaffung). Beim indirekten Bezug nutzt der Beschaffer das Angebot von Beschaffungsmittlern (z.B. Importeuren, Großhändlern), um die Bedarfsobjekte zu beziehen, während beim Direktbezug unmittelbar beim Produzenten eingekauft wird.

Neben die vertikale Selektion tritt – wie auch bei der Strukturierung der Absatzwege – eine **horizontale Selektion** bei der Formierung zu nutzender Beschaffungswege. So ist etwa sowohl im Rahmen der direkten als auch der indirekten Beschaffung zu entscheiden, welche Lieferanten aus welchen Lieferantensegmenten (z.B. inländische versus ausländische Anbieter, Zugehörigkeit von Lieferanten zu gewissen Strategischen Gruppen) als Beschaffungsquellen näher in Betracht gezogen werden sollen. Als Pendant zum Selektivvertrieb auf der Absatzseite kann von **Selektivbeschaffung** gesprochen werden. Eine solche liegt vor, wenn das beschaffende Unternehmen zur Bedarfsdeckung innerhalb einer Güterklasse mit wenigen, ausgewählten Lieferanten aus gewissen Lieferantensegmenten Geschäftsbeziehungen unterhält.

Diese Geschäftsbeziehungen werden auch bewusst gepflegt und durch partnerschaftliches Verhalten beim Einsatz beschaffungspolitischer Instrumente (z.B. Weitergabe vertraulicher Informationen und langfristiges Eingehen wechselseitiger Bindungen) ausgestaltet. Dieses auf dauerhafte Geschäftsbeziehungen angelegte („kooperative") Beschaffungsverhalten wird als **relationale Beschaffung** bezeichnet. Das Gegenstück hierzu ist **Spot-Beschaffung**: Der Beschaffer springt je nach situativer Günstigkeit der Angebote von Lieferant zu Lieferant und deckt sich jeweils beim günstigsten Anbieter ein.

Als Extrem der Selektivbeschaffung kann das bereits in Kapitel 6 erwähnte **Single Sourcing** betrachtet werden, bei welchem der Gesamtbedarf einer Periode nur einem einzigen Lieferanten zur Deckung übertragen wird. Das Gegenstück zur Komplettvergabe ist das **Multiple Sourcing**, auch Ordersplitting genannt. Die Strategie des Single Sourcing wird offenbar vom Kostenziel der Beschaffung angetrieben. Denn mit nur einem Lieferanten einer Güterklasse sind ohne Komplikationen bedarfssynchrone Belieferungsströme (sog. Just-in-Time-Belieferung) zu planen, und die Konzentration der Auftragsmenge auf nur einen Lieferanten lässt infolge des Mengeneffekts dort Effizienzsteigerungen vermuten, in deren Genuss auch der Beschaffer zu gelangen trachten wird (Senkung der Beschaffungsobjektkosten). Schließlich können auch die Beschaffungsfunktionskosten gesenkt werden, da die Vorgänge des Einholens von Angeboten, Verhandelns, Koordinierens von Lieferterminen, des Qualitätsauditing beim Lieferanten u.a.m. begrenzt bleiben. Allerdings gehen die kostenbezogenen „Beschaffungserträge" des Single Sourcing zu Lasten der beim Multiple Sourcing erzielbaren Versorgungssicherheit und -flexibilität.

Beispiel:

- Single Sourcing ist insbesondere in der **Automobilindustrie** eine verbreitete Beschaffungsstrategie. Armaturenbretter und Türsysteme werden just-in-time vom Lkw direkt ans Montageband geliefert. Klappt der Transport nicht oder streiken die Lkw-Fahrer, wie 1997 im Falle Opel, wird es an den Bändern „ganz eng". Auch das mit dem Single-Sourcing verbundene Preisdiktat der 90er Jahre erweist sich mittlerweile als ein Bumerang: Die Anzahl der Zulieferer ist drastisch gesunken. Im Jahr 2010 soll es weltweit nicht mehr als 20 Megalieferanten geben. Dann dürften sich die Machtverhältnisse zwischen Beschaffer und Lieferant umgedreht haben.

Infolge der Risiken des Single Sourcing betreiben Beschaffer in vielen Industriegüterbranchen zumindest **Dual Sourcing**, d.h. sie verteilen ihren Bedarf einer Güterklasse auf zwei Lieferanten.

Wird der Bedarf zueinander komplementärer Güter (z.B. Kontrollinstrumente, Rahmen und Verkabelung eines Pkw-Armaturenbretts) als gebündelte Systeme („Komplettlösung") dem Lieferanten anvertraut, spricht man von **Modular Sourcing**, da hierbei komplette Baugruppen, „Pakete" oder „Subsysteme" beschafft werden. Man erkennt, dass Modular Sourcing beschaffungsstrategisch als eine Kombination aus Lieferantenkonzentration und Outsourcing interpretiert werden kann.

Global Sourcing liegt dagegen vor, wenn ein beschaffendes Unternehmen sich auf der Lieferantenseite die weltweit interessanteste Lieferquelle auswählt. Davon sind insbesondere konzernintern jene Lieferanten betroffen, die in unterschiedlichen Ländern der Welt Niederlassungen mit selbständiger Vertriebs- und Preiskompetenz unterhalten, d.h. geographische Preisdifferenzierung betreiben. Nicht selten pickt sich ein Kunde dann – infolge weltweiter Preistransparenz aufgrund eigener weltweiter Präsenz – die zum Beschaffungszeitpunkt preisgünstigste Verkaufsstelle eines in Betracht gezogenen Lieferanten heraus, um sich von dort mit den benötigten Mengen versorgen zu lassen. Das Gegenstück hierzu heißt **Local Sourcing**.

8.4.3 Die Priorisierung zu fordernder Leistung-Gegenleistung-Zuschnitte

Beschaffungsverhalten äußert sich auch darin, welche Art und Intensität von Kundennutzen der Beschaffer von seinen Lieferanten fordert und welchen Nutzen er dem Lieferanten im Gegenzug anzubieten bereit ist. Der Beschaffer legt im Allgemeinen auf ausgewählte Arten von Kundennutzen einen besonderen Wert (z.B. hohe Kontinuität der Produktqualität in speziellen Produktmerkmalen, regelmäßige Know-how-Vermittlung, niedrige Beschaffungsobjektkosten), und bietet dem Lieferanten dafür ein spezielles Profil von Gegenleistungen an. Die dabei verfolgten Beschaffungsstile lassen sich auch als eine spezifische **Positionierung des Beschaffers** interpretieren. Übersicht 8-1 bietet hierzu einen stark komprimierten, vereinfachten Aufriss.

Übersicht 8-1: Alternative Beschaffer-Positionierungen

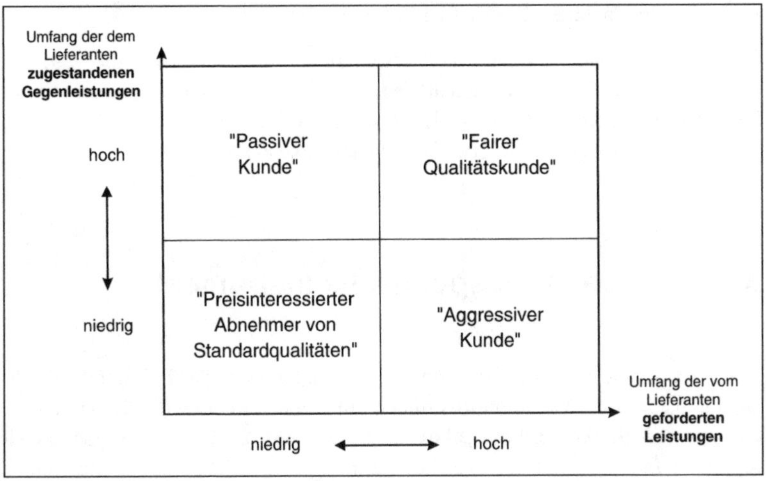

291

Faire Qualitätskunden benötigen einen hohen Umfang an Leistungen von ihrem Lieferanten (z. B. maßgeschneiderte Produkte, viele Services). Im Gegenzug sind sie prinzipiell bereit, dies dem Lieferanten zu honorieren, ohne diesen Umstand allerdings in Verhandlungen offensiv zu erkennen zu geben. Konträr hierzu verhalten sich preisinteressierte Abnehmer von Standardqualitäten. Passive Kunden können als etwas naiv bzw. als mit dem Preisniveau einer Produktklasse unvertraut interpretiert werden. Aggressive Kunden sind sich ihrer Nachfragemacht bewusst: Sie fordern viel, ohne dies entsprechend vergüten zu wollen.

Kombiniert man die Betrachtung dieser Übersicht mit der Übersicht 4-11 (S. 115) so wird erkennbar, dass faire Qualitätskunden bei hochpreisigen Qualitätsanbietern kaufen werden – oder beim Outpacer, sofern der Qualität eines solchen Lieferanten getraut wird. Aggressive Kunden bedürfen auf der Lieferseite des Outpacers, damit es zu einer für beide Seiten zufrieden stellenden Geschäftsbeziehung kommt. Preisinteressierte Abnehmer von Standardqualitäten finden in niedrigpreisigen Anbietern von Standardqualitäten das passende Lieferantensegment. Passive Kunden dürfen sich nicht wundern, wenn sie übervorteilt werden.

Die Betrachtung kann auch mit einer anderen Blickrichtung erfolgen: Hochpreisige Qualitätsanbieter benötigen eine genügende Anzahl an fairen Qualitätskunden im Markt, um mit ihrer Strategie Aussicht auf Erfolg zu haben. Übervorteiler bedürfen passiver Kunden, um überleben zu können. Niedrigpreisige Anbieter von Standardqualitäten passen mit ihrer Strategie gut zur Kundschaft der preisinteressierten Abnehmer solcher Qualitäten. Und Outpacer werden sogar mit aggressiven Kunden fertig. Nicht in allen Märkten und zu allen Zeitpunkten ist ein derartiger „Fit" zwischen Anbieter- und Nachfragersegmenten zu beobachten. Dann wird entweder für Anbieter oder für Beschaffer ein Strategiewechsel erforderlich, wenn das Unternehmen dauerhaften Bestand haben soll.

Die vom Lieferanten im Einzelnen geforderten Leistungen sowie die vom Beschaffer im Einzelnen angebotenen Gegenleistungen machen zusammen mit der beeinflussenden Kommunikation des Beschaffers dessen beschaffungspolitisches Instrumentarium aus. Hiermit befasst sich der folgende Abschnitt.

8.5 Beschaffungspolitische Instrumente

Der austauschtheoretischen Konzeption folgend, lässt sich das in Kapitel 5 dieses Buches dargestellte Marketing-Instrumentarium unter Wechsel der Blickrichtung, d. h. aus dem Blickwinkel des „aktiven" Nachfragers, auch als jenes Handlungsrepertoire interpretieren, auf welches gestützt ein Beschaffer seine Lieferanten beeinflusst, um einen Austausch herbeizuführen bzw. eine dauerhafte Geschäftsbeziehung zu sichern. Die Träger und denkbaren Richtungen eines Einsatzes des beschaffungspolitischen Beeinflussungshandelns werden in Übersicht 8-2 abgebildet. Das Instrumentarium ist in Übersicht 8-3 enthalten. Der Unterschied zu Übersicht 5-1 besteht allein in den passend formulierten Kopfzeilen zu den aus Kapitel 5 bekannten Leistungen und Gegenleistungen: Links sind die seitens des Beschaffers vom Lieferanten erwarteten Leistungen, rechts die seitens des Beschaffers dem Lieferanten zu bietenden Gegenleistungen aufgeführt. Da viele der Ausführungen, die zum absatzpolitischen Instrumentarium erfolgten, auch zur Beschaffungsperspektive passen, sei an dieser Stelle lediglich kurz auf die einzelnen beschaffungspolitischen Instrumente eingegangen.

- Auf das zu beschaffende **Produkt** nimmt der „aktive" Beschaffer im BtoB-Marketing mittels eigener Spezifikation Einfluss. Im Industriegütermarketing erfolgen seitens des Beschaffers im Rahmen von Pflichten- bzw. Lastenheften präzise Forderungen hinsichtlich gewisser technischer Eigenschaften (Leistungswerte, Festigkeit, Reinheit, Toxizität usw.), Abmessungen, Gewicht, Form, Farbe usw. Händler fordern vom Lieferanten nicht nur umweltschonende Verpackungsmaterialien, sondern auch „modulfähige" Packungen, d.h. solche, die auf die Maße von Paletten und Warenträgern im Verkaufsraum genormt sind.

Übersicht 8-2: Mögliche Träger und Richtungen des beschaffungspolitischen Instrumentariums

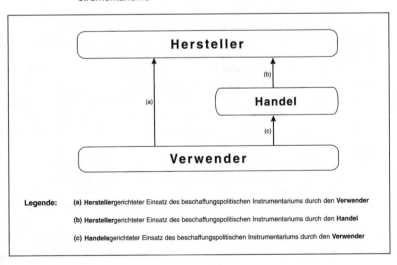

Legende: **(a) Hersteller**gerichteter Einsatz des beschaffungspolitischen Instrumentariums durch den **Verwender**

(b) Herstellergerichteter Einsatz des beschaffungspolitischen Instrumentariums durch den **Handel**

(c) Handelsgerichteter Einsatz des beschaffungspolitischen Instrumentariums durch den **Verwender**

Übersicht 8-3: Beschaffungspolitische Instrumente eines Nachfragers

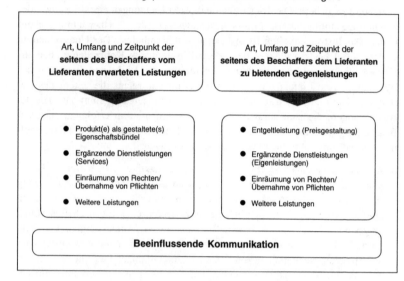

- Erwartet werden vom Lieferanten **ergänzende Dienstleistungen**, wie sie im Abschnitt 5.2.2 erläutert wurden. Zwecks kontinuierlicher Belieferungssicherheit wird z.B. die Reservierung von Produktionskapazitäten in einem definierten Umfang gewünscht. Als geforderter Lieferservice wird häufig auch eine zuverlässige Fixtermin-Belieferung erwartet.
- Die Vorgabe gewisser Stornierungsbedingungen, das Ausbedingen von Mitspracherechten in der Qualitätskontrolle bzw. von Auditingrechten in Werken des Lieferanten sowie die Vorgabe gewisser Gewährleistungspflichten belegen die beschaffungspolitische Relevanz des Instruments **Einräumung von Rechten/Übernahme von Pflichten durch den Lieferanten**. Innerhalb dieses Instruments prallen nicht selten die Allgemeinen Geschäftsbedingungen des beschaffenden Unternehmens auf diejenigen des verkaufenden Unternehmens, ohne dass inkompatible Bedingungen im Zuge von Geschäftsabschlüssen immer vorab geklärt würden.

  Händler belegen im Rahmen dieses beschaffungspolitischen Instruments zur Konstituierung eines Vertragshändlersystems ihren Vertragslieferanten mit sog. Lieferantenbindungen. Dazu zählen z.B. die Verpflichtung des Herstellers, diesem Händler Gebietsschutz einzuräumen und diesen Schutz durch Absatzbindungen anderer Vertragshändler im System zu sichern.
- Erwartete **weitere Leistungen** des Lieferanten sind z.B. die Übernahme von Umstellungskosten („Wechselkosten") bei Lieferantenwechsel durch den

„neuen" Lieferanten, die kostenlose Bereitstellung von Equipment/Spezialwerkzeug/Prüfgeräten oder – in der Hersteller-Handel-Beziehung – die vom Kunden geforderte Listungs-, Zweitplatzierungs- oder Werbevergütung (Konditionen) bzw. kostenlose Testware bei Neuprodukttests in den Geschäften. Auch vom Lieferanten bereitzustellende Referenzen durch andere Kunden können hier eingeordnet werden.

Der an einem Lieferanten interessierte Beschaffer wird diesen im Sinne einer erwünschten Transaktion oder Geschäftsbeziehung auch durch **Gegenleistungen** zu beeinflussen versuchen:

- An Gegenleistungen bietet der Beschaffer in Verbindung mit der Menge vom Lieferanten zu beziehender Produkteinheiten ein **Entgelt**, u.U. gekoppelt mit Preisgleitklauseln für die Laufzeit einer vertraglichen Geschäftsbeziehung sowie verbunden mit dem Angebot, in „Weichwährung" oder in „Hartwährung" zu bezahlen.

- Der Beschaffer bietet als **ergänzende Dienstleistungen** Logistikdienste (z.B. Abholung, Lagerung) an, ferner eine Mitwirkung an Produkttests oder die Übermittlung von Auftragsdaten in einem mit dem Lieferanten verabredeten Datenformat (elektronischer Datenaustausch). Händler als Beschaffer bauen in die Austauschbedingungen die von ihnen zu übernehmenden absatzpolitischen Aktivitäten zugunsten der Ware des Lieferanten ein (z.B. Durchführung von Sonderaktionen). Auch Finanzdienste werden z.T. aktiv ins Spiel gebracht, wie z.B. das Angebot der Vorauskasse, von Teilzahlungen u.a.m.

- Zur **Einräumung von Rechten/Übernahme von Pflichten durch den Beschaffer** zählen etwa eine im voraus vereinbarte Kulanz bei Qualitätsabweichungen im Rahmen einer Toleranzschwelle, die Akzeptanz von Verwendungsbeschränkungen bezüglich der gelieferten Ware (als Abnehmerbindung), die Abgabe des Dispositionsrechts bezüglich nachzuliefernder Ware an den Lieferanten, die Einhaltung gewisser Mindestbezugsmengen und kontinuierlicher Abnahme der Ware, die Einwilligung in ein Lastschriftverfahren u.a.m.

- **Weitere Gegenleistungen** des Beschaffers mögen in der Weiter- bzw. Abgabe von Informationen bestehen: Eigenes Know-how wird dem Lieferanten zugänglich gemacht oder er wird als Lieferant im Umfeld seiner Konkurrenten auf zu erfüllende Qualifikationen aufmerksam gemacht.

Schließlich agiert der Beschaffer in Richtung seiner potentiellen bzw. aktuellen Lieferanten auch mit dem Instrument der Kommunikation:

- Die **beeinflussende Kommunikation** („Beschaffungskommunikation") erfolgt durch den Beschaffer z.T. in persönlichen Gesprächen oder Verhandlungen, z.T. auf unpersönlichem Weg mittels Ausschreibungen, Wettbewerben, Einkaufsmessen oder -börsen, Selbstdarstellung in Medien oder anderen Formen der Beschaffungswerbung. Erscheint die Versorgung mit einer gewissen

Güterklasse auf längere Sicht als gesichert, wird allerdings – abgesehen von Maßnahmen zur Mobilisierung von Rivalität auf der Lieferantenseite – von unpersönlicher Beschaffungswerbung kaum Gebrauch gemacht.

Aus den Erläuterungen wird erkennbar, dass das auf Lieferanten gerichtete Beeinflussungsverhalten eines Beschaffers in den relevanten Verhaltenskategorien keinen Unterschied zum absatzpolitischem Verhalten des Anbieters aufweist. Viele Ausführungen des Kapitels 5 sind deshalb ergänzend heranzuziehen, sofern in weiterer Detailliertheit über Möglichkeiten lieferantengerichteten Beschaffungsverhaltens nachgedacht werden soll.

Literaturhinweise zu Kapitel 8:

Berg, C.C., Beschaffungsmarketing, Würzburg, Wien 1981

Hammann, O./Lohrberg, W., Beschaffungsmarketing, Stuttgart 1986

Hansen, U., Absatz- und Beschaffungsmarketing des Einzelhandels, 2. Aufl., Göttingen 1990

Harlander, N.A./Blom, F., Beschaffungsmarketing, 7. Aufl., Renningen-Malmsheim 1999

Koppelmann, U., Beschaffungsmarketing, 4. Aufl., Berlin, Heidelberg, New York u.a. 2003

Lippmann, H.J./Meyer, P.W., Die Funktionen des Beschaffungsmarketing, in: Meyer, P.W. (Hrsg.), Integrierte Marketingfunktionen, 2. Aufl., Stuttgart, Berlin, Köln 1990, S. 196–219

Schlusswort

Leserinnen bzw. Leser, die sich bis hierher vorgearbeitet haben, dürften zum einen in der Lage sein, mittels des erworbenen Vokabulars und Begriffsrepertoires die in Zeitungen, Zeitschriften, Vorträgen oder Gesprächen geschilderte Marketingrealität unterschiedlicher Branchen – aus dem Blickwinkel welcher Marktbeteiligter auch immer – gedanklich ordnend zu erfassen. Zum anderen ist der Grundstein dafür gelegt, die in der Praxis offenbar verfolgten Konzepte in deren prinzipieller Stoßrichtung verstehend nachzuvollziehen: Die Auseinandersetzung mit Marketing-Zielen, Marketing-Strategien, mit Marketing-Instrumenten, mit Entwicklungen und Wirkungen in Märkten sowie mit zielorientierten, ökonomischen Kalkülen sollten die Leserinnen bzw. Leser dieses Buches genau dafür qualifizieren.

Die Erfahrung als akademischer Lehrer und Prüfer zeigt dem Autor allerdings, dass die hier geäußerte Erwartung nicht immer erfüllt wird. Dies ist offenbar dann der Fall, wenn die Auseinandersetzung mit den präsentierten Inhalten – trotz oder gerade wegen der vielen mitgelieferten Praxisbeispiele – nicht mit persönlich erfahrener Anschauung oder zumindest mit dem Versuch verbunden wird, das konzeptionell Abstrakte mit Realitätserfahrung zu koppeln (z. B. durch eigene Zeitungslektüre oder durch aufmerksames Reflektieren der erlebbaren Marktrealität). Das blinde „Lernen" – nicht selten werden sogar die Beispiele „gelernt" – führt dann zwar zu Wissen, aber nicht zu Verstehen. Bei mangelndem Verstehen wird jedoch der Transfer nicht gelingen, d. h. die Übertragung der in einem Lehrbuch zwangsläufig allgemein gehaltenen Konzepte auf konkrete Situationen in einem Berufsfeld. Denn häufig hält die Realität einer speziellen Branche im Wechsel der Zeit ihre Marktphänomene bzw. ihre Herausforderung, etwas konkret Erfahrbares verstehend zu durchschauen, nicht genau in der hier präsentierten Terminologie und Typik bereit. Dann ist es Aufgabe des (wissenschaftlich) ausgebildeten Praktikers, durch den Schleier der häufig unscharfen Formulierungen der Praxis hindurchzuschauen, um das im Studium erworbene, konzeptionell prägnante Gegenstück zu der jeweils „konkreten Angelegenheit" zu erkennen – und dann auf konzeptioneller Ebene weiterzudenken. Klare Begriffe und Modelle, welche die dafür erforderlichen mentalen Orientierungen vermitteln, sind in diesen Fällen eine große Hilfe zum Zurechtfinden in der Wirklichkeit.

Wird der vorliegende Text als Basis einer weitergehenden Auseinandersetzung mit Gebieten der Marketinglehre gesehen und genutzt, dürfte es den Leserinnen und Lesern des vorliegenden Buches auch nicht schwer fallen, anspruchsvollere Beiträge zum Marketing bei deren sorgfältiger Lektüre verstehend zu durchschauen und zu verinnerlichen. Wer diesen Weg geht, wird erkennen, dass – je nach Autorin bzw. Autor – bei einer vertiefenden Behandlung der Marketingmaterie sehr unterschiedliche Akzente im wissenschaftlichen Ansatz gesetzt werden. Beiträge zur Marketinglehre, welche sich etwa der empirischen Struktur-, Entwicklungs- und Wirkungsanalyse verschrieben haben, nutzen sehr intensiv das Arsenal und Leistungsvermögen mathematisch-statistischer Verfahren der Datenanalyse. Dagegen greifen Beiträge zum Verhalten privater oder professioneller Nachfrager bei dem Versuch, Verhalten zu erklären, auf spezielle psychologische und/oder soziologische Theorien zurück. Wiederum andere Beiträge, welche die Frage nach der betriebswirtschaftlichen Bewertung und Optimierung gewisser Vorgehensweisen eines Unternehmens im Markt behandeln, nutzen intensiv und professionell Ansätze der modellgestützten Evaluierung und Optimierung. Schließlich beruhen Beiträge zum Marketing als marktorientierte Unternehmensführung auf Koordinations- bzw. Führungslehren der verhaltenswissenschaftlichen Organisations- und Personalwissenschaft.

Diese methodologische Vielfalt kennzeichnet die Marketingwissenschaft als eine breit angelegte und ausdifferenzierte Disziplin. Bei denjenigen, die sich darin zurechtfinden wollen, führt dieser Umstand zu Irritationen, für die Wissenschaftler ist dieser Umstand reizvoll und die Praktiker stufen nicht alles in dieser differenzierten Ausfächerung gleichermaßen als relevant ein. Allerdings fehlt es seitens der Praxis an griffigen Hinweisen für die Wissenschaftler, was denn das Relevante sei, womit sich die Marketingwissenschaft befassen möge. Und deshalb wird sich die Marketinglehre wohl weiterhin mit all jenen Phänomenen der Marktrealität beschäftigen, die den Wissenschaftlern bekannt werden, und deren Beschreibung, Erklärung und/oder zielorientierte Gestaltung ihnen – mit welchem methodischen Ansatz auch immer – als eine spannende Angelegenheit erscheint.

Sachregister

Heymo Böhler

Marktforschung

3., völlig neu bearbeitete
und erweiterte Auflage 2004
276 Seiten. 92 Abb. 5 Tab. Kart.
€ 26,–
ISBN 3-17-018155-6

Das Buch gibt eine systematische und praxisnahe Einführung in das Instrumentarium der Marktforschung, deren Aufgabe es ist, die relevanten Informationen für das Marketing-Management bereitzustellen.

Das Stoffgebiet wird anhand der Arbeitsschritte vermittelt, die bei der Durchführung konkreter Marktforschungsprojekte zu bewältigen sind: Formulierung des Marktforschungsproblems, Wahl des Forschungsdesigns, Bestimmung der Informationsquellen und Erhebungsmethoden, Operationalisierung und Messung, Auswahl der Erhebungseinheiten und Abwicklung der Primärerhebung, Vorbereitung der Datenauswertung, Datenanalyse und Ergebnisinterpretation, Erstellung des Forschungsberichts und Präsentation der Ergebnisse.

Insgesamt enthält das Buch damit eine komprimierte, mit vielen Beispielen angereicherte Darstellung der modernen Marktforschungsmethodik. Es bietet eine Einführung für Studierende und eine Orientierungshilfe für Praktiker.

Der Autor:
Prof. Dr. Heymo Böhler lehrt Betriebswirtschaftslehre, insbesondere Marketing, an der Universität Bayreuth.

W. Kohlhammer GmbH
70549 Stuttgart · Tel. 0711/7863 - 7280 · Fax 0711/7863 - 8430

Herausgegeben von
Hermann Diller
und Richard Köhler

EDITION
MARKETING

Thomas Jenner

Marketing-Planung

2003. 244 Seiten. 49 Abb.
17 Tab. Kart.
€ 25,–
ISBN 3-17-017808-3

Aufgrund der sich ständig ändernden wirtschaftlichen Rahmenbedingungen verkürzt sich die Halbwertszeit erfolgreicher Marketingkonzepte. Gefragt ist deshalb die Anpassung bestehender und die Generierung neuer Marketingstrategien. Eine Schlüsselrolle spielt hierbei die Marketing-Planung, die im Rahmen des vorliegenden Buches aus einer verhaltenswissenschaftlich-entscheidungsorientierten Perspektive betrachtet wird.

Behandelt werden nach einer umfassenden Einführung die Gestaltung von Marketing-Planungssystemen, Aspekte der Informationsversorgung und Prognose sowie Anforderungen und Optionen bei der Gestaltung von Planungsprozessen. Zusätzlich werden Fragen der Implementierung und der Kontrolle von Marketingplänen thematisiert, da die Planung einen integralen Bestandteil des Marketing-Management darstellt.

Dieses Buch stellt aufgrund seiner klaren Struktur und seiner leicht verständlichen Darstellung das ideale Lehrbuch für Marketingstudenten dar und bietet auch Praktikern viele neue Erkenntnisse.

Der Autor:
PD Dr. Thomas Jenner ist Dozent an der Marmara-Universität in Istanbul.

W. Kohlhammer GmbH
70549 Stuttgart · Tel. 0711/7863 - 7280 · Fax 0711/7863 - 8430